浙江省普通高校新形态教材项目研究成果

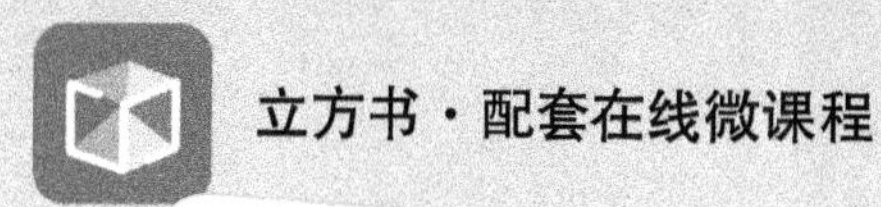

企业内部控制

主　编　章国标

副主编　楼建伟　党文英

Enterprise Internal Controls

ZHEJIANG UNIVERSITY PRESS
浙江大学出版社

图书在版编目（CIP）数据

企业内部控制 / 章国标主编. -- 杭州 : 浙江大学出版社，2021.9
ISBN 978-7-308-21579-4

Ⅰ. ①企… Ⅱ. ①章… Ⅲ. ①企业内部管理—高等学校—教材 Ⅳ. ①F272.3

中国版本图书馆CIP数据核字(2021)第136051号

企业内部控制
章国标　主　编
楼建伟　党文英　副主编

责任编辑　马一萍
责任校对　陈逸行
封面设计　周　灵
出版发行　浙江大学出版社
（杭州市天目山路148号　邮政编码　310007）
（网址：http://www.zjupress.com）
排　　版　杭州林智广告有限公司
印　　刷　广东虎彩云印刷有限公司绍兴分公司
开　　本　787mm×1092mm　1/16
印　　张　23.75
字　　数　452千
版 印 次　2021年9月第1版　2021年9月第1次印刷
书　　号　ISBN 978-7-308-21579-4
定　　价　68.00元

前　言

自美国安然、世通等知名企业财务造假丑闻曝光，进而颁布对全球企业内部控制管理具有重要意义的《萨班斯 – 奥克斯利法案》已近二十年，以美国反虚假财务报告委员会下属的发起人委员会（COSO）在 1992 年发布的《内部控制——整合框架》为基础的内部控制管理体系在全球范围内广泛使用。随着全球化的深入，企业在框架、规模、业务、地区等方面呈现出更为复杂的局面。为适应经济发展的需要，2013 年，COSO 发布了新的《内部控制——整合框架》，对原有的部分概念进行了修订，细化了对具体业务的指引，拓展了内部控制报告范畴，增加了公司治理结构内容，扩大了内部控制适用范围。

2008 年，我国财政部会同证监会、审计署、银监会、保监会①等五部委联合发布了《企业内部控制基本规范》（以下简称基本规范）；2010 年，五部委联合发布《企业内部控制配套指引》（以下简称配套指引），包括《企业内部控制应用指引》《企业内部控制评价指引》《企业内部控制审计指引》等三个具体指引。基本规范与配套指引及其具体指引共同构成了我国内部控制规范体系，标志着结合我国国情、具有中国特色的内部控制规范体系初步建立。2011 年 1 月 1 日，内部控制规范要求在境内外同时上市的企业开始实施。2012 年 1 月 1 日又要求在上海证券交易所和深圳证券交易所主板上市企业实施。2012 年 2 月，五部委又联合下发了《企业内部控制规范体系实施中相关问题解释第 1 号》和《企业内部控制规范体系实施中相关问题解释第 2 号》，解释了内部控制规范体系实施过程中的若干个重要问题。2017 年 6 月，财政部发布了《小企业内部控制规范（试行）》，规范小企业内部控制执行。

内部控制是防范企业风险、提升管理质量、强化外部监督的重要手段。在我国执行内部控制制度的过程中，许多企业仍旧存在不重视、不了解内部控制的情况，仍有企业的内部控制制度形同虚设，大股东任意侵占资金、违规对外担保、炮制虚假合同、存货管理混乱和虚增收入等违法违规情况时有发生。究其原因有许多方面，但其中重要的一点是企业在建立内部控制体系时，没有将内部控制与企业面临的风险相结

① 2018 年 4 月，中国银行业监督管理委员会（简称银监会）与中国保险监督管理委员会（简称保监会）合并，不再保留银监会和保监会，合并之后为中国银行保险监督管理委员会（简称银保监会）。

合，内部控制的有效性也就无法实现。

基于此，在参考国内外同类教材的基础上，本书将内部控制制度与企业风险点相结合，以风险为导向建立内部控制体系。在建立内部控制关键控制点与措施前，首先了解该内部控制面临的风险有哪些，在建立内部控制时以降低上述内部控制面临的风险为目标，从而具有较强的针对性。在教材框架结构方面，本教材第一部分阐述了内部控制发展历程和我国内部控制规范体系的发展阶段以及内部控制的基本原理，以便初次接触内部控制的学生有一个基本的了解。第二部分主要从企业层面和业务层面两个方面，详细阐述了内部控制存在的风险以及对应的内部控制关键控制点与措施。在企业与业务层面分类上，本教材与基本规范的分类略有差异，主要是考虑企业实务，将全面预算内部控制分类到业务层面内部控制。第三部分为内部控制评价，包括企业内部控制自我评价和外部注册会计师的评价两个角度。在教材内容设置方面，在所有重要的内部控制方面均引入了案例思考，引用证监会等权威部门网站公布的材料，采用了最新的上市公司违规案例，如 2019 年度在资本市场影响巨大的康美药业货币资金案例、康得新虚构利润案例、獐子岛“跑路扇贝”案例等违法违规事件，引导学生结合资本市场的具体事件，对内部控制存在的问题以及如何有效实施内部控制进行深入思考。本书在每章最后给出了一定数量和不同类型的习题，帮助学生进一步回顾和巩固相关知识点。

本书作为内部控制基础教材，适合会计、财务管理、审计、资产评估、税收、金融、工商管理等专业的本科学生使用，也适用于企业开展内部控制制度建设与培训。

本教材由章国标担任主编，楼建伟、党文英担任副主编，其中第一、二章由楼建伟负责编写，第三、四章由章国标负责编写，第五、六章由党文英负责编写。对浙江大学出版社编辑为本教材的顺利出版所付出的辛勤劳动，在此表示感谢。

在本教材编写过程中，我们参考了大量现有的与内部控制和风险管理相关的国内外文献和资料，其中来源明确的资料信息已列于脚注和参考文献中。本教材的编写，得益于众多对内部控制和风险管理的前期研究，在此，对所有内部控制与风险管理领域的专家和学者致以最诚挚的谢意。

由于作者水平有限，本教材难免存在一些缺点、错误，在此恳请广大读者予以批评指正，帮助我们不断改进和完善。

章国标

2021 年 3 月

目　录

第一章

企业内部控制的内涵及演进

学习目标

内部控制是现代企业管理的重要组成部分。本章主要介绍内部控制的定义及内涵、内部控制演进发展的过程、我国内部控制发展及现状等内容。通过本章学习，应掌握以下主要内容：

- 企业内部控制的内涵
- 内部控制发展的不同阶段
- 我国内部控制体系构成及基本内容

第一节 内部控制的定义及内涵

随着内部控制理论的演进与发展，内部控制概念的内涵与外延也在不断变化。目前，国际上普遍接受的内部控制基本定义是：“由企业董事会、管理层以及其他员工实施的，为实现企业提高经营效率和效果、增强财务报告可靠性、遵守相关法律法规等目标而提供合理保证的过程。”该内部控制的概念来自美国发起人委员会（Committee of Sponsoring Organization，以下简称COSO）。COSO成立于1987年，由美国注册会计师协会（American Institute of Certified Public Accountants,AICPA）、美国会计协会（The American Accounting Association, AAA）、美国财务经理人协会（The Financial Executives International, FEI）、美国内部审计师协会（The Institute of Internal Auditors, IIA）和美国管理会计师协会（The Institute of Management Accountants, IMA）共同发起成立，专门研究内部控制问题。1996年，COSO对内部控制的定义进行了确认，提出企业内部控制概念，得到了广泛的认可。

2008年6月，我国财政部、证监会、审计署、银监会、保监会等五部委联合发布《企业内部控制基本规范》，将内部控制定义为：“由企业董事会、监事会、经理层和全体员工实施的、旨在实现控制目标的过程。”这一概念基本沿用的是COSO对于内部控制的定义。

理解内部控制的基本含义时，需要关注以下三大方面。

一、内部控制是一个动态过程

内部控制是一个动态过程，可以从两个方面来理解。首先，从横向来看，内部控制是多方面结合的过程，包括为实现企业目标而制定的一整套制度、一系列业务活动以及实施的各种管理方法。在整个内部控制活动中，制度、业务和管理等方面需要有明确的机制，有机结合发挥作用。其次，从纵向来看，内部控制是一个动态的过程。在不同时期，随着内外部经济环境、法律环境、企业发展周期等方面的变化，内部控制在制度设计、业务活动控制、管理方法等方面也需要不断变化、演进，以适应新的需要。

二、内部控制需要全员参与

内部控制需要企业所有人员参与，并非某个主体、某个部门、某个层次人员的职责。因为，内部控制涉及企业设计、研发、生产、销售、运输、售后等各个环节，也涉及财务管理、人力资源管理、信息系统管理和客户资源管理等各个方面。完善的内部控制，需要企业全体员工参与。建立全面的控制系统与运作机制，需要全体员工对自身职责有所了解并切实履行。因此，内部控制需要董事会、管理层和其他各个层级的员工的参与。

三、内部控制只能提供合理保证

完善的内部控制能够帮助企业实现提高经营效率和效果、增强财务报告可靠性和遵守相关法律法规等目标，但是只能提供合理保证，再完美的内部控制也无法保证企业一定能够实现上述目标。因为，内部控制存在以下几方面局限性。

（一）管理者凌驾于制度之上

在完善的内部控制体系中，每个管理人员都具有与管理职务相对应的权利与义务，在权利与义务框架内开展工作。但是，当管理人员滥用职权，凌驾于内部控制制度之上，越过内部控制做出错误决策，没有受到有效监督时，内部控制就失去了应有的作用。

（二）企业人员串通舞弊

在发挥良好作用的内部控制制度下，不相容职务的人员应当发挥相互监督、相互制约的作用。但是，一旦发生企业人员串通舞弊的行为，内部控制将失去相应的作用。企业人员的串通一般有两个方面：一是企业内部人员串通，指的是企业内部不相容岗位上的人员，为实现一定的个人目的，串通起来违反内部控制要求的行为；二是企业内外部人员串通，即企业内部人员与外部人员串通。

（三）企业人员素质的因素

企业内部控制从本质上来讲，需要人员发挥各自的作用。在内部控制实施过程中，人员素质会影响到内部控制的有效性。这里包含两方面因素：一是能力因素，人员专业能力有限时，会做出错误的判断，这是非故意的行为；二是品质因素，人员具有专业能力，但为了某方面利益，故意做出错误的决策，这是有意的行为。

（四）成本效益因素

内部控制作为一项管理行为，同样受到成本效益的约束。当一项内部控制行为带来的效益大于实施的成本时，企业会实施该项内部控制；反之，当一项内部控制行为带来的效益小于实施的成本时，企业就不会实施，即使该项内部控制具有良好的控制效果。这里的成本既包括财务成本，也包括非财务成本。

第二节　内部控制的演进与发展

内部控制的演进伴随着经济发展，是对企业内部管理的需要在长期的经营实践中逐渐演进的过程。根据内部控制发展过程，目前有两种不同的分类方法（见表 1-1）。

表 1-1　内部控制发展阶段分类

<table>
<tr><th>五阶段分类方法</th><th>四阶段分类方法</th></tr>
<tr><td>1. 内部牵制阶段
（Internal Check）</td><td>1. 内部牵制阶段
（Internal Check）</td></tr>
<tr><td>2. 内部控制制度阶段
（Internal Control System）</td><td>2. 内部控制制度阶段
（Internal Control System）</td></tr>
<tr><td>3. 内部控制结构阶段
（Internal Control Structure）</td><td>3. 内部控制结构阶段
（Internal Control Structure）</td></tr>
<tr><td>4. 内部控制整合框架阶段
（Internal Control Integrated Framework）</td><td rowspan="2">4. 内部控制整合框架阶段
（Internal Control Integrated Framework）</td></tr>
<tr><td>5. 企业风险管理整合框架阶段
（Enterprise Risk Management Integrated Framework)</td></tr>
</table>

这两种分类方法的区别在于对企业风险管理整合框架的认定，五阶段分类方法将企业风险管理整合框架单独作为一个阶段，而四阶段分类方法将企业风险管理整合框架与内部控制整合框架合并。本教材采用四阶段分类方法。

一、内部牵制阶段

最初的内部牵制思想，据史料记载，可追溯到公元前3600年以前的美索不达米亚文化时期，当时人们在财物经手的过程中，用各种标记来记录生产和使用情况，防止财物丢失或被挪用。在古埃及时期，财物接收时数量的记录、入库的记录与实物的接收、核对，分别由三名人员完成。在古罗马时期，出现了“双人记账制度”，一项业务发生后，两名人员同时进行记录，定期核对，以达到防范差错和舞弊的目的。

在我国西周时期（公元前1100年—公元前770年），为防止负责财赋的官吏弄虚作假或贪污挪用，出现了许多分工牵制和交叉检查的制度，如“听出入以要会”[①]，定期进行检查核对，形成“日成”“月要”“岁会”的审计监督。美国著名会计史学家迈克尔·查特菲尔德（Michael Chatfield）在他的著作《会计思想史》（*A History of Accounting Thought*）中认为，“在内部控制、预算以及审计程序等方面，古代世界几乎没有可以与中国周代相比的国家”[②]。但是，限于当时的经济发展水平，上述理念仅仅是内部牵制的萌芽，并没有形成系统性内部牵制方法。

到了15世纪末，资本主义经济初步发展起来，在会计核算方面出现了复式记账法。复式记账法的出现促进了内部牵制方法的发展，也是内部牵制的重要手段。这个时期内部牵制的主要内容是会计核算的相互牵制，是账目之间的相互核对，实施一定程度的岗位职责分离，任何一个部门或个人不能独立控制会计核算，从而发挥会计核算相互牵制的作用；同时，设置两个或两个以上的部门或个人对会计账目进行交叉检查。这一方法基于两方面的基本假设：第一，在无意识的错误方面，两个或两个以上的部门或个人出现错误的可能性低于一个部门或个人；第二，在有意识的舞弊方面，两个或两个以上的部门或个人串通舞弊的可能性低于一个部门或个人。内部牵制在这一时期逐渐成熟起来，但范围以内部会计牵制为主。

18世纪第一次工业革命后，现代化的企业快速发展，企业规模迅速扩大。一些企业在应用内部会计牵制的过程中，逐步摸索出一系列组织、协调、制约和检查生产经营活动的方法，形成了内部牵制制度。内部牵制从内部会计牵制逐步扩展到企业经营的各个方面，主要是通过对各岗位的职责分工，使得任何一个部门或个人无法单独控制任何一项业务，实现在正常履行业务过程中进行交叉检查控制的目的。

---

① 出自《周礼·天官冢宰第一》。

② ［美］迈克尔·查特菲尔德:《会计思想史》，文硕等译，中国商业出版社，1989年，第8页。

随着企业经营管理制度的发展，20 世纪初到 20 世纪 40 年代，部分企业所有权与经营权分离，企业股东与管理者之间信息不对称、利益冲突等问题逐渐凸显，以提高企业运营效率、防范舞弊为目的的内部牵制得到了更广泛的应用。

总的来说，内部牵制基本以查错防弊为主要目的，以岗位职责分离和会计账目核对为主要手段，以会计交易事项为主要对象。在长期的实践中，内部牵制机制在减少错误和舞弊方面发挥了重要的作用。现代内部控制理论中仍大量沿用内部牵制中职责分离、不相容职务等基本控制方法。

二、内部控制制度阶段

一般认为，20 世纪 40—80 年代为内部控制制度阶段。这一时期，在前期内部牵制的基础上，逐步形成了系统化的内部控制制度。随着经济的快速发展，所有权与经营权分离的经营模式被广泛应用，新技术的应用以及注册会计师行业的发展使得企业需要在管理上采取范围更广、更为完善、更为有效的控制方法；同时，为保护投资者和债权人的利益，需要通过强化内部控制对企业财务和其他业务活动进行控制和监督。因此，内部控制从之前的内部牵制逐步形成涉及企业组织机构、岗位职责、人员素质、业务流程和内部审计的一整套内部控制制度。

1949 年，美国注册会计师协会下属的审计准则委员会（Accounting standards Board, 简称 ASB）发表了题为《内部控制：系统协调的要素及其对管理部门和独立注册会计师的重要性》（*Internal Control: Elements of Coordinated System and its Importance of Management and the Independent Public Account*）的报告。在报告中，美国注册会计师协会将内部控制定义为："企业为了保证资产的安全完整、检查会计资料的准确性和可靠性、提高企业经营效率、贯彻企业既定经营策略而设计的总体规划及采取的所有方法和措施。"该定义将内部控制系统的应用范围从与会计部门有关的控制扩大到企业内部各个领域。

1958 年，为满足注册会计师在评价企业内部控制方面的需要，美国注册会计师协会下属的审计程序委员会发布了审计程序公告第 29 号《注册会计师评价内部控制范围》（*CAP No.29, Scope of the Independent Auditor's Review of Internal Control*），将内部控制分为内部会计控制（internal accounting control）和内部管理控制（internal administrative control）两类。内部会计控制指为保证资产安全完整、提高会计核算准确性和可靠性所采取的控制方法和措施；内部管理控制指为提高企业经营效率、贯彻企业经营策略而采取的方法和措施。这一分类，为注册会计师对企业内部控制评价测试提供了指引。

1972 年，美国注册会计师协会下属的审计程序委员会发布了《审计准则公告第 1 号》（*Statement of Auditing Standards No.1*），对内部会计控制和内部管理控制重新进行了定义。

1986 年，最高审计机关国际组织（Internal Organization of Supreme Audit Institutions，INTOSAI ）在第十二届国际审计会议上，对内部控制进行了新的定义:“内部控制作为完整的财务和其他控制体系，包括组织机构、方法程序和内部审计；由管理当局根据总体目标而建立，旨在帮助企业经营活动合理化，具有经济性、效率性和效果性；保证管理决策的实施，维护资产和资源的安全，保证会计记录的准确和完整，并提供及时、可靠的财务和管理信息。”

三、内部控制结构阶段

20 世纪 80 年代后期，随着内部控制理论研究的进一步深入，在对企业内部会计控制和内部管理控制进行研究的过程中，研究者认为将内部会计控制与内部管理控制进行区分，对注册会计师进行企业内部控制评价非常重要，但两者之间相互联系、互相影响，有时无法明确区分。同时，研究人员逐渐将控制环境纳入内部控制研究范畴，跳出了内部控制“二分法”的圈子；突出管理当局对内部控制的态度、认识和行为等控制环境的重要性，认为这些因素是实现内部控制目标的环境保证，要求注册会计师在评价企业内部控制时，不仅要关注内部会计控制和内部管理控制，还应当对企业内部控制环境进行评估。

这一时期的标志是，1988 年，美国注册会计师协会下属的审计准则委员会发布《审计准则公告第 55 号》（*SAS No.55*）。该公告首次提出以“内部控制结构”（domination structure）概念取代之前的“内部控制制度”，并指出“企业内部控制结构包括提供企业实现特定目标的合理保证而建立的各种政策和程序”，包括控制环境（control environment）、会计制度（accounting system）和控制程序（control program）。

●控制环境——指对建立、加强或削弱特定政策与程序的效率有重大影响的各种因素，如董事会及其下属委员会的职能，特别是审计委员会的职能，管理当局的诚信度、经营理念、对风险的偏好，企业组织结构，岗位职权确定的方法与程序，人力资源政策与程序，外部关系对企业的影响等。

●会计制度——指为对各项经济业务进行分类、确认、计量和披露，明确资产与负债而规定的各种方法，是内部控制的重要组成部分，包括确认和记录所有的合法经济业务，对各类经济业务进行分类，选择合理的货币进行计价，确定经济业务发生的时间，按照会计期间进行经济业务记录，对经济业务和其他相关事项在财务报告中进行合理披露。

●控制程序——指管理层制定的用以保证实现一定目标的政策和程序，如对经济业务和活动的授权，明确岗位的职责与权限，确保经济业务和活动有效记录，资产以及记录的限制接触与安全措施，对已记录的业务及其评价的复核等。

上述概念的提出，顺应了经济发展趋势，有助于企业管理和注册会计师审计，得到了会计和审计界的认可。在此基础上形成了基于风险评估的审计方法。

四、内部控制整合框架阶段

（一）前期内部控制整合框架阶段

COSO 自 1986 年成立以后，一直从事内部控制研究。1992 年 COSO 发布了内部控制实践的纲领性文件《内部控制——整合框架》（*Internal Control Integrated Framework*），并于 1994 年进行了增补，1996 年对内部控制进行了完整的定义和描述，受到了普遍认可。

1996 年，美国注册会计师协会下属的审计准则委员会根据 COSO 对内部控制的定义，发布了第 78 号说明书（SAS No.78），对之前的第 55 号（SAS No.55）内部控制的定义进行了修订。

COSO 的内部控制整合框架是一个立体的内部控制体系，包含内部控制要素、内部控制目标和内部控制层次三个维度。

控制要素包括控制环境（control environment）、风险评估（risk assessment）、控制活动（control activity）、信息与沟通（information & communication）和监督（monitoring）。

控制目标包括经营（operations）、财务报告（financial reporting）与合规（compliance）。

控制层次包括不同层级的业务单位（unit）或业务活动（activity）。

COSO 提出的内部控制整合框架在现代内部控制发展史上具有里程碑式的意义，为内部控制提供了内涵统一、范围广泛的概念框架和评价方法。

（二）美国萨班斯－奥克斯利法案（Sarbanes-Oxley Act）后阶段

2001 年美国能源巨头安然公司（Enron）曝出财务造假丑闻，并于当年申请破产，成为美国历史上金额最高的破产案件。仅隔一年，2002 年，美国通信业公司世通（WorldCom）也因财务造假申请破产保护，成为美国历史上最大的破产保护案件。曾是全球五大会计师事务所之一的安达信会计师事务所（Arthur Andersen），长期为安然和世通两家公司提供审计与咨询业务，也因牵涉协助财务造假以及妨碍司法调查等而破产。

此外，还有许多知名的跨国公司，如施乐公司（Xemx Corp）、美国在线-时代华纳（AOL Time Warner）等均曝出财务造假丑闻。

众多知名企业的财务丑闻以及会计师事务所参与造假，使得美国投资者对资本市场丧失了信心，并对注册会计师行业的独立性产生了怀疑。为了重新建立投资者对资本市场的信心，美国参议院银行委员会主席萨班斯（Paul Sarbanes）和众议院金融服务委员会主席奥克斯利（Mike Oxley）共同提出了一项会计改革法案《2002 年上市公司会计改革和投资者保护法案》，即《萨班斯 - 奥克斯利法案》（简称 SOX 法案），并分别于 2002 年 6 月和 7 月经参议院和众议院通过，并经当时美国总统小布什签署后正式生效。

SOX 法案被认为是美国 20 世纪 30 年代经济大萧条以来最重要、影响最深远以及措施最严厉的法案之一。其根据之前财务丑闻中暴露出来的严重问题，结合美国经济发展水平和社会环境的变化，对美国 1933 年《证券法》和 1934 年《证券交易法》进行了修改和补充，针对美国证监会（Securities and Exchange Commission，SEC）的权责、会计行业监督、审计独立性、财务信息披露、公司责任等多个方面出台了新的政策。SOX 法案的出台对企业内部控制产生了重要影响，现行的内部控制诸多制度与要求均出自该法案，其中与内部控制相关的要求与具体内容主要是第 103、201、203、302、404 条款（见表 1-2）。

表 1-2　SOX 法案关于内部控制的内容

条　款	涉及内容	具体要求
第 103 条款	审计、质量控制和独立性准则计规定	要求注册会计师须在每个审计报告中说明对上市公司内部控制构成及程序的测试范围，并在审计报告或单独的报告中说明
第 201 条款	注册会计师执业范围规定	禁止为企业提供财务报告审计业务的注册会计师，在同一企业从事非审计业务，如核算、内部审计和系统设计咨询等
第 203 条款	审计合伙人轮换要求	要求负责企业审计业务的合伙人每五年必须轮换
第 302 条款	公司对财务报告的责任	要求企业主要责任人（如 CEO 和 CFO）保证每一年度的财务报告的完整性和准确性
第 404 条款	管理层内部控制的评价	（1）要求企业编制的年度报告中包含内部控制报告 （2）注册会计师须对企业管理层建立和维护内部控制充分性进行测试和评价，并出具评价报告

SOX 法案出台的企业内部控制条款非常严格，对高级管理层责任、建立内部控制体系和外部注册会计师审计均提出了明确的要求，对企业内部控制的实际执行产生了重大影响。

1. 对公司治理结构的影响

SOX 法案对公司治理提出了两方面的制度性要求。第一，关于审计委员会的规定。SOX 法案要求上市公司必须在董事会下设审计委员会，该审计委员会需要与管理层保持独立，并对审计委员会的资金来源、人员构成、报告对象、职责和权力等作了明确的规定。第二，对管理层责任的确定。SOX 法案规定 CEO 和 CFO 必须为公司的财务报告完整性和准确性提供保证，明确建立和维护内部控制制度是公司管理层的责任，公司 CEO 和 CFO 因行为不当而获取的奖金、红利和权益性报酬必须退还。SOX 法案的实施弥补了公司治理结构方面的缺陷和漏洞，为监管机构查处财务舞弊、明确责任人提供了法律保障。

2. 对内部控制体系的影响

SOX 法案的第 302 条款和第 404 条款要求所有在美国上市的公司必须建立完善的内部控制体系，建立涉及每一项经济业务的内部控制制度，每年度对其有效性和充分性进行评价，对存在的重大缺陷应当予以披露，由公司管理层对此承担责任。同时，外部注册会计师需要对企业内部控制出具单独的评价报告。这就迫使企业管理层要对内部控制的各个方面进行彻底的检查和完善，以符合 SOX 法案的规定。这一“彻底检查”涉及企业经营、IT 系统、投融资管理、财务系统、法律法规监督等各个方面，对企业整体业务流程重组、人员重新配置和岗位职责等都会产生影响，对企业建立和完善内部控制、加强财务监督、提高资源使用效率等产生重大影响。

3. 对信息披露方面的影响

SOX 法案要求上市公司在年报和季报中披露所有重大资产负债表外业务、合同、义务，如果上市公司与非并表实体和其他个人之间存在可能对公司财务状况及其变动、经营成果、流动性、资本性支出、资本来源以及收入费用等产生重大影响的关联，也应同时披露。同时，上市公司披露的财务报告必须遵循会计准则（Generally Accepted Accounting Principles, GAAP）的要求，并反映注册会计师按照 GAAP 以及 SEC 的法规和信息披露规范所做的所有重大调整。法案对改进企业财务报告的要求，体现了投资者利益至上的理念转变。

当然，SOX 法案对于内部控制严格的要求，由于缺少对执行成本的考虑，使得上市公司合规成本大大提高了，特别是中小型上市公司合规成本急剧上升。这些成本既有来自企业内部完善内部控制体系产生的成本，也有来自外部注册会计师提供额外内部控制评价业务产生的成本，以及因法律诉讼而增加的成本。因此，在实际执行过程中，美国 SEC 多次推迟了首次执行 SOX 第 404 条款的时间，2012 年对新兴成长公司（最近一年总收入低于 10 亿美元的公司）给予 SOX 第 404 条款的豁免。

（三）新 COSO 内部控制整合框架阶段

经济、技术的发展，全球化的深入、互联网的普及、大数据的应用等使得企业运营方式更为复杂多样，企业内部控制进入更深层次、更加细化、更为多元的领域。2010 年 COSO 开始新的内部控制整合框架的修订工作，聘请普华永道会计师事务所（PWC）共同参与新框架的修订工作，对已使用 COSO 内部控制框架的企业开展问卷调查，征求意见。2013 年，COSO 正式发布新的《内部控制——整合框架》（以下简称新框架）。

新框架包含四方面内容：一是内容摘要。对内部控制的定义、目标、原则、内部控制的有效性和局限性等进行总结概括。二是框架内容和附录。包括内部控制组成部分及相关的原则和关注点，为各级管理层在设计、实施和评估内部控制等方面提供指导。三是评估内部控制有效性的解释性工具。为管理层在应用框架特别是评估有效性方面提供模板和指导。四是外部财务报告内部控制方案和示例。为外部财务报告应用框架中的要素和原则提供实际方案和应用示例。①

COSO 认为旧框架的基本概念和原理是合理的，也被企业广泛接受。因此，新框架仍以旧框架的基本要素为核心，但对部分概念进行了修订，细化对具体业务的指引，具体变化主要有以下四方面。

1. 细化五大要素对应的总体原则

新框架对旧框架五大控制要素进行了细化，提出 17 项总体原则，其中：控制环境新增 5 项总体原则，风险评估新增 4 项总体原则，控制活动新增 3 项总体原则，信息与沟通新增 3 项总体原则，监督新增 2 项总体原则（见表 1-3）。

① 徐玉德、孙永尧：《企业内部控制与风险管理》，经济科学出版社，2016 年，第 14 页。

表 1–3　新框架控制要素与总体原则内容

五大控制要素	17 项总体原则
控制环境	（1）组织对诚信和道德价值观做出承诺
	（2）董事会独立于管理层，并对内部控制的推进和成效进行监督
	（3）管理层在委员会的监督下，围绕其目标建立健全组织架构、汇报关系以及合理的授权和责任机制
	（4）组织对吸引、发展和保留认同组织目标的人才做出承诺
	（5）组织本着实现其目标的宗旨，让员工各自担负起内部控制的相关责任
风险评估	（6）组织就识别与评估与其目标相关的风险，做出清晰的目标设定
	（7）组织对影响其目标实现的风险进行全范围的识别和分析，并以此为基础来决定应如何管理风险
	（8）组织在对影响其目标实现的风险进行评估时，考虑潜在的舞弊行为
	（9）组织识别和评估可能对内部控制体系造成较大影响的改变
控制活动	（10）组织选择并开展控制活动，将风险对其目标实现的影响降到可接受水平
	（11）针对（信息）技术，组织选择并开展一般控制活动以支持其目标的实现
	（12）组织通过合理的政策和确保其得以贯彻执行的程序来开展控制活动
信息与沟通	（13）组织获取或生成信息，并使用相关的、优质的信息来支持内部控制发挥作用
	（14）组织在其内部沟通传递包括内部控制的目标和责任在内的必要信息以支持内部控制发挥作用
	（15）组织与外部相关方就影响内部控制发挥作用的事宜进行沟通
监　督	（16）组织选择、推动并实施持续和独立的评估以确认内部控制的要素是存在且正常运转的
	（17）组织及时地评价内部控制的缺陷，并视情况与那些负责采取纠正措施的相关方（包括高级管理层、董事会）进行沟通

2. 拓展了内部控制报告范畴

旧框架内部控制主要是确保对外公布的财务报告的完整性和可靠性，新框架在报告对象和报告内容两个方面进行了拓展。报告对象方面，既包含外部投资者、债权人、监管部门等，也包含董事会、管理层等。报告内容方面，既包含财务报告，也包含市场调研、资产使用、人力资源、内部控制评价以及可持续发展等非财务性报告。

3. 增加了公司治理结构内容

新框架包括了更多的关于公司治理结构的内容，如董事会的监督对内部控制有效性的重要性，增加董事会下属的各个专门委员会（如审计委员会、薪酬委员会、战略委员会、提名与治理委员会等）的内容。

4. 扩大了内部控制适用范围

随着经济、技术和经营模式的发展，新框架充分考虑了这些因素，能够适应不同的经营模式和组织结构，适用于营利和非营利等所有形式组织的内部控制。

此外，COSO 也针对企业内部控制与企业风险发布了一系列其他文件，如 2004 年发布的《企业风险管理——整合框架》（*Enterprise Risk Management Framework*，*ERM*），这是专门针对企业风险管理制定的框架。COSO 认为内部控制是企业风险管理的一部分，企业风险管理在范围上比内部控制更广，内部控制整合框架与企业风险管理框架两者互为补充。2006 年 COSO 发布《中小型上市公司财务报告内部控制指南》（*Internal Control Over Financial Reporting—Guidance for Smaller Public Companies* ），目的是帮助中小型上市公司更经济地执行 SOX 法案，建立有效的财务报告内部控制制度。2009 年 COSO 发布《内部控制体系监督指南》（*Guidance on Monitoring Internal Control Systems*），帮助各类组织更好地监督本组织内部控制体系的有效性，并在必要时及时采取措施予以纠正。

第三节　我国内部控制的发展

一、起步发展阶段

我国的内部控制建设起步较晚。一般认为，我国内部控制起步于 1985 年颁布的《中华人民共和国会计法》，其中规定："会计机构内部应当建立稽核制度。出纳人员不得兼管稽核、会计档案保管和收入、费用、债权债务账目的登记工作。"这是我国首次以法律的形式明确会计内部牵制。

1996 年，财政部发布《会计基础工作规范》，全面规范了会计机构的设置、会计人员、会计核算、会计岗位设置、会计监督、内部会计管理制度和会计职业道德等方面的要求。这是会计内部控制较为完整的一项规范。同年，中国注册会计师协会（CICPA）发布第二批《中国注册会计师独立审计准则》，其中《独立审计具体准则第9号——内部控制与审计风险》[1]对内部控制的定义和内容作出具体规定，要求注册会计师在财务报表审计时对被审计单位的内部控制进行评价。《独立审计实务公告第2号——管理建议书》规定，“注册会计师对审计过程中发现的内部控制重大缺陷应当告知被审计单位管理层，必要时，可出具管理建议书”。上述对注册会计师审计时要求关注企业内部控制的规定，在一定程度上提高了企业对内部控制的关注度，间接地推动了企业内部控制的发展。

1999年，在亚洲金融危机爆发以后，我国吸取各国在金融危机中的各种经验教训，适时推动企业管理制度和会计监督机制改革。证监会、保监会等行业监管部门先后出台了一系列内部控制制度，规范了上市公司、期货和证券公司、保险公司等相关行业的内部控制。

2001年，财政部发布了《内部会计控制规范——基本规范（试行）》和《内部会计控制规范——货币资金（试行）》；2002年，发布了《内部会计控制规范——采购与付款（试行）》和《内部会计控制规范——销售与收款（试行）》；2003年，发布了《内部会计控制规范——工程项目（试行）》；2004年，发布了《内部会计控制规范——担保（试行）》和《内部会计控制规范——对外投资（试行）》。上述规范建立和完善了内部会计控制的基本框架和要求，内容除了涉及会计的货币资金、收付款项等，还涉及会计控制外的采购、销售、工程、担保等具体业务的内部控制规范。

2002年，中国注册会计师协会发布了《内部控制审核指导意见》。该意见对内部控制审核进行了界定，明确了被审核单位的责任和注册会计师的责任，要求注册会计师对被审计单位管理层在特定时期的内部控制有效性进行审核，并出具审核意见。

2003年，审计署根据《中华人民共和国国家审计基本准则》，颁布了《审计机关内部控制测评准则》。该准则规范国家审计人员在审计过程中对被审计单位内部控制的测评行为，提出具体的内部控制测评步骤和方法。

2002年前后，美国安然、世通等公司爆出财务丑闻，安达信会计师事务所倒闭等事件，暴露出企业内部控制监督和注册会计师独立性等方面的严重问题。之后美国出台SOX法案，提出了对企业内部控制的一系列要求，对全球的企业内部控制发展带来了重大影响，加快了我国企业内部控制建设的步伐。

2004年年底和2005年，国务院有关部门连续两次就强化企业内部控制问题作出重要批示。其中，2005年6月，国务院有关部门在财政部、国资委和证监会

① 2006年2月，财政部发布了《中国注册会计师鉴证业务基本准则》等22项注册会计师执业准则，原有的《独立审计基本准则》等相关准则同时作废。

联合提交的《关于借鉴〈萨班斯法案〉完善我国上市公司内部控制制度的报告》上作出批示，要求“由财政部牵头，联合证监会及国资委，积极研究制定一套完整公认的企业内部控制指引”。同年 7 月 15 日，财政部、国资委、证监会、审计署、银监会、保监会联合发起成立企业内部控制标准委员会。

之后，国务院国资委、证监会、银监会、保监会等监管机构出台了一系列行业内部控制规范制度，上海证券交易所和深圳证券交易所也分别发布上市公司内部控制指引。

二、体系化发展阶段

2008 年 5 月，财政部、证监会、审计署、银监会、保监会等五部委联合发布了《企业内部控制基本规范》（以下简称基本规范），要求于 2009 年 7 月 1 日起在上市公司范围内施行。基本规范明确：“执行本规范的上市公司，应当对本公司内部控制的有效性进行自我评价，披露年度自我评价报告，并聘请具有证券、期货业务资格的会计师事务所对内部控制的有效性进行审计。”

2010 年 4 月，五部委联合发布了《企业内部控制配套指引》（以下简称配套指引）。该配套指引包括《企业内部控制应用指引》（以下简称应用指引）、《企业内部控制评价指引》（以下简称评价指引）和《企业内部控制审计指引》（以下简称审计指引），配套指引与之前发布的基本规范共同组成了我国企业内部控制的框架体系，是我国企业内部控制体系化的标志。

总体来看，我国的企业内部控制体系基本借鉴了美国 COSO 于 1996 年发布的《内部控制——整合框架》中的五大要素，同时根据企业风险管理的需要，将 2004 年 COSO 发布的 ERM 与内部控制整合框架相结合，在内容上融入了企业风险管理八大要素，形成结合中国实际情况、具有中国特色的企业内部控制体系。

配套指引于 2011 年 1 月 1 日起在境内外同时上市的 69 家公司实施。同时，财政部、证监会又选择了 200 多家在境内主板上市的公司进行试点。

2012 年 2 月，根据前期试点反馈情况，五部委联合下发了《企业内部控制规范体系实施中相关问题解释第 1 号》（以下简称《解释》），对实际应用中的 10 个重要问题进行解释，如：如何把握规范体系强制性与指导性的关系，已执行境外内部控制规定的企业如何实施，规范体系与其他监管部门规定的关系，如何协调内部控制与风险管理的关系，如何确定内部控制缺陷认定标准，如何处理内部控制实施成本与预期效益的关系等。

2012 年 9 月，五部委下发了《企业内部控制规范体系实施中相关问题解释第

2号》，进一步解释内部控制规范体系实施过程中的其他10个重要问题。如：内部控制如何组织实施、如何改善内部控制人才缺乏的状况、企业集团内部控制如何评价、选择中介机构参与内部控制工作需要考虑哪些因素、注册会计师如何安排内部控制审计时间、小型企业内部控制建设时有哪些特殊考虑等。

2017年6月，财政部发布《小企业内部控制规范（试行）》，以规范尚不具备执行基本规范及其配套指引条件的小企业。引导小企业建立和实施内部控制制度，提高小企业经营和风险管理水平，防范企业风险，促进小企业持续、健康发展。

三、现行企业内部控制体系主要内容

目前，我国企业内部控制形成了以基本规范为指导、以配套指引为具体指导规范、以《解释》解决实际问题的多层次内部控制体系。

（一）《企业内部控制基本规范》框架

基本规范共分七章，包括总则、内部环境、风险评估、控制活动、信息与沟通、内部监督以及附则。

1. 总　则

明确内部控制的概念、适用范围；内部控制的目标、原则、控制要素；实施要求以及会计师事务所的职责等。

2. 内部环境

明确企业组织架构、治理结构；机构的职责与权限；审计委员会与内部审计；人力资源管理与企业文化等。

3. 风险评估

明确企业在内部风险与外部风险识别过程中关注的因素；采取合理的方法进行风险分析、评估；风险控制的基本方法，及时调整风险策略。

4. 控制活动

明确在风险评估的基础上控制活动的方法、一般控制措施；建立重大风险预警机制和突发事件应急处理机制。

5. 信息与沟通

明确内部控制相关信息的内部与外部渠道；信息处理、信息技术的应用；反舞弊工作的重点、投诉与举报机制。

6. 内部监督

明确内部审计的地位、内部监督的形式；内部控制缺陷的种类、处理方式及追责；内部控制自我评价。

基本规范确立了我国企业内部控制的基本框架，是我国全面、系统地建立企业内部控制体系的开始，有利于企业提高经营效率、改善经营环境，增强投资者信心，提高国内资本市场吸引力，保障投资者利益，促进经济稳定、健康发展。

（二）配套指引组成及基本内容

现行的配套指引主要包括《企业内部控制应用指引》《企业内部控制评价指引》《企业内部控制审计指引》。其中应用指引是配套指引的主体，包括18项具体指引，此外还有银行、证券、保险3项行业指引。评价指引是指导企业董事会或类似权力机构对内部控制有效性进行全面评价、形成评价结论、出具评价报告的指引。审计指引是对会计师事务所接受委托，在特定基准日对内部控制设计与运行的有效性审计业务的指引。

1. 应用指引的主要内容

2010年出台的应用指引从涵盖的内容上来看，主要包括三个方面：内部环境类、控制活动类、控制手段类。

（1）内部环境类分5项：组织架构、发展战略、人力资源、社会责任、企业文化；

（2）控制活动类分9项：资金活动、采购业务、资产管理、销售业务、研究与开发、工程项目、担保业务、业务外包、财务报告；

（3）控制手段类分4项：全面预算、合同管理、内部信息传递、信息系统。

2. 评价指引的主要内容

评价指引明确了保证企业内部控制评价报告真实性是董事会的责任，要求企业结合实际情况，制定具体的内部控制评价办法，规定评价的原则、内容、程序、方法和报告形式，明确相关机构或岗位的职责权限，落实责任制，有序开展内部控制评价工作。对企业内部控制评价的内容、内部控制评价的程序、内部控制缺陷的认定、内部控制评价报告作了具体规定。

3. 审计指引的主要内容

审计指引明确了企业董事会和注册会计师的责任，指导注册会计师执行内部控制审计工作。具体包括计划审计工作、实施审计工作、评价控制缺陷、完成审计工作、出具审计报告和记录审计工作等。

C. 内部控制评价指引是为企业管理层对本企业内部控制有效性进行自我评价提供的指引

D. 内部控制审计指引是注册会计师和会计师事务所执行内部控制审计业务的执业准则

12. 关于企业内部控制应用指引，下列说法错误的是（　　）。

A. 内部控制应用指引由三大类组成，即内部环境类指引、控制活动类指引、控制手段类指引

B. 内部环境是企业实施内部控制的基础，包括人力资源、社会责任和企业文化等

C. 控制活动类应用指引是对各项具体业务活动实施的控制，此类指引包括资金活动、采购业务、资产管理

D. 控制手段类应用指引偏重“工具”性质，往往涉及企业整体业务或管理，此类指引包括担保业务、业务外包

13. 下列关于内部控制特征的论述，不正确的是（　　）。

A. 内部控制是一个不断发展、完善的过程，随着企业经营管理的新情况适时改进

B. 内部控制由组织中各个阶层的人员共同实施

C. 内部控制从形式上表现为一套相互监督、相互制约、彼此联系的控制方法、措施和程序

D. 制定了严格的内部控制制度，就能确保企业必定成功

（二）多项选择题

1. 有关内部控制的历史演进，下列说法正确的是（　　）。

A. 内部控制理论与实践的发展大体上经历了内部牵制、内部控制系统、内部控制结构、内部控制整合框架四个不同的阶段，并已初步呈现向企业风险管理整合框架交融发展的趋势

B. 内部控制的第二阶段为内部控制系统阶段，该阶段将内部控制一分为二，由此内部控制进入“制度二分法”或“二要素”阶段

C. 1992 年 9 月，COSO 发布了著名的《内部控制——整合框架》，提出了一个概念、三个目标和五个要素

D.《企业风险管理——整合框架》晚于《内部控制——整合框架》产生，目前已经替代了后者

E. 风险管理整合框架阶段的显著变化是将内部控制上升至全面风险管理的高度来认识

2. 下列属于内部控制整合框架构成要素的是（　　）。

A. 控制环境　　B. 风险评估　　C. 控制活动　　D. 信息与沟通

E. 监督

3. 下列属于内部控制整合框架中提出的目标是（　　）。

A. 战略目标　　B. 经营目标　　C. 财务报告目标　　D. 合规目标

E. 发展目标

4. 下列属于2013年COSO新修订的《内部控制——整合框架》中与原框架相比发生重大变化的有（　　）。

A. 关注的商业和经营环境发生了变化

B. 增加了战略目标和资产安全目标

C. 扩充了经营目标和报告目标

D. 将支撑五个要素的基本概念提炼成原则

E. 针对经营、合规和新增加的非财务报告目标提供了补充的方法和实例

5. 关于我国内部控制法规发展和完善正确的说法是（　　）。

A. 2001年1月，证监会发布了《证券公司内部控制指引》，要求所有证券公司建立和完善内部控制机制和内部控制制度

B. 2001年6月，财政部发布了《内部会计控制——基本规范（试行）》，并相继发布了一系列试行规范，这些规范明确了单位建立和完善内部会计控制体系的基本框架和要求

C. 2006年6月，上交所发布了《上海证券交易所上市公司内部控制指引》，同年9月，深交所发布了《深圳证券交易所上市公司内部控制指引》，对上市公司保证企业内部控制制度的完整性、合理性和有效性进行了规定

D. 2008年5月，财政部等五部委联合发布了《企业内部控制基本规范》，要求2009年7月1日起在上市公司范围内施行，并且鼓励非上市的大中型企业也实行基本规范

E. 2010年4月15日，财政部等五部委出台了《企业内部控制应用指引第1号——组织架构》等18项应用指引、《企业内部控制评价指引》和《企业内部控制审计指引》

6. 属于《企业内部控制基本规范》第四条规定的企业建立与实施内部控制的原则有（　　）。

A. 全面性原则　　B. 重要性原则　　C. 成本效益原则

D. 适应性原则　　E. 制衡性原则

7. 中国内部控制标准体系包括（　　）。

A. 企业内部控制应用指引

B. 企业内部控制评价指引

C. 企业内部控制监督指引

D. 企业内部控制基本规范

E. 企业内部控制审计指引

8. 下列有关企业内部控制的表述中，正确的有（　　）。

A. 内部控制是一个过程

B. 内部控制是由企业的董事会和管理层实施的

C. 有效的内部控制可以绝对保证控制目标的实现

D. 内部控制的目标包括企业经营管理合法合规、企业利润最大化、财务报告真实完整等

E. 内部控制不仅仅是制度和手册，而是渗透到企业活动之中的一系列行为

（三）判断题

1. 内部控制系统阶段是内部控制发展的第一阶段。（　）

2. 内部控制二要素阶段是内部控制结构阶段。（　）

3. 内部控制整合框架阶段中明确了内部控制的五个构成要素，这五个要素分别为控制环境、风险评估、控制活动、信息与沟通和监督。（　）

4. 内部控制的现实意义是有助于企业提升自身管理水平、提高风险防御能力、维护社会公众利益，最终服务于企业价值创造的终极目标。（　）

5. 2013 年 5 月，COSO 更新了《内部控制——整合框架》（1992），对原框架的许多重要原则和概念进行了重大修正。（　）

6. 目前，我国企业内部控制规范的框架体系由《企业内部控制基本规范》《企业内部控制评价指引》《企业内部控制审计指引》组成。（　）

7.《企业内部控制应用指引》是对企业按照内部控制原则和内部控制五要素建立、健全本企业内部控制所提供的指引，在配套指引乃至整个内部控制规范体系中占主体地位。（　）

8. 组织架构、发展战略、人力资源属于内部环境类应用指引内容，而合同管理、内部信息传递和信息系统属于控制活动类应用指引。（　）

9. 内部控制评价指引的主要内容包括：实施内部控制评价应遵循的原则、内部控制评价的内容、内部控制评价的程序、内部控制缺陷的认定以及内部控制评价的报告。（　）

10. 内部控制应用指引、评价指引和审计指引之间既相互独立，又相互联系，形成一个有机整体。（　）

第二章

企业内部控制基本原理

学习目标

在内部控制不断演进发展的过程中，逐渐形成了一系列内部控制的基本原理。本章主要介绍内部控制目标的分类、内部控制类型、内部控制采取的方法、内部控制框架要素的具体内容、内部控制设计的基本要求。通过学习本章，应掌握以下主要内容：

- 内部控制的目标、分类和基本方法
- 内部控制框架的基本要素
- 内部控制设计的基本要求

第一节　内部控制目标、类型和方法

一、内部控制目标

1992年COSO首次发布《内部控制——整合框架》，对企业内部控制的目标进行了明确。2008年，我国财政部等五部委发布的基本规范也明确了企业内部控制的目标，基本沿用了COSO的控制目标。目前，各类内部控制教材对控制目标有两种不同的表述，即三种控制目标和五种控制目标。三种目标是在五种目标的基础上进行了一定的概括。本教材采用五种目标的分类，这五种目标分别为确保资产安全、保证合法合规经营、实现企业战略目标、提高财务报告可靠性、提升经营效率和效果。这五个控制目标间具有相互作用、相互联系、不可或缺的关系，在不同方面发挥作用，形成了完整的内部控制目标体系。

（一）确保资产安全

确保资产安全的目标是防止企业资产的流失。资产从形态来分包括有形资产和无形资产。有形资产如企业的库存现金、存货、固定资产等，对有形资产安全的内部控制主要是以物理的形式，采取各类安全保卫措施，防止资产被盗、挪用、损毁等；这里的无形资产范围较广，并不局限于会计中的无形资产认定范围，是企业经营过程中有价值的所有无实物形态的资产，既包括一般的无形资产，也包括客户信息、数据库等资产。对无形资产安全进行内部控制的主要方式是限制系统进入、密码锁定、文件加密等，防止无形资产被偷窃、篡改，意外丢失等。

资产安全控制也包括岗位职责分离，如填写订单的人员不能接触履行订单所对应的资产；对信息系统资产安全采用多重接触控制，如只有获得授权的安排运输的用户才具有更新存货的权限，而销售人员仅有只读权限。

（二）保证合法合规经营

保证合法合规经营是实现企业战略目标的基本保障。要求企业内部控制制度合理保证企业在国家法律法规框架下开展经营活动，不违反相关的法律法规。合法合规是企业经营发展的基本要求，为保证经济健康、有序发展，国家相关机构的各个层面均出台了各类法律法规，企业在经营过程中只有遵守这些法律法规的要求，才能实现可持续发展。

（三）实现企业战略目标

企业战略是企业发展的长期目标，内部控制要以企业战略目标的实现为最终目标。在五个内部控制目标中，如果无法实现企业战略目标，那么其他四个目标完成得再好也是没有意义的。

（四）提高财务报告可靠性

财务报告可靠性有两方面含义：一是财务报告的编制遵循企业会计准则（GAAP）的要求，二是财务报表及其相关信息公允列报。财务报告是企业特定时点财务状况、特定期间经营成果和现金流量的基本反映，是企业外部投资者进行投资、企业债权人进行信用评估、监管机构开展监管以及企业内部管理层进行经营决策的重要依据。提高财务报告可靠性目的是通过内部控制制度合理保证真实、及时和完整地反映企业的财务状况、经营成果和现金流量，提高财务报告使用者决策的有效性。因此，提高财务报告可靠性对企业提升经营效率和效果、实现企业战略目标具有重要影响。

（五）提升经营效率和效果

企业经营效率和效果的提升，是指通过内部控制制度的设计和运行实现各类资源的有效利用。主要有以下几个方面：第一，实现各类设备和设施的有效利用，减少设备和设施的闲置、浪费，提高使用效率；第二，提高生产过程的有效性，通过各种管理方法提高生产过程的效率；第三，合理控制产品成本，通过提高生产效率，在保证质量的前提下降低产品成本；第四，有效利用人力资源，人力资源是企业重要资源，要合理使用人力资源，防止人员不足或冗余，提高人员产出。提升企业经营效率和效果是企业短期经营目标，而企业战略是企业长期目标，短期经营目标是长期战略目标的细化与分解，通过企业内部控制的有效运行，提升经营效率和效果是实现长期战略目标的重要保障。

二、内部控制类型

根据不同的分类标准内部控制有多种不同的类型，本书参照美国管理会计师协会（IMA）对内部控制的分类，将其分为五种类型。

（一）预防性控制（preventive controls）

预防性控制是指为防止或减少错误、舞弊发生或不恰当地使用资源而预先采取的相关措施。预防性控制是针对风险发生的根源，采取有效的控制和违规处理措施，降低错误或舞弊发生的可能性，合理使用资源，例如对某类特定业务设置相应的条件、对潜在客户进行信用审查、在出口设置保安等。预防性控制的有效性依赖于岗位职责的合理分工，各岗位人员恰当履行其职责。包括以下几个方面：不相容职务分离、业务的监督复核、双重控制、编辑和正确性复核、合理性检查、完整性检查等。预防性控制在一定程度上能防止错误、舞弊的发生，使资产得到合理使用，但无法做到绝对保证。

（二）检测性控制（detective controls）

检测性控制是指对已发生的错误或舞弊查明其原因并采取措施加以纠正的控制措施。由于预防性控制不能有效防范所有的错误或舞弊，不能保证所有资产得到合理使用，因此，检测性控制是预防性控制的有效补充，这也是完善的内部控制体系必不可少的一种控制类型。从成本方面来看，检测性控制比预防性控制可能更为经济，因为有些业务如果采取预防性措施需要对所有业务开展全面检查，而检测性控制只需要随机进行检查，控制成本更低。定期对银行对账单与企业账户进行核对是一项有效的检测性控制。

（三）纠正性控制（corrective controls）

纠正性控制是指对检测性控制中已发现的错误或舞弊予以纠正而采取的控制。例如在销售过程中，预定系统对订单进行日常编辑时，会将客户信息与数据库进行核对，对于无法在数据库中找到的客户，系统会生成一个错误报告，系统操作人员可以根据这个报告采取措施解决问题。

（四）指导性控制（directive controls）

指导性控制会产生积极的结果，与之相比，上述的预防性控制、检测性控制和纠正性控制产生的是消极的结果。例如，为创造良好的形象，企业可能出台政策，要求尽可能采购本地供应商的产品。

（五）补偿性控制（compensating controls）

补偿性控制是指对内部控制系统中的缺陷采取的补偿性措施，也称为缓和性措施，是企业降低风险敞口的一种方法。例如，有大量现金交易业务的企业，聘请独立第三方机构对银行对账单与企业现金账户进行核对。小型企业出于成本考虑，无法进行有效的不相容职责分离，企业所有者会亲自监督业务，这也是一种补偿性控制。

此外，还有其他分类，如按照控制的内容可分为内部会计控制和内部管理控制；按照业务发生的时间可分为事前控制、事中控制和事后控制；按照控制的方式可分为反馈控制和前馈控制。

三、内部控制方法

（一）组织控制

组织控制是指通过明确企业中各个部门的目标、权限以及职责而实现的控制。企业经营过程中涉及不同的职能，需要建立多个部门或机构，体现在企业的组织机构中，如财务管理、产品生产、市场营销、人力资源等部门，需要明确这些部门或机构之间经营和信息方面的关系，以及各自的决策权限。组织控制最主要的是充分的职责分离。

（二）运营控制

运营控制是指企业经营过程中的控制，一般包括计划、预算、记录等控制活动，也包括对会计和信息系统的控制。运营控制的关键是对交易的控制，建立完善的交易控制系统，合理保证各项交易经过授权，能够及时、完整、准确记录各项交易。

（三）人力资源控制

人力资源控制一般是指企业通过招聘、培训、评价等手段，能够及时聘用具有相应能力、值得信任的人员，并提供高效的培训。

1. 聘用方面

聘用方面的控制主要是招聘和选择合适的人员，对应聘人员从工作经验、教育背景和专业资格等方面进行评估。无法胜任本职岗位的员工，会影响整个内部控制制度和流程的执行。

2. 培训方面

培训方面的控制一般包括入职培训、岗位培训以及后续发展。人员培训在整个人力资源控制中具有重要的地位。入职培训是所有新进人员必需的。从时间上来看，入职培训应当在聘用开始时进行。岗位培训与后续发展是企业发展必需的，在某些领域也是法律法规的强制性要求。

3. 评价方面

评价方面包括对人员的评价和监督，几乎所有的人员都需要一定程度的监督。评价和监督一般包括对过程的监督和对结果的评价两个方面。

在人力资源控制过程中，还需注意涉及财务或其他重要岗位的人员轮换，落实不定期的人员休假制度。

（四）监督控制

监督控制指企业对员工业绩和企业目标的实现进行定期评价。监督控制一般有多个层面的监督，包括企业对员工的监督、董事会对管理层的监督、管理层内部的监督。

1. 企业对员工的监督

企业设定各个员工的任务和目标，按照预定的计划由上级对员工开展评价和监督。

2. 董事会对管理层的监督

在现代企业经营模式下，管理层与企业所有者分离，股东大会委托董事会对企业管理层的日常经营活动开展监督。一般在董事会设立不同功能的委员会，如审计委员会、披露委员会。

审计委员会人员由董事会指定，负责向投资者提供报告，确保公司财务报告真实且符合法律法规的要求，联系董事会与外部注册会计师。一般而言，审计委员会的部分职能由下属的内部审计部门来履行。内部审计部门是企业内部独立于管理层的内设机构。从企业整体来看，内部审计部门属于企业内设机构，但从企业管理层角度来看，内部审计部门应当独立于管理层，对公司的财务报告、经营目标和合法合规等进行审计。

披露委员会属于董事会下设机构，负责按照披露准则的要求对外披露相关信息，设计与披露相关的内部控制流程，监督披露内部控制的执行，确保披露信息的合规、准确和完整。

3. 管理层内部的监督

管理层内部也需要相应的监督控制，是管理高层对下级管理层的监督，是上下级之间的监督，通常采取会议的形式。

（五）设备和设施控制

设备和设施的控制，一般表现为企业对固定资产的控制。设计相应的控制制度和流程，实现对设备和设施清理、维护、修理等环节的控制，提高设备和设施的利用效率；建立安全系统、防火报警系统、永久资产标签等控制，防止设备和设施被盗或损毁。

第二节　内部控制框架要素

COSO在1992年发布的《内部控制——整合框架》中，将企业内部控制确认为控制环境、风险评估、控制活动、信息与沟通、监督五大要素，这是目前一致认可的内部控制框架要素。我国2008年发布的基本规范也采用了这五个方面的要素。

图2-1是2013年COSO新的整合框架模型，该模型与1992年版的整合框架基本一致。模型正面为内部控制框架的五大要素，模型上面为内部控制目标，模型侧面为内部控制涉及的层次。五大控制要素是内部控制整合框架最核心的内容。

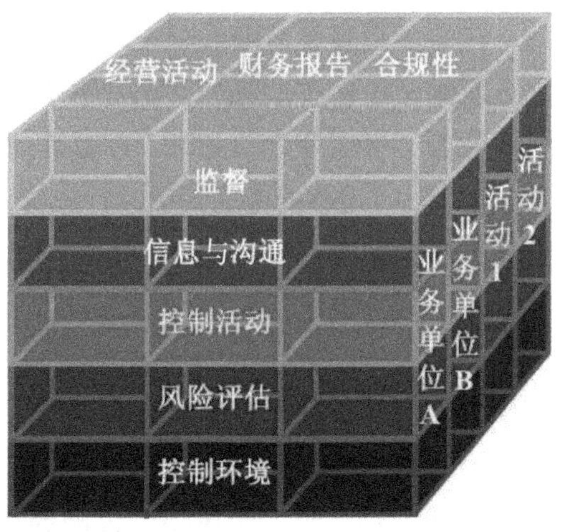

图2-1　COSO企业内部控制整合框架模型

一、控制环境

控制环境是指影响企业建立、加强或削弱特定政策和程序有效性的各种因素。控制环境是企业内部控制的基础，涉及公司治理结构、人力资源政策、企业文化、管理者的诚信、管理层的经营理念以及外部环境影响等，形成企业内部控制的整体氛围，对其他四个要素产生影响。

（一）公司治理结构及机构设置

公司治理结构是指企业所有者、董事会和管理层三者组成的一种组织结构，与企业内部各种契约关系间的处理机制共同形成企业的管理和控制体系。现代企业所有权和经营权的分离，需要在所有者和经营者之间形成一种相互制衡的机制，用以对企业进行管理和控制，协调股东和其他利益相关者之间的关系，涉及激励与约束等多方面的内容。

股东大会是公司制企业最高权力机关，依法决定企业经营方向、筹资、投资和利润分配等重大事项。董事会是企业经营管理和内部控制体系的核心机构，董事会成员由股东大会选举，向股东大会负责，执行股东大会重大战略决策，确保企业经营符合股东最佳利益。管理层是企业日常经营管理机构，主要管理人员(如CEO和CFO）由董事会聘用，负责执行董事会决议，完成董事会下达的各项目标。在SOX法案要求下，管理层对企业内部控制制度的建立、维持制度的有效执行负责。

监事会和审计委员会是两个不同层次的监督机构。监事会由股东大会选举，是股东大会对董事会及管理层的监督机构。审计委员会是董事会下设的对管理层的监督机构，履行治理、指导和监督管理层的职责。审计委员会应当至少满足以下几方面要求：第一，必须保证独立性，独立于管理层，体现在不得收取来自管理层及其下属机构的任何报酬，开展审计业务时，在审计的范围、时间等方面不受管理层的影响；第二，必须具有足够的专业知识、行业背景，能够履行其职责，其中至少有一人需要有财务背景。

（二）岗位职责的分配

岗位职责分配指明确企业内部各个岗位应承担的责任以及享有的权利，同时让各个岗位的人员都了解自己的职责。在确定岗位职责时，需要考虑以下几方面因素：第一，合理的岗位职责分离。每一个重要岗位能够相互牵制、相互监督，减少发生越权或舞弊的可能性。第二，确保所有人员都理解企业目标。所有人员都有明确的职责，了解自身的行为与实现企业目标的关系，将个人目标与企业目标保持一致。第三，岗位职责尽可能以书面的规范文件形式予以明确。

（三）人力资源政策

人力资源政策反映的是企业在聘用、培训、考核、薪酬及晋升等方面的政策。人力资源政策的制定，会影响到企业员工的品质与岗位胜任能力，进而影响到企业内部控制执行的效果。人是企业内部控制中重要的影响因素，任何内部控制制度都涉及人，内部控制执行的成效在很大程度上取决于员工素质。

我国《企业内部控制基本规范》第十七条规定，企业应当将职业道德与专业胜任能力作为选拔和聘用员工的重要标准，切实加强员工培训和继续教育，不断提升员工素质。员工素质是企业内部控制有效实施的关键所在，员工的素质控制是内部环境的重要组成部分。各岗位的员工能否胜任本职工作不仅影响到内部控制环境的好坏，也决定着内部控制其他要素以及内部控制制度的设计、执行与监督的好坏。培训则是保证和提高员工职业素质与专业胜任能力的重要方式。培训的原则主要有激励、因材施教、实践、明确目标、统筹安排和合理规划等。培训评估是培训必不可少的环节。

（四）企业文化

企业文化是指企业在经营实践中形成的共同思想、行为准则、价值观，体现为企业价值观和行为方式，是企业形成的组织文化。企业文化主要取决于管理层的诚信度、经营理念与经营风格。管理层的诚信度影响着企业整体价值观，管理层的经验理念与经营风格、管理层在经营过程中体现出的对风险的偏好、企业接受的经验风险的种类、企业的整体管理风格、管理层对法律法规的态度等，都会影响企业员工的思维方法与行为方式。有的企业管理层偏好风险，愿意承担较高的风险获取较高的回报率，而有的企业管理层偏向保守，在风险方面表现得较为谨慎。在可选择的会计政策、会计估计数值，对财务报告的态度，以及财务信息处理、会计人员选择等方面也会存在激进或谨慎的不同表现，进而影响整个企业的控制环境。

（五）外部环境

企业所处的法律环境、宏观经济状况、产业链以及技术发展等外部环境会影响企业内部控制。法律环境有时会对企业内部控制产生直接影响，如 SOX 法案对企业内部控制制度的建立与完善，维护制度的有效性，明确内部控制的职责，外部机构对内部控制的监督等条款，直接影响着企业内部控制制度的各个方面。外部经济环境的变化、企业在价值链中所处地位的变化、技术的发展等都会对企业内部控制环境产生一定的影响。

二、风险评估

风险评估是指对与实现企业目标有关的相关风险进行识别、分析的过程，既是管理和控制风险的基础，也是提高控制效率和效果的关键。风险评估过程一般包括：设立目标、风险识别、风险分析和风险应对。

“风险”是指暴露的各种增加损失可能性的敞口。从内部控制角度来看，风险的大小可以量化为某项风险发生的概率，乘上用以预防或检测该风险的控制失败的可能性，再乘上该项风险导致损失的金额，可得出如下公式：

风险 $=P(t) \times P(f) \times$ 损失金额

其中：$P=$ 发生的概率，$t=$ 风险，$f=$ 控制失败。

通过上述公式可以看到，要将风险最小化可以采取的管理措施有：

- 预防风险的发生
- 提高控制或检测的有效性
- 降低损失的金额

企业要设计内部控制制度，建设分析管理机制，以降低风险，增强企业抗风险的能力。首先需要对风险进行评估，建立完善的风险评估体系。

（一）设立目标

设立目标是风险评估的前提条件，只有目标确立，才能对实现该目标相关的风险进行评估，采取一定的控制措施来管理风险。目标设定时应考虑不同的管理层次和内部结构，一般分为整体目标和具体目标。整体目标是企业站在战略高度所设定的目标，包括经营目标、财务报告目标和合规目标。具体目标是实现企业整体目标分解的各项目标，也称为操作层目标，对企业不同机构设立的专门化目标（如生产、销售、研发、利润等目标）。这些具体目标与整体目标紧密联系，是整体目标实现的保障。

1. 经营目标

经营目标包括企业经营过程中设定的绩效、利润和资产安全保障等目标，反映了企业的所属行业、业务和经济环境。经营目标的确定应当建立在现实与市场需求基础上。

2. 财务报告目标

财务报告目标主要是保证财务报告的真实性和可靠性，防范对外报送虚假报告风险。企业财务报告主要是满足外部需求，可靠的财务报告是外部利益相关者如现有投资者或潜在投资者、债权人、供应商、监管机构等评价企业管理层业绩，与同行业进行横向对比，进行决策的重要依据。

3. 合规目标

合规目标指企业在日常经营活动中，应当遵循各项法律法规的要求。法律法规一般确定了企业应当遵守的最低遵循性目标，企业合规目标一方面是保障企业正常、有序经营的需要，另一方面也对企业的社会形象产生重要影响。如劳动法规定，危险行业企业应当为员工提供充分的安全措施，充分保障员工的安全。

（二）风险识别

风险识别是指企业对所面临的现实或潜在风险加以收集、判断、整理，确定风险性质的过程。风险识别有两方面含义：一是要识别存在哪些风险，这些风险会对企业产生什么样的影响；二是识别风险的特征，对风险进行区分。风险识别是动态的过程，贯穿于经营的整个过程。风险识别可以采取多种形式。

企业风险评估的过程应当考虑可能发生的所有风险。一般来讲，企业层面的风险根据内外部的影响可以分为内部因素和外部因素。表 2-1 列出了与内部控制相关的内外部风险因素。

表 2-1　与内部控制相关的内外部风险因素

因素类型	表　现	影　响
内部因素	1. 信息系统运行中断	影响企业运营
	2. 员工的素质、培训方法、激励机制	影响控制理念
	3. 管理层职责的变化	影响实施控制的方式
	4. 经营活动的性质，接触资产的途径与程度	影响资产的安全
	5. 董事会或审计委员会未能履行职责	缺乏对管理层的有效监督
外部因素	1. 技术的发展	影响企业研发的性质与时机，影响产业链位置
	2. 顾客需求或预期变化	影响产品开发、定价
	3. 竞争	影响市场营销和客服活动
	4. 出台新的法律法规	影响经营政策、策略
	5. 自然灾害	造成损失
	6. 经济形势变化	影响企业投融资决策

（三）风险分析

风险分析是在风险识别的基础上，通过定性或定量方法，按照风险发生的可能性及其影响程度等，对识别的风险进行分析和排序，确定关注重点和优先控制的过程。企业进行风险分析，需要充分吸收专业人员，组成风险分析小组，按照一定的规范开展分析，确保分析结果的准确性。

由于资源的有限性和内部控制系统本身的局限性，风险管理中总会存在残留风险的可能性，管理层应当权衡利弊，谨慎确定可接受的风险水平，将风险控制在可接受的水平范围内。内部审计人员可以根据企业的经营环境、行业特点及财务状况确定可接受风险水平，在风险发生时采取不同的应对措施。

（四）风险应对

在风险识别和风险分析的基础上，企业应根据管理层的风险偏好，结合自身的风险承受水平，权衡风险和收益，选择最佳的风险应对策略。风险应对策略主要有四种基本类型：风险规避、风险降低、风险分担和风险承受。

风险规避是企业对超过风险承受水平的风险，通过放弃或停止与该风险相关的业务活动，以避免或减轻损失的策略。这是风险控制最彻底、最有效的措施，能够完全排除某一特定风险发生的可能性。但这也是消极的风险应对策略，无法获取与风险相关的额外收益。

风险降低是企业在权衡成本效益的基础上，采取适当的控制措施以减少风险可能带来的损失，将风险控制在可接受的水平。这是最常见的风险应对策略，与风险规避相比，这种方法更为积极主动，一般包括两类措施：风险预防和风险抑制。

风险分担是企业借助外部力量，以保险、分包等不同形式将风险控制在企业可承受水平的策略。风险分担主要形式有保险、分包、出售、合同中的转移责任条款、减少责任合同等。

风险承受是企业在权衡成本与效益的基础上，对在可承受范围内的风险，不采取控制措施来降低风险或减少损失的策略。

风险应对是一个动态的过程。企业应根据企业的风险偏好和风险承受水平的变动，结合企业不同发展阶段，持续收集与风险变化相关的信息，进行风险识别和风险分析，及时调整风险应对策略。

三、控制活动

控制活动是内部控制的核心，是企业结合风险评估结果，通过手动控制与自动控制、预防性控制与发现性控制相结合的方法，运用相应的控制措施将风险控制在可承受范围内的过程。

控制活动包括两大要素：控制政策与控制程序。控制政策主要明确应该做什么，控制程序明确应该怎样做。控制政策是控制程序的基础，而控制程序影响着控制政策的执行。

控制措施一般包括不相容职务分离控制、授权审批控制、会计系统控制、财产保全控制、预算控制、运营分析控制和绩效考评控制等。

（一）不相容职务分离控制

不相容职务是指如果一个人担任，可能发生错误或舞弊行为，并且能够掩盖错误或舞弊的职务。不相容职务分离是指每一项经济业务要求两个或两个以上部门或个人处理，每个部门或个人的业务处理必须与其他部门或个人相关联，形成一定的制约和监督，核心是“内部牵制”。不相容职务分离控制要求企业全面系统地分析、梳理业务流程中涉及的不相容职务，实施相应的分离措施，形成各司其职、各负其责、相互制约的工作机制。

通常，不相容职务主要有对某项业务的授权与执行、业务的执行与记录、业务的记录与复核、资产保管与资产核对等。

当企业不相容职务的部门或个人之间相互串通时，不相容职务分离控制就无法发挥作用。

（二）授权审批控制

授权审批控制是指企业处理各项经济业务必须经过授权批准的控制。授权审批控制要求企业明确各个岗位处理业务或事项的权限范围、审批流程及相应的责任。合理的授权审批控制应当确保：

● 企业所有的经济业务活动或行为未经授权不能被执行；

● 企业所有的人员均应在规定的权限范围内处理业务，不能随意越权授权或越权执行；

● 无特殊情况，所有业务和人员一经授权必须严格执行。

授权审批按照授权形式分为一般授权和特别授权。一般授权是企业在日常经营活动中按照既定的职责和程序，对常规的经济业务或行为进行的授权。一般授权主要由管理当局制定整个组织应当遵循的政策，员工在日常业务处理中，按照规定的权限范围与职责处理和执行各项业务。一般授权在企业中大量存在，通常体现为管理部门的政策、经济业务的办理条件或对某类业务责任人予以任命等形式。如管理部门规定的产品赊销政策，在日常销售过程中，符合条件的客户申请赊销时，业务人员可以按照赊销政策办理客户赊销业务。特别授权是对特殊经济业务进行单独审批的授权。特别授权通常是某些例外的经济业务，发生的次数较少，需要针对具体情况进行具体分析并作出决策。

（三）会计系统控制

会计系统控制是对企业按照会计准则的要求进行经济业务确认、归集、计量和披露，以及对其他会计记录、会计政策、会计核算程序、财务报告及会计档案保管等各类会计活动进行的控制。会计系统控制要求企业严格执行国家统一的会计准则，加强会计基础工作，完善会计凭证、会计账簿和财务报表的处理流程，保证会计资料的真实完整。从事会计的财务人员应当具备相应的专业技术资格。

有效的会计系统控制需要达到以下几方面要求：

● 确认并记录所有真实的交易，对任何财物或资金的收付必须填制或取得合法的原始凭证，经审批后作为编制记账凭证、登记账簿的依据；

● 对交易进行及时和详细的描述，对交易事项进行适当分类，并反映在会计报表上；

● 合理确定交易发生时间，将交易记录在适当的会计期间内；

● 在会计报表中进行适当的表达和披露。

（四）财产保全控制

财产保全控制指企业限制未经授权的人员对财产的接触，采取实物保管、定期盘点、财产记录、账实核对、财产保险等措施，确保财产安全完整的控制。财产保全控制主要是防止财产的损毁与人为的偷窃等行为对企业财产造成的损失。

（五）预算控制

预算控制是指企业实施全面预算管理控制，明确各责任单位在预算管理中的职责权限，规范预算编制、审定、下达、执行程序，将经营目标转化为部门和个人的具体目标，作为责任单位约束条件，保证企业经营目标实现采取的控制。

企业通过预算编制、执行、分析和考核等管理措施，明确预算项目，建立预算目标，分析执行预算差异，采取措施保证预算的有效执行。企业的全面预算从内容上来讲一般分为经营预算、资本性支出预算和财务预算。

（六）运营分析控制

运营分析控制是企业基于运营情况建立的分析机制，综合运用生产、销售、投资、筹资、研发等多方面的信息，通过各种分析方法，定期开展企业运营情况分析，发现经营过程中存在的问题，查明原因予以改进的控制。

运营分析控制目的是保证企业日常经营与企业目标的一致性，对于发现的企业运营与企业设定目标的偏差，及时找出原因并对运营进行控制，或根据新的情况，对企业目标进行修正。

（七）绩效考评控制

绩效考评是指采用系统的方法、原理，评估和判断员工的工作过程和工作效果。绩效考评控制要求企业建立和实施绩效考评制度，科学设置考核指标体系，对企业内部各责任单位和全体员工的业绩开展定期考核和客观评价，将考评结果作为员工薪酬以及职务晋升、评优、降级、调岗、辞退等的依据。对不同的部门或员工，企业应采取不同的业绩考核指标。

基于绩效考评的激励机制对内部控制目标的实现至关重要，主要表现在两方面：第一，建立科学的业绩评价体系，准确反映各个层级员工付出的努力，使员工感到自己的付出得到了承认；第二，以业绩为基础，制定合理的薪酬机构，使员工获得公平感。

四、信息与沟通

沟通是指信息以某种形式在某个阶段被识别、获得和被沟通，贯穿内部控制的全过程。在内部控制过程中，沟通起到了桥梁作用，是内部控制的纽带。这里的信息指来源于企业内部或外部，与企业经营相关的财务、非财务信息；沟通指信息在企业内部各层次、各部门，以及企业与客户、供应商、监管者、投资者等外部环境之间的流动。企业应当建立信息与沟通制度，明确内部控制相关信息的收集、处理和传递程序，确保信息及时得到沟通，促进内部控制有效运行。

企业内部控制系统实质上是一个信息系统，是对信息进行识别、获取、整合、传递的过程，通过信息反馈机制改进信息系统，促进内部控制目标的实现。良好的信息系统能够准确识别和获取控制所需要的信息，及时根据需要处理和传递信息。同时，信息系统要具有良好的适应性，在市场环境、法律环境、经济环境等发生变化时，随时调整以适应新的要求。从形式上来看，信息系统可以是正式的或非正式的，可以是电子信息系统也可以是手工的系统，或者二者结合。在现有信息技术发展条件下，企业需要利用信息技术促进信息的集成与共享，充分发挥信息技术在信息与沟通中的作用，加强对信息系统开发、维护、访问、变更、数据输入与输出、文件存储与保管、网络安全等方面的控制，保证信息系统安全稳定运行。

（一）信息识别与获取

企业在经营过程中，需要按照某种形式识别、获取准确的信息，如财务信息或非财务信息、内部信息或外部信息。从企业获取信息的渠道来看，内部信息可以从财务会计资料、经营管理资料、调研报告、专项信息、内部刊物、办公网络等获取，外部信息可以从行业协会组织、社会中介机构、业务往来单位、市场调研、网络媒体、监管部门等获取。有时还需要通过特殊的行为或方式来获取相关信息。

（二）信息整合与传递

企业在识别与获取信息后，需要对取得的内外部信息进行加工整理，通过筛选、核对、归纳、汇总等方法对信息进行整合，提高信息的有用性，并将信息在企业内部各管理层级、责任单位、业务环节之间，以及企业与外部投资者、债权人、客户、供应商、中介机构和监管部门等有关方面之间进行沟通和反馈。信息的质量与传递的及时性，直接影响到管理层在管理和控制企业行为时作出适当决策的能力。企业在信息整合与传递控制过程中应考虑以下几方面：

- 信息的准确性——信息是否准确、可靠
- 信息的完整性——信息内容是否完整、适当
- 信息的及时性——信息能否及时获取，是否最新信息
- 信息的安全性——信息传递是否通畅，重要信息是否会被泄露

（三）沟通渠道与方式

良好的信息与沟通机制应当确保信息在企业内部自上而下、自下而上、横向之间以及内部与外部之间进行有效的传递，提高内部控制的效率和效果。

1. 沟通渠道

通过沟通渠道，各级管理者可以在职责范围内了解如下相关信息：工作进展情况、员工的行为及态度、与组织目标的偏离度，确保在职责范围内实现有效控制。员工也可以清楚了解在内部控制中发挥的作用、承担的责任与应有的权限，将实施过程中存在的问题及时反馈给管理层，便于管理层及时掌握内部控制中的薄弱环节，采取相应的控制措施。

（1）内部沟通。内部沟通是企业内部上下级之间、部门之间的联系与沟通。

内部沟通分为纵向和横向沟通两种。纵向沟通是企业内部上下级之间的命令传达与工作汇报，包括向上沟通渠道与向下沟通渠道。横向沟通是企业内部相关部门或人员的工作衔接与协作。

（2）外部沟通。外部沟通是企业与客户、供应商、投资者、监管部门等外界单位或个人的沟通。如与客户沟通，了解客户对产品或服务在设计与质量方面的需求与偏好；与供应商、投资者等沟通，向外界传递企业内部信息，同时获取外界信息；与监管机构沟通，了解企业内部控制存在的不足，弥补企业内部控制的缺陷。

2. 沟通方式

信息沟通的方式可以是政策文件、财务报告、备忘录、通知、影像资料等，或口头传递。此外，管理层在日常管理过程中表现出的行为，也是重要的沟通手段，能够对下属员工产生较大的影响。根据不同的分类标准，沟通可以有多种不同的方式。其中按照信息的载体和传送渠道不同，可以分为语言沟通和非语言沟通。

（1）语言沟通。这是建立在语言文字基础上，以文字或声音为载体的沟通方式。按照载体的不同，语言沟通有口头语言、书面语言及电子数据等三种形式。

（2）非语言沟通。这是通过某些非语言的媒介来传递信息的方式，如身体语言、副语言和物体操纵或道具沟通等。

此外，按照参与沟通人数的多少和覆盖面的大小，沟通也可分为人际沟通、群体沟通、企业沟通、跨企业沟通以及跨文化沟通等。

（四）反舞弊机制

有效的反舞弊机制可以对防范和发现舞弊行为起到很好的作用。企业应当建立反舞弊机制，坚持惩防并举、重在预防的原则，明确反舞弊工作的重点领域、关键环节和有关机构在反舞弊工作中的职责与权限，规范舞弊案件的举报、调查、处理、报告和补救程序。同时，建立举报投诉制度和举报人保护制度，设置举报专线，明确举报投诉处理程序、办理时限和办结要求。举报投诉制度和举报人保护制度既是内部控制框架中的信息与沟通要素，也是信息与沟通系统的关键环节，能预防、制止和揭露企业违法违规行为，确保举报、投诉成为企业有效掌握信息的重要途径，保证企业各项活动的合法性与合规性。

反舞弊机制防范的重点主要有以下几个方面：

- 未经授权或采取其他不法方式侵占、挪用企业资产，谋取不当利益；
- 在财务会计报告和信息披露方面存在虚假记载、误导性陈述或重大遗

漏等;

- 董事、监事、经理及其他高级管理人员滥用职权;
- 相关机构或人员串通舞弊等。

管理层每年进行企业风险评估时，应对企业层面、业务层面和主要账户层面中的舞弊风险进行识别和评估。在此基础上，实施控制措施以降低舞弊出现的概率。企业各个层面和部门应建立反舞弊控制措施，可以是授权、批准、核查、职责分工、业绩复核及资产保全等。

企业可以将内部审计部门作为反舞弊工作的常设机构，并接受来自董事会或审计委员会的监督。

五、监督

监督是评估内部控制体系在一定时期内运行质量的过程，是对企业内部控制整体框架及其运行情况的跟踪、监测和调节，识别控制存在的缺陷和漏洞，保证内部控制的持续有效运行，也是外部监督的有力支撑，可以减少代理成本，保障股东权益。监督是内部控制体系中不可或缺的一部分，是内部控制有效运行的重要保证。

监督一般分为日常监督和专项监督。日常监督是指企业对建立与实施内部控制的情况进行常规、持续的监督检查;专项监督是指在企业发展战略、组织机构、经营活动、业务流程、关键岗位员工等发生较大调整或变化的情况下，对内部控制的某一或某些方面进行的有针对性的监督检查。日常监督基于企业持续、重复发生的活动。专项监督的范围和频率受到风险评估结果日常监督有效性的影响。一般来讲，企业日常监督的有效性越高，对专项监督的需求就越少;而对风险水平较高且重要的控制环节，专项监督的频率较高。

缺陷报告是监督的要素之一，是指向恰当的当事人提供有关内部控制缺陷的必要信息。企业应当确定内部控制缺陷标准，分析监督过程中发现的内控缺陷(包括设计缺陷和运行缺陷)的性质以及产生的原因，提出整改方案，采取适当的形式及时向董事会、监事会或管理层等报告。

第三节　内部控制设计要求

一、内部控制设计原则

（一）合法合规原则

合法合规原则是指企业内部控制制度必须符合国家法律法规的要求，需要把法律法规政策体现到内部控制中。内部控制制度应在国家宏观政策与指导下进行，与宏观政策协调一致，这是企业建立内部控制体系的基本前提。

（二）相互牵制原则

相互牵制原则是指一项完整的经济业务活动，必须分配给具有互相制约关系的两个或两个以上部门或人员。通过职责分工和作业程序的安排，各项业务活动能自动地被其他作业部门或人员查证核对。

（三）全面系统原则

全面系统原则是指内部控制贯穿于企业经营活动的各个方面，是对企业整体经营管理活动进行监督和控制的过程，同时涉及企业中的所有部门和全体员工，企业在设计内部控制制度时，应遵循系统化原则，综合运用系统论观点和系统方法，综合各个部门、各个岗位，形成相互制约又相互影响的控制网络体系，确保各部门、各岗位按照特定的目标相互协作、发挥作用。

（四）兼容适应原则

兼容适应原则包含两方面：一是内部控制体系需要与企业的组织结构、制度和人员等因素协调一致；二是内部控制制度需要具有一定的弹性，能够适应企业业务量增长和组织结构的变化等。

（五）成本效益原则

成本效益原则指企业在建立、执行、维持和评价各项内部控制活动时，需要考虑该项活动所产生的成本，并将由此产生的成本与可能获得的收益进行比较。成本效益原则要求企业以最小的控制成本取得最大的控制效果。贯彻成本效益原则需要注意几个方面：一是实行有选择的控制。在设计内部控制点时并非环节越

三、内部控制设计方法

（一）一般控制法

一般控制法是指根据其经济业务性质、特点，针对经常发生错误或舞弊的业务或环节所实施的控制程序、方法和措施等。目前，按照内部控制的对象，分为内部管理控制和内部会计控制。

1. 内部管理控制设计

内部管理控制的范围涉及企业设计、生产、市场、售后等各部门、层次和环节的管理。主要内容包括：

（1）组织规划控制，包括组织机构的设置、权责的分配、部门与岗位职责、人员配备等；

（2）人力资源控制，包括企业人员的录用、培训、考核等一系列过程中采取的程序、方法和措施等，在控制过程中一般采用规章制度和工作业绩考核方法；

（3）质量控制，包括对投入产出等的计算分析，对产品质量的监控、统计与分析等；

（4）时间控制，包括企业对生产周期、工时定额、交付时间等的控制；

（5）安全控制，包括对人身安全、财产安全、信息安全的控制。

2. 内部会计控制设计

内部会计控制涉及企业内部财务与会计业务流程的所有部门、人员，在企业中财务与会计有更进一步的细分。主要内容包括：

（1）财务控制，指对企业资金运动的监督与分析，包括预算控制、财产物资控制、财务报表分析等；

（2）会计控制，包括会计凭证制度、会计业务处理及会计复核与监督等。

（二）业务循环控制法

业务循环控制法是指按照处理企业某类经济业务方法和程序的先后顺序而进行的控制。具体来讲，是以企业业务循环为对象，根据业务循环分别设计对应的内部控制程序和方法。通过业务循环内部控制，可以全面、系统地了解企业业务，在此基础上制定与企业业务相适应的内部控制制度。

不同的企业对业务循环划分有所不同。以工业企业为例，可将企业的业务循环划分为以下环节：销售与收款循环、采购与付款循环、生产循环、筹资与投资循环、货币资金循环等。

1. 销售与收款循环

销售与收款循环主要包括接受订单、审核信用条件、出库与运输、开具发票、记录现金收入或应收账款、现金处理等流程。设计时具体可分为以下几个方面：不相容职务分离，明确岗位职责；业务记录与处理记录；现金收入与应收账款控制等。

2. 采购与付款循环

采购与付款循环主要包括制定采购计划、制定采购合同、购买产品或服务、验收入库、记录应付款、现金审批与支付等流程。具体包括以下几个方面：明确岗位职责、不相容职责分离、采购申请审批控制、货物验收控制、后续检查控制、货款支付审批控制等。

3. 生产循环

生产循环主要是指将原材料加工生产为产成品的过程，涉及生产产品品种和数量的生产计划控制、与存货水平及生产过程相关的业务控制，主要包括原材料存储、材料领用、成本归集与分配等流程。具体包括以下几个方面：明确岗位职责、不相容职务分离、产品计划控制、产品生产进度控制、产品质量控制、产品成本控制、存货与设备等资产控制。

4. 筹资与投资循环

筹资指企业为满足发展需要筹集资金的过程，一般涉及审批授权、筹资计划、筹资活动、偿付资金及相关记录等环节。具体包括以下几个方面：筹资授权审批控制、筹资收入款项控制、还本付息或支付股利控制、资金保管控制、会计记录控制等。

投资指企业提供分配增加财富或通过让渡资产取得另一项资产的活动，一般涉及审批授权、投资计划、投资活动、收益与处置等环节。具体包括以下几个方面：对投资的审批控制、投资计划控制、投资会计核算、定期盘点等控制。

5. 货币资金循环

货币资金是企业资产中流动性最强的部分，包括库存现金、银行存款和其他货币资金。货币资金循环涉及企业的各个方面，与其他业务循环存在着直接或间接的关系。具体包括以下几个方面：预算审批控制、收款和付款控制、库存现金控制、银行存款控制、备用金控制等。

四、内部控制设计形式及步骤

内部控制设计是对企业的外部环境、组织体系、岗位设置、企业运营、管理水平、人员管理、财务状况等进行的全面分析和评估，按照一定的方法建立和维持适合本企业的内部控制体系。内部控制设计可以用文字、流程图、风险控制文档等多种形式，对各个相关的控制子系统的风险类型、控制目标、关键控制点、控制措施等加以说明，形成与企业经营管理制度相结合的内部控制制度。企业在建立和维持有效的内部控制时，可以运用计算机信息技术实施内部控制，但应当充分考虑手工控制与信息技术控制的特点和差异，不能因实行信息技术控制而减少或去掉其他必要的控制程序。

（一）内部控制设计的形式

内部控制设计形式，主要有内部控制流程图（Internal Control Flowchart）、内部控制调查表（Internal Control Questionnaire）和文字记录（Narrative），其中前两种是较为重要的内部控制设计形式。

1. 内部控制流程图

（1）选定流程图符号。流程图符号是流程图的语言，由一系列几何符号组成，每种符号代表某种意思。常见的流程图符号有：

● ⬭ 椭圆形符号代表开始与结束，用于表示一个过程的开始或结束。“开始”或“结束”文字写在该符号内。

● ▭ 矩形符号代表活动，用于表示在一个过程中的单独步骤。活动的内容简要说明写在该符号内。

● ◇ 菱形符号代表判断，用于表示过程中某一项判断。判断的文字说明写在该符号内，说明常以问题的形式，对该问题的回答形成判断。符号外面的路线，每条路线标识相应的回答。

● ▭ 文档符号代表过程的书面记录。文档的名称写在该符号内。

● ○ 圆圈符号代表联系，用于表示流程图中不同要素之间的连接。要素的内容写在该符号内。

● → 箭头符号代表流程方向。

（2）确定流程图主线。流程图一般有控制主线，引导整个流程的方向。主线可以有多个分支。

（3）确定流程图重点。流程图重点反映的是控制的关键点、控制措施等，如不相容职务。

（4）编制流程图说明。流程图需要编制相应的文字说明，帮助使用者理解流程图的内容。流程图中有些无法表示的流程或措施，可以通过文字说明的形式予以补充，弥补单纯流程图的缺陷。流程图与文字说明相结合，可以让使用者充分、详细地了解整个流程。

流程图一般分为上下流程图和矩阵流程图，图 2-2 为采用上下流程图形式的企业采购货物的部分环节。

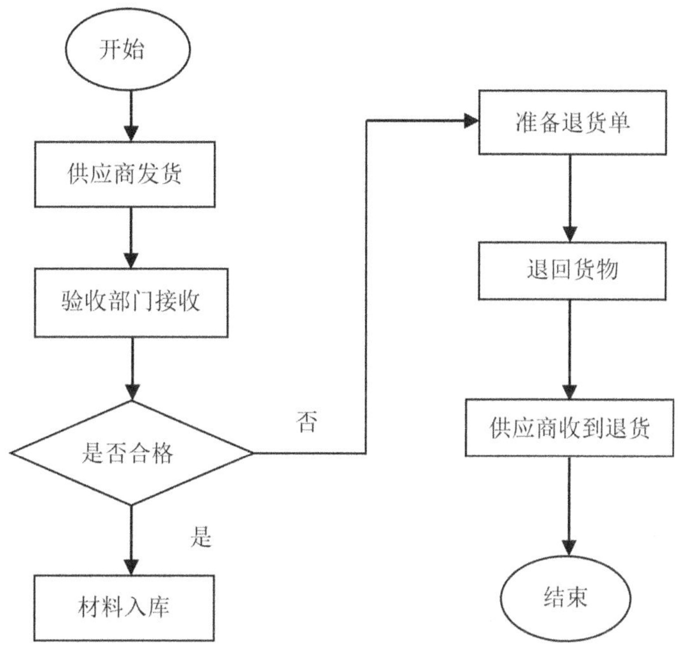

图 2-2　上下流程图形式的企业采购货物的部分环节

2. 内部控制调查表

内部控制调查表是针对需要调查了解的控制系统及控制点，设计拟调查问题条款的方法。其关键是调查问题的提出，需要围绕控制系统中各个关键控制点控制措施，对各项关键控制措施、控制环境等逐个设计调查问题条款。一般分为两个步骤。

（1）设计步骤。设计调查问题一般分三个步骤：首先，确定被审计单位内部控制系统的调查目的；其次，确定所要调查的控制点和控制措施；最后，根据控制点和控制措施拟定调查问题。

（2）调查表格式。调查表的格式通常有封闭式和开放式两种。调查表的要素主要包括调查单位、调查项目、调查时间、调查问题、答案选项、被调查人、调查负责人和调查人等。表 2-2 为现金内部控制调查表的基本格式。

表 2-2　现金内部控制调查表的基本格式

调查单位：　　　　　　　　　　　　　　调查时间：
调查内容：　　　　　　　　　　　　　　被调查者：

调查问题	是	否	不适用（备注）
1. 经办人员办理现金收支业务是否经过批准			
2. 经办人员是否在现金收支原始凭证上签字			
3. 业务部门负责人是否审批现金收支原始凭证			
4. 会计主管或指定人员是否审批现金收支原始凭证			
5. 收款记账凭证和付款记账凭证是否连续编号			
6. 作废的收款单据是否加盖“作废”戳记			
7. 付款记账凭证是否经过会计人员或指定人员复核			
8. 出纳员是否根据记账凭证收付现金			
9. 出纳员是否在原始凭证上加盖“收讫”或“付讫”戳记			
10. 现金存放是否有保险箱等安全措施			
11. 现金支票、印鉴章是否分别由专人保管			
12. 出纳员是否负责凭证编制及会计账簿登记等工作			
13. 收款凭证、付款凭证是否经过复核人员复核			
14. 出纳员是否根据记账凭证登记现金日记账			
15. 会计是否根据记账凭证登记相关明细账			
16. 总账现金科目是否由总账会计登记			
17. 出纳员是否每日清点库存现金并核对日记账余额			
18. 超过限额的库存现金是否存入银行			
19. 现金清点盈亏是否报告负责人审批			
20. 月末是否由非计账人员核对现金日记账及相关明细账和总账			
21. 账务误差是否报负责人审批调整			
22. 清查小组是否按期盘点库存现金并核对现金账余额			
23. 现金清查盈亏是否报经审批后处理			
24. 收款、记账、复核、核对等是否由不同人员担任			

调查负责人：　　　　　　　　　　　　　　调查人：

五、内部控制设计层次

根据 COSO 内部控制整合框架模型，模型的侧面为内部控制的层次，涉及企业的不同业务单元和不同的业务活动。结合我国企业实际情况，内部控制设计层次可以分为两个基本层次：企业层面内部控制和业务活动内部控制。

（一）企业层面内部控制

1. 组织架构内部控制

组织架构内部控制是指恰当划分和明确企业内部各部门、各层次人员的权利和职责，对单位组织机构设置、职务分工的合理性和有效性进行控制，以达到防止错误和舞弊、加强管理、提高效益等目的的控制活动。企业需要结合自身情况，充分考虑企业高层管理人员的诚信、管理理念、行为特征等，建立与之相适应的组织机构体系。通过建立合理的组织架构，企业内部机构设置和职权分配达到相互牵制和协调控制的要求，形成有效的内部控制机制。组织架构控制主要包括：

- 全面梳理并合理设置公司组织架构；
- 严格界定组织机构及人员的权限和职责；
- 及时、全面评估组织体系运行情况；
- 确保组织监督机构的独立性；
- 严格审定和考核人员任职资格与任职情况。

2. 人力资源的内部控制

人力资源控制是内部控制的一个重要组成部分。人员素质和观念决定了内部控制执行的效果，对人员的控制一般需要从人员的品德要求和能力要求两个方面入手，包含招聘、录用、选拔与调整等多个过程。人力资源控制主要包括：

- 员工的聘用、培训、辞退或辞职；
- 员工的薪酬、考核、晋升与奖惩；
- 关键岗位员工的不定期休假与岗位轮换制度；
- 掌握重要机密的员工离岗的限制性规定；
- 其他人力资源政策。

3. 发展战略、企业文化与社会责任控制

（1）发展战略内部控制。发展战略内部控制是指企业在对现实状况和未来趋势进行综合分析和科学预测的基础上，对制定并实施企业长远发展目标和战略规划进行有效控制。企业发展战略具有导向性、整体性、长期性和系统性，强调战略的发展性和可持续性。发展战略作为企业执行层的行动指南，有助于企业在市场竞争中明确定位，凭借自身优势获取资源，占有市场。发展战略控制主要包括：

- 设立战略委员会，明确职责权限；
- 制定发展目标，编制发展战略流程；
- 规范审议，调整发展战略流程；

- 制定发展战略的年度工作计划，编制全面预算；
- 开展发展战略实施的宣传、培训；
- 监督、评估发展战略实施，根据结果进行调整。

（2）企业文化内部控制。企业文化内部控制是指在企业的经营发展过程中对企业文化建设和内部文化评估过程中的风险点进行的控制。企业文化是企业建立和完善内部控制的重要基础。企业文化控制主要包括：

- 明确企业文化建设导向，建立企业文化建设小组；
- 规划企业文化建设内容，进行广泛宣传；
- 制定企业文化评估标准并有效实施；
- 组织企业文化建设培训，开展考评；
- 反馈企业文化建设评估结果，及时调整。

（3）社会责任内部控制。社会责任内部控制是指对企业发展过程中应当履行的社会责任和义务，如安全生产、产品质量、环境保护、保障员工权益等进行的控制。履行社会责任是企业转变发展方式、提升发展质量、实现持续发展的根本。社会责任控制主要包括：

- 制定并实施安全生产制度；
- 确定产品质量控制标准，确保产品质量安全；
- 保护环境，节约资源利用；
- 保护员工权益，促进就业。

4. 内部信息传递与信息系统内部控制

（1）内部信息传递控制。内部信息传递控制是指对企业内部各管理层级之间通过一定的形式传递经营管理信息的过程进行有效控制。随着信息技术的发展，信息逐渐成为企业的关键资产之一，企业经营需要的信息必须及时、完整、安全地传递，否则可能影响经营秩序或经营措施的执行，无法给决策提供有效的信息，削弱企业竞争力。企业应当建立科学的内部信息传递机制，明确内部信息传递过程中各管理层级的职责权限。内部信息传递主要包括：

- 建立内部信息报告指标体系；
- 规范信息收集流程；
- 审核内部信息报告；
- 建立内部信息传递体系；
- 对内部信息报告进行有效利用和保管；
- 实行内部报告评价机制；

● 建立健全反舞弊机制。

（2）信息系统内部控制。信息系统内部控制是企业在信息系统环境下，保证经营活动有效进行，保护资产安全，防范错误与舞弊，合理确保信息系统提供信息的真实性、完整性和及时性而实行的一系列控制措施。采用信息系统后，由于可能缺少可见的信息，发生硬件或软件的故障、系统崩溃、人为破坏等，需要建立对信息系统的内部控制，强化关键环节的风险控制，主要包括：

● 明确信息系统中的岗位职责，实行不相容岗位分离；
● 明确信息系统开发、维护和变更流程，明确授权审批程序；
● 建立信息系统访问制度，明确操作权限；
● 建立硬件的安全防范制度；
● 建立信息存储、备份以及灾后重建机制。

5. 内部审计控制

内部审计是指由按照公司治理结构设立的内部审计部门，对企业整体及其组成部分的财务会计报告、经营结果、合规情况进行的审计监督。内部审计根据审计的内容可以分为财务报表审计、经营审计、合规审计以及综合审计四种。

（二）业务活动内部控制

业务活动内部控制是企业微观层面的控制活动，涵盖经营活动中的所有环节，包括企业组织中的各个层次，企业的人、财、物、信息等不同的资源，业务活动的不同阶段和不同内容等。业务活动内部控制主要包括以下几个方面。

1. 全面预算内部控制

全面预算主要包括预算编制、预算执行、预算考核等环节。全面预算内部控制的目标是建立全面、科学、高效、有序的预算管理体系，提高预算科学性和严密性，规范预算编制、执行、调整、考核等流程，防范由重大错误或舞弊而导致的损失。

2. 资金活动内部控制

资金活动主要包括货币资金的授权、收支、记录、核对和职责分离等环节。资金活动的内部控制目标是保证资金收支活动的合法性，确保资金活动正确核算，保证货币资金的安全、完整，实现货币资金效益最大化。

3. 资产管理内部控制

资产管理中涉及的资产一般指企业拥有或控制的存货、固定资产和无形资产。根据资产的不同，关键控制环节有所不同。存货管理主要包括取得、验收、保管、领用、盘点和处置等环节。固定资产管理主要包括取得、登记、运行与维护、资产清查、处置等环节。通过固定资产的管理，保证固定资产安全、完整、高效运行。无形资产管理主要包括取得、验收、使用、保全、技术升级、更新换代和处置等环节。企业可以通过无形资产管理提高使用效率，发挥无形资产对企业提升创新能力和增强核心竞争力的作用。

4. 采购业务内部控制

采购业务管理主要包括采购申请、货物验收、应付款确认、货款支付和记录等环节。采购业务涉及采购、验收、仓储保管、财务等多个部门，采购与付款形成一个相对独立的循环。采购业务内部控制目标是实现采购业务与生产销售要求一致，确保应付款项的真实性和完整性。

5. 销售业务内部控制

销售业务管理主要包括销售订单、赊销信用、货物装运、票据流转、应收款管理、款项收取及记录等环节。销售业务涉及销售、信用管理、仓储保管、财务等多个部门，形成销售与收款循环。销售业务内部控制目标是确保销售合同的合理性和有效性，确保货物装运的准确性和时效性，确保销售收入的真实性和完整性，确保货款回收的安全性和及时性。

6. 财务报告内部控制

财务报告内部控制是指由企业管理层相关机构设计的，为保证按照财务报告会计准则编制、提高财务报告可靠性、满足报告使用者要求而采取的控制措施。财务报告内部控制按照报告流程，一般可以分为财务报告编制环节内部控制、财务报告披露环节内部控制、财务报告分析环节内部控制。

7. 其他业务内部控制

根据2010年财政部等五部委联合发布的《企业内部控制应用指引》的内容，企业业务层面的内部控制还包括研究与开发、工程项目、担保业务、业务外包等。

研究与开发内部控制的关键环节包括立项审批、人员配备、研发过程控制、成果转化、成果验收、成果保护和研发评估等，目标是建立健全研发制度，促进成果及时、有效转化，加强对研发成果的有效保护。

工程项目内部控制主要包括工程立项、工程设计、工程招标、工程建设和竣工验收等关键环节，目标是提高工程质量，保证工程进度，控制工程造价，同时防范商业贿赂等舞弊行为，实现质量、进度和造价三者的有机结合、相互促进。

担保业务内部控制主要包括受理申请、调查评审、签订合同、日常监控、会计控制、清偿与追偿等环节。对担保业务的控制实质是对担保风险的控制，通过在担保业务实施过程中建立科学合理的内部控制体系，合理控制担保风险，减少因担保业务不规范而使企业遭受损失。

业务外包内部控制主要包括制定外包方案、审核批准、选择承包方、签订外包合同、外包过程管理和验收等环节。

▶▶ 课后习题 ▶

课后习题答案

（一）单项选择题

1. 分别设置不同层次的管理人员及由各专业人员组成的管理团队，针对各项业务功能行使决策、计划、执行、监督和评价的权利并承担相应义务，是保证业务顺利开展的支撑平台，这指的是企业的（　　）。

A. 内部机构　　B. 治理结构　　C. 管理机构　　D. 董事会

2. 企业风险评估的起点是（　　）。

A. 设立目标　　B. 风险识别　　C. 风险分析　　D. 风险应对

3. 不相容职务分离控制的核心是（　　）。

A. 各司其职　　B. 各负其责　　C. 协同合作　　D. 内部牵制

4. 内部信息沟通是指（　　）。

A. 在企业正式结构、层次系统进行的沟通

B. 企业正式系统以外的途径进行的沟通

C. 企业生产和服务的经营管理所需的内部信息、外部信息在企业内部的传递与共享

D. 企业与利益相关者之间信息的沟通

5. 我国企业内部监督体系的构成不包括（　　）。

A. 审计委员会　　B. 监事会　　C. 股东大会　　D. 内部审计机构

（二）多项选择题

1. 内部控制与内部环境的关系是（　　）。

A. 内部环境是内部控制的基础

B. 内部环境与内部控制相互联系又相互依存

C. 内部环境与内部控制相互制约

D. 内部环境与内部控制是互动关系

E. 内部环境与内部控制意义不同、相互无关

2. 具体而言，上市公司治理结构设计应重点关注的方面包括（　　）。

A. 独立董事制度的设立

B. 董事会专业委员会的设置

C. 设立董事会秘书

D. 国有资产监督管理机构

E. 监事会的设置

3. 企业社会责任包括（　　）。

A. 安全生产、产品质量

B. 环境保护

C. 促进就业

D. 员工权益保护

E. 资源节约

4. 下列各项中，表明内部控制环境存在缺陷的有（　　）。

A. 甲企业为上市公司，其关键管理人员在母公司兼职，在该人员指令下，上市公司承担了本应由母公司承担的捐款任务

B. 乙企业为降低生产成本，减少了环保投入，致使大量污水排入周边水域，造成环境污染

C. 丙企业设立审计委员会，负责监督公司内部控制的有效实施和内部控制自我评价情况

D. 丁企业的企业文化是"不惜一切代价做大市场"

E. 戊企业将纪检部门、内审部门、风控部门、法务部门整合为一个部门，在董事会直接领导下开展工作，向其负责并报告工作

5. 需要分离的不相容职务主要有（　　）。

A. 业务执行与决策审批　　B. 业务执行与财产保管

C. 可行性研究与决策审批　　D. 财产保管与会计记录

E. 会计记录与业务执行

6. 针对企业的采购与付款业务，以下属于不相容岗位的是（　　）。

A. 请购与审批

B. 采购合同的洽谈与订立

C. 合同谈判与审批

D. 询价与确定供应商

E. 采购合同的订立与审核

7. 财产保护控制的措施有（　　）。

A. 财产档案的建立与保管　　B. 预算控制

C. 限制接近　　D. 盘点清查

E. 财产保险

8. 企业内部信息传递应当关注的风险有（　　）。

A. 内部报告系统缺失、功能不健全、内部不完整，可能影响生产经营有序运行

B. 内部信息传递不通畅、不及时，可能导致决策失误，相关政策措施难以落实

C. 部门分工不合理

D. 内部信息传递中泄露商业机密，可能会削弱企业核心竞争力

E. 内部信息传递内容不准确

9. 日常监督的主体包括（　　）。

A. 管理层　B. 单位（机构）　C. 内部控制机构　D. 内部审计机构　E. 外部审计机构

（三）判断题

1. 完善的内部环境是企业内部控制有效性的保障，有效的内部控制又能够推进内部环境的不断完善。（　）

2. 一个企业的组织架构存在缺失或缺陷，其他一切生产、经营、管理活动都会受到影响。（　）

3. 可能导致并购重组失败的一个重要原因是忽视企业间的文化差异和理念冲突。（　）

4. 一般来说，风险分析是分析风险发生的可能性和影响程度。（　）

5. 企业开展风险评估，应当准确识别与实现控制目标相关的内部风险和外部风险，确定相应的风险承受程度。（　）

6. 为了保持业务的连续性，提高采购效率，从采购合同的洽谈、订立到审批，应由同一部门或同一人完成。（　）

7. 沟通是把信息提供给适当的人员，以便他们能够履行与经营、财务报告和合规相关的职责。（　）

8. 内部信息沟通更侧重于内部信息在企业各层级间生成和传递的整合机制，而内部信息传递更侧重于将沟通的方式和载体固化到流程中的各个岗位上。（　）

9. 内部审计机构对在审计过程中发现的问题，不可以直接向审计委员会或者董事会报告。（　）

第三章

企业层面内部控制

学习目标

企业层面内部控制涉及企业的控制环境，是内部控制的基础，主要包括组织架构、发展战略、人力资源、社会责任以及企业文化等。通过本章学习，应掌握以下主要内容：

◎ 组织架构的设计内容、内部控制的关键控制环节和控制措施

◎ 发展战略的主要内容、发展战略两个环节的主要控制措施

◎ 人力资源控制的风险点、五个环节中相关的控制措施

◎ 社会责任控制的主要内容、关键控制点及其措施

◎ 企业文化建设与评估的主要方法、各自的关键控制点及其措施

第一节　组织架构内部控制

《企业内部控制应用指引第 1 号——组织架构》对组织架构有明确的定义，组织架构是指企业按照国家有关法律法规、股东大会决议和企业章程，明确董事会、监事会、经理层和企业内部各层级机构设置、人员编制、职责权限、工作程序和相关要求的制度安排。

企业组织架构包括两方面含义：第一，静态方面。组织架构反映企业运营过程中关于人员、职位、任务及其相互之间特定关系的架构网络和支持系统。组织架构将承担职能的机构和岗位分工的范围、程度，岗位的任务和职责，相互之间的协调配合等用部门和层级的方式确定下来，形成企业组织的框架主体。第二，动态方面。在企业生命周期的不同阶段，组织架构的维持与变革有不同的要求。企业需要定期对组织架构的设计和运行进行综合评估，调整优化组织架构，实现企业组织目标。

一、组织架构的设计与运行

企业组织架构主要包括治理结构和内部机构。

（一）治理结构设计

1. 企业治理结构设计的一般要求

治理结构涉及股东大会、董事会、监事会和经理层。企业应当根据国家法律法规的要求，明确董事会、监事会和经理层的职责权限、任职条件、议事规则等，确保决策、执行和监督相互分离，形成制衡。

董事会对股东大会负责，依法行使企业的经营决策权。可按照股东大会的有关决议，设立战略、审计、提名、薪酬与考核等专门委员会，明确各专门委员会的职责权限、任职资格、议事规则和工作程序，为董事会科学决策提供支持。监事会对股东大会负责，监督企业董事、经理和其他高级管理人员依法履行职责。经理层对董事会负责，主持企业的生产经营管理工作。经理和其他高级管理人员的职责分工应当明确。

董事会、监事会和经理层的产生程序应当合法合规，其人员构成、知识结构、能力素质应当满足履行职责的要求。

2. 上市公司治理结构特殊要求

上市公司治理结构的设计，应当充分反映其“公众性”，因此，在治理结构上有其特殊的要求：

（1）独立董事制度。上市公司董事会应当设立独立董事。独立董事应独立于受聘的公司及其主要股东，不得在上市公司兼任除董事会专门委员会委员外的其他职务。独立董事应按照有关法律法规和公司章程的规定，认真履行职责，维护公司整体利益，尤其要关注中小股东的合法权益不受损失。独立董事应独立履行职责，不受公司主要股东、实际控制人以及其他与上市公司存在利益关系的单位或个人的影响。上市公司股东间或者董事间发生冲突、对公司经营管理造成重大影响的，独立董事应当主动履行职责，维护上市公司整体利益。独立董事应当按年度向股东大会报告工作。

（2）设立专门委员会。上市公司董事会应当设立审计委员会，并根据需要设立战略、提名、薪酬与考核等相关专门委员会。专门委员会对董事会负责，依照公司章程和董事会授权履行职责，专门委员会的提案应当提交董事会审议决定。专门委员会成员全部由董事组成，其中审计委员会、提名委员会、薪酬与考核委员会中独立董事应当占多数并担任召集人，审计委员会的召集人应当为会计专业人士。

在专门委员会中，审计委员会是必设机构，对企业内部控制的建立健全和有效实施发挥重要的作用。审计委员会对董事会负责，代表董事会对经理层进行监督，监督及评估外部审计工作，提议聘请或者更换外部审计机构，监督及评估内部审计工作，负责内部审计与外部审计的协调，审核公司的财务信息及其披露，监督及评估公司的内部控制等。

（3）设立董事会秘书。上市公司应当设立董事会秘书，负责公司股东大会和董事会会议的筹备及文件保管、公司股东资料的管理、办理信息披露事务、投资者关系工作等事宜。董事会秘书作为上市公司高级管理人员，为履行职责有权参加相关会议，查阅有关文件，了解公司的财务和经营等情况。董事会及其他高级管理人员应当支持董事会秘书的工作。任何机构及个人不得干预董事会秘书的正常履职行为。

此外，国有独资企业作为我国特有的企业主体，在股东大会职权的履行、董事会成员、监事会成员以及外部董事方面也有其特殊性，这里不再详细列举。

对“三重一大”决策的特殊规定。“三重一大”是指企业的重大决策、重大事项、重要人事任免及大额资金支付业务等，应当按照规定的权限和程序实行集体决策审批或者联签制度。任何个人不得单独进行决策或者擅自改变集体决策意见。

（二）内部机构设计

企业内部机构设计，需要切合经营业务特点和内部控制要求，能够促进企业发展目标的实现。内部机构设置应当科学设计，合理分配权责，防止机构重叠、职能交叉或缺失、推诿扯皮、运行效率低下等。企业在设计内部机构时应关注以下几个方面。

1. 机构设计应遵循的原则

企业应当按照科学、精简、高效、透明、制衡的原则，综合考虑企业性质、发展战略、文化理念和管理要求等因素，合理设置内部职能机构，明确各机构的职责权限，避免职能交叉、缺失或权责过于集中，形成各司其职、各负其责、相互制约、相互协调的工作机制。

2. 职能分解的要求

企业应当对各机构的职能进行科学合理的分解，确定具体岗位的名称、职责和工作要求等，明确各个岗位的权限和相互关系。企业在确定职权和岗位分工过程中，应当体现不相容职务相互分离的要求。不相容职务通常包括可行性研究与决策审批、决策审批与执行、执行与监督检查等。

3. 组织、岗位说明

企业应当制定组织结构图、业务流程图、岗位说明书和权限指引等内部管理制度或相关文件，使员工了解和掌握组织架构设计及权责分配情况，正确履行职责。

（三）组织架构设计范本

例 3-1 是某集团公司组织架构设计规范制度的范本。

例 3-1　组织架构设计规范

第一章　总　则

第一条　目　的

为规范公司人力资源部相关人员的组织架构设计作业，使其设计具有防范和化解各类错误和舞弊风险功能的组织架构，特制定本规范。

第二条　适用范围

本规范适用于集团公司及下属各子公司的组织架构设计。

第三条　含义界定

本规范中所涉及的组织架构设计是指为保证公司目标的实现，最大限度地利用公司资源，对公司内各要素的职务范围、权利、责任以及架构进行确立、调整的过程。

第四条　设计时间

1. 公司创立之初。

2. 公司经过一段时间发展，需要进行规范时。

3. 公司业务发展发生重大转型时。

4. 公司经营环境发生重大变化时。

5. 公司并购或重组后。

第二章　组织架构设计原则

第五条　目标原则

各职能部门的设立要围绕公司目标和任务进行，要确保完成公司的各项经营计划，实现公司战略目标。

第六条　适用原则

组织架构设计时，应考虑公司内部、外部环境的影响与制约，综合分析公司业务活动、经营范围等，使公司组织架构适合公司状况。

第七条　明晰原则

组织架构设计需要明确界定公司内各层级的报告关系，明确各岗位的职责权限，避免重复报告或多头管辖，提高组织运作效率。

第八条　合理管辖原则

组织架构设计时需要合理界定管理人员的管辖范围，确保管辖幅度在合理范围之内。

第九条　分工协作原则

公司应根据自身的业务特点和条件，选择合适的组织架构模式，在设计时要充分考虑架构的特点，通过分工协作，保证公司各部门之间相互协调配合，形成一个有机整体，提高工作效率。

第十条　适度分权原则

组织架构中应考虑权力的分配模式，选择合适的权力分配程度，将集权与分权控制在合理的点上，保证管理层和员工的工作积极性，同时具有一定的管控能力。

第十一条　职权对等原则

组织机构设计中应赋予职能部门履行职责所需的权限，保证履行职责时能够具有充分的权力，完成自身的职责。

第十二条　精简原则

在保证公司目标完成的前提下，尽可能减少部门和人员数量，节约人力成本，减少组织层级，缩短业务流程，提高公司运营效率。

第十三条　独立监督原则

组织架构设计中应包含独立的监督管理部门，监督管理部门应与业务执行部门分别设立，实现独立监督、相互制约的功能，有效防范和化解重大错误与舞弊风险。

第三章　组织架构设计程序

第十四条　确定作业工作量

组织架构设计人员应对公司各项作业的工作量进行全面的清查与核算，详细列明工作总量与分量。

第十五条　明确作业之间的关系

1. 明确各项作业之间的关系，界定员工的工作关系。

2. 根据公司的规模、业务特点等确定主要作业的性质，在指挥与被指挥、控制与被控制、相互支持与相互补充之间进行选择。

第十六条　确定部门、岗位设置

组织架构设计人员根据不同作业之间的关系以及工作量，确定具体的部门、岗位设置。

第十七条　确定部门、岗位工作标准

在确定部门、岗位设置后，需要明确部门、岗位的工作标准，明确各自的工作职责、标准和考核要求。

第十八条　绘制组织结构图

组织架构设计人员根据组织机构的设置，绘制相应的组织结构图，并对机构中的机构设置、部门、岗位职责等进行详细的说明，然后交董事会或类似的权力机构审批。

第四章　附　则

第十九条　本规范制定、解释和修订权限归总经办所有。

第二十条　本规范自董事会审批之日起实施。

（四）组织架构的运行

企业应当根据组织架构的设计规范，对现有治理结构和内部机构设置进行全面梳理，确保本企业治理结构、内部机构设置和运行机制等符合现代企业制度要求。

组织架构运行主要包括按照法律法规的要求任命董事、监事、高级管理人员，各级人员履行自身的职责。根据组织架构的岗位设置和职责分工，各个内部机构履行职责，开展企业运行的各项工作。定期对组织架构的运行进行全面评价，对运行过程中发现的问题及时进行优化与调整，使企业组织体系高效运行。

二、组织架构内部控制

组织架构的控制可以从两个方面来进行：第一，从组织架构的组成方面，可分为治理结构控制和内部机构控制；第二，从组织架构设计及运行方面，可分为组织架构设计环节和组织架构运行环节。

（一）组织架构组成方面的控制

1. 治理结构层面的关键控制点与措施

企业治理结构层面的关键控制点主要包括董事会成员、监事会成员及其他高级管理人员的任职资格与履职情况，董事会、监事会及经理层的运行情况。具体如下：

（1）董事、监事及高级管理人员的任职资格与履职情况控制点。确保上述人员的行为能力、道德诚信、管理素质、任职程序符合要求；确保上述人员在履职过程中的合规性，切实履行忠实、勤勉义务，提高工作业绩。

（2）董事会、监事会及经理层的运行情况控制点。对董事会来讲，按照规定定期或不定期召集股东大会并向股东大会报告；严格执行股东大会决议；合理聘任或解聘经理及其他高级管理人员。对监事会来讲，按照规定对董事、高级管理人员行为进行监督；对于违反法律法规或损害公司利益的行为，提出罢免建议或予以制止纠正。对经理层来讲，认真有效执行董事会决议；有效组织管理董事会制定的年度计划；完成董事会确定的生产经营目标。

2. 内部机构层面的关键控制点与措施

内部机构层面控制主要关注内部机构设置的合理性和机构运行的效率。具体如下：

（1）机构设置控制点的具体控制措施有：适应内外部环境的变化，以企业发展目标为导向，采取专业化分工和协作，不断提高生产率；明确界定各机构和岗位的职权。

（2）机构运行控制点的具体控制措施有：针对市场环境变化，及时调整内部各机构职责分工；面临重大事件时，各机构协调一致，对机构漏洞进行有效监督；有效防止权力架空，确保机构内部及各部门间不存在权力失衡；防止信息阻塞，确保信息在组织架构下及时有效传递，确保信息流通，提高效率。

（二）组织架构的设计及运行控制

1. 设计环节的控制措施

企业应综合考虑自身的业务性质、发展战略、文化理念和管理要求等，合理设置内部职能机构，明确职责权限，避免职能交叉、职能缺失或权责过于集中。组织架构的设计及运行控制具体内容如下：

（1）明确岗位职责控制点。明确岗位职责控制点的具体控制措施有：合理设置内部职能机构；科学合理分解机构职能，确定岗位名称、职责和要求；制定组织结构图、业务流程图、岗位说明书和权限指引等文件，明确各岗位之间的权限和相互关系。

（2）不相容职务分离控制点。不相容职务分离控制点的具体控制措施有：可行性研究与决策审批分离；决策审批与执行分离；执行与监督检查分离。

（3）授权审批控制控制点。授权审批控制点的具体控制措施有：合理设置授权审批制度，避免越位、缺位或错位；给予相应的授权，严禁越权；实行重大问题集体决策或联签制度。

2. 运行环节的控制措施

企业组织架构需要科学合理设计，保证企业高效运行，同时需要根据内外部环境的变化进行相应的调整和变革。从组织架构运行环境来看，运行环节的控制措施具体如下：

（1）梳理治理结构控制点。梳理治理结构控制点的具体控制措施有：关注董事、监事、经理及其他高级管理人员的任职资格和履职情况；关注董事会、监事会和经理层的运行效果。

（2）梳理内部机构控制点。梳理内部机构控制点的具体控制措施有：关注内部机构设置的合理性和运行的高效性等；内部机构设置和运行中存在职能交叉、缺失或运行效率低下的，应当及时解决。

（3）对子公司的监控控制点。对子公司的监控控制点的具体控制措施有：重点关注子公司特别是异地、境外子公司的发展战略、年度财务预决算、重大投融资、重大担保、大额资金使用、主要资产处置、重要人事任免、内部控制体系建设等重要事项；对子公司的监控主要包括确定子公司章程的主要条款，参与建立子公司治理框架，选任代表母公司的董事、经理级财务负责人等高级管理人员。

（4）定期全面评估控制点。定期全面评估控制点的具体控制措施有：定期对组织架构设计与运行的效率和效果进行全面评估；组织架构调整应当充分听取董事、监事、高级管理人员和其他员工的意见，按照规定的权限和程序进行决策审批。

三、案例思考

例 3-2　创业板造假第一股——万福生科①

万福生科（湖南）农业开发股份有限公司前身是成立于2003年的湖南省桃源县湘鲁万福有限责任公司，于2011年9月27日在深圳证券交易所（以下简称深交所）的创业板上市，股票代码300268，股票简称“万福生科”。公司主要从事大米结晶葡萄糖、大米高蛋白高麦芽糖浆等淀粉糖系列产品的生产、销售，是稻米深加工副产品综合利用循环经济企业。

上市不到一年，万福生科就被曝出财务造假。在2012年半年度报告中，该公司虚增营业收入18,800万元，虚增营业成本14,600万元，虚增净利润4,023.16万元。前述数据金额较大，且导致该公司2012年上半年财务报告盈亏方向发生变化，情节严重。因此万福生科被湖南省证监局立案调查，并于2012年11月22日被深交所公开谴责，成为“创业板造假第一股”。随着案情的进一步发展，万福生科上市之前的造假行为也浮出水面。根据深交所2013年3月15日对万福生科做出的公开谴责，公司在2008—2011年存在财务数据虚假记载情形，累计虚增收入74,000万元，虚增营业利润18,000万元，虚增净利润16,000万元。其中，2011年度公司虚构营业收入28,000万元，虚增营业利润6,541.36万元，虚增归属于上市公司股东的净利润5,912.69万元，分别占公司已披露2011年财务报告中三项财务数据金额的50.63%、110.67%和98.11%。经对上述虚增数据进行调整后，公司2011年营业收入、营业利润和归属于上市公司股东的净利润数额分别为27,300万元、-630.51万元和114.17万元，与公司披露的相关财务数据存在重大差异。截至2013年5月10日，万福生科的财务造假案有了最终结果，证监会对万福生科涉嫌欺诈发行及相关中介违法违规案进行了正式通报，并对相

① 资宁平：《万福生科财务造假案例分析——基于公司治理的视角》，《会计之友》2014年25期，第64-66页。

关人员做出了处罚。

一、万福生科财务造假手段

一般情况下，公司财务造假的结果是营业收入和利润的虚增。根据会计三个财务报表的勾稽关系，利润表中营业收入和利润的增加反映在资产负债表上，就是资产的增加。根据万福生科的公告，其具体的造假手段主要有虚增应收账款、虚增预付账款、虚增在建工程等。

（一）虚增应收账款

万福生科《关于重要信息披露的补充和2012年中报更正的公告》显示，2012年上半年的应收账款净额由原来的1,288万元更正为412万元，原先虚增了近876万元。另外，前五大客户发生了很大变化，更正前应收账款的前五名客户在更正后的前五名名单中并未出现，并且前五名客户的应收账款总额由512万元减少到164万元，说明其应收账款存在严重的造假行为，包括伪造销售合同、虚拟销售业务等。

（二）虚增预付账款

预付账款是指买卖双方协议商定，由购货方预先支付一部分货款给供应方而发生的一项债权。但实际上，万福生科的这些预付账款并非都与真实交易挂钩。万福生科2012年6月底的预付账款更正后为14,569万元，而实际为10,100万元，虚增了4,469万元。万福生科通过虚假的交易，将公司的资金支付给粮食经纪人和农户。事实上，公司一方面将大部分的资金转移到自己控制的银行账户，然后通过销售回款的方式收回资金；另一方面，随着工程的进一步开展，预付账款转向在建工程，从而达到了虚增在建工程的目的。

（三）虚增在建工程

通过在建工程达到虚增收入和利润是万福生科最为“高明”的手段。因为在建工程还处在建设中，具有隐蔽性，不像应收账款那样容易被察觉。2012年6月底，万福生科在建工程虚增8,036万元，其中供热车间改造工程、淀粉扩改工程和污水处理工程三项虚增金额总共达7,500万元。

二、万福生科内部控制分析

万福生科财务造假的发生表明其内部控制存在重大缺陷。公司的治理结构是公司内部权力的划分，是股东大会、董事会、监事会“三权分立”的结果，三者各司其职、互相制约。但是，在我国上市公司中，一股独大的现象较为严重，大股东控制了董事会和经理层，同时，独立董事和审计委员会内部监督被抑制，从而导致大股东利用控制权侵占中小股东的利益。

（一）股权结构高度集中

万福生科是典型的一股独大型企业。2012 年年报显示，龚永福和杨荣华分别持有公司 29.99% 的股份，而二人为夫妻关系，因此共持有公司 59.98% 的股份。这种高度集中型股权结构使得公司的实际控制人为龚永福夫妇二人。在缺少股权制衡的情况下，实际控制人就会凌驾于内部控制之上，公司的重大决策完全根据他们的意志来决定，内部控制制度形同虚设，从而达到操纵利润、利益私人化的目的。关于 2012 年半年报的虚假记载和重大遗漏，万福生科也认为是因为内控松懈，内控制度没有得到很好的执行。另外，公司实际控制人龚永福既是董事长又是总经理。这一“两权合一”的公司治理结构破坏了董事会和经理层监督与被监督的机制。董事长（经理）掌握公司的日常经营业务，实际上就是经理层的自我监督，这一现象容易造成财务造假。

（二）独立董事不“独立”

独立董事的独立性决定了董事会的监管效率，因此，我国在 2001 年推出了独立董事制度。由于独立董事比一般的董事具有更强的独立性，所以实行独立董事制度后，公司董事会的独立性也就有了保障。然而，我国的独立董事大多流于形式，大部分的独立董事只是兼职，根本不会把大部分时间和精力放在公司的事务上。万福生科 2011 年年度报告显示，三名独立董事均参加了 2011 年公司召开的 6 次董事会，没有对万福生科财务造假行为发表任何独立意见。邹丽娟作为三名独立董事中唯一一名专业的会计人员，具有注册会计师资格证，实务经验较为丰富，对于公司造假行为不可能一无所知。但她仍未发表任何独立意见，说明已经失去了其应有的独立性，或者没有尽到自己的监督职责。另外两名独立董事单杨、程云辉分别是农业、生物领域的专家，说明万福生科选择行业专家作为独立董事，更多是把独立董事当成顾问，而不是监督者。因此，万福生科独立董事并没有发挥其独立性，未能发挥制衡董事会、保护中小投资者利益的作用。

（三）审计委员会失效

审计委员会大多是由独立董事构成，而且成员必须具备会计及审计方面的专业知识。审计委员会作为重要的内部控制机制，对于公司内部的会计行为及披露的报表有较强的监督职能。然而，当万福生科出现较为严重的财务造假行为时，审计委员会仍然认为：公司内部控制设计和执行方面不存在重大缺陷，公司内部控制自我评价报告符合公司内部控制设计及执行情况。很显然，公司内部审计没有发挥正常作用，审计委员会对重大信息披露也未进行有效的监督。可以说，万福生科审计委员会功能基本上处于缺失状态。

思考：万福生科组织架构存在哪些问题？如何改进？

第二节　发展战略内部控制

《企业内部控制应用指引第 2 号——发展战略》对发展战略的定义是：企业在对现实状况和未来趋势进行综合分析与科学预测的基础上，制定并实施的中长期发展目标与战略规划。企业发展战略具有导向性、整体性、长期性、系统性等特点。导向性是指发展战略对企业日常经营和各种行为所发挥的导向作用，企业层面的战略不得与企业发展战略相违背。整体性是指企业发展战略从企业全局出发制定整体的发展方向。长期性是指企业发展战略要在一个较长时期连续实施，包含环境变化进行的战略投资。系统性是指战略发展需要明确远期目标，根据远期目标制定阶段性目标，形成远近结合、相互联系的战略体系。

一、发展战略的制定

（一）发展战略制定方法

制定发展战略是企业可持续发展的前提，企业应当按照科学发展的要求，根据自身实际结合市场环境，在充分调查研究、科学分析预测和广泛征求意见的基础上制定发展目标。制定发展战略的一般设计方法有三种。

1. 环境扫描

环境扫描是指搜索和整理可能与企业战略有关的各种环境因素，以此作为制定战略的基础资源。一般分为外部宏观环境扫描和内部环境扫描。外部宏观环境扫描一般运用 PESTEL 分析模型（大环境分析），这些因素分别为政治因素（political）、经济因素（economic）、社会文化因素（social cultural）、技术因素（technological）、环境因素（environmental）和法律因素（legal）。

2. SWOT 分析与波特五力模型（Five Forces Model）

SWOT 分析用于企业进行综合评估，分析自身的优势（strengths）与劣势

（weaknesses）、存在的机会（opportunities）和面临的威胁（threats）。该分析方法对企业战略制定产生全球性的深远影响。

波特五力模型用于竞争战略的分析，可以有效地分析客户的竞争环境。其中五力分别是：供应商的议价能力、购买者的议价能力、潜在竞争者进入的能力、替代品的替代能力、行业内竞争者现在的竞争能力。

3. 波士顿矩阵（BCG 矩阵）

波士顿矩阵也称“组合分析法”，是由美国波士顿咨询公司率先提出的，对企业当前的业务组合进行分析、评价的战略管理工具，它把公司经营的全部产品和服务的组合作为一个总体来看待。这种方法假定企业由两个以上的经营单位组成，每个单位的产品有明显的差异并具有不同的细分市场。在拟定每个产品的发展战略时，主要考虑的是它的相对竞争地位（市场占有率）和业务增长率。以前者为横坐标，后者为纵坐标，分为四个象限，企业各经营单位的产品按其市场占有率和业务增长率填入相应的位置，形成四象限矩阵。四个象限分别为明星业务、问题业务、现金牛业务和瘦狗业务。

（二）发展战略制定环节

1. 考虑多方面因素

企业在制定发展目标过程中，应当综合考虑宏观经济政策、国内外市场需求变化、技术发展趋势、行业及竞争对手状况、可利用资源水平和自身优势与劣势等影响因素。

2. 设立战略制定机构

企业应当在董事会下设立战略委员会，或指定相关机构负责发展战略管理工作，履行相应职责。企业应当明确战略委员会的职责和议事规则，对战略委员会会议的召开程序、表决方式、提案审议、保密要求和会议记录等作出规定，确保议事过程规范透明、决策程序科学民主。战略委员会应当组织有关部门对发展目标和战略规划进行可行性研究和科学论证，形成发展战略建议方案；必要时，可借助中介机构和外部专家的力量，为其履行职责提供专业咨询意见。战略委员会成员应当具有较强的综合素质和实践经验，其任职资格和选任程序应当符合有关法律法规和企业章程的规定。

3. 明确具体目标

企业应当根据发展目标制定战略规划。战略规划应当明确发展的阶段性和发展程度，确定每个发展阶段的具体目标、工作任务和实施路径。

4. 发展战略审批

发展战略制定后，需要先提交董事会审议。董事会应当严格审议战略委员会提交的发展战略方案，重点关注其全局性、长期性和可行性。董事会在审议方案中如果发现重大问题，应当责成战略委员会对方案作出调整。企业的发展战略方案经董事会审议通过后，报经股东大会批准实施。

二、发展战略的实施

发展战略的实施是一项系统工程，需要所有相关目标领域全力推进。企业应当加强对发展战略实施的统一领导，制定详细的年度工作计划，编制年度预算，将年度计划分解、落实，确保企业发展目标的实现。同时，还要加强发展战略的宣传，通过组织机构调整、人员安排、薪酬调整、财务安排、管理变革等配套措施，保证发展战略的顺利实施。

（一）发展战略实施方法

1. 平衡计分卡（Balanced Score Card）

平衡记分卡是一种广泛应用的战略执行评价方法。该方法从财务角度、客户角度、内部运营角度、学习与成长角度四个方面，将企业战略的实施结果分为具有可操作性的衡量指标和目标值，并对其战略实施结果进行考核。平衡记分卡平衡了财务和非财务指标、长期和短期指标、结果性和动因性指标等之间的关系，能够起到提高战略执行力的作用。

2. OGSM 模型

OGSM 模型是一种计划与执行管理工具，能使业务集中在大的目的与目标及关键策略上，也是一种实践战略的手段，以达成理想的目的与目标。OGSM 分别代表目的（objective）、目标（goal）、战略（strategy）和评估（measurement）。该模型的主要作用是：分析和挑选战略目标，进行战略匹配和寻找战略实施途径，合理分配利用资源，指导战略实现并对结果进行评估。

3. 战略一致模型（Strategic Alignment Model，SAM）

战略一致模型也称“战略对应模型”“战略匹配模型”，是一项用以帮助企业实现运营战略与信息化战略相互策应的技术。模型包括战略执行、技术潜力、竞争潜力和服务水准四种模式，同时包括：企业战略规划、IS/IT 战略规划、组织流程构架和 IS/IT 基础设施四个领域。

这一模型认为运营战略是企业的动力，然而它的执行不可缺少 IT 战略的支持。IT 战略既是企业运营的需要，也是企业运营相关 IT 架构和流程的需要。

（二）发展战略实施步骤

1. 分解战略计划

企业应当根据发展战略，制定年度工作计划，编制全面预算，将年度目标分解、落实；同时完善发展战略管理制度，确保发展战略有效实施。

2. 开展战略宣传工作

企业应当重视发展战略的宣传工作，通过内部各层级会议和教育培训等有效方式，将发展战略及其分解落实情况传递到内部各管理层级和全体员工。

3. 战略实施监控

战略委员会应当加强对发展战略实施情况的监控，定期收集和分析相关信息；对于明显偏离发展战略的情况，应当及时报告。

4. 必要时进行战略调整

由于经济形势、产业政策、技术进步、行业状况以及不可抗力等发生重大变化，确需对发展战略作出调整的，应当按照规定权限和程序调整发展战略。

三、发展战略内部控制

（一）发展战略需要考虑的风险

企业发展战略在制定与实施发展过程中，需要考虑三个方面的风险。

1. 战略不够明确

企业缺乏明确的发展战略或发展战略实施不到位，可能导致企业盲目发展，难以形成竞争优势，丧失发展机遇和动力。

2. 战略脱离实际

企业发展战略过于激进，脱离企业实际能力或偏离主业，可能导致企业过度扩张，甚至经营失败。

3. 战略缺乏连续性

企业发展战略出于主观原因频繁变动，可能导致资源浪费，甚至危及企业的生存和持续发展。

（二）发展战略控制环节与措施

在发展战略的制定与实施过程中，应当关注关键控制环节，采取一定的控制措施，以防范或降低风险，减少损失。具体的控制环节和控制措施如下。

1. 发展战略组织管理环节

发展战略组织管理环节的主要控制措施有：在董事会下设战略委员会或类似组织，负责发展战略的管理工作；应当明确战略委员会的职责与议事规则，对战略委员会的会议规则作出明确规定。

2. 发展战略制定环节

发展战略制定环节的主要控制措施有：制定战略前要进行充分的调查研究，科学分析预测并广泛征求意见；确立发展目标时，要突出主营业务，目标不能过于保守或激进；要根据发展目标制定战略规划，明确各阶段的目标与任务。

3. 发展战略审议环节

发展战略审议环节的主要控制措施有：发展战略拟定后，应按照规定的权限和程序对发展战略进行审议；董事会在审议发展战略时，应着重关注战略的全局性、长期性和可行性；对于存在重大问题的发展战略，董事会应责令战略委员会对其作出调整。

4. 发展战略实施环节

发展战略实施环节的主要控制措施有：完善发展战略管理制度，确保发展战略得到有效实施；制定年度工作计划，编制全面预算，将年度目标分解、落实；采用内部各层级会议和教育培训等方式，对发展战略分解落实情况进行宣传，将战略情况传递给各级管理人员及员工；加强对发展战略实施情况的监控，定期收集、分析相关信息；在内外部环境发生重大变化，需要调整发展战略时，战略委员会应按照权限和程序对发展战略进行调整。

四、案例思考

例 3-3　齐鲁银行票据案件[①]

齐鲁银行是山东省首家城市商业银行，原名“济南市商业银行”。数

① 张庆：《“齐鲁银行事件”对城市商业银行内部控制建设的启示》，《财会月刊》2011 年 12 期，第 43-45 页。

据显示，截至2009年末，齐鲁银行总资产达617.36亿元，较年初增长28.06%；而各项存款余额546.55亿元，增长22.98%；各项贷款余额353.1亿元，增长25.4%。其资产规模和存贷款指标相当于1996年成立初的20倍。2010年全年存款增幅为100亿元，总资产达810亿元，而2009年仅为660亿元。齐鲁银行的扩张速度，可以说是所有城市商业银行发展的缩影。统计显示，2010年前9个月，大型商业银行资产总额增长15.3%，其中股份制商业银行增长27.5%，而城市商业银行增长34.8%。

2010年12月6日，济南市公安局经侦支队接到报案，称某银行在受理业务咨询过程中发现一存款单位所持"存款证实书"系伪造。公安机关对此高度重视，果断采取措施，立即将主要犯罪嫌疑人刘某及其他犯罪嫌疑人抓获归案。公安机关初步调查发现，犯罪嫌疑人刘某通过伪造金融票证多次骗取资金，涉及一些金融机构和多家企业。2010年12月23日，济南市公安局向社会公布了这起伪造金融票证案，但没有通报涉案金额以及涉及的金融机构。之后，社会盛传济南本土城市商业银行齐鲁银行涉及此案。2013年，根据起诉书涉案金额统计，齐鲁银行案涉案金额超101亿元，其中涉嫌诈骗银行100亿元，涉嫌诈骗企业1.3亿元，案发后追回赃款79亿余元，实际损失恐超21亿元。

中国社会科学院金融重点实验室主任刘煜辉表示，伪造票证的事情之前也时有发生，但像这么大的金额还是首次。由于中西方银行体系不同，我国银行风险可由国家信用担保，因此此事绝不会演变成系统性风险，当然也不会出现挤兑风险。就"齐鲁银行事件"而言，无论最终司法部门查处结果如何、涉及金额多大、涉及银行多少，这起伪造金融票证骗取资金案都给我们带来一些反思和警示。

在扩张速度上，城市商业银行明显快于其他银行类金融机构。在急速扩张的过程中，城市商业银行大多走了一条风险潜伏之路。当风险控制能力的提升速度跟不上规模扩张速度时，城市商业银行必然会遭遇各种各样的"扩张病"。"齐鲁银行事件"充分说明城市商业银行在快速扩张背景下，内部控制出现了严重问题。

（一）商业银行内部控制的内涵

内部控制是由企业制定的用来保证企业资产安全、确保会计资料的可靠性和准确性、提高企业的经营效率并促进管理部门贯彻的各项政策、执行组织计划的各种方法和措施。商业银行内部控制是以企业内部控制理论为基础发展起来的。实践证明，良好的内部控制的重要性体现在为银行达到既定目标和维持良好的财务状况提供保证，科学、严谨、有效的内部控制机制是商业银行合法合规经营、防范和化解各种金融风险的关键。

（二）我国城市商业银行内部控制存在的问题及原因分析

（1）内部控制环境不够好以及控制制度有效性不足。我国城市商业银行是以原城市信用社为基础，由地方政府、中小企业发起设立的，因此存在地方政府直接或间接持股比例普遍较高的现象。地方政府“一股独大”、股东之间缺乏权力制衡、股权结构不合理降低了银行的组织效率和运行效率，严重危害了城市商业银行的安全和发展，这种内部人控制现象的普遍存在导致约束机制不能有效形成。当前城市商业银行内部控制制度建设已难以适应业务发展的需要，起不到应有的控制作用。商业银行正常经营所必须具备的若干基本规章制度在某些地方还存在盲点，内部控制制度建设滞后，部分制度的针对性较差，在实际工作中难以有效实施。同时，有些规章制度流于形式，只是发文件不抓落实，遇到具体问题，灵活性讲得多、原则性讲得少，以种种理由加以变通和回避，甚至视内部控制制度为绊脚石，对某些规章制度视而不见。目前，制度上的缺陷已成为内部控制机制失效的一个重要原因，也是银行经营风险增大、发案率不断升高的最直接原因。

（2）发展战略目标定位不明晰，风险管理基础薄弱。由于监管条件的放宽与自身实力的增强，城市商业银行逐渐开始涉足原先不曾涉足的领域。然而，如果没有清醒的头脑准确地认识到自身的优劣势，也不能科学合理地制定发展战略目标，那么盲目扩张必定会给城市商业银行带来严重后果。如果没有明确的目标定位，那么企业不能有效控制经营风险，企业在迅速扩张规模的过程中极易形成大量的不良资产。城市商业银行虽然多年来的定位是“中小企业的银行，市民的银行”，但实际情况是许多城市商业银行贷款的集中度过高，它们不甘于做小银行，而是模仿大银行，一味偏好大项目、大企业。在跨区域经营的过程中，有些银行又放弃了中小企业的业务，反而和大银行抢客户，这导致城市商业银行的市场定位混乱不清。追求发展是商业银行的本性使然，也是其实现最终经营目标的必然要求，但银行业在追求并实现快速发展的同时，风险管理和内部控制未能及时跟上。当两者的差距越来越大时，风险管理基础不足以支持业务的快速发展，风险的出现在所难免，“齐鲁银行事件”的出现也就不难理解。

（3）风险识别与评估系统不健全。随着金融市场开放程度的不断提高，城市商业银行为占领并扩大市场份额，不断推出各种金融新产品和新业务，使得银行在不知不觉中承担了各种潜在的风险。而一些商业银行的高层或风险管理人员对于风险管理的认识常常存在片面性，缺乏全面正确的风险管理观念。这是因为我国商业银行长期以来是在国家干预下开展业务，其风险大部分由国家承担，缺乏风险识别和防范意识。迄今为止，我国商业银行无论对信用风险还是对操作风险都没有建立起完整、科学的风险指标体系和量化标准，风险的定性、定级、定责处于探索阶段，只能被动地承受市场变化和业务运作中暴露出来的风险。

（4）内部控制制度执行不力，金融监管不到位。客观地讲，近年来我国在大型商业银行的改革上确实取得了一些成绩，对大型商业银行的监管也越来越规范、严格。但对于早期的股份制银行、区域性银行和城市商业银行等中小银行的监管仍有漏洞。其根源在于这些银行受地方政府管理，监管部门只是进行业务上的监管，因此监管难以到位，城市商业银行内部控制执行力度大打折扣。事实上，早在2010年4月，普华永道中天会计师事务所出具的《齐鲁银行股份有限公司2010年度财务报表及审计报告》就显示，齐鲁银行的第三方存款质押业务存在借款人营业收入与贷款规模不匹配、存款质押合法性存疑等诸多问题。遗憾的是，这一提醒当时并没有引起当事银行和监管层的注意。过去，票据诈骗大案发生多起，国内很多银行都被骗过，根本原因就在于我国缺乏健全的金融监管机制。准确地说，是金融风险控制机制不理想，对盲目超速发展的银行缺少应有的约束，对银行间恶性竞争的监管力度不大，内部控制文化尚未形成。内部控制需要董事会、高级管理层和各级工作人员等共同努力才能完成。内部控制文化是促进商业银行健康发展的主要内容，但是目前内部控制文化在城市商业银行中还未真正形成，尤其是基层的部分工作人员并没有充分认识内部控制以及风险管理的含义，造成商业银行内部控制文化缺失，从而加大了银行发现和防范失误的难度；银行高层管理者对内部控制的重要性和必要性认识不足，甚至存在“重业务发展、轻内部控制管理”的现象。究其原因，是业绩考核、绩效分配时主要以业务指标的完成情况作为评价、分配的标准，从而导致某些管理者对内部控制管理重视不够甚至有所忽视。这种状况的持续存在，严重影响内部控制人员的积极性，给业务经营带来隐患。银行一线员工和基层管理者的制度观念淡薄，使内部控制制度尚不能完全落实。如员工之间碍于情面，用感情代替规章、用信任代替制度，违章操作、违反程序办理业务，不同环节的业务执行由同一人操作，没有起到职能分离相互制约、相互监督和防范风险的作用。国家有关部门为打击不规范或不道德等行为，制定了一系列严格的规章制度，但收效甚微。这说明，单纯的规章约束远远不够，还必须培育银行企业文化，外部的“硬约束”要配合良好的内部“软约束”才能发挥作用。

思考：“齐鲁银行案件”对企业发展战略内部控制有哪些启示？如何有效地对企业发展战略实施内部控制？

第三节　人力资源内部控制

《企业内部控制应用指引第3号——人力资源》中所称的人力资源，是指企业组织生产经营活动而录（任）用的各种人员，包括董事、监事、高级管理人员和全体员工。企业通过规划、招聘、培训、考评等形式对组织内外部人力资源进行规划和配置，保证企业目标实现和人员发展最大化。

一、人力资源设计和运行的主要风险

（一）人力资源引进与开发环节

人力资源缺乏或过剩、结构不合理、开发机制不健全，可能导致企业发展战略难以实现。企业在发展过程中需要及时评估决策层和执行层的高级管理人员是否具备相应的素质和水平，判断决策层和执行层的工作能力与工作效率，对不能胜任本职工作的高管人员应及时予以调整，也要关注企业其他人员的结构问题、人员总量问题等，确保企业发展战略得到有效实施。

（二）人力资源使用环节

人力资源激励约束制度不合理、关键岗位人员管理不完善，可能导致人才流失、经营效率低下或关键技术、商业秘密和国家机密泄露。企业的人力资源，特别是掌握关键技术、商业机密的专业技术人才，是企业的核心资源。企业对掌握和涉及核心技术、商业机密、知识产权等的人员，要按照有关法律法规的要求，结合企业实际情况，建立健全内部控制制度，加强人员管理。同时，企业还需要建立良好的人才激励政策，创造良好的人员发展环境。

（三）人力资源退出环节

人力资源退出机制不当，可能导致法律诉讼或企业声誉受损。企业在人员退出，解除劳动合同时，应严格遵循国家法律法规的要求，建立合理的人员退出机制，避免不必要的劳动纠纷。

企业应当重视人力资源建设，根据发展战略，结合人力资源现状和未来需求预测，建立人力资源发展目标，制定人力资源总体规划和能力框架体系，优化人力资源整体布局，明确人力资源的引进、开发、使用、培养、考核、激励、退出等管理要求，实现人力资源的合理配置，全面提升企业核心竞争力。

二、人力资源规划控制

（一）人力资源规划内容

人力资源规划流程包括人力资源需求预测、人力资源供给预测和人力资源供需平衡三个具体的步骤。

1. 人力资源需求预测

人力资源需求预测是根据企业发展规划和年度预算，估算企业未来需要的人员数量与能力组合，是企业人力资源规划的前提。进行人力资源预测时需要考虑各方面因素，不确定因素对预测会产生较大影响。人力资源预测有许多不同的方法，一般分为定性预测和定量预测两大类。定性预测主要有经验法、描述法和专家法，定量预测主要有趋势外推法、回归分析法、经济计量模型法、市场模型法等。

2. 人力资源供给预测

在确定企业人力资源需求后，企业需要考虑人力资源供给问题，包括内部供给和外部供给两方面。内部供给是企业是否拥有足够的人员，外部供给是企业能否招聘到需要的人员。

企业人力资源需求的满足一般首先要考虑内部供给，内部供给预测方面主要有三种方法：人力资源信息库、管理人员阶梯模型和马尔可夫模型（Markov Model）。

3. 人力资源供需平衡

在对人力资源需求与供给进行预测后，需要根据两方面预测结果进行综合分析，确保人力资源供求平衡，防止人力资源过剩或者不足。

（二）人力资源规划控制目标

（1）增强企业环境适应能力，确保企业获取实现企业战略所需的人力资源。企业在不同发展阶段有不同的人力资源需求，但人力资源供给有时不一定能够满足企业需求。

（2）实现企业内部人力资源的合理配置，优化企业内部人员结构，实现人尽其才，提高企业效益。

（3）制定科学合理的人力资源政策，指导企业人力资源工作，形成良好的人力资源内部控制环境。

（三）人力资源规划控制措施

人力资源规划过程中，主要面临规划信息不准确、预测方法使用不当、缺乏合理的授权和监督等风险，导致人力资源规划不科学、不合理。针对上述风险，人力资源内部控制主要有以下关键控制点和具体控制措施。

1. 授权审批控制点

授权审批控制点的具体控制措施有：各部门提交的人力资源需求与供给信息，必须经过各部门主管人员审核签字，并明确其相关责任；规划过程中使用的战略规划、组织结构、财务预算等数据必须经过各部门主管人员审核签字后方可使用；应成立专门的人力资源平衡决策小组或委员会，负责人力资源平衡工作；专人负责形成分析报告，报经总经理或相关决策委员会讨论批准，作为人力资源规划的依据，最终形成人力资源规划报总经理或相关决策委员会批准生效。

2. 不相容职务分离控制点

不相容职务分离控制点的具体控制措施有：在人力资源规划过程中，决策信息的收集与使用职务应当分离；人力资源需求计划的提出、审批、执行与监督职务应当分离；人力资源规划相关文件的保管、使用和审批职务应当分离；人力资源规划修订的提议、审批职务应当分离。

3. 重要文件接触控制点

重要文件接触控制点的具体控制措施有：人力资源规划的会议与会议决定，需要专人负责记录和整理，经与会人员签字后存档；编制人力资源规划过程中形成的各种报告、审批通过的人力资源规划等文件应当作为重要文件保存，严格控制规划文件的接触与查阅；使用人力资源管理信息系统的企业，应当设置相应的权限，设定各类人员对文件的使用和接触权限。

4. 反馈检查控制点

反馈检查控制点的具体控制措施有：企业应定期或不定期对人力资源规划的制定过程和实施情况进行审计和评价，形成书面的检查报告，提交审计委员会或类似机构；人力资源部门应当根据检查报告提出的缺陷进行分析，提出处理方案，提交总经理审批，必要时内部审计部门可以采取一定的跟踪检查措施。

二、人力资源招聘控制

企业应当根据人力资源能力框架要求，明确各岗位的职责权限、任职条件和工作要求，遵循德才兼备、以德为先和公开、公平、公正的原则，通过公开招聘、竞争上岗等多种方式选聘优秀人才，重点关注选聘对象的价值取向和责任意识。企业选拔高级管理人员和聘用中层及以下员工，应当切实做到因事设岗、以岗选人，避免因人设事或设岗，确保选聘人员能够胜任岗位职责要求。企业选聘人员应当实行岗位回避制度。

（一）人力资源招聘风险点

人力资源招聘时面临着双方信息不对称、人员品质和动机问题，以及测评工作与技术的局限性等众多因素。因此，人力资源招聘存在一定的风险，主要有三方面。

1. 招聘成本的回报风险

企业人员招聘需要投入较多精力，具有一定的成本。如果招聘的人员不符合岗位的要求，企业会面临一定的成本损失；此外，如果招聘条件与岗位的实际要求脱节，会加大招聘成本，造成人力资源浪费。

2. 招聘渠道不当风险

企业招聘一般有内部招聘和外部招聘两种渠道。企业如果招聘渠道选择不够恰当，会增加额外的人力成本，也会对企业员工的积极性造成一定的损害。

3. 应聘者道德风险

企业招聘人才时面临着一定的道德风险，对人才的评价、对招聘流程的监督和控制有时不一定能发挥作用，导致招聘的人员不当，给企业带来损失。

（二）人力资源招聘控制措施

面对人力资源招聘中存在的风险，人力资源招聘需要关注以下关键控制点，采取一定的措施，合理保证企业人力资源目标的实现。人力资源招聘控制点与控制措施具体如下。

1. 招聘计划制定控制点

招聘计划制定控制点的具体控制措施有：在制定招聘计划时，企业应当以人力资源规划为基础，结合人才需求分析、岗位职责以及成本效益原则，合理确定招聘人数、岗位要求、招聘方式等。

2. 招聘渠道选择控制点

招聘渠道选择控制点的具体控制措施有：明确各种招聘渠道的特点、适用范围，合理选择招聘渠道；对内部和外部两种招聘渠道，招聘时需要考虑各自的优缺点，根据工作类型、紧迫程度、地理区域、招聘成本等进行综合权衡，选择合适的方式。

3. 人员的评估与录用控制点

人员的评估与录用控制点的具体控制措施有：企业应当通过笔试、面试、心理测试等多种方式对应聘人员进行评估，与岗位职责要求进行匹配，确定是否聘用；在对应聘人员进行评估的基础上，进行人员的录用工作，应当依法签订劳动合同，建立劳动用工关系；对于在产品技术、市场、管理等方面掌握或涉及关键技术、知识产权、商业秘密或国家机密的工作岗位，应当与该岗位员工签订有关岗位保密协议，明确保密义务。

三、人力资源培训与开发控制

企业的人力资源培训与开发通常情况下要作为一个整体来进行控制。企业应当建立选聘人员试用期和岗前培训制度，对试用人员进行严格考察，促进选聘员工全面了解岗位职责，掌握岗位基本技能，适应工作要求。试用期满考核合格后，方可正式上岗；试用期满考核不合格者，应当及时解除劳动关系。

企业应当重视人力资源开发工作，建立员工培训长效机制，营造尊重知识、尊重人才和关心员工职业发展的文化氛围，加强后备人才队伍建设，促进全体员工的知识、技能持续更新，不断提升员工的服务效能。

（一）培训与开发控制目标

人力资源培训与开发控制的目标是通过内部控制，确定人力培训与开发的需求，设置合理的培训与开发目标；通过培训与开发方案，不断更新员工的知识和技能，改进员工的动机、态度和行为，使员工适应新的要求，更好地胜任现有岗位或担任更高的职务，提高经营效率和效果，实现企业发展战略目标。

（二）培训与开发关键控制点与措施

为保证培训与开发效果，企业需要对培训与开发进行控制，主要包括员工的培训与开发政策控制和实施过程控制。培训与开发关键控制点与具体措施如下。

1. 需求调研控制点

需求调研控制点的具体控制措施有：确定培训与开发需求时，应当根据不同的需求提供有针对性的培训与开发；在需求调研方面，需要人力资源专业人员和业务主管人员共同配合，发现真实的培训需求。

2. 内容确定控制点

内容确定控制点的具体控制措施有：针对需求调研的结果，确定有效的培训与开发内容，重点关注培训内容能否解决需求。

3. 方式选择控制点

方式选择控制点的具体控制措施有：应当以成本效益为原则，根据培训的对象、内容等方面确定适当的培训与开发方式，确保实现培训与开发效果。

4. 效果评估控制点

效果评估控制点的具体控制措施有：需要对培训与开发的效果进行评估，对企业在需求调研、内容确定和方式选择等方面存在的问题，及时改进，确保培训与开发目标的实现。

四、人力资源使用控制

（一）人力资源使用控制目标

在人力资源使用方面，企业应当关注人力资源的激励约束机制、薪酬与考核以及岗位轮换等相关制度的建设。

1. 员工激励控制目标

企业通过建立和完善人力资源的激励约束机制，设置科学的业绩考核指标体系，对各级管理人员和全体员工进行严格考核与评价，以此作为确定员工薪酬、职级调整和解除劳动合同等的重要依据，确保员工队伍处于持续优化状态。

2. 薪酬与考核控制目标

在人力资源薪酬与考核方面，企业通过制定与业绩考核挂钩的薪酬制度，切实做到薪酬安排与员工贡献相协调，体现效率优先，兼顾公平。

3. 轮岗制度控制目标

企业在人员岗位调整方面，应当制定各级管理人员和关键岗位员工定期轮岗制度，明确轮岗范围、轮岗周期、轮岗方式等，形成相关岗位员工的有序持续流动，全面提升员工素质。

（二）人力资源使用关键控制点与措施

人力资源使用关键控制点主要包括人员激励、员工薪酬、考核以及轮岗制度等。人力资源使用相关的关键控制点与措施的具体内容如下。

1. 人员激励环节的关键控制点与措施

（1）设定激励目标控制点的具体控制措施有：激励目标必须符合企业战略目标和组织发展规划；控制激励目标数量，目标数量不宜过多。

（2）执行激励控制点的具体控制措施有：恰当选择激励的方式，关注物质激励与精神激励的不同效果；选择合适的激励时机，明确是过程性激励或者结果性激励；要根据被激励事项的性质，确定合适的激励力度，激励力度确定过程中应考虑成本效益原则。

（3）反馈激励结果控制点的具体控制措施有：及时与被激励对象反馈激励结果；了解其对激励方案的意见与建议，适时调整激励方案。

2. 员工薪酬环节的关键控制点与措施

（1）制定薪酬策略控制点的具体控制措施有：制定的薪酬策略必须遵守相应的法律法规的要求；确定合理的薪酬结构，体现外部公平性和内部公平性。

（2）建立岗位评价机制控制点的具体控制措施有：确定合理的薪酬差距与岗位价值评价机制，收入差距应当反映岗位价值的评估结果，体现薪酬制度的激励性。

（3）确定岗位薪酬控制点的具体控制措施有：根据岗位特点，确定计时制或者计件制的薪酬计算方式；制定合理的薪酬增长机制。

3. 人员考核环节的关键控制点与措施

（1）确定考核标准控制点的具体控制措施有：确定考核目标应当结合企业战略目标，有利于企业目标的实现；考核标准需要契合企业现状，体现循序渐进的原则。

（2）选择考核人控制点的具体控制措施有：确保被考核人员对考核具有正确的认识，理解考核对企业的意义；选择的考核人需要有必要的绩效考核知识和能力，对行业竞争和市场状况有一定的了解；考核人应当站在公正的立场，坚持原则。

（3）评价考核结果控制点的具体控制措施有：需要对考核结果进行分析和评价，寻找考核背后的根本因素；应当将考核结果反馈给被考核人；合理运用考核结果，将考核结果与薪酬、激励、晋升和培训等结合起来。

4. 岗位调整环节的关键控制点与措施

轮岗制度控制点的具体控制措施有：明确轮岗范围，对一定层级的管理人员和关键岗位员工，实行岗位轮换制度；确定轮岗周期与方式；及时进行轮岗制度反馈，对轮岗制度执行过程中存在的问题，适时进行调整。

五、人力资源退出控制

人力资源退出是企业经营过程中正常的行为与现象。企业应当按照有关法律法规规定，结合企业实际，建立健全员工退出（辞职、解除劳动合同、退休等）机制，明确退出的条件和程序，确保员工退出机制得到有效实施。企业人力资源退出涉及建立人力资源退出机制，遵守相关法律法规的要求、对关键岗位离职的保密要求等。

企业对于考核不能胜任岗位要求的员工，应当及时暂停其工作，安排再培训，或调整工作岗位，安排转岗培训；仍不能满足岗位职责要求的，应当按照规定的权限和程序解除劳动合同。企业应当与退出员工依法约定保守关键技术、商业秘密、国家机密和竞业限制的期限，确保知识产权、商业秘密和国家机密的安全。企业关键岗位人员离职前，应当根据有关法律法规的规定进行工作交接或离任审计。

（一）人力资源退出的主要风险

1. 关键技术或商业机密泄露风险

接触关键技术或商业机密的人员，离职时如果带走关键技术或商业机密，用于竞争对手，将对企业造成重大损失。

2. 岗位空缺风险

员工离职后造成岗位空缺，关键岗位如果不能及时补足，特别是集体跳槽，会给企业正常经营活动带来严重影响。

3. 影响员工积极性

大规模的人员离职或关键岗位的人员离职，会给在职人员造成一定的心理动荡，影响员工对企业发展的信心，给企业带来较大的负面影响。

（二）人力资源退出关键控制点与措施

人力资源控制需要关注上述风险点，对关键的控制环节采取措施，降低风险。人力资源退出关键控制点与具体的控制措施如下。

1. 关键技术或商业机密控制点

关键技术或商业机密控制点的具体控制措施有：建立相应的制度，明确关键技术为公司所有，技术上不过分依赖个别或少数人员；建立竞业限制机制，禁止关键人员在任职期间以及离职后一定期间内担任同业企业职务。

2. 人员储备控制点

人员储备控制点的具体控制措施有：实施干部储备制度，注意管理人员培养，防止出现人员离职造成的长期岗位空缺。

3. 人员沟通控制点

人员沟通控制点的具体控制措施有：与准备离职人员进行积极的沟通，了解离职原因，改进公司存在的问题，创造良好的企业发展环境。

六、案例思考

例 3-4　海底捞的人力资源控制模式[①]

一、海底捞企业概况

1994 年，海底捞成立于四川简阳，现拥有 2 万多名基础员工及涵盖食品、工程、仓储和管理等方面的专家和技术人员，下设 82 家直营店、4 个大型现代化物流配送基地和 1 个底料生产基地，是火锅行业的典范。海底捞自成立之初即秉承着“双手改变命运”的价值理念，通过充分授权、内部培训和晋升等机制，鼓励员工通过积极工作改变自己和家人的命运。不同于餐饮行业普遍存在的“员工待遇差、工资低”的情况，海底捞开创了“亲情式”管理模式，不仅为员工提供集体公寓、集体食堂、免费家政服务、带薪

① 赵春琳、范英杰：《海底捞人力资源内部控制管理模式探析》，《现代管理科学》2020 年第 2 期，第 93-95 页。

休假以及员工持股计划等福利，每年还给员工的家人寄生活补贴，加强了员工对公司的认同感和归属感，降低了员工离职率。为进一步提高员工留职率，增强公司竞争优势，2016 年海底捞重组内部组织，建立扁平化的管理系统，提高公司内部管理的透明度，建立标准化和自主化管理体系。经过多年的创新管理，2017 年海底捞公司年收入达 106.37 亿元，年服务顾客超过 1 亿人次，在中国和全球的中式餐饮市场中均排名第一，并于 2018 年 9 月在港交所正式上市。

二、海底捞人力资源内部控制管理制度

人力资源内部控制制度是包括员工的选聘与录用、培训与开发、考核评估和奖金激励等在内的制度。对于劳动密度大和附加值低的餐饮业而言，人力资源管理更是内部控制的关键。我国餐饮企业只片面地关注对货币资本和物力资本的管控而忽视了对人力资本的管理，存在对员工素质重视程度不够、缺乏健全的人力资源管理体系等问题，导致人员流动性大、积极性不高。人力资本是餐饮业最稀缺的核心能力要素和竞争力来源，构建科学的人力资源内部控制管理体系对于行业的可持续发展至关重要。海底捞在员工的选择和开发上建立了一套科学的选人、用人、留人机制，关心员工诉求和切身利益，形成了合适的岗位管理、员工培训、薪酬分配绩效考核和社会保障等情感创新管理体系，为企业长远发展打下了坚实的基础。

（一）“家”文化下的授权制度

企业文化是企业控制环境的基础，体现着企业的战略目标和长远规划，潜在地影响着企业人力资源内部控制制度的设计和实施。人力资源内部控制制度与企业文化的结合，会使人力资源政策的设计和实施更符合企业实情，更具有针对性且易于被员工接受。授权制度即是海底捞“家”文化的结合与体现，各层级员工都被授予了一定的权限，服务员有权给客人打折换菜甚至免单，店长的授权额度为 30 万元，大区总管为 100 万元，副总的审批权为 200 万元。海底捞给予员工充足的信任和资源，激发了员工对企业的责任感和当家意识，实现反向忠诚和情感价值链流动，员工在工作中投入更大的热情，相机处理顾客的问题，提高顾客满意度。

（二）福利制度

人力资源内部控制制度的制定不仅要为企业实现发展目标服务，还要考虑员工需求体验，促进员工个人事业目标的实现。比如确定合理或相对优厚的薪酬福利水平，提供良好的职业发展前景等，给予员工足够的稳定感，如此才能获得员工的认可。针对餐饮业普遍存在的员工工作时间长、面客

率高、薪酬待遇低和流动性大的现状，海底捞不仅在物质层面为员工考虑，更在精神层面关心员工。在海底捞，员工工资高于行业平均水平 10% 左右，并采用计件工资制对优秀员工实行配股计划，一级以上员工可以享有纯利率 3.5% 的红利。在员工生活层面，海底捞采用家庭式的管理模式，不仅为员工提供配备有物管、WiFi、电脑等的高档宿舍和免费的家政服务，每年还会给店长家人寄 200~800 元不等的生活补贴，优秀员工的父母可以公费探亲，子女也享有 3 天陪同假；除了节日礼品之外，员工每年有 12 天的带薪休假，公司提供往返车票。另外海底捞还有离职送“嫁妆”的传统，任职一年以上的店长离职送 8 万元的“嫁妆”，小区经理送 20 万元，大区经理离职送一家火锅店（约 800 万元）。海底捞对员工的“慷慨”和重视，既能吸引和留住优秀员工，也满足了员工的自尊心和自信心，为公司的稳定快速发展打下坚实的基础。

（三）轮岗晋升制度

企业人力资源内部控制管理是各环节相互统一的整体。人力资源制度不仅要符合员工意愿，还要为员工的未来发展着想，提供给员工足够的培训机会和广阔的发展空间。这不仅能使企业获得员工的支持和认同，使员工对企业有归属感和忠诚度，还能使员工明确公司职位要求，对自己应承担的责任和工作目标有一个更加清醒的认知，不断提高自身专业能力和职业素质，更好地完成工作任务和企业经营发展目标。

（1）轮岗制度。海底捞普通员工招聘采用推荐制，中高层员工招聘采用内部选拔制，除了财务总监和工程总监外，其余管理层人员都靠基层的选拔晋升，这也在本质上符合海底捞“双手改变命运”的理念。为了使员工快乐工作、用心服务，海底捞推行轮岗制，使员工不再局限于某项工作。岗位轮换不仅使员工时刻保持新鲜感和热情，不同岗位的经历也会增强员工的专业胜任能力，使员工了解每一个流程细节和不同岗位的工作要求，为员工的提拔晋升建立职业素质基础。

（2）晋升制度。海底捞阶梯式的人才内生机制使得任何一个员工经过三级六次考核之后都有可能成为店面经理。人才的选拔和培训采用师徒制“传帮带”的形式，优秀的徒弟由师父提拔逐步经历“进入人才库—大堂经理—店长”的晋升阶梯，通过层层培训和考核最终晋升为店长。这种人才内生模式为海底捞储备了 200 名后备店长，保证了海底捞店面扩展时质量和经营模式的可复制性。

（3）薪酬制度。合理或相对优渥的薪酬制度是对员工工作能力的认可和肯定，员工若感知对公司的贡献会得到相应的优待，满意度和积极性就会提高，对公司的忠诚度和归属感也会增强。员工的工资结构分为基本工资级别工资、奖金、工龄工资、加班工资等几个部分，鼓励员工多劳多得，拉大收入差距。一方面，对于普通员工采用计件工资制，按劳分配激励员工通过努力改变命运；另一方面，对于店长等核心人才，结合企业师徒制实现店长工资与餐厅盈利能力挂钩以保证收入的可观性。店长的薪酬可以选择以下二者的较高者：选项 A：其管理餐厅利润的 2.8%；选项 B：①其管理餐厅利润的 0.4%，②其徒弟管理餐厅利润的 3.1%，③其徒孙管理餐厅利润的 1.5%。这种“传销式”的薪酬提取方式能鼓励店长自发培养徒子徒孙，自下而上的店长储备使海底捞的快速拓展更为强劲，且店长收入与其培养人的管理能力相挂钩，使得以师父为首的店面与徒子徒孙的店铺结合成一个个抱团小组，小组内部资源共享、信息互通，提高了管理效率。

（4）考核制度。绩效考核既是企业管理的核心又是人力资源管理的关键，科学合理的绩效考核体系是激励员工、增强企业竞争力的有效手段。一方面，绩效考核能根据考核结果合理安排人员任用，做到因岗配人、人尽其才；另一方面，考核结果也是确定员工劳动薪酬、评优降级的根据，并为人员的培训提拔提供客观依据，提高员工的积极性。在海底捞，对员工的考核由店长执行，采用五色卡模式，分别考核服务、出品、卫生安全和设备等项目。海底捞对店长日常经营的考核除了五色卡项目之外还有安全、创新、上级评价等项目，店长的升降级与店面考核结果挂钩，通过利益牵制实现经营管理。海底捞每年要对店面进行评级，分为 A（表彰）、B（保持）、C（辅导）三级，店面必须在三年之内被评过一次 A 级，否则就自动淘汰店长及其整个团队。对于店面的考核，海底捞没有采用传统的利润、营业额等指标，而是采用行为考核法，设有顾客满意度、员工积极性、干部培养三个软指标，通过小区经理非定期巡查、与店长沟通等方式对顾客满意度做出行内的判断，通过观察员工的仪容仪表和工作状态对员工积极性做出判断。另外，上级决定干部培养和员工升迁，并以抽签和神秘访客形式进行复核。为保证过程公平透明，海底捞设置了越级投诉机制，下级可以直接向上级的上级直至大区经理和总部投诉，便于企业内部监督。海底捞科学透明的人力资源考核体系不仅能保持员工工作的积极性和忠诚性，还是提高企业竞争力、保证企业快速发展的关键。

思考：按照人力资源内部控制的要求，海底捞的人力资源内部控制方面有哪些可借鉴之处？

第四节 社会责任内部控制

《企业内部控制应用指引第 4 号——社会责任》中所指的社会责任，是指企业在经营发展过程中应当履行的社会职责和义务，主要包括安全生产、产品（或服务）质量、环境保护、资源节约、促进就业、员工权益保护等。企业应当重视履行社会责任，切实做到经济效益与社会效益、短期利益与长远利益、自身发展与社会发展相互协调，实现企业与员工、企业与社会、企业与环境的健康和谐发展。

一、企业履行社会责任时的风险

企业在履行社会责任时，至少应当关注以下可能面临的风险：

● 安全生产措施不到位，责任不落实，可能导致企业发生安全事故。

● 产品质量低劣，侵害消费者利益，可能导致企业支付巨额赔偿、形象受损，甚至破产。

● 环境保护投入不足，资源耗费大，造成环境污染或资源枯竭，可能导致企业支付巨额赔偿，缺乏发展后劲，甚至停业。

● 促进就业和员工权益保护不够，可能导致员工积极性受挫，影响企业发展和社会稳定。

二、安全生产关键控制点与措施

《企业内部控制应用指引第 4 号——社会责任》中有关安全生产的规定指出，企业应结合本企业实际情况，建立严格的安全生产管理体系、操作规范和应急预案，强化安全生产责任追究制度，切实做到安全生产。设立安全管理部门和安全监督机构，负责企业安全生产的日常监督管理工作。重视安全生产投入，在人力、物力、资金、技术等方面提供必要的保障，健全检查监督机制，确保各项安全措施落实到位，不得随意降低保障标准和要求。

企业应当贯彻预防为主的原则，采用多种形式增强员工安全意识，重视岗位培训，对于特殊岗位实行资格认证制度。加强生产设备的经常性维护管理，及时排除安全隐患。如果发生生产安全事故，应当按照安全生产管理制度妥善处理，排除故障，减轻损失，追究责任。重大生产安全事故应当启动应急预案，同时按照国家有关规定及时报告，严禁迟报、谎报和瞒报。具体的安全生产关键控制点与措施见下。

（一）生产经营过程控制环节的关键控制点与措施

1. 安全生产技术规范控制点

安全生产技术规范控制点的具体控制措施有：建立安全生产保护系统；制定安全生产操作规程；采取消除安全隐患的技术措施、实施紧急事故处理的程序和方法。

2. 安全生产教育制度控制点

安全生产教育制度控制点的具体控制措施有：建立思想教育制度，学习安全生产相关法律法规，做好安全生产宣传工作；建立安全生产培训制度，做好生产技术、一般安全技术以及专业安全技术的培训、教育机制。

3. 安全生产检查控制点

安全生产检查控制点的具体控制措施有：建立安全生产检查制度，进行经常性检查、专业性检查和全面检查；检查安全生产计划措施落实情况，确保安全生产设施的完备完善，检查工作衔接配合合理。

（二）信息安全控制的关键控制点与措施

1. 档案资料安全控制点

档案资料安全控制点的具体控制措施有：建立档案资料保管制度，明确保管人员职责；严格限制档案资料的外借、查阅等接触要求；建立安全设备及措施等。

2. 信息系统安全控制点

信息系统安全控制点的具体控制措施有：设立专门的信息系统安全人员，明确人员职责，负责保障系统安全；建立系统备份及灾后重建制度，确保企业重要数据的安全和完整；建立网络安全防护系统，防止企业信息系统受到外来侵害。

3. 关键技术安全控制点

关键技术安全控制点的具体控制措施有：建立技术资料安全制度，明确关键技术的范围与保密要求；明确关键技术部门和岗位人员的责任，签订保密协议。

三、产品质量关键控制点与措施

企业应当根据国家和行业相关产品质量的要求，从事生产经营活动，切实提高产品质量和服务水平，努力为社会提供优质安全健康的产品和服务，最大限度地满足消费者的需求，对社会和公众负责，接受社会监督，承担社会责任。严格规范生产流程，建立严格的产品质量控制和检验制度，严把质量关，禁止缺乏质量保障、危害人民生命健康的产品流向社会。加强产品的售后服务，对于售后发现存在严重质量缺陷、隐患的产品，应当及时召回或采取其他有效措施，最大限度地降低或消除缺陷、隐患产品的社会危害。妥善处理消费者提出的投诉和建议，切实保护消费者权益。具体的产品质量关键控制点与措施如下。

（一）产品质量规划控制点

产品质量规划控制点的具体控制措施有：按照国家、行业等规定，制定产品质量检验标准；明确产品质量检验项目、检验方法；制定产品质量检查计划，设立质量检验公示制度，对质量检查结果进行奖惩。

（二）生产流程质量控制控制点

生产流程质量控制控制点的具体控制措施有：设立专门的生产流程质量控制小组，明确责任人；制定生产环节质量标准，严格按照质量标准生产；形成书面的生产流程质量问题记录并妥善保管。

（三）产品质量检验控制点

产品质量检验控制点的具体控制措施有：按照既定的程序和流程执行产品质量检验；形成书面产品检验报告；明确产品质量异议处理方法，妥善保管质量检验记录。

（四）售后服务质量控制控制点

售后服务质量控制控制点的具体控制措施有：制定售后服务管理制度，设立售后服务中心；明确产品质量投诉职责，形成书面记录；制定缺陷产品召回标准，成立专门的问题产品召回小组，召回计划由董事会或类似机构批准。

四、环境保护与资源节约关键控制点与措施

企业应当按照国家有关环境保护与资源节约的规定，结合企业实际情况，建立环境保护与资源节约制度，认真落实节能减排责任，积极开发和使用节能产品，发展循环经济，减少污染物排放，提高资源综合利用效率。通过宣传教育等有效形式，不断提高员工的环境保护和资源节约意识。

企业应当重视生态保护，加大对环保工作的人力、物力、财力投入和技术支持，不断改进工艺流程，降低能耗和污染物排放水平，实现清洁生产。加强对废气、废水、废渣的综合治理，建立废料回收和循环利用制度。重视资源节约和资源保护，着力开发利用可再生资源，防止对不可再生资源进行掠夺性或毁灭性开发。重视国家产业结构相关政策，特别关注产业结构调整的发展要求，加快高新技术开发和传统产业改造，切实转变发展方式，实现低投入、低消耗、低排放和高效率。

企业应当建立环境保护和资源节约的监控制度，定期开展监督检查，发现问题，及时采取措施予以纠正。污染物排放超过国家有关规定的，应当承担治理或相关法律责任。发生紧急、重大环境污染事件时，应当启动应急机制，及时报告和处理，并依法追究相关责任人的责任。具体的产品质量关键控制点与措施如下。

（一）制定环境保护与资源节约管理制度控制点

制定环境保护与资源节约管理制度控制点的具体控制措施有：开展宣传，树立环境保护和资源节约意识；明确环境保护和资源节约职责和任务；制定环境保护和资源节约制度，明确环境保护和资源节约奖惩细则。

（二）评审实施环境保护与资源节约控制点

评审实施环境保护与资源节约控制点的具体控制措施有：成立环境保护和资源节约评审小组，专人负责；编制环境保护和资源节约评审报告，并经董事会或类似机构审批；严格按照评审报告采取具体的环境保护和资源节约控制措施；开展宣传和培训工作，让各个层级了解环境保护和资源节约措施。

（三）监控环境保护与资源节约控制点

监控环境保护与资源节约控制点的具体控制措施有：建立环境保护和资源节约监控小组，制定环境保护和资源节约预警指标；定期对环境保护和资源节约实

施情况进行检查并形成报告；对检查中发现的问题及时进行整改；建立环境保护突发事故应急制度。

五、促进就业与员工权益保护关键控制点与措施

企业应当依法保护员工的合法权益，贯彻人力资源政策，保护员工依法享有劳动权利和履行劳动义务，保持工作岗位相对稳定，积极促进充分就业，切实履行社会责任。避免在正常经营情况下批量辞退员工，增加社会负担。

企业应当与员工签订并履行劳动合同，遵循按劳分配、同工同酬的原则，建立科学的员工薪酬制度和激励机制，不得克扣或无故拖欠员工薪酬。建立高级管理人员与员工薪酬的正常增长机制，切实保持合理水平，维护社会公平。及时办理员工社会保险，足额缴纳社会保险费，保障员工依法享受社会保险待遇。按照有关规定做好健康管理工作，预防、控制和消除职业危害；按期对员工进行非职业性健康监护，对从事有职业危害作业的员工进行职业性健康监护。遵守法定的劳动时间和休息休假制度，确保员工的休息休假权利。加强职工代表大会和工会组织建设，维护员工合法权益，积极开展员工职业教育培训，创造平等发展机会。尊重员工人格，维护员工尊严，杜绝性别、民族、宗教、年龄等各种歧视，保障员工身心健康。

企业应当按照产学研用相结合的社会需求，积极创建实习基地，大力支持社会有关方面培养、锻炼社会需要的应用型人才。企业应当积极履行社会公益方面的责任和义务，关心帮助社会弱势群体，支持慈善事业。具体的产品质量关键控制点与措施如下。

（一）制定促进就业和员工权益保护制度控制点

制定促进就业和员工权益保护制度控制点的具体控制措施有：设立促进就业和员工权益保护小组，组织专人负责这项工作；小组成员应由职工代表大会选举产生；形成管理制度，明确内容、措施以及沟通渠道，明确各层级部门在促进就业和员工权益保护方面的职责。

（二）建立促进就业与员工健康监护体系控制点

建立促进就业与员工健康监护体系控制点的具体控制措施有：制定员工健康管理细则，监护员工的身体和精神健康；根据岗位特点定期开展健康检查；完善员工健康应急处理机制；尽可能增加就业岗位，在人员招聘时不存在歧视性标准。

（三）开展员工权益保护培训控制点

开展员工权益保护培训控制点的具体控制措施有：明确各层级部门在员工权益保护培训上的职责，明确培训的范围与对象；结合岗位特点有针对性地定期开展培训工作；评估培训效果，对培训工作形成书面报告。

六、案例思考

例 3-5 社会责任缺失下的长生生物[①]

一、长生生物案件概况

2018 年 7 月，长生生物内部的一名员工实名举报疫苗生产存在造假问题，随后，国家药监局会同吉林省药监局对长生生物的涉嫌造假案件进行立案调查。经查明，长生生物存在编造生产记录和产品检验记录、随意变更工艺参数和设备等违法行为，其行政处罚书载明其将不同批次的原液进行勾兑配制、更改涉案产品的生产批号或生产日期等 8 项违法事实。随着疫苗案件的持续发酵，相关调查人员还发现长生生物曾多次卷入贿赂案。过去十年中，至少涉及 12 起贿赂案件，大多与该公司为获得疫苗的优先采购权，由销售人员向负责人提供好处费有关。

根据证监会对长生生物涉嫌信息披露违法案稽查结果，长生生物存在五大违法事实：

一是未按规定披露问题疫苗不符合标准以及停产和召回的相关信息；

二是披露子公司产品有关情况的公告存在误导性陈述及重大遗漏；

三是未披露被吉林药监局调查的信息；

四是违规披露狂犬疫苗 GMP 证书失效致主业停产以及该证书重新获取的情况；

五是披露的 2015 年至 2017 年年报及内部控制自我评价报告存在虚假记载。

依据《中华人民共和国证券法》的相关规定，证监会决定对长生生物处以 60 万元罚款的顶格处罚，对负直接责任的主管人员高俊芳等 4 名当事人给予警告，并分别处以 30 万元的顶格处罚，同时采取终身市场禁入措施。

① 杨瑞晗、姜娜、苟颖：《长生生物社会责任案例分析——基于内部控制视角》，《会计师》2019 年第 7 期，第 79-80 页。

对其他涉案当事人处以30万元以下不等罚款，同时对张友奎等3名当事人采取5年的证券市场禁入措施。

二、长生生物内部控制存在的问题

（一）一股独大现象

长生生物2017年年报显示，截至2017年12月31日，高俊芳及其一致行动人张洺豪、张友奎合计持有公司36.66%的股权，为长生生物的实际控制人，存在一股独大现象。参考现有文献，在此将长生生物所属的一股独大归类为集中型相对控段，即控制权比例在30%－50%。

在长生生物的实际控制人中，高俊芳与张友奎系夫妻关系，高俊芳与张洺豪系母子关系。在长生生物前10名的股东中，高俊芳与长春市祥升投资管理有限公司（以下简称长春祥升）、张敏存在关联关系，其中，长春祥升的实际控制人之一张雯与张敏和张友奎为兄妹关系。因此，长生生物是一家典型的家族企业，高氏家族控制着整个集团。

（二）治理结构不健全

高俊芳作为长生生物最大的股东，一人兼任董事长、总经理和财务总监三职；高俊芳的配偶张友奎任副总经理，主要负责销售工作；高俊芳之子张洺豪任副董事长、副总经理，负责工程项目。除此之外，资料显示，高、张两人的亲属也在长生生物中担任职位，如张友奎之妹张敏担任董事，张友奎与高俊芳的外甥女杨曼丽担任长生生物的市场销售部经理等。长生生物种种异于常理的表现，源于家族内部人员控制所导致的公司内部控制失效。

（三）独立董事缺乏独立性

独立性是独立董事的灵魂，关系到董事会能否不被少数股东或内部人操纵，从而最大限度地维护各方面利益，特别是中小股东的利益；关系到董事会做出的决策的公平性以及公司治理的有效性。

长生生物的董事会共有三名独立董事，分别是徐泓、沈义及马东光。其中，徐泓是注册会计师、注册税务师，马东光是西北政法学院法学学士、美国天普大学法学院法学硕士。长生生物2017年的年报显示，该年的销售费用为5.83亿元，超过当年的净利润，约占营收总额的1/3，其中推广服务费为4.42亿元，比上一年增长118%。对于如此巨额的推广服务费支出，具有专业背景的两位独立董事在其2017年度的述职报告中却没有相关的质疑记录，其独立性值得怀疑。

（四）内部监督不到位

对于内部控制系统来说，不论是体系的建立、执行还是评估，都需要强有力的监督，这种监督一般通过内部审计来实现。内部审计通过审查经营活动所涉及的财务票据和会计账目，核实是否存在舞弊或者其他违规行为。2017年，长生生物的审计人员对公司的内控状况出具了无保留意见的《内部控制鉴证报告》。但是，中国裁判文书网显示其存在大量的贿赂行为，判决书多达四页。此外，长生生物2017年年报显示，2017年，长生生物的营业收入较上年同比增长52.60%，实现归属上市公司股东的净利润较上年同比增长33.28%，但其直接材料成本增长了−1.96%，更少的直接材料成本创造了52.60%的营业收入增长、33.28%的净利润增长，长生生物成本控制存在的问题让我们无法忽视。因此，对于长生生物内部审计的内控意见还存在讨论空间。

在经营企业过程中，内部控制是规避企业治理风险的重要手段。分析长生生物企业内部控制存在的问题及内控对企业社会责任的重要作用，可以得到以下启示：①良好的内部控制体系可以有效地约束高管行为，长生生物的一股独大现象以及形同虚设的监事机构，导致企业社会责任的缺失；②高管人员的素质对于企业社会责任意识的形成及履行具有重要作用。由于目前企业高管人员的素质参差不齐，对社会责任报告的重要作用存在认识上的局限性，因此企业管理者未能有效地推动内部控制相关制度的设计与实施。

思考：对于长生生物社会责任内部控制方面存在的问题，结合社会责任内部控制要求，可以采取哪些改进措施？

第五节　企业文化内部控制

《企业内部控制应用指引第5号——企业文化》中所指的企业文化，是指企业在生产经营实践中逐步形成的、为整体团队所认同并遵守的价值观、经营理念和企业精神，以及在此基础上形成的行为规范的总称。企业文化主要由企业文化建设和企业文化评估两方面组成。

一、企业文化建设中存在的风险

企业在文化建设过程中，应当关注可能存在的文化建设风险，根据企业自身特点，建立符合企业发展战略的企业文化，加强和完善企业文化内部控制建设，防止企业文化与企业发展战略不符，对企业长远发展造成负面影响。具体来看主要有以下风险：

- 缺乏积极向上的企业文化，可能导致员工丧失对企业的信心和认同感，企业缺乏凝聚力和竞争力。
- 缺乏开拓创新、团队协作精神和风险意识，可能导致企业发展目标难以实现，影响可持续发展。
- 缺乏诚实守信的经营理念，可能导致舞弊事件，造成企业损失，影响企业信誉。
- 忽视企业间的文化差异和理念冲突，可能导致并购重组失败。

二、企业文化建设内部控制

（一）企业文化建设要求

1. 培育企业文化

企业应当采取切实有效的措施，积极培育具有自身特色的企业文化，引导和规范员工行为，打造以主业为核心的企业品牌，形成整体团队的向心力，促进企业长远发展。培育体现企业特色的发展愿景、积极向上的价值观、诚实守信的经营理念、履行社会责任和开拓创新的企业精神，以及团队协作精神和风险防范意识。重视并购重组后的企业文化建设，平等对待被并购方的员工，促进并购双方的文化融合。

2. 确立企业文化

企业应当根据发展战略和实际情况，总结优良传统，挖掘文化底蕴，提炼核心价值，确定文化建设的目标和内容，形成企业文化规范，使其成为员工行为准则的重要组成部分。董事、监事、经理和其他高级管理人员应当在企业文化建设中发挥主导和模范作用，以自身的优秀品格和脚踏实地的工作作风，带动影响整个团队，共同营造积极向上的企业文化。

3. 宣传和应用企业文化

企业应当促进文化建设在内部各层级的有效沟通，加强企业文化的宣传贯彻，确保全体员工共同遵守。企业文化建设应当融入生产经营全过程，切实做到文化建设与发展战略的有机结合，增强员工的责任感和使命感，规范员工行为方式，使员工自身价值在企业发展中得到充分体现。加强对员工的文化教育和熏陶，全面提升员工的文化修养和内在素质。

（二）企业文化建设方法

1. 企业战略匹配法

企业战略匹配法一般是根据不同的企业文化变动幅度将企业文化建设与不同的企业战略进行匹配。对于企业战略的种类，以及不同战略之间的差异，这里不再详细讲述。企业文化与企业战略匹配的过程如图 3-1 所示。其中横轴代表企业文化变动幅度，从左到右由小变大；纵轴代表企业战略变动幅度，从低到高由小变大。横轴和纵轴根据变动幅度不同组成四个象限：第Ⅰ象限表示企业战略变动幅度小且文化变动幅度也小，此时两者基本一致，只需要对企业文化进行小幅调整即可与企业战略相匹配；第Ⅱ象限表示企业战略变动幅度大而企业文化变动幅度小，此时两者潜在一致，在现有企业文化框架下，最大限度利用现有企业文化；第Ⅲ象限表示企业战略变动幅度不大但企业文化变动幅度较大，此时企业文化与企业战略不够一致，需要变更企业文化以适应战略；第Ⅳ象限表示企业战略变动幅度大而企业文化变动幅度也大，此时需要重塑企业文化，与企业战略相匹配。

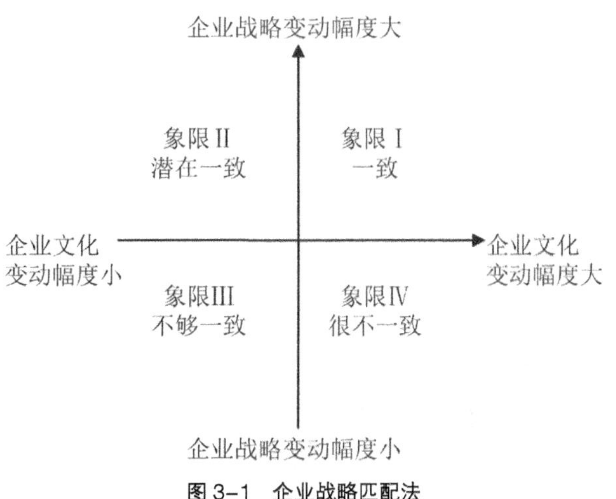

图 3-1 企业战略匹配法

2. 领导行为匹配法

通常将企业领导分为变革型和交易型两种类型。一般认为，变革型领导了解下属的具体需求，能为下属员工提供有针对性的指导；交易型领导强调按照组织目标设置奖惩体系对员工进行激励和约束。企业文化分为支持导向型、革新导向型、规则导向型和目标导向型四种（见表 3-1）。支持导向型强调协作和以人为本，革新导向型强调创造性、开放性和非正式沟通，规则导向型强调规范化、等级化，目标导向型强调目标管理和理性决策。将企业领导类型和企业文化两者进行匹配，一般来讲，变革型领导通常匹配支持导向型、革新导向型文化，交易型领导通常匹配规则导向型和目标导向型文化。

表 3-1　领导类型与企业文化类型匹配

种　类	支持导向型	革新导向型	规则导向型	目标导向型
变革型领导	√	√	—	—
交易型领导	—	—	√	√

3. 组织环境匹配法

组织环境匹配法是指通过对影响企业经营的各种内外部因素的评估、权衡，采取适应环境的动态对策，实现企业外部环境与内部条件的动态平衡，促进企业发展。该方法认为企业文化需要环境的支持，文化应当与内外部环境相匹配。

（三）企业文化建设关键控制点与措施

企业文化建设内部控制主要根据设计的流程，在明确建设导向、规划建设内容、开展培训和宣传、明确建设结果等方面进行控制。具体的关键控制点与措施如下。

1. 明确建设导向控制点

明确建设导向控制点的具体控制措施有：结合企业内外部环境，根据自身特点，确定文化建设方向；组建企业文化建设专门小组，明确小组成员的要求，成员应涵盖领导层，全员参与建设；确立明确的文化定位，对文化建设重要事项进行有效决策。

2. 规划建设内容控制点

规划建设内容控制点的具体控制措施有：明确文化建设的核心内容，制定企业文化管理制度；制定企业文化年度计划，明确应对企业文化冲突的整合途径。

3. 开展培训与宣传控制点

开展培训与宣传控制点的具体控制措施有：明确企业文化宣传目标，制定相应的计划，将企业文化培训与宣传纳入考核体系；组织文化培训，明确全员参与企业文化培训；对企业文化培训和宣传进行评估，形成评估报告。

4. 反馈建设结果控制点

反馈建设结果控制点的具体控制措施有：明确企业文化建设反馈的途径，使建设过程中的反馈信息能得到有效沟通；对企业文化发展计划进行总结与分析，形成书面报告，对需要改进的方面及时进行调整。

三、企业文化评估内部控制

（一）企业文化评估要求

1. 建立评估制度

企业应当建立企业文化评估制度，明确评估的内容、程序和方法，落实评估责任制，避免企业文化建设流于形式。在评估过程中，应当重点关注董事、监事、经理和其他高级管理人员在企业文化建设中的责任履行情况、全体员工对企业核心价值观的认同感、企业经营管理行为与企业文化的一致性、企业品牌的社会影响力、参与企业并购重组各方文化的融合度，以及员工对企业未来发展的信心。

2. 重视评估结果

企业应当重视企业文化的评估结果，巩固和发扬文化建设成果。针对评估过程中发现的问题，研究影响企业文化建设的不利因素，分析深层次的原因，及时采取措施加以改进。

（二）企业文化评估方法

1. 企业文化调查量表

企业文化调查量表是用于描述、评估企业文化的方法。该方法将企业文化划分为内部关注、外部关注、灵活性和稳定性四个维度，分别对应适应性、使命感、连续性和相容性四种文化特征，两者结合形成目标、战略导向、愿景、协调与整合、配合、核心价值、能力发展、团队导向、授权、组织学习、创新变革、客户至上等 12 个子项目。

2. 多维度企业文化测量

多维度企业文化测量又称“霍夫斯泰德文化测量理论”（Hofstede’s cultural dimensions theory）。该理论认为企业文化是价值观和实践的复合体，其中价值观是核心，实践部分则包括意识和象征。其中，价值观由三个独立维度组成：对安全的需要、以工作为中心和对权威的需要；而实践部分则由六个独立的成对维度组成：过程导向—结果导向、员工导向—工作导向、本地化—专业化、开放—封闭、控制松散—控制严格、规范化—实用化。

3. 企业文化评估量表

企业文化评估量表是在对立价值框架基础上的，用灵活性和内外部导向两个维度划分为四个象限，每个象限代表一种典型的企业文化，分别为宗族型、层级型、市场型和活力型（见图 3-2）。

宗族型企业文化强调共享价值观，注重团体精神和员工参与；层级型企业文化强调企业是一个高度制度化机构，按照既定流程开展工作；市场型企业文化强调企业文化与外部机构交易的衔接，注重市场指标、竞争和企业业绩；活力型企业文化认为企业文化应与企业的创新性和动态性相匹配，强调研发创新。

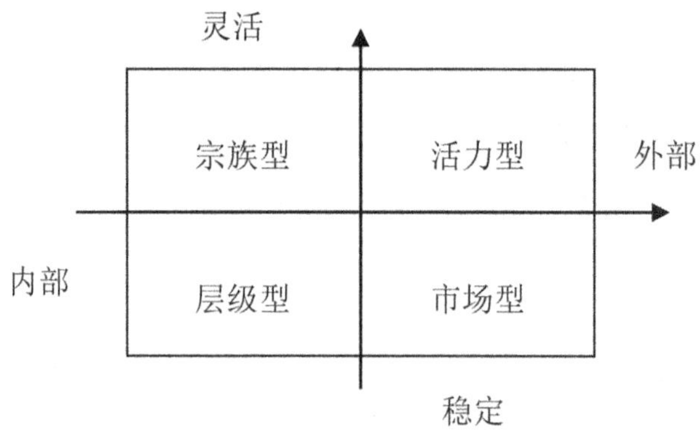

图 3-2　企业文化评估量表

（三）企业文化评估关键控制点与措施

企业文化建设完成后用以指导企业领导和员工行为，需要构建企业文化评估体系，着重评估企业董事、监事和高级管理人员的履职，全体员工对企业文化的认同，企业文化与企业经营管理行为的一致性、对评估中发现的文化缺失及时采取措施，促进企业文化建设。具体的关键控制点与措施如下。

1. 组建评估小组控制点

组建评估小组控制点的具体控制措施有：企业文化评估小组与文化建设成员分离，保证评估的客观性；确保小组成员熟悉企业文化建设流程和评估方法，定期轮换评估小组成员。

2. 制定评估标准控制点

制定评估标准控制点的具体控制措施有：评估标准遵循企业文化建设导向；评

估标准结合不同层级和部门进行适应性调整，考虑企业不同发展阶段；定期对评估标准进行调整。

3. 开展评估活动控制点

开展评估活动控制点的具体控制措施有：明确评估内容、制度评估规划和管理制度，组织开展评估活动；评估活动能够覆盖不同层级和不同部门的企业文化建设。

4. 反馈评估结果控制点

反馈评估结果控制点的具体控制措施有：以书面形式形成全面、有效的企业文化评估结果；定期对企业文化评估结果进行总结和分析，有效落实评估成果建议。

四、案例思考

例 3-6　并购中的文化冲突——荣事达的三次并购①

荣事达集团是中国知名的家电企业集团，集团年产洗衣机 250 万台、电冰箱 140 万台，名列 2007 年中国制造业 500 强第 398 位；集团拥有“中国名牌”和“中国驰名商标”——“荣事达—Royasar”。在荣事达的发展过程中，三次大的合资重组对企业的发展产生了重大的影响。首先是 1994 年荣事达和日本三洋合资成立荣事达三洋合资公司。1995 年开始，荣事达洗衣机产销量连续 4 年取得市场第一的佳绩，这是荣事达历史上的一个发展高峰。其次是 1996 年荣事达集团成立了中美合资公司。1997 年开始，由于外部环境恶化、管理和文化的冲突等问题，荣事达中美合资公司开始步入低谷。1998 年公司销售收入达 10.65 亿元，但从 1999 年开始收入逐年下降，到 2001 年仅实现销售收入 8.61 亿元。从 1999 年开始公司出现亏损，其中 2001 年亏损高达 1.91 亿元。2002 年美方宣布出售荣事达中美合资股份。2003—2007 年，美的集团分三步并购荣事达中美合资公司全部股权。这是荣事达历史上第三次大的并购重组。通过重组，荣事达实现了高速增长，平均增速达 30%。2007 年荣事达集团整体销售收入达到历史最高水平 75 亿元，洗衣机和电冰箱的产量达到 500 万台。

① 夏淑梅、汪利民：《企业并购重组过程中文化的冲突与融合——荣事达集团企业文化案例研究》，《华东经济管理》2009 年第 2 期，第 116-120 页。

一、荣事达与三洋成立中日合资公司

1994 年是荣事达创牌成功的爆发增长时期。荣事达集团与世界 500 强企业日本三洋电机株式会社合资成立了合肥荣事达三洋公司，2007 年合肥荣事达三洋公司实现销售收入 7 亿元，利润总额超过 8,000 万元，公司销售收入连续 15 年保持 30% 以上的增长率。

这是一个成功的跨民族、跨文化和体制的合资案例，有多方面的成功原因。面对企业文化的差异，合肥三洋公司成功运用渗透式的文化策略，实现文化融合，这是其成功经营的最关键因素之一。

荣事达三洋合资公司的管理者采取了互相补充、互相渗透的文化融合策略，创建更优秀的新型企业文化，从而取得了合资的成功。其经验可概括为：

（一）追求核心文化中的共性

荣事达和三洋合作共赢的思想、文化上的共同因子，奠定了文化相融的基础。合肥三洋企业的绝大多数员工来自荣事达，但荣事达方面并没有强势将自己的文化注入这个公司，而是借鉴了日本企业的年功工资制度，结合荣事达的考核制度，培养了合肥三洋强大的企业凝聚力。合肥三洋的管理者采取了兼容双方文化的长处、相互融合渗透的策略。

（二）良好的文化沟通

日方的管理人员长年驻在合肥，日本总裁森幸能用汉语和中方交流，这为双方沟通创造了条件。此外，每年合肥三洋都要派出大批人员到日本三洋学习交流，日本三洋通过推进项目管理直接对合肥三洋进行管理上的指导。频繁的交流沟通，促进了文化的融合。

（三）健全的培训制度

合肥三洋开业后的第一件事就是培训员工。三洋的培训特点是所有员工上岗前必须经过军训等一系列培训，强化了员工对企业文化的理解。

（四）塑造自己的特色文化

在合肥三洋人看来，他们既不是荣事达也不是日本三洋，他们就是合肥三洋。通过良好的沟通、培训和团队活动的开展，合肥三洋建立了自己完善的制度。“求真务实”“不求最大、但求最好”已经成为合肥三洋企业的特有文化，也是合肥三洋能够摆脱家电企业一味地牺牲效益、去拼规模的文化原因。

二、中美合资中的文化冲突

1996 年荣事达集团公司和美国美泰克公司出资 7,000 万美元，共同组建成立中美合资荣事达洗衣机有限公司等6家合资公司，股权设置为荣事达占49.5%、美泰克占49.5%、香港爱瑞占1%。荣事达中美合资公司（上述6个公司的合称）是集洗衣机、电冰箱、热水器和系列小家电于一体的综合家电制造企业，拥有亚洲最大的洗衣机生产线和世界一流的冰箱生产线，是荣事达的核心业务、优质资产所在。

荣事达中美合资公司运营可分为三个阶段：第一阶段从1996年荣事达公司成立到1998年中期，中方掌控运营，实现了连续三年洗衣机产品的产销量居于全国同行业第一的业绩。第二阶段自1998年中期到2002年中期，美方开始介入管理，随后自行执掌经营，公司经营管理团队频繁更迭，内部矛盾繁杂而激烈，效益急剧滑坡。第三阶段是从2002年中期到2004年上半年，美泰克开始出售合资公司股权，这一阶段基本处于维持、过渡状态，直至公司合并重组。

中美合资荣事达公司在几年时间内由全国洗衣机行业产销量连续三年夺得“三连冠”的巅峰急剧下降到连续四年发生巨额亏损的过程，有其深层原因。从文化的角度去审视这段历史过程，并购中文化整合的重要性更加凸显。

美泰克是一个拥有100多年历史的家电企业，也是美国第三大家电制造商，曾创造多个驰名品牌，年收入超过40亿美元，被评为美国最受推崇的家电企业之一。美泰克的文化是典型的美国市场文化，崇尚个人价值，敢于创新、冒险，因此充满了急功近利思想，并购重组中注重短期的利益，一旦发现风险立即售出。在同荣事达合作的8年间，美泰克方的董事、经营管理层在不停地变动，这与荣事达的“和商”文化差异很大，由此导致激烈的冲突，具体表现在以下几个方面：

（一）核心价值观存在巨大差异

荣事达中美合资公司员工全部来自荣事达集团，“和商”文化已经融入他们的心灵，他们以企业为家，对企业怀有深厚的感情，认为自己是企业的主人而绝不仅仅是美方认为的雇员。美方的高管曾在一次会议上问一名员工在荣事达工作多久了，这名职员非常自豪地回答：“我在荣事达工作10年。”这位高管以不可思议的口吻说：“在一个公司这么久，说明你没有能力！”美方总裁劳伦斯对中方营销人员的招待、为联络客户而产生的费用不能理解。两种文化的极大差异引发的冲突颠覆了长期以来员工的价值观念，使员工陷入迷茫，结果是内部协调与经营管理的难度加大，企业市场竞争力大大削弱，进而影响企业战略目标的实现。

（二）违背文化建设和发展规律

中美合资公司效益好的前三年，在文化建设上采取的是“完全中式”的分隔式策略，后期却在完全没有做文化导入的情况下，突然直接高压注入美方的文化，导致冲突加深。违背了文化发展规律，遭遇失败是必然。这也是荣事达美泰克在后期经营上大滑坡的直接原因。2000年，荣事达中美合资公司亏损高达1.9亿元人民币。

（三）人事和薪酬制度变动引发震动

2000—2004年，中美合资公司招聘大批“海归派”任公司高管，原先参与荣事达创业的人员被大批撤换，“空降部队”与企业原干部员工之间的矛盾尖锐，经营管理团队和公司中层也经常“大换血”，这也完全有悖于荣事达的“和商”文化，在公司中引起普遍的不安情绪。在薪酬制度上，矛盾与冲突暴露得就更明显，公司董事会给新聘请的高管以高于员工数十倍的高薪，引起员工的心理不平衡。诸如此类的矛盾与冲突，影响了公司的凝聚力，削弱了公司的吸引力，以至于大批工程技术人员、市场营销骨干、中层经营管理干部等人才陆续外流，企业竞争力大打折扣。

（四）沟通渠道不畅

美方的管理者很少和全体中层进行直接的沟通，中层和员工几乎总是被动地得到通知，正式沟通渠道不畅导致小道消息盛行。产生的严重后果是发生罢工、堵路等事件。在荣事达中美合资公司存续的整个期间，文化冲突激化，直接导致了这个企业最终被并购。这对双方来讲都是一个悲剧，荣事达丧失了一个核心企业，而美泰克则在2005年被惠而浦以17亿美元的价格收购，从此消失了。

三、美的分步并购荣事达合资公司

2004年美的集团在境外获得了原属美泰克公司在合资公司中50.5%的股权。在政府有关部门的协调下，2005年荣事达集团出让在合资公司的24.5%股权给美的公司。2007年，由政府主导美的集团获得了荣事达中美合资公司的全部股权。这个并购过程分为三步进行，美的集团对中美合资公司的文化也采取了逐步渗透的方式，取得了较好的整合效果。目前，美的荣事达合资公司已经在合肥成功建设了新的工业园，占地面积850亩，已经实现年产冰箱、洗衣机超过500万台，销售收入70亿元的规模。

美的是中国最具规模的白色家电生产基地和出口基地之一，工业基地占地总面积超过700万平方米。2006年，美的集团整体实现销售收入570亿元，在“中国最大500家企业”排行榜中排名第53位。美的文化同荣事达文化有着较大的差异：美的文化更强势，更具攻击性；比较而言，荣事达的文化要温和得多。美的采取逐步推进的方法，先适应、后注入，比较好地实现了公司文化的转型，主要方法是：

（一）正视企业文化差异

在并购之初，美的非常细致地了解了荣事达文化并专门做了认真的分析。美的首先派出了5人工作组，进驻合资公司，对公司情况进行全面的调查。一份美的集团内部的报告，描述了荣事达文化和美的文化的差异，而美的总部的专门机构对此做出评估，提出了有针对性的建议。

（二）分步走的策略

美的制定了结合股权分期转让分步注入美的文化的策略。实际过程分为三个阶段：第一阶段是适应阶段。这时美的取得了合资公司50.5%的股权，美的管理团队基本上按荣事达的方式管理公司，但开始向公司介绍美的的制度和文化。第二阶段是导入阶段。美的取得合资公司75%的股权后，开始加大培训力度，通过人员的交流制度变革，逐步导入美的文化。第三个阶段是塑造定型阶段。这是在取得合资公司100%股权时，美的通过企业集体身份买断，全面整合公司架构，大力引入新员工，强势注入美的文化。分步走的策略缓解了员工的对立情绪，长达3年的过渡期，给了员工一个适应的过程和认识转变的时间，进而通过制度的变革为文化扎根打下了基础。

（三）强化人员培训

美的方面有计划地组织了合资公司全体中层管理人员去美的总部培训、学习，并且在公司内部分层次开展培训。培训的内容极其广泛，从企业管理、财务流程到企业文化等涉及公司运营的每个方面，员工逐步了解并接受了美的文化。

（四）多渠道沟通

整个并购过程中，合资公司的管理者为员工建立了有效的沟通渠道，制度改变和产权的进一步收购都有预案进行宣传。公司还不断召开各个层次的座谈会，开辟网上论坛讲解政策和背景，开展了独具特色的文体活动及旅游等使员工有接触交往的机会，公司高管专门组队参加，加强了与员工的沟通，有效降低了员工和管理者之间的对立，取得了员工的认同。

（五）改变制度和人员结构

美的通过咨询公司，对合资公司的管理体系和制度进行全面梳理，先从企业日常经营下手，然后是敏感的工资和人事制度变革。美的的另一个策略是大量引入新员工，因为转变老员工的观念比教育新员工要难得多。3年时间里，合资公司引进了超过 50% 的新雇员。

（六）逐步改变企业形象

首先整体从老厂区搬迁，改变原有的工作环境，企业标识也开始逐渐发生变化：开始是荣事达和美的标识同时出现，后来在新产区随处可见美的的标志和文化标语渐渐取代了荣事达的标志，渐进细致地营造文化气氛；新区全部采用了美的工作服，内部文件和系统逐步向美的集团靠拢。随着股权的全部转让，美的渐进式的文化注入策略，总体上是成功的。

思考：从企业文化内部控制的视角，分析荣事达涉及的三次并购中有哪些值得借鉴的经验和教训？

第六节　内部信息传递内部控制

《企业内部控制应用指引第 17 号——内部信息传递》中所指的内部信息传递是指企业内部各管理层级之间通过内部报告形式传递生产经营管理信息的过程。

一、内部信息传递过程中存在的风险

企业应当加强内部报告管理，全面梳理内部信息传递过程中的薄弱环节，建立科学的内部信息传递机制，明确内部信息传递的内容、保密要求及密级分类、传递方式、传递范围以及各管理层级的职责权限等，促进内部报告的有效利用，充分发挥内部报告的作用。内部信息传递过程中可能存在以下风险：

● 内部报告系统缺失、功能不健全、内容不完整，可能影响生产经营有序运行。

● 内部信息传递不通畅、不及时，可能导致决策失误，相关政策措施难以落实。

● 内部信息传递中泄露商业秘密，可能削弱企业核心竞争力。

二、内部信息传递基本流程

企业内部信息传递的具体形式是内部报告。一般来讲，内部信息传递的流程包括内部报告形成阶段和内部报告使用阶段（见图 3-3），其中内部报告形成阶段包括建立内部报告指标体系、收集整理内外部信息、编制及审核内部报告等环节，内部报告使用阶段包括构建内部报告流转体系、内部报告的有效使用、内部报告评估等环节。

（一）建立内部报告指标体系

内部报告指标体系的建立是确保内部报告信息完整性和有用性的基础。企业根据发展战略、风险控制及业绩目标，系统、科学地规范不同层级的内部报告指标体系，合理设置关键信息指标和辅助信息指标，全面反映与企业生产经营管理相关的各种内外部信息。结合企业全面预算，根据经验环境和业务变化及时修订与完善。设计内部报告指标体系时，关注企业成本费用预算的执行情况。内部报告应当简洁明了、通俗易懂、传递及时，如采用经营快报等形式，便于企业各管理层级和全体员工掌握相关信息，正确履行职责。

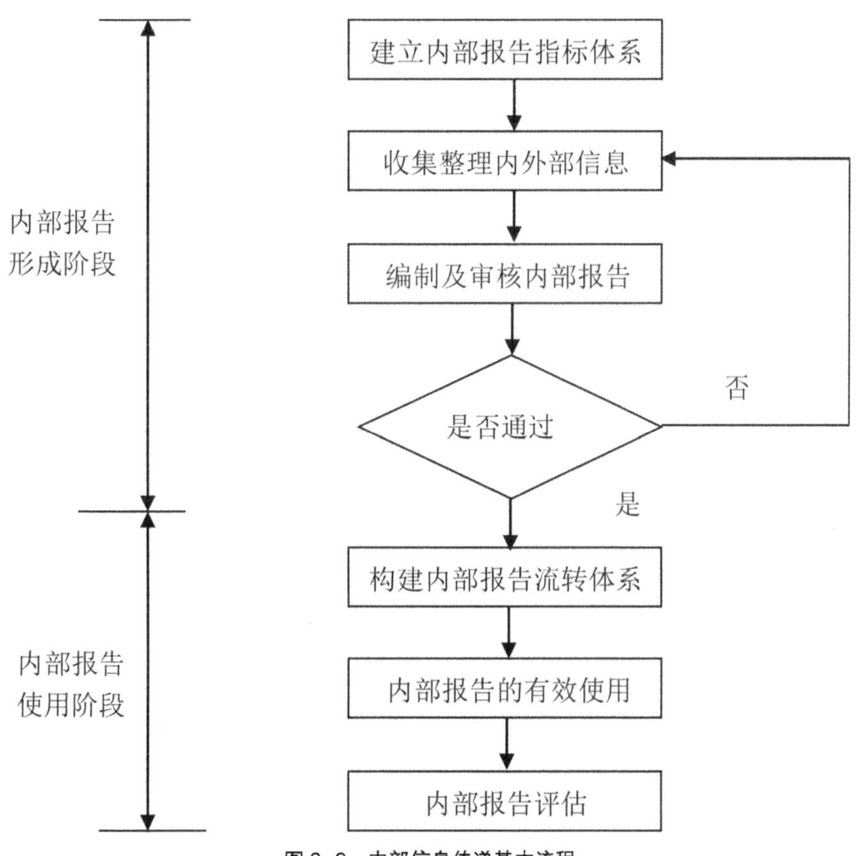

图 3-3　内部信息传递基本流程

（二）收集整理内外部信息

企业在收集内外部信息时，随时掌握市场、竞争对手、国家政策及内外部经营环境的变化，保证企业发展战略和经营目标的实现。企业可以通过行业协会、社会中介机构、业务往来单位、市场调查、监管部门等多种渠道，获取外部信息，通过财务报告、内部管理报告、员工访谈等渠道获取内部信息。企业关注市场环境、政策变化等外部信息对企业生产经营管理的影响，广泛收集、分析、整理外部信息，并通过内部报告传递到企业内部相关管理层级，以便采取应对策略。

（三）编制及审核内部报告

企业各职能部门将收集的资料进行筛选、选取，了解各管理层级对内部报告的信息需求和内部报告指标体系，建立分析模型，提交有效数据进行反馈，拟定内部报告，形成总结性结论，提出相应的建议。企业内部各管理层级指定专人负责内部报告工作，重要信息应及时上报，并直接报告高级管理人员。对拟定的内部报告按照内部报告审核制度，根据职责权限进行审批，确保内部报告信息质量。

（四）构建内部报告流转体系

对通过审批的内部报告，企业按照制定的内部报告流程，利用信息技术，强化内部报告信息集成和共享，将内部报告纳入企业统一信息平台，构建科学的内部报告网络体系。拓宽内部报告渠道，通过落实奖励措施等多种有效方式，广泛收集合理化建议。内部报告渠道通常包括书面报告、口头报告、视频会议、音像制品、网络多媒体等。

（五）内部报告的有效使用

企业各级管理人员利用内部报告管理和指导企业的生产经营活动，及时反映全面预算执行情况，协调企业内部相关部门和各单位的运营进度，严格绩效考核和责任追究，确保企业实现发展目标。对于内部报告反映出的问题应及时解决，涉及突出问题和重大风险的，应当启动应急预案。

在内部报告使用和保管过程中，需要制定严格的内部报告保密制度，明确保密内容、保密措施、密级和传递范围，防止泄露商业秘密。

（六）内部报告评估

建立内部报告的评估制度，定期对内部报告的形成和使用进行全面评估，重点关注内部报告的及时性、安全性和有效性。

三、内部信息传递关键控制点与措施

（一）建立内部报告形成阶段关键控制点与措施

1. 内部报告指标体系环节关键控制点与措施

企业相关人员应认真研究企业的发展战略、风险控制要求和业绩考核标准，根据各管理层级对信息的不同需求建立一套级次分明的内部报告指标体系。企业内部报告指标确定后，应进行细化、层层分解，使企业各责任中心及各相关职能部门都有自己明确的目标，以便控制风险并进行业绩考核。

2. 收集整理内外部信息环节关键控制点与措施

企业信息管理部门及各职能部门应将收集的有关资料进行筛选、整理，根据各管理层级对内部报告的信息需求和内部报告指标体系建立各种分析模型，提取有效数据进行反馈汇总，在此基础上对分析模型进行进一步改造，进行资料分析。

3. 编制内部报告环节关键控制点与措施

企业应合理设计内部报告编制程序，提高编制效率。内部报告内容应全面、简单、易懂，内部报告应形成总结性结论，并提出相应的建议，为企业的经营分析、业务拓展提供有力保障。企业应充分利用信息技术，强化内部报告信息集成和共享，将内部报告纳入企业统一信息平台，构建科学的内部报告网络体系。

4. 审核内部报告环节关键控制点与措施

各部门起草内部报告文件后，应首先提交部门经理进行审核，并根据部门经理的审核意见修改内部报告。信息管理部经理对各部门提交的内部报告进一步审核，主要从以下三个方面着手：内部报告的内容是否真实、全面、完整；内部报告控制目标是否科学，以满足其经营决策、业绩考核、公司价值与风险评估的需要；内部报告编写格式是否规范，如报告名、文件号、执行范围、报告内容、起草或制定部门、报送和抄送部门以及时效要求等内容是否符合编制要求。内部报告修改完毕后应提交运营总监进行审核，对于重要信息，还应当委派专门人员对其传递过程进行复核，确保信息正确传递给使用者。

（二）内部报告使用阶段关键控制点与措施

1. 内部报告流转体系环节关键控制点与措施

内部报告应当按照职责分工和权限规定的报告关系传递信息，重要信息应当及时传递给董事会、监事会和经理层，企业对内部报告的流转应做好记录；对于未按照流转制度进行的，应及时调查原因，并做相应处理。

2. 内部报告使用环节关键控制点与措施

企业各级管理人员应当充分利用内部报告进行有效决策，确定风险应对策略，管理和指导企业的日常生产经营活动，及时反映全面预算执行情况，协调企业内部相关部门和各单位的运营进度，严格绩效考核和责任追究，确保企业实现发展战略和经营目标。

信息管理部门应及时更新信息系统，确保内部报告有效安全地传递，信息管理部应在实际工作中尝试精简信息系统的处理程序，使信息在企业内部更快地传递；对于重要紧急的信息，允许越级向董事会、监事会或经理层直接报告，便于相关负责人迅速做出决策。

3. 内部报告保管环节关键控制点与措施

企业应当制定内部报告保管制度，按内部报告类别保管内部报告，对于影响较大、金额较高的内部报告一般要严格保管，如企业重大重组方案、债券发行方案等。对不同类别的报告应按影响程度规定保管年限，只有超过保管年限的内部报告方可予以销毁，对于影响重大的内部报告应当永久保管，如公司章程及相应的修改内容、公司股东登记表等。

内部报告信息的密级一般分为绝密、机密、秘密三级。企业应当制定内部报告保密制度，明确保密内容、保密措施、密级和传递范围，防止泄露商业秘密；使用内部报告的各职能部门及相关人员必须严格执行保密要求，不论有意或无意外泄重要信息者，都应追究其责任。一旦发生泄密事件，企业应及时采取相应的补救措施，尽可能将损失降至最低。

四、案例思考

例 3-7 “德国最愚蠢的银行”——德国国家发展银行[①]

一、案例简介

2008 年 9 月 15 日上午 10 点，拥有 158 年历史的美国第四大投资银行——雷曼兄弟公司向法院申请破产保护，消息转瞬间通过电视、广播和网络传遍地球的各个角落。令人匪夷所思的是，在如此明朗的情况下，德

① 马军生：《十分钟悲剧带来的启示》，《中国会计报》2011 年 10 月 28 日。

国国家发展银行在上午10点10分，居然按照外汇掉期协议的交易，通过计算机自动付款系统，向雷曼兄弟公司即将冻结的银行账户转入了3亿欧元。毫无疑问，这3亿欧元将是“肉包子打狗有去无回”。

转账风波曝光后，德国社会各界大为震惊，舆论哗然，普遍认为，这笔损失本不应该发生。因为此前一天，有关雷曼兄弟公司破产的消息已经满天飞，德国国家发展银行应该知道交易的巨大风险的存在，并事先做好防范措施才对。此事惊动了德国财政部，财政部部长佩尔·施泰因布吕克发誓，一定要查个水落石出并严厉惩罚相关责任人。

人们不禁要问，短短10分钟里，德国国家发展银行内部到底发生了什么事情，从而导致如此愚蠢的低级错误？一家法律事务所受财政部的委托，带着这个问题进驻银行进行全面调查。

法律事务所的调查员先后询问了银行各个部门的数十名职员。几天后，他们向国会和财政部递交了一份调查报告，调查报告并不复杂深奥，只是一一记载了被询问人员在这10分钟内忙了些什么。然而，答案就在这里面。看看他们忙了些什么：

首席执行官乌尔里奇·施罗德：“我知道今天要按照协议预先的约定转账，至于是否撤销这笔巨额交易，应该让董事会开会讨论决定。”

董事长保卢斯：“我们还没有得到风险评估报告，无法及时做出正确的决策。”

董事会秘书史里芬：“我打电话给国际业务部催要风险评估报告，可那里总是占线，我想还是隔一会儿再打吧。”

国际业务部经理克鲁克：“星期五晚上准备带上全家人去听音乐会，我得提前打电话预订门票。”

国际业务部副经理伊梅尔曼：“忙于其他事情，没有时间去关心雷曼兄弟公司的消息。”

负责处理与雷曼兄弟公司业务的高级经理希特霍芬：“我让文员上网浏览新闻，一旦有雷曼兄弟公司的消息就立即报告。现在我要去休息室喝杯咖啡了。”

文员施特鲁克：“10点3分，我在网上看到了雷曼兄弟公司向法院申请破产保护的新闻，马上就跑到希特霍芬的办公室，可是他不在，我就写了张便条放在办公桌上，他回来后会看到的。”

结算部经理德尔布吕克：“今天是协议规定的交易日子，我没有接到停止交易的指令，那就按照原计划转账吧。”

结算部自动付款系统操作员曼斯坦因："德尔布吕克让我执行转账操作，我什么也没问就做了。"

信贷部经理莫德尔："我在走廊里碰到了施特鲁克，他告诉我雷曼兄弟公司的破产消息，但是我相信希特霍芬和其他职员的专业素养，一定不会犯低级错误，因此也没必要提醒他们。"

公关部经理贝克："雷曼兄弟公司破产是板上钉钉的事，我想跟乌尔里奇·施罗德谈谈这件事，但上午要会见几个克罗地亚客人，等下午再找他也不迟，反正不差这几个小时。"

有德国经济评论家说，在这家银行，上到董事长，下到操作员，没有一个人是愚蠢的；可悲的是，几乎在同一时间，每个人都开了点小差，加在一起结果就创造出了"德国最愚蠢的银行"。实际上，只要当中有一个人认真负责一点，这场悲剧就不会发生。演绎一场悲剧，短短10分钟就已足够。

二、案例分析与启示

从内部控制角度来说，案例中的德国国家发展银行已经意识到该业务的风险，并且也有相应的控制措施，但最后悲剧发生了，并给企业带来巨大损失。现实中，类似的案例并不鲜见。例如，2007年9月曝光的上电转债事件，3家基金公司旗下的5支基金因未能及时转股或卖出所持有的上电转债而被上市公司强制赎回，直接造成2,200万元的损失。近年来市场多次发生基金公司因未及时划款导致新股申购无效、权证未及时行权等低级错误，使得市场质疑基金公司的投资管理制度和风险控制制度为何没有起到任何作用。

这些案例的发生，除了操作人员责任心因素外，非常重要的原因就是企业内部信息沟通和传递环节存在问题，内部控制失效。3亿欧元转账操作是否执行，取决于雷曼兄弟公司是否要申请破产，而如此重要的信息，在德国国家发展银行内部却未能有效加以传递，最终导致悲剧发生。

企业的内部控制活动离不开信息的沟通和传递，信息在企业内部进行有目的地传递，对识别企业生产经营活动中的内外部风险、贯彻落实企业发展战略、执行控制活动等方面具有重要作用。反思这个案例，企业可从以下方面加强信息与沟通。

（一）建立明确的内外部信息收集机制

为了随时掌握有关市场状况、竞争情况、政策变化及环境的变化，企业应当完善内外部重要相关信息的收集和传递机制，使重要信息能够及时获得并向上级呈报。企业可以通过行业协会组织、社会中介机构、业务往来单位、市场调查、来信来访、网络媒体以及有关监管部门等渠道，获取外部信息；通过财务会计资料、经营管理资料、调研报告、专项信息、内部刊物、办公网络等渠道，获取内部信息。企业应当广泛收集、分析、整理内外部信息，对收集到的内外部信息进行必要的分析和整理，通过内部报告传递到企业内部相关管理层级，以便及时采取应对策略。

（二）构建内部信息流转体系及渠道

企业应当制定严密的内部信息传递流程，充分利用信息技术，强化内部报告信息集成和共享，将内部报告纳入企业统一信息平台，构建科学的内部报告网络体系。企业内部各管理层级均应当指定专人负责内部报告工作。正常而言，内部报告应当按照职责分工和权限指引所规定的报告关系传递信息。但为保证信息传递的及时性，重要信息应当及时传递给董事会、监事会和经理层。企业应当拓宽内部报告渠道，通过落实奖励措施等多种有效方式，广泛收集各类信息及合理化建议。

在构建内部信息流转体系时，要明确信息的流转环节，并对信息流转做好记录，同时为保证信息传递或沟通有效性，应建立反馈机制，确保信息确实进行传递并得到相应处理。而现实中，有时信息报告方将信息传递给相关人员后，对于信息接收方是否真正已收到或处理该信息缺乏反馈机制，导致内控失效。

（三）有效使用内部信息

企业各级管理人员应当充分利用相关信息进行有效决策，管理和指导企业的经营活动。企业应当有效利用内部报告进行风险评估，准确识别和系统分析企业生产经营活动中的内外部风险，确定风险应对策略，实现对风险的有效控制。企业对于内部报告反映出的问题应当及时解决。同时，要制定相关措施，加强内部信息的保密，防止信息不恰当传递，给公司带来损失。

思考：根据内部信息传递内部控制的要求，德国国家发展银行在内部信息传递控制中存在哪些问题？

▶▶ 课后习题 ▶

课后习题答案

（一）单项选择题

1. 按照企业组织结构内部控制的要求，战略委员会的发展战略建议方案应提交给

（　　）。

A. 股东大会　　B. 董事会　　C. 监事会　　D. 总经理

2. 为企业提供精神支柱，提升企业核心竞争力，可以为内部控制有效性提供有力保障的是（　　）。

A. 财务规章制度　　B. 企业文化

C. 管理理念　　D. 管理者与员工的关系

3. 下列不属于合同控制措施的是（　　）。

A. 统一归口管理　　B. 建立分级授权管理制度

C. 限制接近　　D. 明确职责分工

4. 企业在管理控制系统中为企业内部各级管理层以定期或非定期形式记录和反映企业内部管理信息的各种图表和文字资料的报告是（　　）。

A. 财务报告　　B. 内部报告　　C. 外部报告　　D. 内部审计报告

5. 内部传递的信息是否满足使用者的需要，取决于信息是否（　　）。

A. 安全可靠　　B. 及时相关　　C. 有高价值　　D. 真实准确

6. 信息系统的生命周期中最先形成的报告是（　　）。

A. 项目可行性建议书　　B. 系统分析报告

C. 系统设计报告　　D. 系统使用说明书

7. 按渠道不同将沟通分为（　　）。

A. 自下而上、自上而下沟通　　B. 单向沟通、双向沟通

C. 内部沟通、外部沟通　　D. 正式沟通、非正式沟通

8. 内部信息沟通是（　　）。

A. 在企业正式结构、层次系统进行的沟通

B. 通过正式系统以外的途径进行的沟通

C. 企业经营、管理所需的内部信息、外部信息在企业内部的传递与共享

D. 企业与利益相关者之间的信息沟通

（二）多项选择题

1. 组织架构的设计原则包括（　　）。

A. 符合法律法规要求　　B. 符合发展战略要求

C. 符合管理控制要求　　D. 符合内外环境要求

E. 符合公司章程要求

2. 具体而言，上市公司治理结构设计应重点关注的方面包括（　　）。

A. 独立董事制度的设立　　　　　　B. 董事会专业委员会的设置

C. 设立董事会秘书　　　　　　　　D. 国有资产监督管理机构

E. 监事会的设置

3. 人力资源管理中的主要风险工作包括（　　）。

A. 人力资源缺乏或过剩、结构不合理、开发机制不健全，可能导致企业发展战略难以实现

B. 人力资源使用不恰当导致物不能尽其用、人不能尽其责

C. 人力资源退出机制不当可能导致法律诉讼或企业声誉受损

D. 人力资源激励约束制度不合理、关键岗位人员管理不完善，可能导致人才流失、经营效率低下或关键技术、商业秘密和国家机密泄露

E. 人力资源引进时，只注重企业短期利益，未考虑企业的长期需要

4. 企业在发展过程中履行社会责任的意义是（　　）。

A. 履行社会责任是政府的强制要求

B. 企业是在价值创造过程中履行社会责任

C. 履行社会责任可以提高企业经济效益

D. 履行社会责任可以实现企业可持续发展

E. 履行社会责任必然会导致企业的竞争力下降，但会提高企业的社会形象

5. 企业文化建设过程中，应重点关注（　　）。

A. 塑造企业核心价值观

B. 充分体现以人为本的理念，强化企业文化建设中的领导责任

C. 高度重视并购重组中的文化整合

D. 推进企业文化

E. 打造以企业为核心的品牌

6. 外部沟通应重点关注的领域有（　　）。

A. 企业与投资者和债权人的沟通　　　　B. 企业与客户的沟通

C. 企业与供应商的沟通　　　　　　　　D. 企业与中介机构的沟通

E. 企业与监督机构的沟通

（三）判断题

1. 公司治理结构是构成企业内部环境的因素之一，包括股东大会、董事会、监事会、经理层、审计委员会、内部机构及权责划分，发挥着基础性作用。（　）

2. 可能导致企业并购重组失败的一个重要原因是忽视企业间的文化差异和理念冲突。（　）

3. 目标设定是企业风险评估的起点，是风险识别、风险分析和风险应对的前提。(　　)

4. 传递的信息以不同形式或载体呈现，其中对企业最为重要、最为普遍的信息传递形式是内部报告。(　　)

5. 沟通是双向的，信息传递者在传递信息后任务并没有结束，还应积极从信息接受者那里获取反馈信息，以促进信息获取质量的改进和信息传递程序的优化。(　　)

第四章

业务层面内部控制

学习目标

业务层面的控制是企业内部控制的主体部分，涉及企业经营的大部分环节。本章将分别对各个业务活动的业务流程、业务活动控制的目标、业务活动控制中需要关注的关键控制点以及主要控制措施等进行详细的阐述。通过本章学习，应掌握以下主要内容：

- 全面预算基本业务流程，预算编制、执行和考核各个环节的关键控制措施；
- 资金活动内部控制流程，筹资活动、投资活动和资金营运活动中的控制环境及其关键控制措施；
- 资产管理内部控制的存货、固定资产、无形资产等具体资产的控制流程、关键控制点及其措施；
- 采购业务内部控制的基本目标，采购业务控制流程，采购业务关键控制点及主要控制措施；
- 销售业务内部控制的基本目标，销售业务控制流程，销售业务关键控制点及主要控制措施；
- 研究与开发内部控制的目标，研究与开发内部控制流程，研究与开发过程中应关注的主要风险及其控制措施；
- 信息系统内部控制的目标，信息系统内部控制流程，信息系统开发过程中应关注的主要风险及其控制措施；
- 财务报告内部控制的基本目标，财务报告内部控制流程，财务报告内部控制关键控制点与控制措施；
- 合同管理内部控制的目标，合同管理内部控制流程及其关键控制点与措施；
- 其他业务如工程项目、担保业务和业务外包等内部控制的主要流程，内部控制的关键控制点与控制措施。

第一节　全面预算内部控制

在我国企业内部控制指引的分类中，全面预算被归为控制手段类，但在企业经营实务中，全面预算一般是作为一项具体的业务活动来进行的，而且这项活动涉及企业其他的业务活动。综合考虑上面两点因素，本书将全面预算归入业务层面的活动，而且作为第一个业务活动进行阐述。

《企业内部控制应用指引第 15 号——全面预算》中的全面预算，是指企业对一定期间经营活动、投资活动、财务活动等作出的预算安排。全面预算是企业经营管理中非常重要的一项管理模式，有利于整合企业资源、优化资源配置，是提升企业经营效率、实现企业发展战略的重要抓手。要进行全面预算内部控制，首先需要了解全面预算的含义以及全面预算的要求。

一、全面预算的含义与要求

（一）全面预算的含义

1. 全面预算涉及的范围广泛

全面预算是全方位、全过程、全员参与编制与实施预算的管理模式。“全方位”是指全面预算涉及企业的全部经济活动，包括经营预算、资本预算和财务预算等。“全过程”是指全面预算涉及企业经济活动的所有环节，包括事前、事中和事后，从预算的编制、预算过程执行到最后的预算考核等全过程。“全员参与”是指全面预算涉及企业的所有部门，企业的每一个人员，从企业最高层到企业基层员工，都需要参与到全面预算中。

2. 全面预算是内部控制的重要手段

全面预算是企业进行有效资源配置的工具之一。量化企业目标计划，使企业资源、企业经营环境与企业目标保持动态平衡，在此过程中不断对企业面临的风险进行管理。同时，通过对预算的量化管理，实现对企业经营活动的控制，达成企业计划目标。

3. 全面预算是业绩评价的重要依据

计划是企业战略的阶段化目标，而预算是计划的量化体现。企业通过全面预算的执行，将企业计划以量化的形式下达，预算执行的效果成为企业对部门和员工进行业绩评价的重要依据。在评定各部门和各员工的工作业绩时，根据预算完成情况，分析预算执行偏差的原因，明确责任，作为奖惩的依据。

（二）全面预算的要求

1. 机构设置方面的要求

企业应当设立预算管理委员会履行全面预算管理职责，其成员由企业负责人及内部相关部门负责人组成。

预算管理委员会主要负责拟定预算目标和预算政策，制定预算管理的具体措施和办法，组织编制、平衡预算草案，下达经批准的预算，协调解决预算编制和执行中的问题，考核预算执行情况，督促完成预算目标。预算管理委员会下设预算管理工作机构，由其履行日常管理职责。预算管理工作机构一般设在财会部门。总会计师或分管会计工作的负责人应当协助企业负责人负责企业全面预算管理工作的组织领导。

2. 组织协调方面的要求

企业应当建立健全全面预算管理体制，加强全面预算工作的组织领导，明确预算管理体制以及各预算执行单位的职责权限、授权批准程序和工作协调机制。制定预算工作流程，按照不相容岗位分离要求细化各部门、各岗位职责，明确预算编制、执行、分析、调整与考核等各个环节的职责。

3. 预算控制方面的要求

企业在编制全面预算时，应当尽量使预算达到全面、科学、合理的要求，指导企业日常经营管理，防止盲目经营。在预算执行和考核时，要确保预算的刚性，严格执行预算，防止预算管理流于形式，确保企业优化资源配置，提高经济效益，实现发展战略。

二、全面预算业务流程

全面预算业务流程包括预算编制、预算执行和预算考核三个方面（见图 4-1）。

（一）预算编制

预算编制是企业实施全面预算管理的起点，是将企业战略目标转化为具体的短期量化目标的过程。全面预算需要配合企业战略目标，分析企业财务、生产、经营以及客户等综合信息，运用各种预算编制方法形成具体的预算体系。

企业应当根据自身经济业务特点与经营模式，选择合适的预算编制方法。预算编制方法通常有三种分类：按照预算业务量可以分为固定预算与弹性预算，按照预算期的不同可以分为定期预算与滚动预算，按照预算编制的基础可以分为增量预算与零基预算。上述预算编制方法具体的内容这里不再赘述。

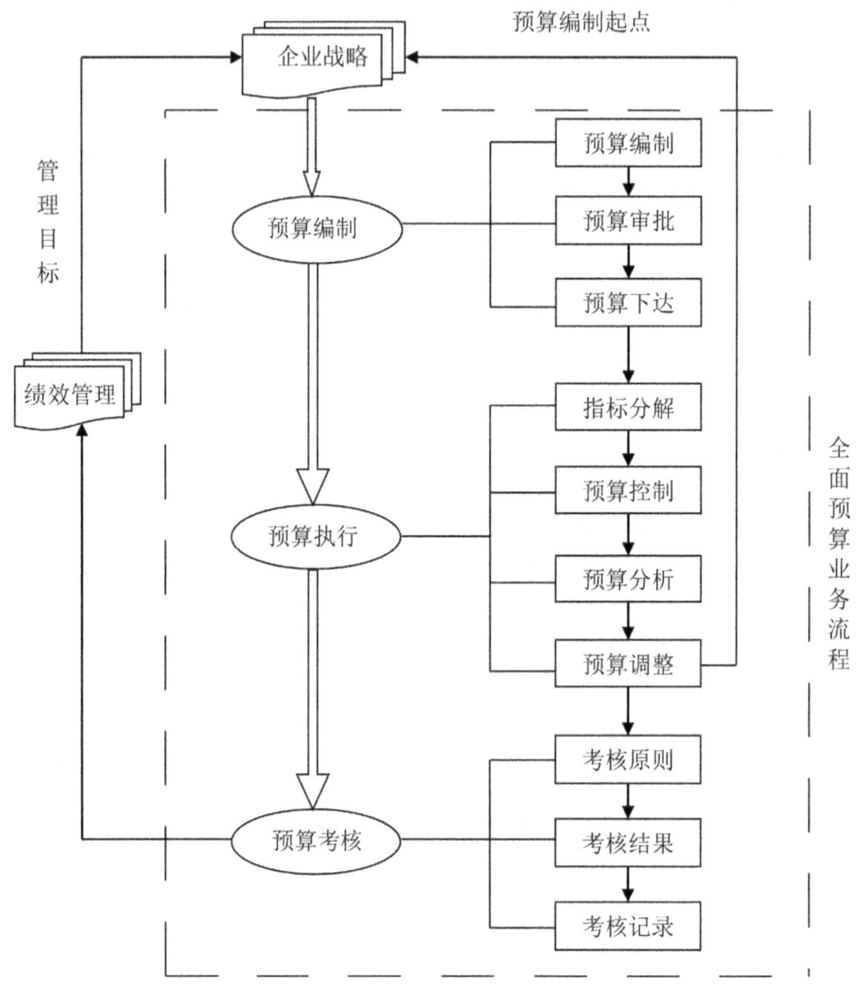

图 4-1 全面预算业务流程

（二）预算执行

预算执行过程涉及预算的执行以及执行过程中对预算的调整。首先，预算经过审批后下达给各个机构，作为组织、协调企业经营活动的基本依据。各预算执行单位组织实施，落实到各部门、各岗位，确定预算责任人。其次，当企业在经营过程中遇到市场环境、经营状况、法律法规以及不可抗力因素等重大变化时，需要按照特定的流程，经相关权力机构审批后对预算进行调整。

（三）预算考核

预算考核是对预算执行结果进行评价的过程，对各部门、各岗位预算执行情况进行全面考评，从而反映企业的经营业绩和员工绩效，编制企业管理者评价计划实现程度。预算考核具有较强的激励作用，通过预算考核的奖惩可以激发管理人员以及员工的积极性，同时，考核结果也为后期的预算提供有价值的信息。

三、全面预算编制内部控制

（一）预算编制管理目标

企业应根据发展战略和年度计划目标编制全面预算。预算管理委员会作为专门的预算管理机构对提交的预算进行论证，形成全面预算草案提交董事会审核，最后由股东大会或类似的权力机构审批下达。全面预算编制需要达到以下几方面要求。

1. 建立和完善预算编制制度

企业应当建立和完善预算编制工作制度，明确编制依据、编制程序、编制方法等内容，确保预算编制依据合理、程序适当、方法科学，避免预算指标过高或过低。

2. 合理的编制时间与方法

企业应当在预算年度开始前完成全面预算草案的编制工作。企业应当根据发展战略和年度生产经营计划，综合考虑预算期内经济政策、市场环境等因素，按照上下结合、分级编制、逐级汇总的程序编制年度全面预算。在编制方法上可以选择或综合运用固定预算、弹性预算、滚动预算等方法编制预算。

3. 明确的预算审批流程

企业预算管理委员会应当对预算管理工作机构在综合平衡基础上提交的预算方案进行研究论证，从企业发展全局角度提出建议，形成全面预算草案，并提交董事会。董事会审核全面预算草案，应当重点关注预算科学性和可行性，确保全面预算与企业发展战略、年度生产经营计划相协调。全面预算应当按照相关法律法规及企业章程的规定报经审议批准，批准后，应当以文件形式下达执行。

（二）预算编制环节主要风险

预算在编制环节主要风险点有五方面。

（1）预算编制不全面。预算编制时没有全员参与，没有涉及全部经济业务。预算在编制过程中容易由某个部门来负责，其他部门参与度较低，并且在编制过程中缺少全员参与。预算范围和项目不合理，各个子预算之间缺乏整合。

（2）预算目标与企业战略计划脱节。企业短期的预算与长期的战略联结不够，对企业内外部环境分析不够透彻，预算目标不能与企业战略相协调。

（3）预算编制过程不规范，方法选择不当。预算编制过程中缺少基础数据，各方面信息沟通不够顺畅，在预算编制方法选择上不够恰当，导致预算缺乏科学性和可行性。

（4）预算编制时间不合理。预算编制的时间需要与企业年度计划相适应，或者与编制方法相一致，过早或过迟编制预算都可能导致预算的不合理，从而影响预算执行效果。

（5）预算未经审批或越权审批。按照公司法相关规定，企业预算应当按照法律法规以及企业章程的要求审批。未经审批或越权审批的预算可能导致重大差错或者舞弊，给企业造成损失。

（三）预算编制关键控制点与措施

预算编制环节主要涉及预算的编制、预算的审批和预算的下达三方面，具体控制措施如下。

1. 预算编制的关键控制点与措施

（1）全面性控制点的具体控制措施有：全面分析企业战略、经营环境与资源，综合各方面基础资料，根据企业战略制定明确的计划目标；明确各部门编制责任，将企业所有经济业务纳入预算范畴。

（2）规范化控制点的具体控制措施有：制定科学合理的预算编制制度，明确预算编制流程；建立预算系统指标分解体系，确定各预算单位的初步预算目标；各预算单位按照规定程序测算指标，专职预算管理部门对预算进行汇总、调整后形成全面预算草案；尽可能采用预算编制信息系统，提高预算编制效率。

（3）预算目标控制点的具体控制措施有：预算指标体系设定需要确保财务目标与非财务目标的合理安排；在指标体系建设时根据预算单位的性质、业务特点等设计指标体系。

（4）编制时间控制点的具体控制措施有：选择合适的预算编制时间，确保预算编制时间的合理性。

2. 预算审批的关键控制点与措施

合法审批控制点的具体控制措施有：确保预算审批由董事会审核，经法律法规或企业章程规定的机构审批通过。

3. 预算下达的关键控制点与措施

文件下达控制点的具体控制措施有：经过审批的全面预算应当及时以文件的形式下达。

四、全面预算执行内部控制

（一）预算执行管理目标

企业应当加强对预算执行的管理，明确预算指标分解方式、预算执行审批权限和要求、预算执行情况报告等，落实预算执行责任制，确保预算刚性，严格预算执行。

1. 合理分解预算指标

全面预算一经批准下达，各预算执行单位应当认真组织实施，将预算指标层层分解，从横向和纵向落实到内部各部门、各环节和各岗位，形成全方位的预算执行责任体系。

企业应当以年度预算作为组织、协调各项生产经营活动的基本依据，将年度预算细分为季度预算、月度预算，实施分期预算控制，实现年度预算目标。

2. 严格预算执行和控制

企业根据全面预算管理要求，组织各项生产经营活动和投融资活动，严格预算执行和控制。加强资金收付业务的预算控制，及时组织资金收入，严格控制资金支付，调节资金收付平衡，防范支付风险。对于超预算或预算外的资金支付，应当实行严格的审批制度。

办理采购与付款、销售与收款、成本费用、工程项目、对外投融资、研究与开发、信息系统、人力资源、安全环保、资产购置与维护等业务和事项，均应符合预算要求。涉及生产过程和成本费用的，还应执行相关计划、定额、定率标准。对于工程项目、对外投融资等重大预算项目，企业应当密切跟踪其实施进度和完成情况，实行严格监控。

3. 确保预算执行沟通顺畅

企业预算管理工作机构应当加强与各预算执行单位的沟通，运用财务信息和其他相关资料监控预算执行情况，采用恰当方式及时向决策机构和各预算执行单位报告，反馈预算执行进度、执行差异及其对预算目标的影响，促进企业全面预算目标的实现。

4. 建立预算分析制度

企业预算管理工作机构和各预算执行单位应当建立预算执行情况分析制度，定期召开预算执行分析会议，通报预算执行情况，研究、解决预算执行中存在的问题，提出改进措施。

企业分析预算执行情况，应当充分收集有关财务、业务、市场、技术、政策、法律等方面的信息资料，根据不同情况分别采用比率分析、比较分析、因素分析等方法，从定量与定性两个层面充分反映预算执行单位的现状、发展趋势及其存在的问题。

5. 严格预算调整流程

企业批准下达的预算应当保持稳定，不得随意调整。由于市场环境、国家政策或不可抗力等客观因素，预算执行发生重大差异确需调整预算的，应当履行严格的审批程序。

（二）预算执行环节主要风险

预算执行主要涉及指标分解、预算控制、预算分析和预算调整四个环节，这四个环节的主要风险如下。

1. 指标分解主要风险

指标分解是对全面预算中的相关指标进行分解，将分解后的指标落实到企业各预算单位和个人，由相关的预算单位和个人对指标负责。在指标分解过程中可能存在以下风险：

（1）预算指标不够详细、具体，可能导致某些环节缺乏预算执行和控制的依据；

（2）预算指标分解与业绩考核不匹配，可能导致预算执行不力；

（3）预算责任体系不健全、预算责任与执行单位不匹配，导致预算缺乏严肃性。

2. 预算控制主要风险

预算控制是预算执行的关键环节，是指在预算执行过程中，以预算目标作为依据，对企业各项经济业务按照预算要求进行控制的过程。预算控制是确保预算目标实现的必要措施，在这一过程中可能存在以下风险：

（1）预算执行过程缺乏有效监控，可能导致预算执行不力，预算目标难以实现；

（2）预算授权审批制度缺乏或执行不力，审批程序混乱，导致预算的控制作用无法有效发挥；

（3）预算反馈机制和报告体系不健全，预算执行情况无法有效沟通，不能及时分析预算差异并采取措施。

3. 预算分析主要风险

预算分析是将预算执行结果与预算目标进行对比，确定差异、分析差异产生的原因并采取措施的过程。预算分析能够及时发现预算管理过程中存在的问题，也是预算控制和预算考核的重要基础。在这一过程中可能存在以下风险：

（1）预算分析方法不科学，不能及时进行分析，可能导致预算执行效果不佳，影响预算考核结果的准确性；

（2）预算差异原因分析不当，无法提供有效的解决措施，可能导致预算分析不能发挥作用。

4. 预算调整主要风险

为保证预算的严肃性，预算一经下达，一般不应变更。当内外部环境发生变化，需要对预算进行调整时，应当有严格的调整审批程序。在预算调整环节可能存在以下风险：

（1）预算调整的条件设置过低，调整方案不合理，可能导致预算调整过于频繁，影响预算的严肃性；

（2）预算调整审批程序不规范，预算调整没有经过预算编制的相关权力机构审批或授权。

（三）预算执行关键控制点与措施

预算执行环节主要涉及预算指标分解、预算控制、预算分析和预算调整四个方面，具体控制措施如下。

1. 指标分解环节的关键控制点与措施

（1）多层次分解指标控制点的具体控制措施有：将全面预算指标横向分解为若干个相互联系的指标；将分解的指标纵向落实到各个预算单位和员工；将年度全面预算在时间上分解为季度、月度等指标；确保预算指标分解准确和具体，便于执行和考核。

（2）建立预算责任制控制点的具体控制措施有：通过各种形式明确各预算单位与员工责任，责任人以其职责范围为限对预算指标负责。

2. 预算控制环节的关键控制点与措施

（1）预算执行监控控制点的具体控制措施有：对预算执行进行实时监控，及时发现和纠正执行偏差，确保各项业务符合预算要求。

（2）预算资金支付控制点的具体控制措施有：建立规范的资金审批制度，严格按照流程审批，防止越权审批、重复审批；对预算内的大额资金支付实行专项审批，跟踪重大项目的预算执行情况；建立预算外资金支付审批制度，严格预算外资金支付流程。

（3）预算执行沟通机制控制点的具体控制措施有：建立预算执行预警机制，合理确定预警范围，利用信息管理系统实行监控；加强与各预算单位沟通，采用合适的方式及时反馈预算执行情况。

3. 预算分析环节的关键控制点与措施

（1）预算分析制度控制点的具体控制措施有：建立预算分析汇报机制，定期召开预算执行会议；充分收集资料，采取合适的方法对预算执行情况进行分析。

（2）处理预算偏差控制点的具体控制措施有：预算执行报告应充分反映企业经营过程中存在的问题；对预算差异从内部和外部两方面进行分析，明确产生差异的原因，确定责任人，并采取有效的措施。

4. 预算调整环节的关键控制点与措施

（1）设定预算调整条件控制点的具体控制措施有：建立预算调整制度，明确预算调整需要达到的条件并严格执行。

（2）规范预算调整流程控制点的具体控制措施有：严格控制预算调整指标、调整的时间；预算调整应当经预算权力机构审批通过后方可执行。

五、全面预算考核内部控制

（一）预算考核管理目标

（1）严格预算考核制度。企业应当建立严格的预算执行考核制度，对各预算执行单位和个人进行考核，切实做到有奖有惩、奖惩分明。

（2）定期开展预算考核。企业预算管理委员会应当定期组织预算执行情况考核，将各预算执行单位负责人签字上报的预算执行报告和已掌握的动态监控信息进行核对，确认各执行单位预算完成情况。必要时，实行预算执行情况内部审计制度。

（3）预算考核原则。企业预算执行情况考核工作，应当坚持公开、公平、公正的原则，对考核过程及结果应有完整的记录。

（二）预算考核环节主要风险

预算考核一般包括建立预算考核机制、分析评估预算差异、执行考核结果三个环节，具体来讲主要包括建立健全考核管理机构、制定预算考核办法、收集考核所需的信息、比较实际与预算的差异、对差异进行分析并查找原因、明确预算责任人、最终确定考核结果等相关流程。在预算考核过程中可能存在以下风险：

（1）预算考核不严格，考核流于形式，无法起到激励作用，导致预算目标无法实现。

（2）预算考核指标不合理，考核方式不够科学，考核过程不够客观、透明，导致考核结果缺乏严肃性，奖惩措施缺乏公正性。

（3）预算目标过于单一，可能导致业绩被操纵。

（三）预算考核关键控制点与措施

为降低预算考核控制中存在的风险，企业需要关注预算考核过程中的关键控制点，采取必要的控制措施。具体控制措施如下。

1. 建立预算考核机制控制点

建立预算考核机制控制点的具体控制措施有：确定预算考核范围，将预算目标单位和个人全部纳入预算考核范围；制定明确的预算考核办法，确保考核办法的合理性和科学性；定期组织开展预算考核，考核周期一般与预算周期一致。

2. 界定考核主体与考核对象控制点

界定考核主体与考核对象控制点的具体控制措施有：明确预算考核主体，确定考核对象为企业各级预算责任单位和个人；考核时遵循逐级考核原则，遵循预算执行与预算考核职位分离原则。

3. 完善预算考核指标体系控制点

完善预算考核指标体系控制点的具体控制措施有：预算考核指标应具有可控性、合理性和明晰性；考核指标要防止过于单一，应定量指标和定性指标相结合，以预算指标为主，结合其他全局性指标。

4. 遵循公开、公平、公正原则控制点

遵循公开、公平、公正原则控制点的具体控制措施有：预算考核过程、考核标准、考核结果应及时公开；考核结果、奖惩措施应当公平、合理，及时得到落

实；奖惩方案应当注意各预算单位利用的公平性，根据不同工作职责以及岗位特点，确定奖惩级距。

六、案例思考

例 4-1　中航工业南方 IBSC 全面预算管理实践①

中国南方航空工业（集团）有限公司（以下简称中航工业南方）始建于 1951 年，隶属中国航空工业集团公司。中航工业南方自 2000 年推行全面预算管理以来，随着公司内外部环境变化，通过不断实践、改进与优化，构建了较为完善的综合平衡计分卡（IBSC）全面预算管理体系，实现了公司长期目标与短期目标、财务指标与非财务指标、外部与内部、结果与过程及管理业务与经营业绩的有机结合，有效发挥了全面预算管理在企业管理中的龙头作用。

一、明确 IBSC 全面预算管理指导思想

（一）以战略目标为导向

中航工业南方紧紧围绕“五年打基础，十年超百亿”的发展战略，进一步细化战略目标，将其分解落实至年度经营计划中，并开展全面预算管理，以预算形式分解形成各分子公司、职能部门的年度预算，促进公司战略目标落地。

（二）以现金控制为核心

树立“现金为王”的思想理念，建立以现金控制为核心的集中管理模式，强化资金调控能力。一是加强事前控制，做好年度现金流预算，根据“核定总额、分月控制”原则，层层分解，确定各相关部门和相关项目现金流量，对超过月度预算指标的一律不予支付。二是加强事中控制，对资金收支情况进行动态监控，确保资金合理运用，提高资金使用效率。三是加强资金事后控制，注重信息反馈。对资金的全过程集中管控，确保公司资金运用权力的高度集中，形成资金合力，满足公司科研、生产、经营管理等资金的合理需求。

---

① 肖坚勇、韦英、罗俊力、苏玉晖：《实现全面预算管理的“真编制、真使用、真考核”——中航工业南方 IBSC 全面预算管理实践》，《财务与会计》2015 年第 10 期，第 21-24 页。

（三）以成本控制为目的

成本是企业经营管理的永恒主题，也是全面预算管理的关键控制点。近些年，公司在管理实践中不断探索成本控制新途径，把成本管理提高到战略管理高度，将成本管理与全面预算管理有效融合，真正形成了一种全员参与、全过程控制的成本控制新局面。

二、构建组织体系

按照“权责分明、相互制约、相互监督”的原则，公司建立健全预算决策机构、预算管理机构、预算支持机构、预算监督机构、预算执行机构等全面预算管理组织机构，并按照岗位分工控制原则，赋予各预算机构及有关部门在预算管理中的相应职责和权限。全面预算管理实行三级预算管理体制：一级预算为公司预算，反映公司全面预算的重大经营目标情况，二级预算为本部（机关业务部门、直属生产单位）和分子公司预算，三级预算为公司所属各机关业务部门、直属生产单位预算，从而形成“统一管理，分级负责”的管控体系。

三、完善制度体系

公司制定了《全面预算管理办法》《全面预算管理实施细则》《全面预算管理考核办法》，明确规定了预算的编制与审批、执行与控制、分析与调整、考核与评价流程和具体实施办法；制定全面预算编制标准，包括价格、材料定额、劳动定额、成本费用（差旅、办公、运输、招待、会议、通信、网络运行费等）、职工薪酬、能源消耗等标准。不断完善全面预算管理制度体系，做到有据可依、规范运作。

四、搭建信息化平台

公司于2012年启动全面预算信息化建设，2013年上线财务核算系统，2014年上线全面预算信息化系统、费用控制系统，实现了预算管理软件与会计核算软件无缝对接。公司将全面预算、费用预算控制、集中核算、ERP（企业资源计划）系统进行集成整合，不但方便了预算的汇总和分解，节省了大量的人力和时间成本，而且通过纵向贯通、横向集成的信息平台，全面实现预算与采购、计划、成本、资金系统集成共享，将预算控制渗入产品设计、供应、生产、销售及服务等全价值链环节，分析影响公司价值提升的关键驱动因素，进一步夯实产品工时、材料消耗等定额管理基础，真正做到预算编制、执行、监控一体化，实现预算管理信息共享、高效、快捷，促进公司全面预算管理体系上水平。

五、实施闭环管理

（一）确定IBSC全面预算目标体系

中航工业南方2010年将IBSC引入全面预算管理，围绕“五年打基础，十年超百亿，力争成为世界一流中小航空发动机供应商”的战略目标，运用四因素分析法设计价值与目标、客户与评价、流程与标准、学习与成长四个维度具体战略目标，根据各目标得分情况和公司实际情况，经IBSC推进工作组多次讨论取舍，精简合并、调整补充、反复提炼，最终确定25个具体战略目标，并绘制战略地图，以实现公司战略目标与经营目标有机结合。按SMART（specific, measurable, attainable, relevant, time-based）原则设计、收集KPI指标，在上述四个维度对战略目标进行分解，确定各职能部门、直属中心以及分、子公司的各项KPI指标，并定期进行战略回顾、分析、考核，以保证公司整体战略目标的实现。公司根据航空军品行业的特点，将战略引领、股东要求、客户要求以及运营发展要求作为KPI指标的编制依据。

（二）科学预算编制

公司按“全员参与、分级编制、上下结合、综合平衡”的方式编制全面预算。预算编制以公司战略目标分解为起点，以业务预算、资本预算为基础，以现金控制为抓手，以财务预算为牵引，科学预算编制。

针对公司业务预算与财务预算脱节的问题，公司加强了业务预算的编制。业务预算包括销售预算、生产预算、库存预算、人力资源预算和管理费用预算。公司以销售预算为起点，对航机、非航以及民品和现代服务业三大产业分别进行销售预测，分产业、产品预测销售量，坐实销售业务预算。在销售预算的基础上落实生产预算、库存预算以及现金流预算。

（三）强化预算监控

预算管理办公室负责监控全面预算执行情况，及时向全面预算委员会或公司办公会提供全面预算分析报告，对各级预算单位执行情况进行监控，并由纪检监察审计部适时开展审计监督工作。

中航工业南方运用IBSC、EVA等管理理念与工具，层层分解预算指标，将预算执行、控制、报告责任落实到各单位、各环节和各岗位。预算委员会审批后的预算一经下达，原则上不允许调整；确有特殊情况需要进行预算调整的，严格按照预算管理制度的相关规定履行调整审批手续，保证预算严肃性。

公司通过ERP管理系统，实现对采购环节、生产环节、销售环节、成本、重点费用的监控。按月对采购计划、采购进度、预计存货情况等进行预测分析，确定其合理性，并及时发现、处理异常情况，形成事先预防、事后总结分析改进的闭环管理。2013年针对预算管理中费用控制难的问题，利用预算系统与网上报销系统集成，对各项费用从预算制定到费用报销进行事前预算、事中监管、事后分析的全过程控制。当报销人员将单据填制完整并进行保存时，系统会将所填制的单据类型、所属部门与预算模型中所对应的预算表单中的预算数进行比对，如果预算执行数大于预算数，系统会自动提示报警，单据也就无法保存；反之则单据保存成功，自动根据所属部门以及金额进入相应的审批流程。这就把事后控制变成了事先控制，由财务控制变成了业务控制；相应地，预算控制的重心也从“控”转变成了“管”，提高了预算管理效率。

（四）严格预算考核

为引导企业持续改善预算管理，确保公司预算指标全面完成，公司建立了严格的预算考核机制。根据《全面预算管理考核办法》，对各单位预算执行结果、综合平衡计分卡KPI指标完成情况进行评价，实施绩效与薪酬考核，开展个人岗位KPI管理，使员工、管理者与公司形成责权利相统一的责任共同体。

公司采取考核与沟通、评价与反馈相结合的考核方式。全面预算管理委员会定期将预算执行及考评结果反馈给各部门，使其及时了解本部门工作的成效和不足，帮助部门分析原因，研究改进措施，不断提升部门工作业绩。

中航工业南方通过构建IBSC全面预算管理模式，解决了预算目标与战略目标、业务预算与财务预算、预算编制与预算执行、预算执行与预算考评脱节的问题，使全面预算管理实现“真编制、真使用、真考核”，提高了考核质量、管理水平和经济效益。

思考：结合全面预算内部控制理论，中航工业南方在全面预算实务中有哪些值得借鉴之处？

第二节　资金活动内部控制

《企业内部控制应用指引第6号——资金活动》中所称的资金活动，是指企业筹资、投资和资金营运等与资金有关的所有活动的总称。筹资活动是企业筹集资金的行为和过程，是企业资金活动的起点。投资活动是企业资金投放的行为和过程，是筹资活动的主要目的之一。资金营运是资金在企业内部生产经营过程中的流转、运用、管理的行为和过程。企业在正常组织资金活动过程中，需要防范和控制资金风险，保证资金安全，提高资金使用效益。

一、资金活动内部控制目标

（一）资金活动面临的风险

资金是企业最基本的生产要素，是企业生产经营的血液，也是流动性最强的资产。企业在资金活动方面至少应当关注以下几方面风险：

（1）筹资决策不当，引发资本结构不合理或无效融资，可能导致企业筹资成本过高或债务危机。

（2）投资决策失误，引发盲目扩张或丧失发展机遇，可能导致资金链断裂或资金使用效益低下。

（3）资金调度不合理、营运不畅，可能导致企业陷入财务困境或资金冗余。

（4）资金活动管控不严，可能导致资金被挪用、侵占、抽逃或遭受欺诈。

（二）资金活动控制目标

企业应当根据自身发展战略，科学确定投融资目标和规划，完善严格的资金授权、批准、审验等相关管理制度，加强资金活动的集中归口管理，明确筹资、投资、营运等各环节的职责权限和岗位分离要求，定期或不定期检查和评价资金活动情况，落实责任追究制度，确保资金安全和有效运行。企业财会部门负责资金活动的日常管理，参与投融资方案等可行性研究。总会计师或分管会计工作的负责人应当参与投融资决策过程。有子公司的企业，应当采取合法有效措施，强化对子公司资金业务的统一监控。有条件的企业集团，应当探索财务公司、资金结算中心等资金集中管控模式。总体来讲，资金活动控制目标有以下几个方面。

1. 保证资金收支的合法性

资金涉及企业经营活动的各个方面，流动性强，发生舞弊的可能性比较大。企业需要建立健全有效的资金内部控制体系，确保资金收支的规范化和制度化，严格资金的收入和支付审批，防止侵占和挪用资金等违法行为发生。

2. 保证资金核算的准确性

建立严格的资金财务控制制度，及时、全面、准确地反映企业资金交易事项，确保会计期间发生的经济业务能够全部得到确认与核算，资金情况得到准确披露。准确地进行会计核算，可以有效防范资金违法行为，有利于企业经营决策。

3. 保证资金的安全性

建立完善的资金安全控制制度，通过物理安全防护、银行对账、不相容职务分离、岗位轮换、往来对账等多种控制方式，保证库存现金、银行存款以及其他货币资金的安全完整。

4. 保证资金的效益性

通常来讲，资产的流动性与效益成反比，货币资金是流动性最高的资产。因此，从内部控制角度来看，企业需要加快资金流转速度，提高资金周转率，合理安排资金持有量，科学选择资金收支的时间，选择合适的资金收支方式，通过多种控制措施提高资金的效益。

二、筹资活动内部控制

筹资活动是企业资金活动的起点，是企业经营的基础。企业应当根据发展战略和企业运营需要，制定筹资计划，拟定筹资方案，合理确定筹资用途、规模、结构和渠道等。

（一）筹资活动内部控制目标

1. 确保筹资活动的计划性

企业根据筹资目标和规划，结合年度全面预算，拟定筹资方案，明确筹资用途、规模、结构和方式等相关内容，对筹资成本和潜在风险作出充分估计。境外筹资还应考虑所在地的政治、经济、法律、市场等因素。应对筹资方案进行科学论证，不得依据未经论证的方案开展筹资活动。重大筹资方案应当形成可行性研究报告，全面反映风险评估情况。根据实际需要，可以聘请具有相应资质的专业机构进行可行性研究。

2. 严格按照计划筹集资金

企业应当对筹资方案进行严格审批，重点关注筹资用途的可行性和相应的偿债能力。重大筹资方案，应按照规定的权限和程序实行集体决策或者联签制度。需经有关部门批准的筹资方案，应当履行相应的报批程序。筹资方案发生重大变更的，应当重新进行可行性研究并履行相应审批程序。根据批准的筹资方案，严格按照规定权限和程序筹集资金。对从银行借款或发行债券的，应当重点关注利率风险、筹资成本、偿还能力以及流动性风险等；对发行股票的，应当重点关注发行风险、市场风险、政策风险以及公司控制权风险等。

通过银行借款方式筹资的，应当与有关金融机构进行洽谈，明确借款规模、利率、期限、担保、还款安排、相关的权利义务和违约责任等内容。双方达成一致意见后签署借款合同，据此办理相关借款业务。通过发行债券方式筹资的，应当合理选择债券种类，对还本付息方案作出系统安排，确保按期、足额偿还到期本金和利息。通过发行股票方式筹资的，应当依照《中华人民共和国证券法》等有关法律法规和证券监管部门的规定，优化企业组织架构，进行业务整合，并选择具备相应资质的中介机构协助企业做好相关工作，确保符合股票发行条件和要求。

3. 确保资金使用的合规性

严格按照筹资方案确定的用途使用资金。筹资用于投资的，应当分别按照本书第三章和《企业内部控制应用指引第 6 号——资金活动》规定，防范和控制资金使用的风险。由于市场环境变化等确需改变资金用途的，应当履行相应的审批程序，严禁擅自改变资金用途。企业应当加强对债务偿还和股利支付环节的管理，对偿还本息和支付股利等作出适当安排。按照筹资方案或合同约定的本金、利率、期限、汇率及币种，准确计算应付利息，与债权人核对无误后按期支付。合理选择股利分配政策，兼顾投资者近期和长远利益，避免分配过度或不足。股利分配方案应当经过股东大会批准，并按规定履行披露义务。

4. 健全筹资的会计系统控制

企业应当加强筹资业务的会计系统控制，建立筹资业务的记录、凭证和账簿，按照国家统一会计准则制度，正确核算和监督资金筹集、本息偿还、股利支付等相关业务，妥善保管筹资合同或协议、收款凭证、入库凭证等资料，定期与资金提供方进行账务核对，确保筹资活动符合筹资方案的要求。

（二）筹资活动的业务流程

不同的筹资环节存在不同的风险，企业筹资活动内部控制应当根据筹资活动的业务流程实施内部控制措施，采取具有针对性的内部控制措施。筹资活动通常包括拟定筹资方案、审批筹资方案、执行筹资方案和筹资活动的监督与评价等四个步骤（见图 4-2）。

1. 拟定筹资方案

企业根据发展战略、年度预算计划以及企业资金状况等因素，一般让财务部门牵头拟定一定时期的筹资计划，筹资计划可以包括拟筹资的金额、筹资途径、筹资期限、资金用途等内容，与其他相关部门形成沟通协调，拟定筹资方案。

2. 审批筹资方案

首先需要企业组织专家对筹资方案初稿进行可行性论证，这是筹资业务内部控制的重要环节。筹资方案经过可行性论证后，由企业相关权力部门按照分级授权审批的原则进行审批。金额重大的筹资方案，应当遵循集体决策原则，实行集体审批或联签制度。筹资方案需要重大变更的，应当重新履行可行性论证和审批流程。

3. 执行筹资方案

企业应当严格执行审批通过的筹资方案。根据不同的筹资方式，采取不同的内部控制措施。在筹资过程中，需要中介机构提供专业服务的，应当选择具备资质的机构。

4. 筹资的监督与评价

企业应当对筹资活动进行监控，严格按照筹资方案的用途使用资金，确保筹资项目资金的运用符合法律法规的要求，防范挪用资金等违规行为。对已完成的筹资活动，应按规定对筹资活动的成本和效益进行评估。

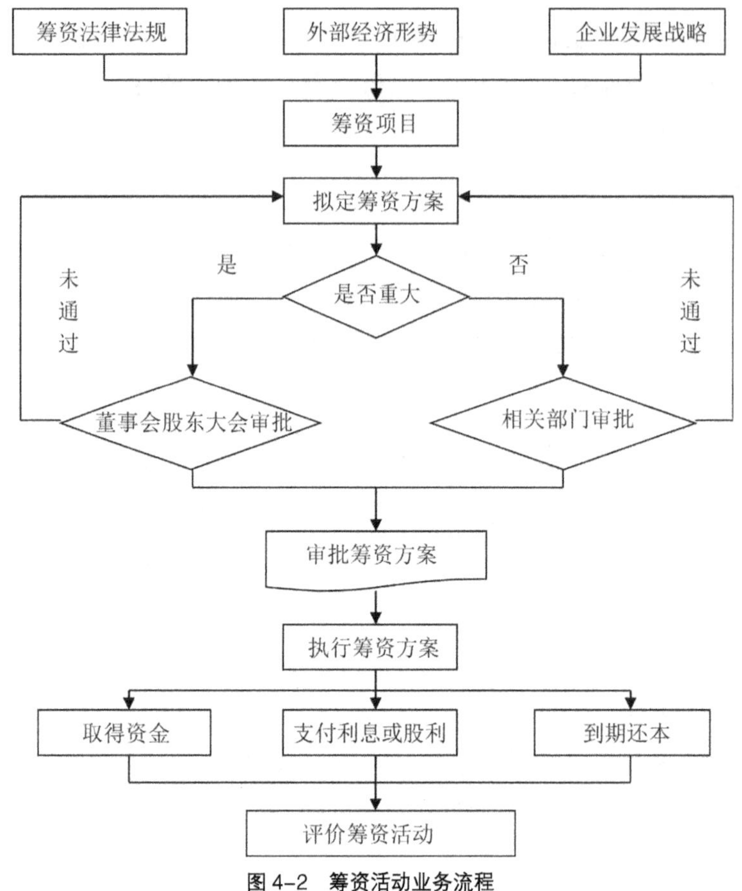

图 4-2　筹资活动业务流程

（三）筹资活动的主要风险

企业筹资活动过程中面临诸多风险，主要有以下几个方面。

1. 筹资计划不科学

筹资作为企业一项主要的经营活动，应当有长期、详细的计划方案，该方案需要与企业战略规划相一致。如果企业缺乏清晰的中长期筹资计划，容易盲目筹资，增加不必要的资金成本，加剧财务风险。企业在制定筹资计划的过程中，需要对企业内部经营状况、资金需求等进行全面分析，同时考虑外部经济形势、国家政策以及行业发展情况等。如果对企业筹资内外部环境缺乏有效全面的分析，会导致资金筹措过多或不足，影响企业正常运行。

2. 筹资审批不规范

筹资方案需要经过完整的审批流程，应当按照法律法规以及企业章程的规定，由相关部门审批通过后方可实施。在审批过程中，每一个审批环节应当认真履行审批职责，严格执行审批要求。如果企业筹资审批不规范，存在越权审批或未经审批的筹资，会使筹资缺乏必要的监督和控制，加剧筹资带来的风险。

3. 筹资执行不严格

在筹资方案执行过程中，必须严格按照计划进行筹资。在签订相关的筹资合同时，需要认真审批，对临时紧急需要的筹资必须按照临时筹资流程进行审批。筹资方案如果执行不严格，企业能够随意进行计划外筹资，会大大降低筹资计划的严肃性，导致企业存在潜在重大风险。

4. 无力偿付风险

企业筹资一般分为债务筹资和权益筹资两种。对债务筹资来讲，企业需要按期支付利息，到期偿付本金。当企业经营状况不佳、缺少现金流时，容易出现无法及时偿付利息或本金的情况，面临巨大的财务风险。对权益筹资来讲，虽然没有固定的利息和本金偿付要求，但投资者对于企业有投资回报率的要求，如果企业长期无法支付股利或者严重亏损，会影响到后期的筹资，导致股价下跌等，给企业经营带来重大不利影响。

5. 缺乏评价监督

筹资活动的周期有长有短，资金量有大有小。对于长期或者金额巨大的筹资，企业需要进行严密的监督和控制，需要监控资金是否到位、资金是否按照计划用途使用、是否存在偿付风险、会计核算是否规范等。在筹资项目完成后需要对筹资进行评估，评价筹资的成本与效益。

（四）筹资活动的关键控制点与措施

为降低筹资活动中存在的风险，企业需要关注筹资活动过程中的关键控制点，采取必要的控制措施。具体控制措施如下。

1. 筹资方案可行性论证控制点

筹资方案可行性论证控制点的具体控制措施有：对筹资方案进行评估，确保筹资方案与企业战略相符；确定适当的筹资规模，寻找合适筹资渠道，明确筹资结构，确保筹资成本最小化；分析筹资存在的风险，将筹资风险控制在可承受范围内，与筹资带来的收益相匹配。

2. 筹资方案审批控制点

筹资方案审批控制点的具体控制措施有：按照逐级审批的原则，对经过可行性论证的筹资方案进行审批；对重大的筹资方案应当实行集体审议或联签制度，保证审批决策的科学性。

3. 执行筹资计划控制点

执行筹资计划控制点的具体控制措施有：对审批通过的筹资方案制定详细的实施计划；在签订筹资协议或合同时，需要关注条款的合理性；筹资过程中实行不相容职务分离和授权审批制度，严格执行岗位分离，切实履行审批职责；通过发行股票或者债券等形式筹资的，应当关注发行过程中的合规性。

4. 筹资后续监控控制点

筹资后续监控控制点的具体控制措施有：对筹资过程进行严格的监控，确保筹集的资金按照计划用途使用，防止挪用资金的情况发生；准确进行筹资会计核算，加强对债务偿还和股利支付环节的监督管理；对筹资进行评估，评价整个筹资活动，对违法违规行为追究责任。

三、投资活动内部控制

投资活动是企业重要的经营行为，也是企业进行成本补偿和创造效益的关键。企业应当以发展战略为导向，根据内外部经营环境，对投资活动进行规划，拟定投资目标，制定投资计划，采取合适的方式进行投资，为企业创造效益。

（一）投资活动内部控制目标

1. 合理选择投资方式，提高投资可行性

企业应当根据投资目标和规划，合理安排资金投放结构，科学确定投资项目，拟定投资方案，重点关注投资项目的收益和风险。选择的投资项目应当突出主业，谨慎从事股票投资或衍生金融产品等高风险投资。向境外投资的还应考虑政治、经济、法律、市场等因素的影响。采用并购方式进行投资的，应当严格控制并购风险，重点关注并购对象的隐性债务、承诺事项、可持续发展能力、员工状况及其与本企业治理层及管理层的关联性，合理确定支付对价，确保实现并购目标。

企业应当加强对投资方案的可行性研究，重点对投资目标、规模、方式、资金来源、风险与收益等作出客观评价。必要时，企业可以委托具备相应资质的专业机构进行可行性研究，提供独立的可行性研究报告。

2. 按规定审批投资方案，确保投资收益率

企业应当按照规定的权限和程序对投资项目进行决策审批，重点审查投资方案是否可行、投资项目是否符合国家产业政策及相关法律法规的规定、是否符合企业投资战略目标和规划、是否具有相应的资金能力、投入资金能否按时收回、

预期收益能否实现，以及投资和并购风险是否可控等。对重大投资项目，企业应当按照规定的权限和程序实行集体决策或者联签制度。对需经有关管理部门批准的投资项目，应当履行相应的报批程序。当投资方案发生重大变更时，应当重新进行可行性研究并履行相应审批程序。

3. 对方案执行进行监控，确保会计核算的准确性

企业应当根据批准的投资方案，与被投资方签订投资合同或协议，明确出资时间、金额、方式、双方权利义务和违约责任等内容，按规定的权限和程序审批后履行投资合同或协议。指定专门机构或人员对投资项目进行跟踪管理，及时收集被投资方经审计的财务报告等相关资料，定期组织投资效益分析，关注被投资方的财务状况、经营成果、现金流量以及投资合同履行情况，发现异常情况，应当及时报告并妥善处理。

在会计核算方面，企业应当加强对投资项目的会计系统控制，根据对被投资方的影响程度，合理确定投资会计政策，建立投资管理台账，详细记录投资对象、金额、持股比例、期限、收益等事项，妥善保管投资合同或协议、出资证明等资料。当出现被投资方财务状况恶化、市价当期大幅下跌等情形时，财务部门应当根据国家统一的会计准则制度规定，合理计提减值准备，确认减值损失。

4. 加强投资回收监督，评估投资绩效

企业应当加强对投资收回和处置环节的控制，对投资收回、转让、核销等决策和审批程序作出明确规定。企业应当重视投资到期后对本金的回收，加强投资回收的绩效评估工作。对于到期无法收回的投资，应当建立责任追究制度。转让投资时，企业应当让相关机构或人员合理确定转让价格，报授权批准部门批准，必要时可委托具有相应资质的专门机构进行评估。对需要核销的投资，应当取得不能收回投资的法律文书和相关证明等有效文件。

（二）投资活动的业务流程

投资活动的业务流程与筹资基本一致，主要包括以下几个环节：投资方案的可行性论证、投资方案审批、执行投资方案以及投资项目的回收与处置等。

1. 投资方案的可行性论证

企业根据内外部环境拟定投资方案，在拟定投资方案后需要进行可行性论证，确保投资方案符合企业发展战略，投资所需资金有稳定的支持，方案具有合理的投资收益，投资的风险在企业可承受范围内。可行性论证是企业投资的必经步骤。

2. 投资方案审批

投资方案经过可行性论证后，应当按照规定的权限和程序进行逐级审批。审批过程中重点关注项目是否可行、决策流程是否规范。

3. 执行投资方案

根据审批通过的投资方案，企业在执行投资过程中，需要指定专门机构或人员对投资项目进行监督控制，关注投资项目的市场条件和政策变化，准确进行投资项目的会计核算。对已发生减值的投资项目，应及时计提减值准备。

4. 投资项目的回收与处置

对已到期的投资项目应关注其投资现金的回收，对未到期的投资提前处置的，应当合理确定处置价格，必要时可由具有资质的第三方对项目进行评估。投资项目的回收与处置结束后应当进行项目效益评估。

（三）投资活动的主要风险

企业投资活动过程中面临诸多风险，主要有以下几个方面。

1. 投资活动偏离企业战略目标

企业发展战略是企业经营的方向，企业所有的经营活动需要与战略相符。企业在投资时如果没有将投资活动与发展战略进行匹配，会导致盲目投资、投资方向与企业经营方向不符，造成投资效益低下甚至出现严重亏损。

2. 资金需求与企业能力不匹配

投资活动需要进行可行性分析，这是保证企业投资资金需求与企业资金现状相匹配的过程。企业需要合理评估自身的资金状况以及筹资能力，如果投资项目的资金需求大大超过企业自身能力，容易造成企业资金压力过大，增加财务风险，导致财务危机。

3. 忽略对风险的评估

投资活动的风险包括两个方面：一是对企业财务状况的影响。企业投资活动会形成不同的资产，影响企业资产结构，对企业资产流动性造成影响。二是投资项目自身存在的风险，需要对项目存在的风险进行合理评估，防范项目潜在的风险。如果缺乏对投资风险的评估，忽略风险的影响，则容易给企业带来损失。

4. 投资审批不够严格

严格的投资审批制度和不相容职务分离原则是保证投资活动合法性和有效性的重要手段。如果没有对投资项目进行严格审批，则容易出现无序投资和无效投资。投资审批也是防范资金使用漏洞、防止舞弊的主要措施。

（四）投资活动的关键控制点与措施

为降低投资活动中存在的风险，企业需要关注投资活动过程中的关键控制点，采取必要的控制措施。具体控制措施如下。

1. 投资方案制定控制点

投资方案制定控制点的具体控制措施有：根据企业发展战略与市场环境，拟定投资方案；对投资方案从战略、规模、方向、时机等多个方面进行可行性评估。

2. 投资方案审批控制点

投资方案审批控制点的具体控制措施有：明确投资方案审批制度，确定授权审批方式与权限，确定审批流程，明确审批人的职责，不得违规审批；对重大的投资方案应当实行集体决策或联签制度。

3. 投资方案执行控制点

投资方案执行控制点的具体控制措施有：严格按照投资方案制定的进度执行，控制资金量和投资时间；与被投资方签订合理合规的投资协议；责任人做好跟踪分析，对各个环节进行监督和控制。

4. 投资资产处置控制点

投资资产处置控制点的具体控制措施有：确定投资处置策略，客观评价投资价值；投资资产处置须经董事会或类似权力机构批准；必要时投资资产处置可以聘请专业第三方机构进行评估。

5. 投资活动评价控制点

投资活动评价控制点的具体控制措施有：对投资活动进行全面评价，发行股票或债券的，监督检查利息、股利支付，监督未发行的股票与债券的处理；科学评价投资的绩效，对投资过程中发现的违规行为，要追究相关人员责任。

四、资金营运内部控制

资金营运是企业财务管理的重要内容，资金营运过程涉及企业大量资金流转，是企业资金内部控制活动中容易出现问题的环节。企业应当加强对资金营运的过程管理，统筹协调内部各机构生产经营过程中的资金需求，建立健全营运资金内部控制制度，防范资金舞弊风险，提高资金使用效率。

（一）资金营运内部控制目标

1. 统筹协调资金营运

企业应当加强对资金营运全过程的管理，统筹协调内部各机构在生产经营过程中的资金需求，切实做好资金在采购、生产、销售等各环节的综合平衡，全面提升资金营运效率。充分发挥全面预算管理在资金综合平衡中的作用，严格按照预算要求组织协调资金调度，确保资金及时收付，实现资金的合理占用和营运的良性循环。

2. 防范营运资金风险

企业应当定期组织召开资金调度会或资金安全检查，对资金预算执行情况进行综合分析，发现异常情况时及时采取措施妥善处理，避免资金冗余或资金链断裂。企业在营运过程中出现临时性资金短缺的，可以通过短期融资等方式获取资金。资金出现短期闲置的，在保证安全性和流动性的前提下，可以通过购买国债等多种方式，提高资金效益。严禁资金的体外循环，切实防范资金营运中的风险。

3. 完善营运资金会计控制

企业应当加强对营运资金的会计系统控制，严格规范资金的收支条件、程序和审批权限。在生产经营及其他业务活动中取得的资金收入应当及时入账，不得账外设账，严禁收款不入账、设立“小金库”等。办理资金支付业务时，应当明确支出款项的用途、金额、预算、限额、支付方式等内容，并附原始单据或相关证明，履行严格的授权审批程序后，方可安排资金支出。同时，应当遵守现金和银行存款管理的有关规定，不得由一人办理货币资金全过程业务，严禁将办理资金支付业务的相关印章和票据集中一人保管。

（二）资金营运业务流程

资金营运流程在不同性质的企业可能存在较大差异，不同的资金营运流程在审批、支付方面都有不同的方式。通常来讲，资金营运会涉及的业务有以下几个环节：资金的申请、资金申请的审批、票据的审核以及最后资金的收付。具体见图 4-3。

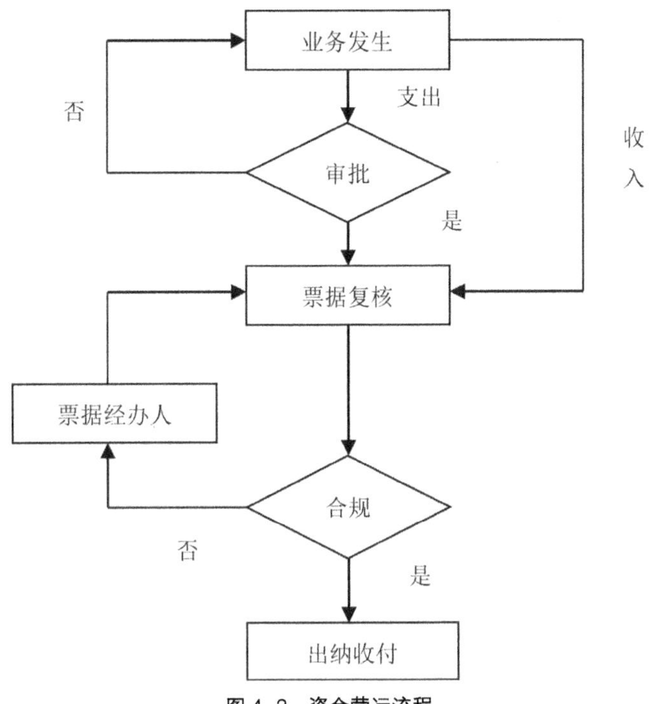

图 4-3　资金营运流程

（三）资金营运主要风险

资金营运过程存在较多的风险环节，下面根据不同的风险环节来具体分析，主要有以下几个方面。

1. 资金授权审批控制环节

资金授权审批环节主要包括资金的申请、审批、复核、记账、核对等具体业务。这一环节主要是在资金的流入和流出、资金授权等方面存在风险，具体来看至少存在以下风险：营运资金未经审批或越权审批，造成重大差错或资金舞弊，给企业带来损失；机构设置或人员配备不合理，岗位职责不明确。

2. 资金收付流程控制环节

资金收付环节主要是资金使用、收付两条线等方面存在使用不规范、违反法律法规要求等风险，具体来看至少存在以下风险：营运资金未按照规定用途使用，违反法律法规的要求；营运资金收付没有严格实行收支两条线；未严格执行财务制度，对手续不完备的资金予以支付。

3. 会计记账对账控制环节

会计控制环节是对营运资金进行控制的重要部分，可能存在没有按照会计准则要求进行会计处理、缺少明细账与总账之间的核对、没有按照要求进行库存现金盘点等问题，具体来看至少存在以下风险：营运资金的交易业务没有按照会计准则的要求，及时、完整、准确入账；缺少对各个账簿之间的核对，不能保证账证、账实、账账以及账表相符；没有定期或不定期对库存现金进行盘点，不能及时与银行对账单进行对账。

4. 账户与印章控制环节

账户与印章控制环节，容易出现银行账户开立未经审批、账户使用不规范，印章保管没有遵循岗位职责分离原则等问题，具体来看至少存在以下风险：未按照法律法规的要求开设、使用、注销银行账户；存在未纳入企业统一管理的银行账户，私立账外账；印章与票据保管没有严格执行不相容职务分离。

（四）资金营运关键控制点与措施

为降低资金营运活动中存在的风险，企业需要关注资金营运过程中的关键控制点，采取必要的控制措施。具体控制措施如下。

1. 资金授权审批控制点

资金授权审批控制点的具体控制措施有：严格在职权范围内审核资金的支付，审核交易的真实性、准确性、合法性等，监督资金支付；审核时遵循分级审批制度，不得越权审批。

2. 资金收付控制点

资金收付控制点的具体控制措施有：资金收付时应依照有效的凭据收取或支付款项；严格资金收支两条线，不得坐支现金；出纳人员收付资金时，需要有完整的收付手续，及时、完整、准确地记录现金收付业务。

3. 会计监督控制控制点

会计监督控制控制点的具体控制措施有：对资金相关会计凭证进行有效的复核，确保真实性和合法性；会计人员根据业务凭证记录相关明细账和总账；及时进行对账，做到账账、账实、账证和账表核对相符，对存在的差异及时查明原因并进行处理；及时进行银行对账单核对，分析差异，编制银行存款余额调节表；授权专人保管库存现金，定期或不定期进行现金盘点，确保现金的安全。

4. 银行账户与印章保管控制点

银行账户与印章保管控制点的具体控制措施有：加强银行账户统一管理，防范小金库，严格银行账户的开设、使用和注销的管理；统一印制或购买票据，确定专人保管；印章与票据严格实行不相容职务分离，印章与票据不得由同一人保管，财务专用章与法人章须分开保管。

五、衍生金融工具内部控制

衍生金融工具（derivative security）是与基础金融产品相对应的一个概念，是指在货币、债券、股票等传统金融工具的基础上衍化和派生的，以杠杆和信用交易为特征的金融工具，其价格随基础金融产品价格（或数值）变动。

在本部分内容前先说明两个问题：第一，这里讲的衍生金融工具是指企业对衍生金融工具的投资以及与衍生金融工具投资相关的内部控制。衍生金融工具是金融工具中特殊的一类，与其他资产相比，该类资产在交易方式、风险控制等方面存在特殊性，因此本书将衍生金融工具单独作为一个项目，对其内部控制进行详细的阐述。第二，由于衍生金融工具有易变现的特性，具有较强的流动性，在内部控制的特点方面与资金活动具有很大的相似性，因此本书将其放在资金活动内部控制章节讲述，但它又与资金活动内部控制有所区分。

（一）衍生金融工具控制目标

（1）企业所持有的衍生金融工具应当符合企业投资目标和方向，保证企业投资目标的实现，确保衍生金融产品投资符合企业发展战略。

（2）衍生金融工具的购买应当经过充分的可行性分析。企业对衍生金融产品的具体内容要有充分的专业知识，降低衍生金融产品带来的风险。

（3）企业对衍生金融产品的选择、购买、持有及处理有明确的授权审批流程，明确各岗位的职权，确保所有衍生金融产品的业务均经过严格的审批。

（4）企业对衍生金融工具的风险要有足够的了解，风险要在企业可承受范围之内，确保企业有足够的能力规避、分散和降低风险。

（二）衍生金融工具风险特点

（1）衍生金融工具风险限于金融领域。衍生金融工具损失的发生具有不确定性，同时这类风险只存在和发生于特定的金融领域。从本质上来讲，金融期货、期权、互换的风险均是因为资金融通而产生的。

（2）衍生金融工具风险的存在与产生具有可变性。这里的可变性有两层含义：一是随着信息技术的发展，金融风险可能在非常短的时间内发生；二是由于投资者识别和控制分析的能力增强，他们可以采取有效的措施，降低风险发生的可能性，或者减少风险的损失。

（3）衍生金融工具风险的范围广、损失大。衍生金融工具虽然是基于基础金融的业务，限于金融领域，但由于基础金融本身与生产、消费和流通紧密相关，发生的衍生金融工具风险会传导到基础金融领域，从而波及社会各个领域。此外，衍生金融工具风险所带来的损失也是非常巨大的。

（三）衍生金融工具主要风险

1. 授权审批不当

企业衍生金融工具交易未经适当授权审批或越权审批，造成重大差错或者舞弊，对衍生金融工具业务评估授权不当，造成企业重大损失。

2. 交易过程不合规

企业在衍生金融工具投资时未按规定建立持仓预警和交易止损机制，交易过程中未能准确、及时、有序地记录和传递交易指令，导致交易机会丧失或产生交易损失。

3. 风险评估不充分

企业对衍生金融工具的风险评估不够充分和可靠，风险管理委员会不能及时就风险评估结果向董事会汇报，可能导致决策者作出错误决策，使企业遭受重大损失。

4. 交易监督不够

企业未能在衍生金融工具投资方面，确定明确的职责分工和权限划分，没能充分对衍生金融产品的交易筹划进行有效监督，从而导致企业衍生金融工具交易筹划方案质量不高，给企业带来较大的潜在风险。

（四）衍生金融工具内部控制措施

（1）选择与企业战略相匹配的衍生金融工具，根据企业战略来确定衍生产品的性质、数量和金额等。建立衍生金融工具报告制度，当衍生金融工具与公司战略偏离时，应及时报告，采取措施使衍生金融工具与企业战略保持一致。

（2）准确评价衍生金融工具特性，评估衍生金融产品的潜在风险，确保其与企业风险承受能力相适应。企业要形成风险规避、风险降低、风险分担和风险承受等应对风险的具体措施，确定可接受的水平。

（3）建立严格的授权审批制度，对不同类型的衍生金融产品，确定不同的授权审批权限，明确不同的岗位职责，以及紧急报告制度。

（4）严格执行不相容职务分离制度。衍生金融产品的选择、决策、交易、评估以及资金支付等环节均应由不同人员完成，严禁所有环节由同一人完成。

（5）完善业务处理流程，建立交易止损机制，根据不同衍生金融产品的特性，设置合理的止损点。同时，全面、及时、完整记录交易活动，保证交易的可追溯性。

六、案例思考

例 4-2 现金“多计”了 299 亿的康美药业[①]

一、案例背景

康美药业（600518.SH）成立于 1997 年，于 2001 年 2 月 26 日在上交所上市。公司为药品生产及经营企业，主营业务是“中药饮片、化学药品、保健食品等的生产和销售，以及外购产品的销售和中药材贸易等”，曾是著名的“白马股”，市值超过千亿。

2018 年 12 月 28 日，公司收到证监会下达的《调查通知书》，因涉嫌信息披露违法违规而受到立案调查；随后公司发布会计差错更正公告，负责审计的广东正中珠江会计师事务所对公司 2018 年度的财务报告及内部控制分别发布保留意见和否定意见的审计报告，上交所则针对公司年度报告发布“事后审核问询函”，针对媒体报道发布问询函，针对会计差错更正发布监管工作函等。

表 1 显示，自证监会立案开始，康美药业经历了信用评级下调（从 AAA 级逐步降至 C 级）、2018 财年和 2019 财年连续两年的年度财务报告及内部控制报告被出具非标意见、会计差错更正、交易所问询、事务所变更等，公司经营业绩也出现重大不利影响（从 2018 年的盈利 3.7 亿元变为 2019 年的巨亏 46.55 亿元），引发市场参与者对公司债务和经营风险的关注。公司的公开信息披露显示，公司主要的问题是信息披露不实。

表 1 康美药业有关货币资金问题的公告（节略）

时　间	公　告	主要事项或内容
2018-12-29	临 2018-116	收到中国证监会立案调查通知
2019-01-11	临 2019-003	评级机构将公司主体及债项信用级别纳入信用评级观察名单，自此开启了公司主体和债项级别的下调之路
2019-04-30	年度报告 内控审计报告	保留意见的财务报告审计报告 否定意见的内部控制审计报告

① 袁敏：《康美药业货币资金审计问题反思》，《中国注册会计师》2020 年第 8 期，第 63-68 页。

续表

2019-04-30	临 2019-026	关于前期会计差错更正
2019-05-01	临 2019-032	上交所对前期会计差错更正等事项发布监管工作函；上交所发布包括 2018 年度报告事后审核问询函等多份监管函
2019-05-21	临 2019-038	实施其他风险警示 (ST)，主要因公司与相关关联公司存在 88.79 亿元资金往来，上述资金被相关关联公司用于购买公司股票，触及上市规则“投资者难以判断公司前景，投资者权益可能受到损害”
2019-08-17	临 2019-065	收到证监会行政处罚告知书
2019-08-24	临 2019-071	债项和主体信用等级从 A 降至 BBB
2019-11-20	临 2019-085	变更会计师事务所为立信会计师事务所
2020-01-10	临 2020-002	交易所监管工作函，涉及债券回售资金缺口带来的兑付风险、其他债务偿还风险、因信息披露问题带来的整改等
2020-01-23	临 2020-007	主体和债项信用级别分别从 BBB 降至 B 级 预计 2019 年度实现归属上市公司股东的净利润约为 −13.5 亿元至 −16.5 亿元；扣除非经常性损益事项后，归属上市公司股东的净利润约为 −21 亿元至 −24 亿元。
2020-02-05	临 2020-016	主体和债项信用级别进一步下调至 C 级
2020-06-18	年度报告 内控审计报告	保留意见的财务报告审计报告 否定意见的内部控制审计报告

二、主要问题

（一）会计差错巨大

公司 2018 年年报披露的会计差错更正信息显示，自 2018 年 12 月 28 日收到证监会的立案调查始，康美药业对可能涉及的问题进行了自查和必要核查，结果发现公司过去多年的营业收入、营业成本、费用及款项收付等方面均存在一定的账实不符情况。以 2017 年报表重述为例，公告披露的会计差错广泛涉及资产负债表的应收账款、存货、在建工程、货币资金等科目，以及利润表的收入、成本、销售费用和财务费用等科目，其中最重要的会计差错是现金多计了 299.44 亿元，更正后的数据显示，公司的净资产收益率、基本每股收益全部腰斩。

（二）巨大会计差错产生的原因

根据公司提供的解释，包括货币资金在内的大范围会计差错产生的根本原因在于“公司治理、内部控制”存在重大缺陷，康美药业存在使用不实单据和业务凭证的情况，造成货币资金等资产账户及收入成本等利润表账户的核算不实。

围绕货币资金带来的会计差错更正广泛涉及资产负债表和利润表，其中仅存货中的中药材就出现了 183.43 亿元的差错（占错报资金额的 61.27%）。

其原因是“公司通过不同途径在产地收购中药材”，但相关款项却“未经审核”就予以支付，且涉及的款项和存货均未入账，所以资金管理、存货管理存在重大缺陷。

从表面上看，康美药业货币资金错报主要涉及经营业务（采购、销售）、关联方交易（关联方占款）以及投资业务（在建工程）；从实质上看，上市公司的治理结构、内部控制存在重大缺陷，董事会及注册会计师的监督制衡作用未能得到有效发挥。会计差错更正中涉及的应收账款、收入、成本等问题，是公司“使用不实单据及业务凭证”进行财务核算造成的，这表明公司的会计基础工作存在不足，甚至存在舞弊。而大股东通过两家关联公司侵占上市公司资金的事实则表明，公司治理、资金管理、关联方交易等诸多方面存在严重问题。

从内部控制角度看，公司制定了书面的《财务管理制度》，其中对货币资金业务进行了规范。如“建立严格的授权批准制度”，规定“经办人办理货币资金业务的职责范围和工作要求，在职责范围内按照审批人的批准意见办理货币资金业务”。但已有的会计差错更正显示，仅2017财年公司就存在近300亿元的资金支付未能及时入账，广泛涉及采购、收入成本等经营业务以及工程项目等投资活动，再加上未经披露的关联方往来占款等（其他应收款57.14亿元），表明公司在相关制度的执行，尤其是在授权批准程序的落实上存在重大缺陷。

（三）注册会计师的意见

丑闻爆发前，为康美药业提供审计服务的是广东正中珠江会计师事务所。已有资料显示，截至2018年年报业务，广东正中珠江已经为康美药业提供了19年的审计服务，其中2018年的年报审计报酬为500万元，内部控制审计报酬为140万元。在证监会没有立案的2017年度及以前，广东正中珠江针对财务报告及内部控制出具的均为无保留意见。在2018年年度报告中，信息披露显示因“中国证监会立案调查、关联方资金往来、公司下属子公司部分在建工程项目存在财务资料不完整”等三个事项，事务所对康美药业年报出具了保留意见。与此同时，康美药业2018年内部控制被出具否定意见，包括财务报告内部控制存在资金管理、关联方交易管理、财务核算、治理层及内部审计部门的监督等重大缺陷，以及因内部治理存在重大缺陷导致内控制度无法有效执行，公司涉嫌信息披露违法违规而被证监会立案带来的非财务报告内部控制重大缺陷。显然，广东正中珠江会计师事务所对年报和内部控制出具非标意见的触发点主要来自证监会的立案，并非因重大的会计差错更正延伸至相关业务及账户的内部控制问题。

2019年8月，证监会发布《行政处罚及市场禁入事先告知书》，其中披露的康美药业违法事实，包括2016—2018年三年报告中存在虚假记载，广泛涉及虚增收入及利润、虚增货币资金等多个事项。关于货币资金，证监会认为康美药业“通过财务不记账、虚假记账，伪造、变造大额定期存单或银行对账单，配合营业收入造假伪造销售回款”等方式虚增货币资金。

此后，公司公告变更2019年度审计机构为立信会计师事务所；交易所发布监管工作函，督促公司做好整改工作，并配合审计机构做好2019年年报审计和披露工作。2020年6月18日，康美药业发布延期后的定期报告，财务报告被出具保留意见，内部控制被出具否定意见。

三、案例分析

（一）康美药业的内部控制

康美药业在2016—2018年的定期财务报告中存在着重大错报，仅以货币资金为例，2017年的错报金额高达299.44亿元，占披露总资产的43.57%，这显然超过了审计的重要性水平。被审计单位存在重大错报甚至舞弊而审计师没有发现，表明已有的审计程序未能及时发现并纠正公司的错报行为。

首先，上市公司的财务报表存在错误或舞弊导致的重大错报，是整个财务报告供应链条出现了问题，而不能将责任仅仅归于注册会计师。根据我国的审计准则，注册会计师执行财务报表审计工作的总体目标，是对财务报表的整体发表意见，对其不存在重大错报提供合理保证。但注册会计师作用发挥的前提之一，是管理层和治理层通过设计、执行和维护必要的内部控制，以合理保证财务报表不存在舞弊或错误导致的重大错报。康美药业案例中，以实际控制人为代表的管理层和治理层通过关联交易等多种手段侵占上市公司资金，甚至采用虚假的凭证入账，表明上市公司的一线业务部门（如采购）、财务部门、内部审计甚至董事会和监事会的监督存在问题。2018年广东正中珠江会计师事务所、2019年立信会计师事务所的内部控制审计报告一定程度上揭示了康美药业违规向关联方提供资金，并导致大额关联方非经营性资金占用后果的事实，因此上市公司应在内部控制、公司治理等方面强化执行和监督。

（二）会计师事务所的监督

注册会计师未能很好地履行对舞弊的监督责任。从已有实践看，事务所受到监管部门的处罚，几乎无一例外地与被审计单位存在重大错报紧密相关，这种错报的最重要来源之一是舞弊。因此，无论是国际审计准则还是中国审计准则都对注册会计师年报审计中对舞弊的监督责任进行了明确的规范。就康美药业年报审计而言，已有的事实表明，被审计单位的管理层和治理层在舞弊的发现和预防方面存在重大问题，尤其是在公司治理、内部控制等方面存在重大缺陷。但发生如此重大、广泛的会计差错（甚至舞弊），至少在一定程度上表明被审计单位的财务报表存在重大错报，且持续时间超过 3 年，注册会计师未能发现这种广泛的、通过“财务不记账、虚假记账、伪造、变造大额定期存单或银行对账单、配合营业收入造假伪造销售回款”的重大错报，未能切实履行对舞弊的监督责任。因此注册会计师有必要了解和掌握舞弊的特征，针对管理层凌驾于内部控制之上、实施舞弊的动机或压力、机会以及借口、编制虚假财务报告的方式等保持职业敏感，并不断提升自身发现舞弊的能力，尤其是在整个审计过程中需要保持职业怀疑，以恰当应对可能存在的舞弊风险。

审计程序和方法的合理运用问题。货币资金是固有风险较高的领域，并广泛涉及经营活动和投融资活动，已经披露的案例中很多财务报表舞弊与此有关，如蓝田股份、东南融通等。早在 2014 年，中国注册会计师协会就发布《中国注册会计师审计准则问题解答第 12 号——货币资金审计》，对实务中面临的审计问题提供了有针对性的解决方案。例如注册会计师要对“存在大额自有资金的同时，向银行高额举债”的行为保持警惕；如果对被审计单位银行对账单的真实性存在疑虑，可以考虑在“被审计单位协助下亲自到银行获取银行对账单”，并对“银行对账单及被审计单位银行日记账记录进行双向核对”。从康美药业披露的信息看，2017 年会计差错更正前的货币资金余额为 341.51 亿元，而同期公司披露的银行借款的带息债务余额高达 315.70 亿元，符合“存贷双高”的风险特征，但注册会计师并没有显示出特别的风险应对特征，在货币资金的审计程序方面采取了常规的审计程序，没有对“存贷双高”保持合理怀疑或采用有针对性的审计程序。

（三）其他第三方的问题

遏制财务造假绝非注册会计师一己之力。2017 年广东正中珠江会计师事务所针对银行存款余额审计进行了函证程序，在形式上并无不妥，且“所函事项得到回函确认”，但最终仍然出现货币资金重大错报，其中是否存在银行串通舞弊的情形还有待观察。2020 年的“全国两会”上，已有代表提出有些商业银行和上市公司串通，出具虚假的银行询证函回函等情形，据此应对协助造假者严肃追责。

思考：康美药业资金活动内部控制可能在哪些方面存在失效？如何看待注册会计师以及银行等其他协助造假的第三方的责任？

第三节　资产管理内部控制

《企业内部控制应用指引第 8 号——资产管理》所称的资产，是指企业拥有或控制的存货、固定资产和无形资产。这三项资产在一般企业中占有很大的比重，是企业从事生产经营活动的基础。本节将对存货、固定资产和无形资产控制中存在的风险、业务基本流程、控制目标、关键控制点与控制措施等内容分别进行详细阐述。

一、资产管理风险与总体要求

（一）资产管理面临的风险

不同资产的管理风险不同，应当至少关注下列风险：

（1）存货方面的风险主要包括存货积压或存货短缺，可能导致流动资金占用过量、存货价值贬损或生产中断等。

（2）固定资产的风险主要包括固定资产更新改造不够、使用效能低下、维护不当、产能过剩，可能导致企业缺乏竞争力、资产价值贬损、安全事故频发或资源浪费等。

（3）无形资产的风险主要包括缺乏核心技术、权属不清、技术落后、存在重大技术安全隐患，可能导致企业法律纠纷、缺乏可持续发展能力等。

（二）资产管理总体目标

资产管理内部控制是在遵循相关法律法规的基础上，以企业内部控制基本规范以及应用指引为指导，结合企业资产管理实际，采用系统控制技术，构建企业资产管理内部控制体系。企业应当加强各项资产管理，全面梳理资产管理流程，及时发现资产管理中的薄弱环节，切实采取有效措施加以改进，并关注资产减值迹象，合理确认资产减值损失，不断提高企业资产管理水平。

1. 全面梳理资产管理流程

存货、固定资产和无形资产在企业资产中具有重要的地位。企业在生产经营过程中，需要建立健全相关资产管理制度，梳理资产管理流程，确保严格按照制度管理和使用各类资产。

2. 查找资产管理薄弱环节

企业通过强化资产管理内部控制，梳理资产管理流程，查找管理中的薄弱环节，重视对薄弱的环节的改进与强化，避免资产的流失，从而防范资产运行风险，确保资产发挥应有的作用。

3. 落实资产管理措施

在全面梳理资产管理流程、改进薄弱环节后，企业应当严格落实资产管理各项制度，建立健全各项资产管理制度，确保各项资产管理有据可依并严格执行。

4. 规范资产保险制度

在资产保全方面，企业应当重视和加强各项资产的投保工作，采用招标等方式确定保险人，从而降低资产损失风险，同时在投保过程中，防范资产投保舞弊。

二、存货内部控制

存货具有较强的流动性，存货管理直接影响到企业生产的质量和企业资产的质量。不同类型的企业有不同形式的存货，在业务特征和管理模式方面存在较大的差异，即使在同一企业，不同的存货管理方式也可能不同。因此，企业存货管理需要根据自身的经营特点，针对存货管理流程中的主要风险和薄弱环节，制定有效的控制措施，充分利用信息技术管理系统，强化信息的流转与利用，确保存货管理风险得到有效的控制。

（一）存货内部控制主要目标

存货内部控制的目标是建立健全存货内部控制制度，有效降低存货取得成本，保证存货的安全，防止存货积压，加快存货周转，提高存货的使用效率和效果，实现企业目标。

1. 完善存货会计处理

选择合适的会计方法对存货进行核算，确保存货业务事项核算及时、准确和完整。企业仓储部门应当详细记录存货入库、出库及库存情况，做到存货记录与实际库存相符，并定期与财会部门、存货管理部门进行核对。建立存货盘点清查制度，结合本企业实际情况确定盘点周期、盘点流程等相关内容，核查存货数量，及时发现存货减值迹象。进行存货实地盘点清查，至少应当于每年年度终了开展全面盘点清查，盘点清查结果应当形成书面报告，对盘点过程中发现的实物与账面差异，经相关权力机构批准后，按照会计准则要求及时进行会计处理。

2. 建立完善的存货控制体系

建立存货管理岗位责任制，明确内部相关部门和岗位的职责权限，切实做到不相容岗位相互分离、制约和监督。在企业存货管理控制中，除存货管理、监督部门及仓储人员外，其他部门和人员接触存货，应当经过相关部门特别授权。通过严密的存货控制体系，对存货的取得、保管、发出与处置等各个环节进行严格的监督与控制，防范存货管理的重大差错和舞弊行为，防止存货被盗、意外损失或者变质等，确保存货的安全与完整。

3. 提高存货使用效率

提高存货管理控制，有效降低存货风险，防止存货的浪费，加快存货周转，提高存货使用效率。根据各种存货采购间隔期和当前库存数量，综合考虑企业生产经营计划、市场供求等因素，充分利用信息系统，合理确定存货采购日期和数量，确保存货处于最佳库存状态。

4. 合理运用存货管理方法

企业通过采用先进的存货管理技术和方法，规范存货管理流程，明确存货取得、验收入库、原料加工、仓储保管、领用发出、盘点处置等环节的管理要求，充分利用信息系统，强化出入库等相关记录，确保存货管理全过程的风险得到有效控制。企业应当明确存货发出和领用的审批权限，大批存货、贵重商品或危险品的发出应当实行特别授权。仓储部门应当根据经审批的销售或出库通知单发出货物。

（二）存货周转基本流程

一般我们根据行业不同将企业分为生产型、商品流通型和服务型。传统的生产型企业存货周转具有涵盖范围广、流程复杂、涉及的部门多等特点，具有一定的典型意义。因此，在这里以生产型企业为例描述存货周转的基本流程、关键控制点与控制措施。生产型企业存货流转通常包括取得存货、验收入库、仓储保管、领用发出、盘点清查等几个重要的环节（见图 4-4）。

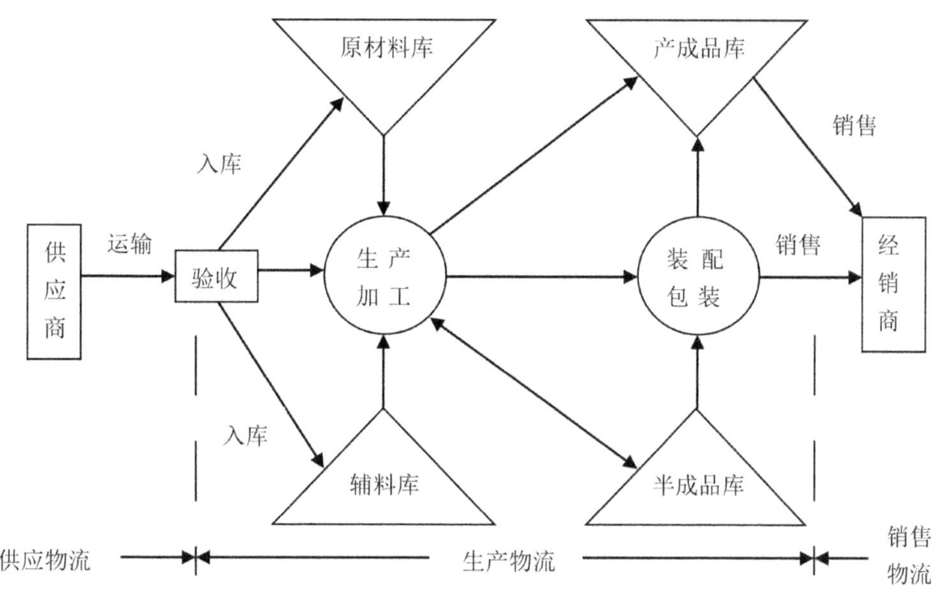

图 4–4 生产型企业存货周转基本流程

（1）取得存货。存货从产品形态来看，一般有原材料、半成品、产成品等；从取得的方式来看，一般有自制、外购、委托加工、非货币性资产交换、投资者投入等形式。

（2）验收入库。无论取得方式如何，验收环节是存货入库前的必要流程。通过验收可以保证数量、质量符合企业规定，确保生产的产品符合质量要求。

（3）仓储保管。通常而言，企业会保持一定数量的存货，包括提前准备生产所需的原材料、尚未出售的产成品、等待完工的半成品等，需要对存货进行仓储保管。

（4）领用发出。存货管理的目的是保证生产和销售需要。因此，生产部门领用原材料、辅助材料，根据销售部门发出的发货单发出产品等，会涉及存货的领用发出。

（5）盘点清查。为保证存货账面与实物相符，同时出于查看存货质量的需要，企业应当定期对存货进行现场盘点，核对存货实物数量，确保存货账实相符。

（三）存货内部控制主要风险

1. 存货取得环节的风险

存货取得环节面临的风险主要来自采购预算编制以及职责分工方面，具体来讲至少包括以下风险：

（1）存货采购预算编制不科学，采购计划不合理，导致存货积压，造成存货持有成本增加，或者采购不足导致存货短缺，造成缺货成本。

（2）存货采购未经适当授权审批或越权审批，导致重大的差错或舞弊欺诈行为。

（3）存货采购过程中岗位职责分工不合理，采购、验收等不相容职务没有严格分离，由同一人或一个部门负责，导致重大舞弊行为。

2. 存货验收环节的风险

存货验收环节的风险主要来自验收流程与验收标准方面，具体来讲至少包括以下风险：

（1）存货验收程序不规范，没有严格按照规定的流程对取得的存货进行验收入库，导致入库的存货在质量、数量、型号等方面不符合企业要求，造成损失。

（2）没有制定明确的存货验收标准，导致存货验收过程中缺乏可以执行的标准，无法对入库的存货按照标准验收质量。

3. 存货保管环节的风险

存货仓储保管环节的风险主要来自存货保管不当、存货仓储监管存在漏洞、存货库存监控机制不足等，具体来讲至少包括以下风险：

（1）企业的存货仓储保管方式存在问题，保管方法不当，导致存货毁损、变质、浪费，给企业资产带来损失。

（2）存货保管存在漏洞，没有严格建立存货保管制度，缺乏仓储物资所要求的储存条件，没有建立健全防火、防洪、防盗、防潮、防病虫害和防变质等管理规范，导致存货损失。

（3）成本监控机制缺失，没有定期对存货进行检查，缺乏对生产现场的材料、周转材料、半成品等物资的有效管理，造成存货成本的浪费、被盗。

4. 存货发出环节的风险

存货领用发出环节风险主要来自未按规定程序领用和发出、发出存货审查不严、发出存货的记录不够完整等，具体来讲至少包括以下风险：

（1）存货发出环节没有按照规定程序和手续办理出库，存货领用发出手续不规范，导致产品错发、乱发。

（2）存货领用发出时缺少监控机制，没有严格按照要求进行审查，从而导致存货流失。

（3）企业仓储部门没有详细记录存货入库、出库及库存情况，存货记录与实际库存不相符，在定期与财会部门、存货管理部门进行核对时，出现账实不符。

5. 盘点清查环节的风险

存货盘点清查环节的风险主要来自未能建立盘点清查制度，没有定期开展存货实物盘点，不能及时发现存货减值迹象，对盘点清查结果处理不当等，具体来讲至少包括以下风险：

（1）存货盘点清查制度不完善，未能建立有效的盘点清查制度，或制定的盘点清查制度不合理，盘点计划不可行，导致盘点工作未能切实履行，无法明确存货的真实数量，对已经出现跌价的存货不能及时计提资产减值准备，导致存货账面价值虚高。

（2）存货盘点结果没有形成书面报告，对盘点清查中发现的存货盘盈、盘亏、毁损、闲置以及需要报废的存货，没有及时查明原因、落实并追究责任。

（四）存货关键控制点与措施

根据上述存货管理过程中面临的主要风险，企业需要关注存货管理过程中的关键控制点，采取必要的控制措施。具体控制措施如下。

1. 存货取得环节的关键控制点与措施

（1）编制采购计划控制点。编制采购计划控制点的具体控制措施有：采购部门应严格根据采购申请、资金预算以及仓储条件等制定科学的存货采购计划，按照采购计划严格执行采购任务；由仓储部门提出采购申请的，应当合理考虑存货到达间隔以及存货使用量等因素，提出采购申请；建立联合生产、销售、采购、财务和仓储等各个部门信息的存货预警机制，防止存货过多或不足。

（2）明确岗位职责控制点。明确岗位职责控制点的具体控制措施有：存货采购必须严格执行不相容职务分离原则，明确采购部门、仓储部门与验收部门之间的岗位分工，类似的职责不得由同一部门或人员完成。

（3）严格审批流程控制点。严格审批流程控制点的具体控制措施有：存货申请须经具有审批权限的管理人员审批通过后才能进入采购流程，杜绝未经审批任意采购。

2. 验收入库环节的关键控制点与措施

（1）规范预算流程控制点。规范预算流程控制点的具体控制措施有：制定完善的预算入库流程规范，明确验收入库的程序和方法。

（2）仓储入库控制点。仓储入库控制点的具体控制措施有：仓储部门认真核对入库单据与实物，关注存货的种类、数量、质量等，对不符合要求的存货及时办理退换手续；对外部取得的存货，关注取得合同、发票等单据与实物是否一致；

对内部自制的存货，关注检验合格的要求；对特殊的存货，必要时可以聘请专业第三方机构进行检测，协助验收。

3. 仓储保管环节的关键控制点与措施

（1）建立保管制度控制点。建立保管制度控制点的具体控制措施有：建立健全存货仓储保管制度，明确仓储保管环节的流程和程序。

（2）日常保管机制控制点。日常保管机制控制点的具体控制措施有：保管人员应对仓库存货进行日常巡查和定期抽查，对检查结果进行详细的记录；严格仓储场地进出手续，未经授权不得随意进出和接触存货；发现存货毁损、被盗等情况，或出现存货跌价迹象，应及时与相关部门联系。

（3）存货实物储存控制点。存货实物储存控制点的具体控制措施有：存货保管场地应按照要求的条件储存，做好防火、防水、防盗等保管工作。实物摆放应当符合存货特性，以提高使用效率为目标。

4. 领用发出环节的关键控制点与措施

（1）建立领用制度控制点。建立领用制度控制点的具体控制措施有：企业根据自身经营特点和存货特性，建立恰当的存货领用发出制度，健全存货出库手续，加强存货领用记录；明确存货领用审批权限，明确领用发出流程与各项审核要求。

（2）核对审核机制控制点。核对审核机制控制点的具体控制措施有：领用发出的存货经授权审批，确保发出存货的真实性；定期与财务部门核对存货情况，发现账实不符的，应及时查明原因。

5. 盘点清查环节的关键控制点与措施

（1）建立盘点制度控制点。建立盘点制度控制点的具体控制措施有：建立清查盘点工作制度，根据企业实际情况制定周期性的存货盘点工作制度要求，及时了解存货现状；拟定盘点清查计划，详细拟定盘点的时间、流程、方法和参与人员等具体内容。

（2）定期实物盘点控制点。定期实物盘点控制点的具体控制措施有：参与盘点的人员应来自多个部门，起到相互监督、相互牵制的作用；严格按照盘点计划执行，详细记录盘点过程，保证盘点记录的完整性，最终形成书面的盘点报告。

（3）恰当处理差异控制点。恰当处理差异控制点的具体控制措施有：对盘点差异要按照规定的要求及时查明原因，明确责任人；对存在变质、毁损等存货跌价现象的，应及时按照会计准则的要求进行处理。

三、固定资产内部控制

通常来讲，固定资产在企业总资产中占有较大比重，具有使用周期长、资产价值高等特点；同时，固定资产管理控制涉及企业多个部门，有较强的技术性。因此，企业需要对固定资产活动进行管理和控制，加强房屋建筑物、机器设备等各类固定资产的管理，重视固定资产维护和更新改造，促进固定资产处于良好运行状态，确保固定资产的安全和完整，降低固定资产风险，提高固定资产使用效率，实现固定资产效用最大化。

（一）固定资产内部控制目标

1. 完善固定资产记录

企业通过编制固定资产目录，对每项固定资产进行编号，按照单项资产建立固定资产卡片，详细记录各项固定资产的来源、验收、使用地点、责任单位和责任人、运转、维修、改造、折旧、盘点等相关内容。

建立固定资产清查制度，至少每年进行一次全面清查。对固定资产清查中发现的问题，及时查明原因，追究责任，妥善处理。同时，加强固定资产处置的控制，关注固定资产处置中的关联交易和处置定价，防范资产流失。

2. 规范使用固定资产

企业通过严格执行固定资产日常维修和大修理计划，定期对固定资产进行维护保养，切实消除安全隐患。对生产线等关键设备运转的监控，严格操作流程，实行岗前培训和岗位许可制度，确保设备安全运转。严格执行固定资产投保政策，对应投保的固定资产项目按规定程序进行审批，及时办理投保手续。

3. 保证固定资产技术含量

企业根据发展战略，充分利用国家有关自主创新政策，加大技改投入，不断促进固定资产技术升级，淘汰落后设备，切实做到保持本企业固定资产技术的先进性和企业发展的可持续性。

4. 规范固定资产抵押管理

企业需要规范固定资产抵押管理，确定固定资产抵押程序和审批权限等。将固定资产用作抵押的，应由相关部门提出申请，经企业授权部门或人员批准后，由资产管理部门办理抵押手续。企业应当加强对接收的抵押资产的管理，编制专门的资产目录，合理评估抵押资产的价值。

（二）固定资产管理基本流程

企业固定资产管理流程一般包括固定资产的取得、固定资产的使用和维护、固定资产盘点、固定资产的处置等几个主要环节。固定资产的取得一般有外购、自行建造、非货币性资产交换、投资者投入等几种不同的形式。下面以外购的固定资产为例，列举外购固定资产管理的基本业务流程（见图 4-5）。

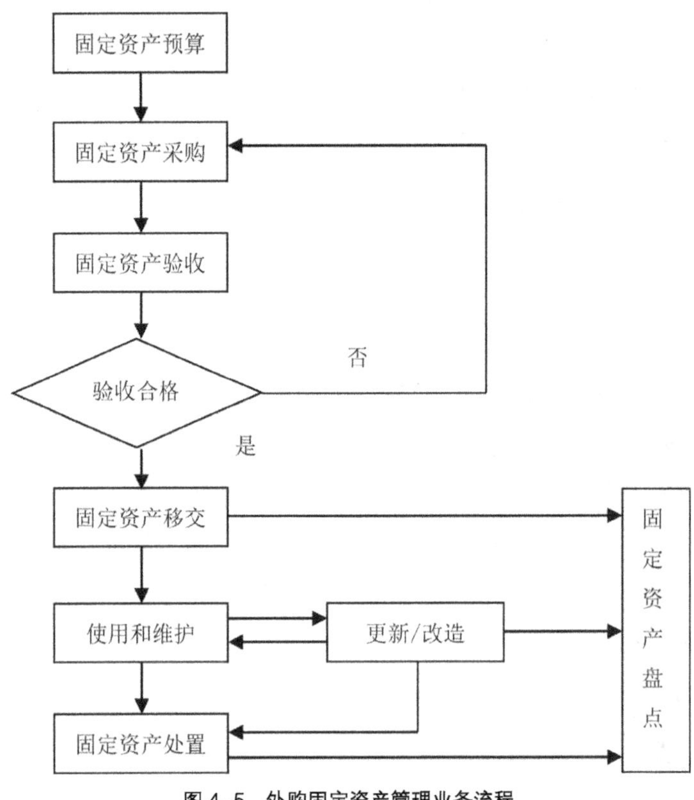

图 4-5 外购固定资产管理业务流程

（三）固定资产控制主要风险

1. 固定资产取得环节的主要风险

固定资产取得环节主要包括固定资产预算编制、固定资产采购以及固定资产的验收等几个部分。由于固定资产金额较大，从企业控制角度来讲，采购固定资产首先需要有采购计划，并将其列入企业年度预算，按照预算审批采购固定资产；固定资产到达企业后，需要验收合格才能确认。固定资产取得环节的风险，具体来看至少包括以下几个方面：

（1）固定资产决策不当，采购预算不科学、不合理，固定资产投资项目缺少可行性分析，采购的固定资产不符合企业发展战略，或者投资的规模超出企业实际生产需要和能力，导致企业固定资产闲置或资产使用效率低下，给企业造成浪费和损失。

（2）固定资产采购授权审批机制不健全，缺乏应有的监督。采购申请不符合企业生产经营需要，对供应商的评价不够全面，采购款项没有按照规定时间或合同支付，如果提前支付会提高资金占用成本，如果延期支付会影响企业信用。

（3）固定资产验收部门和人员职责分工不合理，不相容职务没有做到严格分离，验收时没有严格按照规定质量要求验收，导致质量不合格的固定资产验收通过，也容易产生重大舞弊等风险。

2. 固定资产使用和维护环节的主要风险

固定资产使用和维护环节主要包括固定资产投保、固定资产使用和维护、固定资产更新改造等几个部分。固定资产投入使用后，企业应及时、足额对固定资产进行投保，使用前对人员进行充分的培训，制定固定资产使用制度和标准流程，按照要求定期对固定资产进行日常维护，对固定资产进行技术评估，及时进行固定资产的更新改造，提高生产效率。固定资产使用和维护环节的风险，具体来看至少包括以下几个方面：

（1）未能对固定资产及时、足额办理财产保险或者投保机制不健全，导致企业在遭受固定资产毁损时不能取得保险赔偿，无法有效弥补资产损失的风险。

（2）没有进行有效的岗前培训，缺乏固定资产操作流程和使用标准，固定资产使用不当而带来效率降低、合格率下降、设备故障等问题；固定资产维护计划不合理，设备缺少日常维护或者维护不规范，导致固定资产使用寿命缩短。

（3）在固定资产不符合企业发展需要时，企业没能及时进行固定资产更新改造，导致企业生产设备老化或者技术含量不足，造成企业市场竞争力下降，影响企业可持续发展。

3. 固定资产盘点环节的主要风险

固定资产盘点是指企业财务部门、固定资产使用部门和固定资产管理部门定期开展的对固定资产的清查。通过固定资产盘点，编制固定资产盘点表，确保固定资产账实相符。对实物盘点与账面固定资产的差异，及时查明原因，经过审批同意后进行处理。固定资产盘点环节的风险，具体来看至少包括以下几个方面：

（1）企业未按规定组织固定资产的盘点，固定资产盘点不及时、不准确或者不完整，导致固定资产账实不符，固定资产流失。

（2）对盘点过程中发现的差异未按照规定上报审批或者上报不及时、不规范，不能及时对盘点差异进行处理，导致不能及时采取措施、追究责任，给企业造成损失。

4. 固定资产处置环节的主要风险

固定资产的处置一般包括固定资产的报废、固定资产出售或者固定资产的出租等形式。通常来讲，除了融资租赁，固定资产的经营性出租不转移固定资产的所有权，只对资产使用权进行转移，但从企业固定资产控制的角度来看，经营性出租也是固定资产部分权力的转移。因此，本书将固定资产经营性租赁也列入固定资产处置进行管理，与企业会计准则中的固定资产处置范围存在差异。固定资产处置环节的风险，具体来看至少包括以下几个方面：

（1）固定资产报废缺乏可执行的流程或没有按照流程进行严格的审批，职责分工不明确，容易出现固定资产残值不能回收、固定资产报废过程中存在舞弊行为等情况。

（2）固定资产处置凭证传递不及时，导致固定资产处置完成后，财务部门不能及时对账，出现账实不符等情况。

（四）固定资产关键控制点与措施

根据上述固定资产管理过程中面临的主要风险，企业需要关注固定资产内部控制中的关键控制点，采取必要的控制措施。具体控制措施如下。

1. 固定资产取得环节的关键控制点与措施

（1）预算与计划控制点的具体控制措施有：建立固定资产预算管理制度，由技术、生产、采购、财务等多个相关部门参与，科学、合理编制资本性预算支出，同时进行可行性验证；对重大的固定资产投资计划，应实行集体决策或联签制度。

（2）资产采购控制点的具体控制措施有：建立健全固定资产采购管理办法，明确请购、审批部门的职责与权限，确保采购过程规范、透明；预算内的固定资产采购应按照预算严格执行，办理相关手续；预算外的固定资产采购应由相关责任部门提出申请，经审批后办理采购手续；加强对资产采购的评价机制，建立预付款跟踪管理机制，强化对预付款的后续监督管理。

（3）资产验收控制点的具体控制措施有：建立固定资产验收管理办法，由固定资产验收部门会同相关部门进行验收；验收合格的固定资产按照要求编制目录，对每项固定资产进行编号，建立固定资产档案，完善各类固定资产入账手续，确保固定资产管理部门、使用部门与财务部门账、卡、物一致。

2. 日常使用和维护环节的关键控制点与措施

（1）固定资产投保控制点的具体控制措施有：固定资产管理部门应拟定投保计划，经过审批后执行。投保方案需要根据不同固定资产的特点、风险程度，确定合理的投保范围，规避固定资产损失风险；规范确定投保的保险公司的流程，对重大固定资产的投保，采取公开招投标的形式，确保投保过程的透明，防范舞弊风险。

（2）使用和维护控制点的具体控制措施有：固定资产管理和使用部门应当建立固定资产运行档案，建立日常维护保养管理办法，定期对固定资产进行检查、维护和修理，消除安全隐患，降低固定资产故障率；做好固定资产岗前培训工作，特殊固定资产必须由专业技术人员持证上岗，严格按照规定操作流程使用固定资产。

（3）更新改造控制点的具体控制措施有：定期对固定资产技术进行评估，建立固定资产更新改造管理办法，根据企业发展战略、行业技术现状，提出固定资产更新改造方案；管理部门应对更新改造项目过程进行监控，加强管理。

3. 固定资产盘点环节的关键控制点与措施

（1）盘点计划与组织控制点的具体控制措施有：建立固定资产盘点管理办法，明确盘点的范围、时间、流程与形式、参与人员等具体内容；做好固定资产盘点计划，在盘点开始前编制清查方案，经审批后开展盘点工作。

（2）盘点差异处理控制点的具体控制措施有：根据盘点结果编制书面的盘点报告，对盘点差异应及时查明原因，报相关部门审批后作出妥善处理，明确责任人；盘点差异处理后，应确保固定资产账实相符。

4. 固定资产处置环节的关键控制点与措施

（1）处置管理机制控制点的具体控制措施有：建立固定资产处置审批机制，确定固定资产处置的范围、标准、程序和审批权限。

（2）处置评估控制点的具体控制措施有：对于重大固定资产处置，应聘请具有资质的独立第三方机构进行资产评估，采取集体决策或联签制度；严格执行必要的清理评估程序，评估固定资产的残值、处置费用；对出租的固定资产，应关注出租的关联交易以及租金定价，出租价格需报经审批。

（3）会计控制控制点的具体控制措施有：及时记录处置或出租的固定资产，确保固定资产账实相符；对符合投资性房地产核算范围的固定资产，在会计处理上应准确反映投资性房地产价值。

四、无形资产内部控制

无形资产是企业拥有或者控制的没有实物形态的可辨认非货币性资产，一般包括专利权、非专利技术、商标权、著作权、特许权、土地使用权等。在现代企业生产经营过程中，无形资产越来越显示出其重要性，在提升企业创新能力方面起到关键作用。企业应当加强对品牌、商标、专利、专有技术、土地使用权等无形资产的管理，分类制定无形资产管理办法，落实无形资产管理责任制，促进无形资产有效利用，充分发挥无形资产对提升企业核心竞争力的作用。

（一）无形资产内部控制目标

无形资产具有区别于有形资产的特殊性，需要考虑科技文化发展的规律、法律法规的规定等。通过对无形资产的内部控制，企业应当达到以下目标。

1. 加强风险防范

企业应通过全面梳理外购、自行开发以及其他方式取得的各类无形资产的权属关系，加强无形资产权益保护，防范侵权行为和法律风险；对具有保密性质的，应当采取严格保密措施，严防商业秘密泄露；企业购入或者以支付土地出让金等方式取得的土地使用权，应当取得土地使用权有效证明文件。

2. 提高科技领先水平

企业应当定期对专利、专有技术等无形资产的先进性进行评估，淘汰落后技术，加大研发投入，促进技术更新换代，不断提升自主创新能力，努力做到核心技术处于同行业领先水平。

3. 重视品牌建设

企业应当重视品牌建设，加强商誉管理，通过提供高质量产品和优质服务等多种方式，不断打造和培育主业品牌，切实维护和提升企业品牌的社会认可度。

（二）无形资产管理基本流程

无形资产的管理流程一般包括无形资产的取得与验收、无形资产的使用与保全、无形资产的处置等几个不同的环节。无形资产的取得按照来源有外购、自行研发和其他方式等。无形资产业务基本流程详见图 4-6。

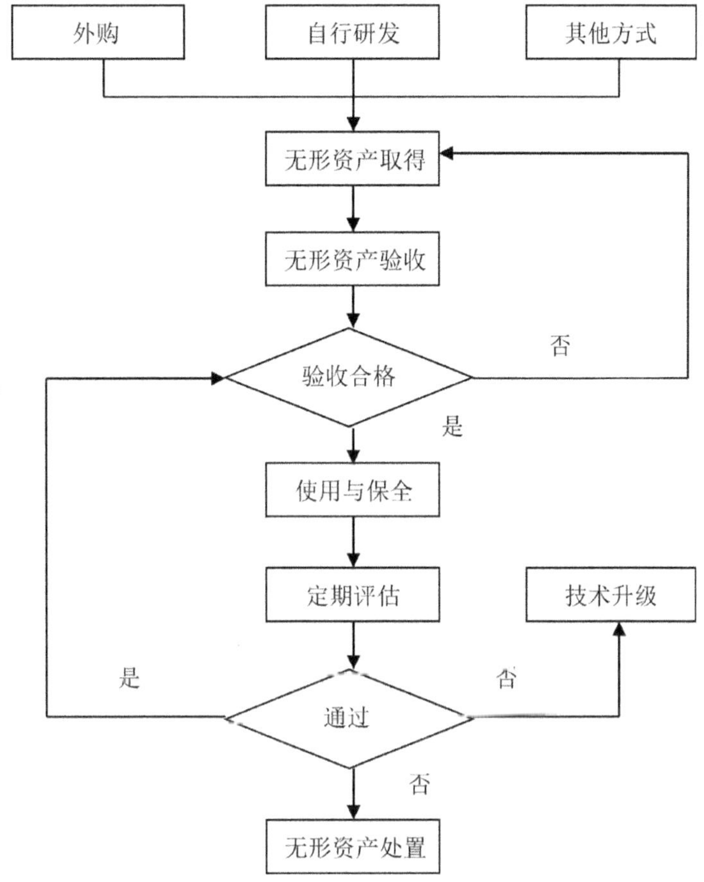

图 4-6　无形资产业务基本流程

（三）无形资产控制主要风险

1. 无形资产取得与验收环节的主要风险

无形资产的取得与验收环节主要包括无形资产的预算、无形资产的取得和无形资产的验收几个具体的流程。企业首先需要制定无形资产预算，根据预算以外购、自行研发或投资者投入等不同的形式取得无形资产，之后对取得的无形资产进行验收，验收合格后进入资产管理。无形资产取得与验收环节的风险，具体来看至少包括以下几个方面：

（1）无形资产预算未经可行性分析，导致预算编制缺乏可行性；预算未经授权审批，可能存在重大差错或舞弊行为。

（2）外购无形资产的，采购决策失误，导致采购申请不当，无形资产不符合企业生产需要，造成资源浪费；自行研发无形资产的，研发项目未经适当授权，导致研发失败。

（3）取得的无形资产权属不清，导致法律纠纷和经济损失。

（4）无形资产验收人员岗位设置不合理，流程不规范，导致验收结果不准确，增加无形资产风险。

（5）无形资产记录不及时、不准确、不完整。

2. 无形资产使用与保全环节的主要风险

无形资产使用与保全环节主要包括无形资产的使用、无形资产的保全以及无形资产的技术升级与更新换代等内容。无形资产使用与保全环节的风险，具体来看至少包括以下几个方面：

（1）无形资产使用过程中没有制定无形资产保密制度，缺乏严格的保密措施，可能造成无形资产被盗用或商业机密泄露，导致企业利益遭受损失。

（2）无形资产使用过程中未能对其进行定期的检查评估，无形资产的技术水平较低，不能及时进行改造或更新换代，导致企业缺乏技术竞争能力或引起重大安全隐患。

（3）不能有效使用无形资产，无形资产长期闲置，造成无形资产使用效率低下，无法实现无形资产的价值。

3. 无形资产处置环节的主要风险

无形资产处置主要包括无形资产的出售、转让、报废或无形资产的出租等。无形资产处置环节的风险，具体来看至少包括以下几个方面：

（1）无形资产处置没有制度化，缺乏完善的无形资产处置规定，导致职责分工不明确，处置流程不清晰，可能增加处置成本，降低处置效率。

（2）无形资产处置一般需要签订相关的合同，如果无形资产转让合同不符合法律法规的要求，可能引起法律诉讼。

（3）无形资产处置的相关凭据未能及时提交资产管理和财务等相关部门，导致无形资产账实不符。

（四）无形资产关键控制点与措施

根据上述无形资产管理过程中面临的主要风险，企业需要关注无形资产内部控制中的关键控制点，采取必要的控制措施。具体控制措施如下。

1. 取得与验收环节的关键控制点与措施

（1）决策控制点的具体控制措施有：对无形资产投资项目可行性进行系统分析研究，编制无形资产预算，按规定程序审批；对重大的无形资产项目，应采取集体决策或联签制度。

（2）验收控制点的具体控制措施有：建立严格的无形资产交付使用制度，确保无形资产符合使用要求，无形资产验收人员组成应当合理；外购无形资产的，应仔细审阅相关合同条款，及时取得有效文件，关注购入无形资产的技术先进性；自行开发的无形资产，应由研发、资产管理部门、使用部门等共同验收，及时办理交付手续；对投资者投入、接受捐赠、债务重组、非货币性资产交换等形式取得的无形资产，应按照规定取得有效凭据，关注协议中对无形资产的定价是否公允。

（3）记录控制点的具体控制措施有：对验收通过的无形资产，应及时提供相关的入账凭据，详细记录无形资产入账，确保无形资产管理部门与财务部门账面相符。

2. 使用与保全环节的关键控制点与措施

（1）使用过程控制点的具体控制措施有：有效使用无形资产，充分发挥无形资产在提升企业产品质量和提高企业核心竞争力方面的作用；对侵害企业无形资产的，应当积极取证，形成调查报告，提出维权对策，寻求法律支持。

（2）保密控制点的具体控制措施有：严格限制未经授权接触无形资产资料信息，做好技术资料等的保管措施，指定专人保管，确保无形资产的安全与完整；按照法律法规的要求，结合本企业实际制定无形资产保密制度，严格保密措施，防范商业机密泄露。

（3）清查评估点的具体控制措施有：建立健全无形资产清查制度，无形资产管理部门、财务部门和技术部门定期对无形资产进行全面的清查，评估无形资产的技术性，确保无形资产核心技术处于领先水平；对无法给企业带来利益的无形资产，应及时淘汰落后技术；加大研发投入，推动技术创新，增强核心竞争力；财务部门应当按照会计准则的要求，对无形资产进行价值评估，对需要计提减值准备的无形资产及时进行会计处理。

3. 处置环节的关键控制点与措施

（1）审批控制点的具体控制措施有：建立无形资产处置制度，明确无形资产处置的范围、标准、程序以及审批权限等；重大的无形资产处置应委托第三方机构进行评估，采取集体审批或联签制度。

（2）处置控制点的具体控制措施有：对使用期满、正常到期的无形资产，经批准后进行报废处理；对出租、出借的无形资产应按照规定报批后，签订相关合同，条款应当符合要求；对出售或投资转出的无形资产，应由相关部门或人员通过处置申请，报经审批后予以处置。

五、案例思考

例 4-3　扇贝去哪儿了——獐子岛“跑路扇贝”真相[①]

一、证监会处罚

2019 年 7 月 9 日，中国证监会下发《中国证券监督管理委员会行政处罚及市场禁入事先告知书》（处罚字〔2019〕95 号）（下称《事先告知书》）。经查明，獐子岛公司及吴厚刚等人涉嫌违法的事实如下。

（一）獐子岛涉嫌财务造假，内部控制存在重大缺陷

獐子岛增殖分公司每月底集中结转底播虾夷贝成本，以相关负责人每月底提供的当月虾夷扇贝捕捞区域（采捕坐标）作为成本结转的依据。整个过程无逐日采捕区域记录可以参考，财务人员也没有有效手段核验。中科宇图科技股份有限公司（以下简称中科宇图）制作的单月拖网捕捞轨迹图，与獐子岛账面记载的各月拖网捕捞区域有明显差异。经比对，獐子岛账面有重复结转成本的情形，账面采捕区域还涵盖了部分内区，甚至涵盖了岛屿。

根据獐子岛成本结转方法，獐子岛 2016 年真实采捕区域较账面多 13.93 万亩，致使账面虚减营业成本 6,002.99 万元。同时，对比 2016 年初和 2017 年初库存图，部分 2016 年有记载的库存区域虽然没有显示采捕轨迹，但在 2016 年底重新进行了底播。根据獐子岛成本核算方式，上述区域应重新核算成本，既往库存成本应作核销处理，致使账面虚减营业外支出 7,111.78 万元。受虚减营业成本、虚减营业外支出影响，獐子岛 2016 年年度报告虚增资产 13,114.77 万元，虚增利润 13,114.77 万元，虚增利润占当期披露利润总额的 158.15%。2016 年度报告中利润总额为 8,292.53 万元，净利润为 7,571.45 万元，追溯调整后利润总额为 −4,822.23 万元，净利润为 −5，543.31 万元，业绩由盈转亏。

此外，根据獐子岛 2016 年度盘点记录，2017 年 1 月 8 日、1 月 11 日、1 月 12 日、1 月 16 日、1 月 17 日、1 月 23 日、1 月 24 日、1 月 25 日、2 月 3 日、2 月 7 日、2 月 12 日、2 月 13 日分别进行了 2016 年度盘点，合计 130 个点位，使用科研 19 号船。通过比对，2013 贝底播区域的 34 个点位中有 12 个已实际采捕，2014 贝底播区域的 36 个点位中有 32 个已实际采捕。

獐子岛 2017 年账面记载采捕面积较真实情况多 5.79 万亩。比对实际采

① 《獐子岛遭最严处罚，证监会调查还“扇贝跑路”真相》，《新京报》2019 年 7 月 12 日。

捕区域与账面结转区域，獐子岛存在随意结转的问题，且存在将部分2016年实际采捕海域调至2017年度结转成本的情况，致使2017年度虚增营业成本6,159.03万元。

同时，对比獐子岛2016年初库存图和2017贝底播图，部分2016年有记载的库存区域虽然在2016年和2017年均没有显示采捕轨迹，也没有在2016年底播，但在2017年底重新进行了底播，根据獐子岛成本核算方式，上述区域应重新核算成本，既往库存成本应作核销处理，致使2017年账面虚减营业外支出4,187.27万元。

根据獐子岛2017年度盘点记录，2018年1月18日、1月19日、1月20日、1月27日、1月28日、1月29日、1月30日、1月31日、2月1日、2月2日、2月4日、2月7日分别进行了2017年度盘点，合计351个点位，使用科研19号船和6搜采捕船只。1月27日盘点发现扇贝异常后，獐子岛加大了盘点密度并增派采捕船只参与盘点。通过比对发现，2014贝底播区域的70个点位已全部实际采捕，2015贝底播区域的119个点位中有80个点位已实际采捕。

獐子岛2018年2月5日发布了《关于底播虾夷扇贝2017年终盘点情况的公告》（以下简称《年终盘点公告》），2018年4月28日发布了《关于核销资产及计提存货跌价准备的公告》（以下简称《核销公告》），对107.16万亩虾夷贝库存进行了核销，对24.30万亩虾夷贝库存进行了减值，金额分别为57,757.95万元和6,072.16万元。调查发现，獐子岛盘点未如实反映客观情况，核销海域中，2014年、2015年和2016年底播虾夷贝分别有20.85万亩、19.76万亩和3.61万亩已在以往年度采捕，致使虚增营业外支出24,782.81万元，占核销金额的42.91%；减值海域中，2015年、2016年底播虾夷贝中分别有6.38万亩、0.13万亩已在以往年度采捕，致使虚增资产减值损失1,110.52万元，占减值金额的18.29%。

据此，公司发布的《年终盘点公告》《核销公告》均涉嫌虚假记载。受虚增营业成本、虚增营业外支出和虚增资产减值损失影响，獐子岛公司2017年年度报告虚减利润27,865.09万元，占当期披露利润总额的38.57%，追溯调整后，业绩仍为亏损。

综上所述，獐子岛2016年年度报告涉嫌虚假记载，吴厚刚、梁峻、勾荣、孙福君为直接负责的主管人员，于成家、赵颖为导致实际采捕区域与成本结转区域重大差异、致使财务报告严重失实的其他直接责任人员，邹建、王涛、罗伟新、赵志年、陈树文、吴晓巍、陈本洲、丛锦秀、杨育健、刘红涛、李金良、唐艳、张戡、曹秉才为其他直接责任人员。獐子岛2017年度报告涉嫌虚假记载，吴厚刚、梁峻、勾荣、孙福君为直接负责的主管人员，于成家、赵颖为导致实际采捕区域与成本结转区域重大差异、致使财务报告严重失实的其他直接责任人员，邹建、王涛、罗伟新、赵志年、陈树文、吴晓巍、陈本洲、丛锦秀、杨育健、刘红涛、唐艳、张戡、刘中博、姜玉宝为其他直接责任人员。《年终盘点公告》和《核销公告》均涉嫌存在虚假记载，吴厚刚、梁峻、勾荣、孙福君为直接负责的主管人员，邹德波为牵头负责海洋牧场业务群盘点工作的其他直接责任人员。

（二）信息披露涉嫌虚假记载

2017年9月19日，獐子岛披露了《关于开展2017年秋季底播虾夷扇贝抽测的公告》，公司将于2017年9月26日至2017年10月18日进行2017年秋季底播虾夷扇贝抽测。2017年10月25日，獐子岛披露了《关于2017年秋季底播虾夷扇贝抽测结果的公告》（以下简称《秋测结果公告》），按原定方案完成全部计划120个调查点位的抽测工作，对135万亩海域的库存进行预估，公司底播虾夷扇贝尚不存在减值的风险。

根据2017年秋季抽测方案，獐子岛抽测小组（包括梁峻、赵学伟、石敬江等）制订方案，石敬江为抽测负责人。石敬江负责具体执行抽测，并填写“具体抽测日期和航行路线”，“通过视频查看扇贝数量，记录抽测结果并制作原始抽测凭证（抽测表）”，后将抽测结果汇报给梁峻。

根据秋测记录，公司在2017年9月27日、9月28日、10月4日、10月5日、10月6日、10月7日、10月14日、10月16日、10月17日、10月18日进行了秋测，使用“獐子岛科研19”号船。其中，10月4日7:15至15:06共监测了18个调查点，集中在东经122°40′至122°50′和北纬38°50′至38°59′的区域内；10月5日8:15至14:05共监测了11个调查点，集中在东经122°47′至122°52′和北纬38°54′至39°01′的区域内；10月6日8:20至14:21共监测了14个调查点，集中在东经122°53′至123°03′和北纬38°58′至39°03′的区域内；10月7日9:15至15:36共监测了16个调查点，集中在东经122°50′至122°58′和北纬38°52′至38°56′的区域内；10月18日10:15至14:50共监测了12个调查点，集中在东经123°04′。航行路线未经过该日公司记录的14、15、16、17、18、19、20、21、22、23、24、25等12个调查点；10月7日7:32至13:46出海，航行路线未经过该日公司记录的62、100、101、102、103、104、105、106、107、108、109、110、111、118、119、120等全部16个调查点；10月18日7:18至14:02出海，航行路线未经过该天公司记录的26、27、28、29、30、31、112、113、114、115、116、117等全部12个调查点。此外，根据北斗星通记录，9月27日、10月16日和10月17日，无定位信息，9月28日，仅存11:15至11:42的定位信息，显示该船停泊在船坞。

上述10月7日和18日两天科研船航行轨迹的截止时间早于秋测记录时间。经仔细比对，10月7日，科研船最后一条定位信息出现在13:46，停靠在獐子岛港口，秋测记录中有4个点位晚于此时点，该4个点位比科研船当天行驶的最远距离经纬度各偏离4′和5′左右。根据当天航船速度，科研船即便在靠港后再次出港也需要1小时10分钟以上才能航行至此，也就是说最早科研船可以在15:00左右达到抽测点。根据秋测记录，4个点位中仅有2个点位存在被抽测的可能。10月18日，科研船最后一条定位信息出现在14:02，停靠在獐子岛港口，秋测记录中有2个点位晚于此时间，这2个点位比科研船当天行驶的最远距离经纬度各偏离了8′和14′左右。根据当天航船速度，科研船即便在靠港后再次出港也需要2小时以上才能航行至此，也就是说最早科研船可以在16:00左右达到抽测点。根据秋测记录，这2个点位当天不存在被抽测可能。

综上，“獐子岛科研19”号船在公司记录的秋测天数内，被航行轨迹证实执行计划的点位极少，而秋测抽取但未实际执行的66个点位已占秋测全部披露点位的55%。其中，2014贝底播区域的21个点位中有19个点位已实际采捕，2015贝底播区域的14个点位中有2个点位已被实际采捕，合计至少21个点位已在2017年秋测执行前采捕完毕。

獐子岛《秋测结果公告》内容已经严重失实，涉嫌虚假记载。吴厚刚、梁峻、勾荣、孙福君为直接负责的主管人员，石敬江为致使2017年度秋测披露结果与实测不符的其他直接责任人员。

（三）涉嫌未及时披露信息的情况

2017年10月，獐子岛单月亏损1,000余万元。11月中旬，上半月销售数据出炉，勾荣发现扇贝销售数据大幅下降。至11月末，獐子岛亏损进一步加大，合并后当年利润仅剩5,000万元左右，与三季报中全年盈利预测9,000万元至11,000万元相差远超20%。

2017年12月23日，獐子岛收到韩国公司收益预测，数据显示12月预计亏损272.4万元，全年预计亏损528.2万元。2018年1月29日韩国公司发送最终版收益预测，全年亏损535.3万元。2018年1月10日，勾荣知悉扇贝12月销售损失400余万元。不晚于2018年1月初，勾荣已知悉公司

2017 年净利润不超过 3,000 万元，“2017 年四季度业绩下滑，全年业绩与原业绩预测偏差较大”，并向吴厚刚进行汇报。2018 年 1 月 23 日，獐子岛收到增殖分公司、广鹿公司、长岛公司、海珍品厂、鲍鱼厂、海钓公司、中央冷藏、乌蟒岛公司、海洋食品群、海外贸易群、新中日本公司、美国公司、加拿大公司、海鲜首都等的四季度收益测算数据。2018 年 1 月 24 日，獐子岛收到永祥公司、宁德公司收益测算数据。此外，汇兑损失 3,000 万元随时可根据汇率变化情况估算。

综上，根据《中华人民共和国证券法》（以下简称《证券法》）第六十七条第二款第十二项、《上市公司信息披露管理办法》第七十一条第二项和《深圳证券交易所股票上市规则（2014 年修订）》第 11.3.3 条规定，獐子岛应及时披露业绩预告修正公告，而该信息在 2018 年 1 月初勾荣将全年业绩与预期存在较大差距情况向吴厚刚汇报时就触及信息披露时点，应在 2 日内进行信息披露，但獐子岛迟至 2018 年 1 月 30 日方予以披露，涉嫌未及时披露信息。吴厚刚、勾荣为直接负责的主管人员。

上述违法事实，有公司年报和公告、询问笔录、公司相关财务数据明细和凭证、公司扇贝库存图和底播图、采捕船只航行轨迹数据和采捕面积测算数据、盘点和秋测资料等证据证明。

獐子岛及相关当事人的上述行为涉嫌违反了《证券法》第六十三条、第六十八条的规定，构成《证券法》第一百九十三条第一款所述的信息披露违法行为。

二、獐子岛公司背景

獐子岛公司始创于 1958 年，是在獐子人民公社的基础上发展起来的，1983 年成立了集体所有制公司獐子渔工商联合公司；2000 年大连獐子岛渔业集团有限公司 70.7% 的股份划归长海县獐子岛投资发展中心持有。2006 年 9 月獐子岛渔业在深交所上市，第一大股东长海县獐子岛投资发展中心（集体所有制企业）发行后持 5,390.48 万股，占比 46.96%。上市之初，獐子岛市场反响良好。据媒体报道，上市第一天，獐子岛股票以 60.89 元的开盘价成为当时国内 1341 家上市公司中的第二高价股票。上市后的第一份年报显示，2006 年獐子岛实现主营业务收入 6.38 亿元，同比增长 23.08%，净利润 1.67 亿元，同比增长 11.22%。

此后几年，獐子岛都保持增长态势，直至 2012 年开始出现业绩下滑。2012 年净利润同比下滑 78.78%，2013 年净利润同比下滑 8.27%。至 2014 年时，净利润同比下滑 1326.83%，首次出现亏损，亏损达 11.89 亿元。2015

年因继续亏损2.43亿元，2016年5月獐子岛被披星戴帽，提示退市风险。2016年獐子岛凭借出卖部分资产实现盈利7,959万元，2017年得以“摘帽”，但2017年再次巨额亏损7.23亿元。

三、獐子岛扇贝事件

獐子岛因扇贝多次“跑路”闻名A股。2014年10月，獐子岛披露一系列公告称，因遭遇北黄海异常的冷水团，公司百万亩即将进入收获期的虾夷扇贝绝收。最终，獐子岛2014年净利润亏损11.89亿元。此次扇贝绝收被戏称为第一次“扇贝跑路”事件。

2018年2月，獐子岛发布公告称，因2017年底降水减少、饵料短缺、海水温度异常等情况，虾夷扇贝存货异常。而随后披露的年度报告显示，獐子岛2017年度净利润亏损7.23亿元。此为第二次“扇贝跑路”事件。

而此次“扇贝跑路”事件也引起了监管部门的关注。2018年2月9日，獐子岛收到证监会的《调查通知书》，因公司涉嫌信息披露违法违规，被证监会立案调查。

到了2019年，獐子岛2019年一季度亏损4,314万元，理由依旧很熟悉，“底播虾夷扇贝受灾”，俗称“扇贝跑路”。

事实上，因持续经营能力存疑，獐子岛2017年和2018年年报，均被审计机构大华会计师事务所出具了“保留意见”审计报告。2018年“非标”报告称，截至2018年底，獐子岛累计未分配利润余额为-15.41亿元，资产负债率达87.58%，流动资产低于流动负债，2019年需要偿还的借款额达25.76亿元。

思考：如何看待獐子岛存货造假事件？该公司在存货内部控制方面存在哪些缺陷？

第四节　采购业务内部控制

《企业内部控制应用指引第7号——采购业务》中的采购业务，是指购买物资或接受劳务及支付款项等相关活动。采购业务是企业生产经营的起点，直接影响企业的产品成本，影响到企业的销售，也对企业的现金流产生直接的影响。有些教材将采购活动与付款活动结合起来进行分析，这是基于采购与付款活动的现金流来进行阐述；也有教材将采购与销售合并进行阐述，这是基于采购与销售的实物流来进行的分析；本教材从内部控制视角，将采购活动与付款活动、采购与销售分开，单独将采购活动作为一个内部控制内容进行分析阐述。当然在采购业务阐述过程中，会涉及现金活动，但重点在于采购活动。

一、采购业务内部控制目标

采购业务内部控制的基本目标是促进企业合理采购，满足生产经营需要，规范采购行为，防范采购风险。具体来看有以下目标。

（一）建立健全采购制度

企业应当结合实际情况，全面梳理采购业务流程，完善采购业务相关管理制度，统筹安排采购计划，明确请购、审批、购买、验收、付款、采购后评估等环节的职责和审批权限，按照规定的审批权限和程序办理采购业务，建立价格监督机制，定期检查和评价采购过程中的薄弱环节，采取有效的控制措施，确保物资采购满足企业生产经营需要。

（二）合理安排采购计划

企业应当制定科学合理的采购计划，采购计划安排不合理，市场变化趋势预测不准确，会造成库存短缺或积压，可能导致企业生产停滞或资源浪费。

（三）规范采购过程

合理选择供应商，采取适合本企业的采购方式，例如采用招投标形式或确定科学的定价机制，规范采购的授权审批，规范采购验收流程，严格付款审核，防止采购物资质次价高、出现舞弊或遭受欺诈，减少企业资金损失或信用受损。

二、采购业务管理基本流程

采购业务基本流程包括购买和付款两个主要方面（见图 4-7）。在购买环节，具体有编制采购预算、请购申请、选择供应商、确定采购价格、签订合同、验收等流程；在付款环节，具体有付款控制和会计控制两个步骤。

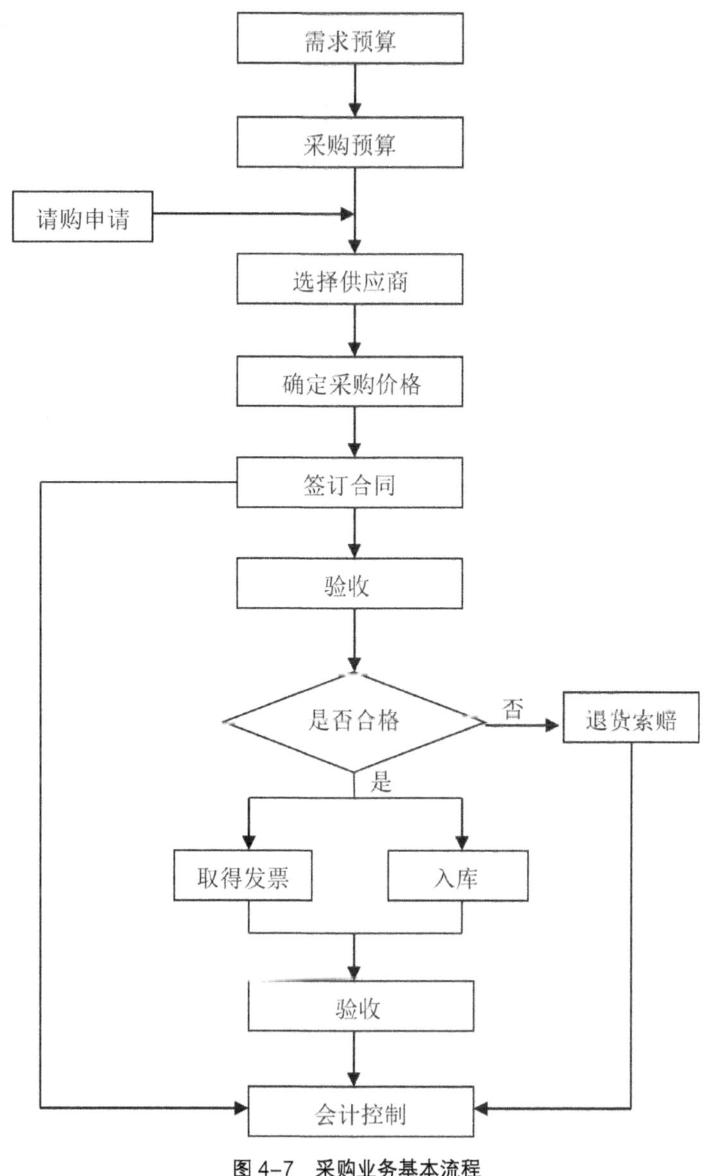

图 4-7　采购业务基本流程

（一）编制采购预算

采购预算是企业采购部门根据企业发展战略要求，结合企业需求计划，编制的一定期间内采购的计划安排，包括采购的品种、金额、数量、付款等。

（二）请购申请

请购申请是企业生产或经营部门根据需求计划以及实际需求提出采购申请，是执行采购预算的具体步骤；请购申请需要经过适当的授权审批，按照预算执行申请，对预算外的请购需要办理预算调整程序。

（三）选择供应商

选择供应商是企业采购业务中非常重要的环节，也是容易出现问题的环节；企业根据采购预算以及请购申请，通过一定的供应商评价体系，选择合适的采购渠道，与供应商建立合作关系。

（四）签订合同

签订合同环节包括与供应商签订战略合作框架协议，确定长期的购销关系，或者签订采购合同，确定采购的价格、数量、质量、支付方式等具体的内容；在签订合同环节，涉及采购定价，企业提供确定科学采购定价机制，如通过协议采购、公开招投标、动态定价采购等，科学合理地确定采购的价格。

（五）验　收

验收是对已采购物资或劳务进行检验接受的过程，通过验收确保取得的物资或劳务在数量和质量方面与合同规定相符。验收环节一般由企业专门的验收部门和人员进行，对专业性强、金额较大的大宗物资采购，需聘请专业机构进行测试或聘请专家进行验收。验收合格后产品进入仓储保管。

（六）付　款

根据采购申请、合同、验收合格通知书和入库单、销售方提供的发票等凭据，结合采购合同约定的支付方式，企业付款部门对相关凭据进行对比审核，核对无误后提交付款申请，经过授权审批同意后，办理支付款项手续。付款环节需要严格遵守规定的付款流程，各个审批环节在审核时应评估和识别可能存在的风险，应及时采取有效的措施，减少给企业带来的损失。

（七）会计控制

会计控制主要是指财务部门对采购业务进行会计系统控制的过程。通过会计系统控制，全面记录和反映企业采购各环节的现金流与实物流；通过会计记录与采购部门、仓储保管部门的核对，确保账证、账表、账实相符，实现采购业务规范、真实、完整与合法。

三、采购业务控制主要风险

（一）采购预算环节的主要风险

在采购预算过程中，企业应当评估和识别可能涉及的风险，及时采取有效措施降低风险。采购预算环节的风险，具体来看至少包括以下几个方面：

（1）采购预算编制方法选择不当，编制的预算不可行、不合理，导致预算目标缺乏科学性和可行性。

（2）预算编制的依据信息不足，不符合企业发展战略方向、经营计划、市场环境等，导致企业预算与实际相脱离。

（3）请购与预算没有分开，缺乏适当的制约和监督，导致采购活动不规范，存在舞弊风险。

（二）请购申请环节的主要风险

企业按照请购制度，根据购置商品或劳务的类型，确定归口管理部门，明确相关部门和人员的职责权限。生产经营部门根据采购预算计划结合实际需求提出采购申请。请购申请环节的风险，具体来看至少包括以下几个方面：

（1）缺乏采购申请制度，请购未经适当审批或者越权审批，导致采购物资超过实际需要造成企业物资增加，或采购物资不足造成缺货，影响企业正常生产经营。

（2）没有建立专门的请购部门，请购管理混乱，不能进行归类汇总，无法统筹安排各类请购申请，导致请购效率低下。

（三）供应商选择环节的主要风险

供应商选择是企业实施采购活动的主要工作，是编制企业正常生产经营、提高产品质量与市场占有率、降低企业经营成本的重要环节。供应商选择不当，可能导致采购的物资质量、成本出现问题，供应商选择过程中监督不够，容易导致舞弊风险。供应商选择环节的风险，具体来看至少包括以下几个方面：

（1）供应商选择不当。供应商筛选标准不明确，没有制定供应商开发计划，对供应商开发的进度、数量缺乏合理的控制。缺少对不同供应商的区分，对优质供应商、普通供应商和特殊供应商没有具有针对性的采购策略。

（2）供应商评估不足。在供应商选择过程中，没有对供应商在价格、质量、信誉、生产能力等方面的信息进行收集和评估，供应商信息反馈不及时，导致供应商激励和评价机制不能充分发挥作用。

（四）签订合同环节的主要风险

签订合同环节主要包括确定采购价格与订立合同两个方面。企业通过执行一定的定价机制来确定采购价格，选择合适的采购方式，确定具体的供应商，之后签订长期的采购框架协议或者签订采购合同。签订合同环节的风险，具体来看至少包括以下几个方面：

（1）采购定价不合理。采购定价机制不科学，采购定价方式选择不当，缺乏对重要物资的价格跟踪，造成采购价格不合理。

（2）合同签订存在缺陷。签订的协议框架不当，未经授权对外签订采购合同，协议或合同对方可能存在主体资格、履约能力等方面的缺陷，导致企业权益受到损害。

（3）合同履约缺乏监控。缺乏对采购合同履约过程的有效监控，运输方式不合理，导致采购物资损失或者无法保证供应；忽视运输过程中的投保，导致发生损失后无法得到适当的补偿。

（五）验收环节的主要风险

企业按照合同收到物资或者劳务后，应由专门的验收部门进行质量检验，确保符合合同规定的质量要求。验收环节的主要风险在于验收标准、验收程序以及验收结果的处理等几个方面。验收环节的风险，具体来看至少包括以下几个方面：

（1）验收不规范。没有制定明确的验收标准，验收程序不规范，验收时无法根据标准来确定是否符合要求，导致采购的物资或者劳务质量无法保证。

（2）异常处理不及时。对验收中存在的异常情况没有及时进行处理，没有办理退货以及申请索赔等事项，导致采购的物资受损、无法索赔等。

（六）付款环节的主要风险

付款环节是采购业务的最后一个环节。企业付款部门对请购申请、合同、预算报告以及相关票据进行审核，审核无误后提请付款审批，审批通过后支付相应的款项。在这一环节中，最重要的是严格履行审批手续。付款环节的风险，具体来看至少包括以下几个方面：

（1）采购付款未严格审批。采购付款未进行严格的审批，没有按照发票金额、到货情况以及合同约定进行认真核对，造成对供应商重复付款。

（2）付款授权不当。没有经过适当的授权，付款方式不恰当，可能导致企业资金损失或信誉受损。

（七）会计控制环节的主要风险

会计控制环节主要是通过财务的账务控制使账面记录与现金流、实物流相匹配的过程，通过会计控制及时、全面、真实反映采购业务情况。会计控制环节的风险，具体来看至少包括以下几个方面：

（1）缺乏有效的采购会计控制系统。会计控制系统不能真实全面记录和反映采购业务情况，造成会计记录与采购记录、仓储记录不一致，无法真实反映采购业务情况，会计控制系统无法对采购业务进行有效的监控。

（2）往来对账机制不健全。未建立和完善预付或应付账款等往来款的对账制度，未能定期与供应商核对往来款，对不符的往来款未及时处理，导致账实不符。

四、采购业务关键控制点与措施

根据上述采购业务过程中面临的主要风险，企业需要关注采购业务内部控制中的关键控制点，采取必要的控制措施。具体控制措施如下。

（一）采购预算环节的关键控制点与措施

（1）采购管理制度控制点的具体控制措施有：采取集中采购制度，避免多头采购或分散采购，以提高采购业务效率，降低采购成本，堵塞管理漏洞；对办理采购业务的人员定期进行岗位轮换。对于重要和技术性较强的采购业务，应当组织相关专家进行论证，实行集体决策和审批；企业除小额零星物资或服务外，不得安排同一机构办理采购业务全过程。

（2）编制采购计划控制点的具体控制措施有：根据企业发展战略目标和年度预算，结合企业实际，科学编制采购计划，防止采购量过高或过低；采购计划应纳入采购预算管理，经相关机构审批后，严格执行。

（二）请购申请环节的关键控制点与措施

（1）请购管理制度控制点的具体控制措施有：建立采购申请制度，依据购买物资或接受劳务的类型，确定归口管理部门，授予相应的请购权，明确相关部门或人员的职责权限及相应的请购和审批程序；根据实际需要设置专门的请购部门，对需求部门提出的采购需求进行审核，并进行归类汇总，统筹安排企业的采购计划。

（2）请购执行控制点的具体控制措施有：具有请购权的部门对于预算内采购项目，应当严格按照预算执行进度办理请购手续，并根据市场变化提出合理采购申请；对于超预算和预算外采购项目，应先履行预算调整程序，由具备相应审批权限的部门或人员审批后，再行办理请购手续。

（三）供应商选择环节的关键控制点与措施

（1）供应商评估控制点的具体控制措施有：建立科学的供应商评估和准入制度，确定合格供应商清单，与选定的供应商签订质量保证协议；建立供应商管理信息系统，对供应商提供的物资或劳务的质量、价格、交货及时性、供货条件及其资信、经营状况等进行实时管理和综合评价，根据评价结果对供应商进行合理选择和调整；必要时可委托具有相应资质的中介机构对供应商进行资信调查。

（2）选择采购方式控制点的具体控制措施有：企业应当根据市场情况和采购计划合理选择采购方式。大宗采购应当采用招标方式，合理确定招投标的范围、标准、实施程序和评标规则；一般物资或劳务等的采购可以采用询价或定向采购的方式并签订合同协议；小额零星物资或劳务等的采购可以采用直接购买等方式。

（3）确定采购价格控制点的具体控制措施有：建立采购物资定价机制，采取协议采购、招标采购、谈判采购、询比价采购等多种方式合理确定采购价格，最大限度地减小市场变化对企业采购价格的影响；大宗采购等采用招投标方式确定采购价格，其他商品或劳务的采购，应当根据市场行情制定最高采购限价，并适时调整。

（四）签订合同环节的关键控制点与措施

（1）签订合同条款控制点的具体控制措施有：根据确定的供应商、采购方式、采购价格等情况拟订采购合同，准确描述合同条款，明确双方权利、义务和违约责任，按照规定权限签订采购合同。

（2）办理投保控制点的具体控制措施有：企业根据生产建设进度和采购物资特性，选择合理的运输工具和运输方式，办理运输、投保等事宜。

（五）验收环节的关键控制点与措施

（1）采购验收制度控制点的具体控制措施有：企业建立严格的采购验收制度，确定检验方式，由专门的验收机构或验收人员对采购项目的品种、规格、数量、质量等相关内容进行验收，出具验收证明。涉及大宗和新、特物资采购的，还应进行专业测试；对于验收过程中发现的异常情况，负责验收的机构或人员应当立即向企业具有管理权限的相关机构报告，相关机构应当查明原因并及时处理。

（2）采购过程监控控制点的具体控制措施有：企业应当加强物资采购供应过程的管理，依据采购合同中确定的主要条款跟踪合同履行情况，对有可能影响生产或工程进度的异常情况，应出具书面报告并及时提出解决方案。

（六）付款环节的关键控制点与措施

（1）严格付款审批控制点的具体控制措施有：加强采购付款的管理，完善付款流程，明确付款审核人的责任和权力，严格审核采购预算、合同、相关单据凭证、审批程序等相关内容，审核无误后按照合同规定及时办理付款；企业在付款过程中，应当严格审查采购发票的真实性、合法性和有效性。发现虚假发票的，应查明原因，及时报告处理。

（2）付款过程管理控制点的具体控制措施有：重视采购付款的过程控制和跟踪管理，发现异常情况的，应当拒绝付款，避免资金损失和信用受损。合理选择付款方式，并严格遵循合同规定，防范付款方式不当带来的法律风险，保证资金安全。

（3）预付款管理控制点的具体控制措施有：加强预付账款和定金的管理。涉及大额或长期的预付款项，应当定期进行追踪核查，综合分析预付账款的期限、占用款项的合理性、不可收回风险等情况，发现有疑问的预付款项，应当及时采取措施。

（4）退货退款管理控制点的具体控制措施有：企业应当建立退货退款管理制度，对退货条件、退货手续、货物出库、退货货款回收等作出明确规定，并在与供应商的合同中明确退货事宜，及时收回退货货款；涉及符合索赔条件的退货，应在索赔期内及时办理索赔。

（七）会计控制环节的关键控制点与措施

（1）详细采购记录控制点的具体控制措施有：做好采购业务各环节的记录，实行全过程的采购登记制度或信息化管理，确保采购过程的可追溯性；做好购买、验收、付款等各环节的记录，确保会计、采购与仓储核对一致。

（2）往来款对账控制点的具体控制措施有：企业应当指定专人通过函证等方式，定期与供应商核对应付账款、应付票据、预付账款等往来款项。

第五节　销售业务内部控制

《企业内部控制应用指引第 9 号——销售业务》中所指的销售，是指企业出售商品或提供劳务及收取款项等相关活动。销售是企业生产的产品或者提供的劳务实现价值的环节，是企业获取利润和价值创造的主要途径。企业销售与市场紧密联系，而影响市场的因素非常多，销售业务在企业管理中涉及多个部门，是非常复杂的业务活动。因此，企业需要进行销售内部控制来促进企业销售稳定增长，扩大市场份额，规范销售行为，防范销售风险。销售业务的内部控制是企业董事会、监事会、经理层以及全体员工实施的实现企业销售目标的过程。企业通过销售业务活动的内部控制，全面梳理销售业务风险，明确各个环节的职责与管控措施，有效防范和化解销售业务面临的各类风险。

一、销售业务内部控制目标

企业需要结合实际情况，全面梳理销售业务流程，完善销售业务相关管理制度，确定适当的销售政策和策略，明确销售、发货、收款等环节的职责和审批权限，按照规定的权限和程序办理销售业务，定期检查分析销售过程中的薄弱环节，采取有效控制措施，确保实现销售目标。具体来看有以下几方面目标。

（一）确保合同订立的合理性和有效性

企业销售合同经过机构双方平等协商确定，合同的内容要合法、公允、有效，合同条款要符合市场规则，符合企业发展战略的要求。合同签订的形式必须要件完整，履行了完备的内部审批手续，确保合同能够有效保护合同双方合法权益和商业利益。

（二）确保发货装运的准确性和时效性

组织发货和装运是销售业务中一个重要的中间环节，连接了企业产品与外部市场。发货和装运环节如果内部控制不力，对内会导致企业资产损失，对外会导致合同违约，造成企业信誉受损、客户流失等。因此，企业需要确保发货指令经过审批，发货内容与客户合同一致，装运时严格执行发货指令要求，出库时进行独立验证，运输方面保证按时到达，按照合同约定由指定接收人接收。

（三）确保销售收入的真实性和完整性

销售收入的实现需要保证真实性和完整性。确保登记入账的销售业务已经发货，客户真实正确，所有的销售交易都及时、完整登记入账，入账的销售数量与实际发货数量一致，按照发货单和销售合同开具销售发票，确保所有的销售发票均登记入账。

（四）确保销售折扣与折让的合理性

销售折扣与折让是企业销售过程中促进销售的一种手段。对销售折扣与折让的控制主要在于确保其合理性，确定恰当的折扣率，按照成本效益原则进行权衡。同时，需要严格审核销售折扣与折让的真实性和合理性，防止恶意欺诈或者内外串通舞弊的行为。

（五）确保货款回收的安全性和及时性

销售款的回收是销售最重要的环节，是企业销售价值实现的最终保障。企业需要确保销售货款回收的安全性和及时性。安全性是指通过内部控制措施，对客户进行审慎选择，恰当评估客户的信用水平，制定合理的赊销政策，及时有效地组织发货和运输，确保货款完整、安全回收。及时性是企业通过各种形式加强货款回收环节的控制，及时办理结算手续，加快货款回收，提高资金周转率，降低企业资金成本。

二、销售业务管理基本流程

销售业务是一项复杂的业务流程，涉及多个方面，企业需要依据产品特点结合企业管理要求，构建企业自身的销售业务流程（见图 4-8）。以生产型企业为例，一般来讲，生产型企业销售流程涉及制定销售计划、客户开发与信用管理、销售定价、订立销售合同、发货与运输、货款回收、客户服务以及会计控制等环节。

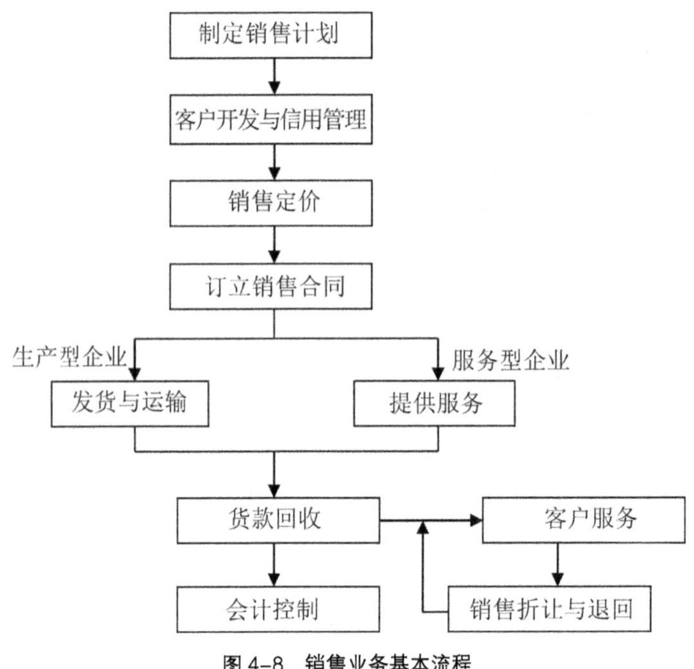

图 4-8　销售业务基本流程

（一）制定销售计划

销售计划是企业确定销售目标的过程，主要包括确定目标市场、进行销售预测、制定销售目标和实施销售计划。销售计划管理是企业确保销售活动的开展、占领市场、获取利润的重要环节。企业对市场环境和自身资源进行对比分析，细分市场寻找企业定位，确定营销策略，制定销售政策。根据目标市场进行销售预测，确定一定时期的销售水平，按照销售目标分配资源。根据制定的销售目标，执行销售计划，在市场环境、经营条件、宏观政策等发生重大变化时，及时对销售目标进行调整。

（二）客户开发与信用管理

客户是企业价值实现的主要对象，是企业价值链中的关键环节。企业要提高销售必须开拓市场，根据自身实际与竞争对手的情况，制定合适的客户开发策略，积极进行客户开发。具体来讲，客户开发主要包括对区域市场各个环节进行深入了解，寻找大客户名单和市场信息，针对目标客户确定市场方案，与客户联系并最终确定客户合作关系等。

信用管理主要是对信用交易的风险进行管理，对开发的客户资信进行评估，识别、分析和评估信用风险，根据企业风险接受程度确定信用等级，采取各种有效措施防范和降低信用交易可能带来的风险。

（三）销售定价

销售定价是企业根据市场需求结合自身经营情况和利润目标，合理确定销售价格的过程。价格策略的制定关系企业销售计划和利润目标的实现，也关系购买者的成本。销售定价首先需要企业进行市场调研，充分了解市场状况、竞争对手情况，确定产品终端需求类型，再根据企业价格政策，综合考虑销售目标、产品成本与财务目标等影响价格的因素，考虑顾客的心理价位，综合考虑折扣折让方案，经审批后最终确定合理的销售价格。

（四）订立销售合同

销售合同是买卖双方协商一致后形成的具有法律效力的合同协议，包含产品名称、数量、规格、质量、价格以及交付时间、地点等内容。销售合同管理是规范企业销售行为的一种控制形式。企业与客户根据谈判达成初步意向，拟定销售合同的基本条款，拟定的合同初稿需要经过企业相关部门的审批，确保企业经济利益不会受到损害，经过审批同意后，与客户正式签订合同，之后执行合同条款，对合同执行过程进行监控，对已签订的合同进行归档整理。

（五）发货与运输

发货与运输是指将货物发给客户的过程，其中包括货物发出环节和运输环节。企业根据与客户签订的合同填制出库单，仓储部门根据单据办理出库手续，同时，按照合同要求办理运输，将货物送达客户。

（六）货款回收

收款是企业与客户结算货款的环节。根据销售的不同形式，可分为现销和赊销两种。对现销来讲，企业能够及时收回货款；对赊销来讲，企业需要定期或不定期与客户进行对账，对回款情况进行分析评估，确保销售货款的回收，降低坏账的损失。

（七）客户服务

客户服务是销售的重要组成部分，是企业与客户之间建立的信息沟通机制，对客户提出的问题，企业应及时予以反馈处理，通过不断改进产品质量和服务水平，提高客户满意度和忠诚度。该环节的质量会直接影响到企业在客户中的形象。客户服务包括产品保修、销售退回、维护升级等。

（八）会计控制

会计控制是指利用记账、核对、档案保管、不相容职务分离等会计控制方法，对销售收入的确认、应收账款的管理、坏账准备的计提与冲销、销售退回等进行会计处理，确保企业销售业务信息的真实、准确、完整。

三、销售业务控制主要风险

（一）制定销售计划环节的主要风险

在销售计划制定过程中，企业应当评估和识别可能涉及的风险，及时采取有效措施降低风险带来的损失。制定销售计划环节的风险，具体来看至少包括以下几个方面：

（1）销售计划缺失、不合理，或未经审批，企业无法根据销售的需要合理安排生产，导致企业生产经营无法正常开展。

（2）销售计划实施过程中，在内外部环境发生变化时，未及时调整销售计划，导致计划与实际脱节，无法实现企业销售目标。

（3）频繁调整销售计划，或者未按照规定程序对已制定的销售计划进行变更，影响企业正常生产经营。

（二）客户开发与信用管理环节的主要风险

客户开发与信用管理环节面临的主要风险在于客户开发过程的管理和赊销产生的应收账款的风险评估两个方面。客户开发与信用管理环节的风险，具体来看至少包括以下几个方面：

（1）客户开发不科学。在客户开发过程中没有进行认真的生产调研，没有对竞争对手进行分析，客户开发的选择缺少针对性，盲目开发客户，导致无法有效执行企业营销战略目标，影响企业在生产上的竞争力。

（2）客户开发计划执行不严格。缺少客户开发计划或者没有按照开发计划严格执行，选择开发业务失控，市场活动偏离计划目标，影响客户开发目标的实现。

（3）已开发客户缺少后续评估。未对已开发的客户进行后续评估，未对开发活动进行后续跟踪，不能及时对市场信息进行反馈，导致企业营销策略与市场实际脱节，影响销售业务的开展。

（4）资信评估机制不健全。未对客户资信进行评估，客户档案管理机制不健全或客户信息未及时更新，导致对客户授信判断不准确，信用评估无效，增加坏账风险。

（5）客户授信不规范。对客户授信未经授权审批，未对客户进行及时跟踪，导致客户授信额度不合理，造成应收账款风险增加或者客户流失，给企业造成损失。

（三）销售定价环节的主要风险

销售定价环节面临的主要风险集中于销售定价机制是否完善、销售价格是否经过审批、销售折扣与折让管理是否有序等方面。销售定价环节的风险，具体来看至少包括以下三个方面：

（1）缺乏完善的定价机制。定价不符合企业价格政策，未能结合市场、企业成本与利润目标，造成价格过高或者过低，影响企业销售目标的实现。

（2）销售价格未经审批。企业销售的价格通常需要经过相关机构的审批同意，如果销售价格未经审批，或者存在擅自更改价格的情况，会造成企业销售价格体系混乱，损害企业经济利益以及企业形象。

（3）销售折扣与折让管理混乱。企业对销售中的折扣与折让缺乏完善的管理制度、授权体系以及操作流程，导致不合理折扣或越权审批折扣，给公司造成损失，产生舞弊等行为。

（四）订立销售合同环节的主要风险

销售合同订立环节的风险主要体现在法律风险和经济风险两个方面。销售合同订立环节的风险，具体来看至少包括以下两个方面：

（1）法律风险。法律风险是企业在签订销售合同时，没有对合同条款和业务背景进行严格审查，或者未经授权审批就签订合同，未能发现合同中存在的欺诈或重大遗漏，从而造成合同履行的法律风险。

（2）经济风险。经济风险是合同在签订时订立的销售价格、收款期限等合同条款违背企业销售政策，对企业产生不利影响，给企业造成经济损失。

（五）发货与运输环节的主要风险

发货与运输环节的风险主要体现在发货是否经过授权、发货过程中是否按照合同规定进行核对以及运输是否得到客户的确认等。发货与运输环节主要的风险，具体来看至少包括以下三个方面：

（1）未经授权发货或发货不符合合同约定，发货时未对发货数量、批次、规格、客户信息等进行严格核对，导致货物损失或与客户产生争议，销售款项回收困难。

（2）发货单与销售合同没有严格核对，发货单据未妥善保管，会计处理部门对发货单据未进行完整、准确记录，导致会计核算不准确，容易出现舞弊行为或法律风险，影响企业资产安全，使企业经济利益受到损失。

（3）发货与运输过程中，未及时与客户进行收货确认，没有掌握货物送到信息，可能导致货物丢失而产生法律纠纷。

（六）货款回收环节的主要风险

货款回收环节主要风险集中于企业对客户信用管理不善导致的赊销风险，企业与客户对账不及时，对逾期的应收账款没有及时催收而导致的应收款项问题，收款方式不合理而导致的舞弊行为等。货款回收环节的风险，具体来看至少包括以下两个方面：

（1）企业因前期信用管理不到位导致的赊销失误，结算方式选择不当，票据管理不善，后期催款不及时，对逾期应收账款没有采取有效措施，导致款项无法收回。

（2）未按要求开具销售发票，收款过程中未采取有效的管控措施，存在私设账户截留货款、设立小金库等违法行为。

（七）客户服务环节的主要风险

客户服务环节是提升产品附加值的重要手段，如果没有处理好客户服务环节的问题，企业会面临严重的后果。客户服务环节的风险，具体来看至少包括以下两个方面：

（1）对客户需求没有响应或者响应不及时，对产品质量问题在售后环节处理不当，导致企业客户满意度下降，影响企业在市场上的美誉度，削弱客户对企业的信赖程度，造成客户流失。

（2）未建立健全销售退回机制，导致销售退回处理出现问题。

（八）会计控制环节的主要风险

准确计量销售收入、销售折扣与折让、应收账款以及计提坏账准备是企业销售业务循环的重要会计控制体系，是企业对销售策略调整的重要依据。会计控制环节的风险，具体来看至少包括以下两个方面：

（1）会计信息失真。企业缺乏有效的销售业务会计系统控制，因会计核算错误而账实不符、账证不符和账账不符，无法准确提供真实的市场变化与企业自身的市场定位信息，使企业难以作出正确的销售决策。

（2）坏账损失。缺乏完整、准确的会计核算记录，没有及时对应收账款进行核对，造成企业应收账款数据混乱，容易发生坏账损失、虚假发货等舞弊行为。

四、销售业务关键控制点与措施

企业应当加强市场调查，合理确定定价机制和信用方式，根据市场变化及时调整销售策略，灵活运用销售折扣、销售折让、信用销售、代销和广告宣传等多种策略和营销手段，促进销售目标实现，不断提高市场占有率。根据上述销售业务过程中面临的主要风险，企业需要关注销售业务内部控制中的关键控制点，采取必要的控制措施。具体控制措施如下。

（一）制定销售计划环节关键控制点与措施

（1）制定销售计划控制点的具体控制措施有：根据企业发展战略和年度经营计划，结合企业自身生产情况、市场需求以及竞争对手情况制定企业销售计划；按照规定权限和流程对制定的销售计划进行审批，审批通过后下达执行。

（2）执行与调整销售计划控制点的具体控制措施有：定期对销售计划执行情况进行分析；在内外部情况发生重大变化时，及时调整销售计划。

（二）客户开发与信用管理环节关键控制点与措施

（1）完善客户开发控制点的具体控制措施有：健全客户信用档案，关注重要客户资信变动情况，采取有效措施防范信用风险；进行充分的市场调研，确定目标市场，确定合理的目标客户。

（2）设立信用部门控制点的具体控制措施有：设立独立于销售的信用管理部门，发展客户信息，建立客户档案；对客户信息实施动态更新管理，依据客户信息提供信用评估，确定赊销额度和销售方式。

（3）严格信用管理控制点的具体控制措施有：订立销售合同前，信用管理部门必须对其进行信用调查，提供风险评估；在发货前，须向信用管理部门申请核查，确保客户的发货额度控制在批准的赊销额度内。

（三）销售定价环节关键控制点与措施

（1）价格政策控制控制点的具体控制措施有：根据法律法规的定价规定，综合企业财务目标、销售目标、市场与竞争对手等因素，确定产品基准定价；定期对基准价格进行评估，确保价格的合理性，在需要调整时，须经授权审批。

（2）价格浮动管理控制点的具体控制措施有：严格控制浮动价格的审批，将价格浮动控制在规定的范围内，严禁擅自突破。

（3）销售折扣与折让管理控制点的具体控制措施有：销售折扣与折让应由具有审批权限的部门审批，对折扣、折让的金额、数量及原因进行详细的记录归档。

（四）订立销售合同环节关键控制点与措施

（1）合同签订前审查控制点的具体控制措施有：企业在销售合同订立前，应当与客户进行业务洽谈、磋商或谈判，关注客户信用状况、销售定价、结算方式等相关内容；重大的销售业务谈判应当吸收财会、法律等方面的专业人员参加，并形成完整的书面记录。

（2）合同审批控制点的具体控制措施有：建立健全销售合同订立审批制度，明确签订合同范围，规范合同订立流程，确定审批权限、审批程序；合同审批时重点关注销售价格、信用政策、收款方式等条款，销售合同应当明确双方的权利和义务，审批人员应当对销售合同草案进行严格审核。重要的销售合同，应当征询法律顾问或专家的意见。

（五）发货与运输环节关键控制点与措施

（1）发货管理控制点的具体控制措施有：企业销售部门按照经批准的销售合同开具销售通知单；发货和仓储部门应当对销售通知单进行审核，严格按照所列项目组织发货，确保货物的安全发运。

（2）运输管理控制点的具体控制措施有：以运输合同或条款明确的运输方式组织运输，明确商品短缺、毁损或者变质等的责任，确定到货验收方式、运输费用的承担与保险等具体内容；明确货物交接、装卸以及检验等环节的管控，确保货物运输安全。

（六）货款回收环节关键控制点与措施

（1）结算方式控制点的具体控制措施有：选择合适的结算方式，加快销售货款的回收，提高资金使用效率；对以现金方式收取货款的，需要严格遵守岗位职责分离原则，原则上销售人员不得收取货款，对因特殊情况由销售人员收取货款的，财务部门应加强监控。

（2）商业票据管理控制点的具体控制措施有：加强商业票据管理，明确商业票据的受理范围，严格审查商业票据的真实性与合法性，防止票据欺诈；关注商业票据的取得、贴现和背书，对已贴现但仍承担收款风险的票据以及逾期票据，应当进行追索监控和跟踪管理。

（3）对账与催收控制点的具体控制措施有：在完成发货并取得客户确认后，企业应指定专人与客户进行对账，对账人员应符合不相容职务分离原则；完善应收款项管理制度，严格考核，实行奖惩制度。销售部门负责应收款项的催收，催收记录（包括往来函电）应妥善保存。

（4）代销业务控制点的具体控制措施有：对代销业务应加强收款管理，及时与代销商进行对账，及时结算销售款，防止货款被挪用而导致无法收回。

（5）坏账核销控制点的具体控制措施有：严格坏账核销程序，对确实无法收回的应收款，必须取得确凿证据，查明原因，明确责任，并严格履行审批程序，核销坏账；对已核销的坏账，应当建立备查登记簿，对已核销的应收账款发生回款时，应及时进行会计处理，防止账外资金形成。

（七）客户服务环节关键控制点与措施

（1）完善客服管理制度控制点的具体控制措施有：企业应当完善客户服务制度，加强客户服务和跟踪，提升客户满意度和忠诚度，不断改进产品质量和服务水平；建立客户服务中心，明确客户服务的内容、标准、方式等；加强售前、售中和售后技术服务，对客服人员进行考核。

（2）质量控制管理控制点的具体控制措施有：建立产品质量管理机制，对售后服务中出现的质量问题，完善生产、研发、销售、检验等部门之间的沟通协调制度；做好客户投诉记录与回访，完整记录客户投诉，分析投诉产生的原因，定期或不定期对客户进行回访，开展客户满意度调查。

（3）销售退回控制点的具体控制措施有：企业应当加强销售退回管理，分析销售退回原因，及时妥善处理；销售退回需要经授权审批后方可执行，对退回的商品应做好入库工作。

（八）会计控制关键控制点与措施

（1）销售发票管理控制点的具体控制措施有：企业应当严格按照发票管理规定开具销售发票。严禁开具虚假发票；开具发票时，应依据销售单、出库单、运输单以及货款结算单等原始凭据，指定专人进行审核。

（2）会计核算控制点的具体控制措施有：企业应当加强对销售、发货、收款业务的会计系统控制，详细记录销售客户、销售合同、销售通知、发运凭证、商业票据、款项收回等情况，确保会计记录、销售记录与仓储记录核对一致；财务部门应定期与销售、仓储部门等进行核对，确保各部门的数据一致。

（3）应收保全控制点的具体控制措施有：及时收集应收账款等相关凭据并妥善保管，对存在坏账风险的应收款项应及时要求客户提供担保；对逾期未回款的客户应及时采取申请支付令、诉前保全以及起诉等法律手段，对收回的非货币性资产应进行恰当的评估。

五、案例思考

例 4-4　长园集团虚构销售收入遭证监会处罚[①]

2020 年 10 月 24 日长园集团（600525）发布公告，称公司已收到中国证监会深圳监管局《行政处罚决定书》（〔2020〕7 号）及《市场禁入决定书》（〔2020〕1 号）。深圳证监局决定对长园集团给予警告，并处以 50 万元罚款；对尹 ×× 给予警告，并处以 30 万元罚款；对史 ×、刘 ×、许 ××、鲁 ××、黄 ××、倪 ×× 给予警告，并分别处以 20 万元罚款。此外，深圳证监局还决定对尹 ×× 采取 10 年证券市场禁入措施，对史 × 采取 5 年证券市场禁入措施，对刘 × 采取 3 年证券市场禁入措施。

公告显示，深圳监管局查明：2016 年 6 月 7 日，长园集团与上海和鹰实业发展有限公司等 16 名股东签订《股份转让协议》，购买上海和鹰机电科技股份有限公司（后更名为长园和鹰）80% 股权。2016 年 7 月 28 日，长园和鹰成为长园集团控股子公司。自 2016 年 8 月起，长园集团将长园和鹰纳入合并报表范围。经查，长园和鹰通过虚构海外销售、提前确认收入、重复确认收入、签订“阴阳合同”、项目核算不符合会计准则等多种方式虚增业绩，导致长园集团 2016 年、2017 年年度报告中披露的财务数据存在虚假记载。

从具体违法事实来看，行政处罚决定书列举了 11 条违法事实，具体如下。

（1）2015 年 12 月，长园和鹰向泰国 M.T. SEWING MACHINE CENTER C0., LTD.（以下简称 M.T. SEWING）出口 2,048 站吊挂产品，并于 2016 年 3 月确认销售收入。经查，双方仅口头约定 M.T. SEWING 将货

① 资料来源：中国证监会网站 http://static.sse.com.cn/disclosure/listedinfo/announcement/c/2020-10-24/600525_20201024_1.pdf；和讯网 https://www.sohu.com/a/427322424_639898?_f=index_businessnews_3_8。

物卖出以后再付款，未销售不用付款。该批货物报关出口后，存放于长园和鹰在泰国租赁的仓库中；直至 2018 年 8 月 1 日，长园和鹰将上述吊挂产品运回国内。长园和鹰以此虚增 2016 年度、2017 年度期末应收账款 870.41 万元。

（2）2016 年 6 月至 11 月，长园和鹰及其子公司分别与 JD & TOYO SHIMA CO., LTD. 等 6 家柬埔寨公司签订 8 份吊挂产品销售合同，合同金额共计 819.09 万美元。2016 年，长园和鹰按照合同金额确认了收入。经查，长园和鹰及其子公司与上述 6 家柬埔寨公司签署了对应的备忘录、承诺函或声明，表示柬埔寨公司只是协助免税清关，不存在付款义务。长园和鹰以此虚增 2016 年度营业收入 5,662.91 万元，虚增 2016 年度利润总额 3,954.7 万元。

（3）2016 年 10 月至 12 月，长园和鹰及其子公司分别与 LADOGROUP CORP 等 4 家越南代理商签订吊挂产品销售合同，合同金额共计 438.3 万美元。2017 年 12 月，长园和鹰与越南代理商 STRENGTH SHARP CORPORATI0N 签订吊挂产品销售合同，合同金额 97.78 万美元。上述合同均约定，代理商将产品销售给终端客户后才产生付款义务，在代理商付清全部货款前，长园和鹰及其子公司对设备拥有所有权。经查，业绩承诺期内上述 5 家代理商仅于 2017 年向终端客户销售了 183.44 万美元的吊挂产品，但长园和鹰在合同签订当年却提前全额确认了收入。长园和鹰以此虚增 2016 年度营业收入 3,233.44 万元，虚增 2016 年度利润总额 2,270.76 万元；虚减 2017 年度营业收入 565.96 万元，虚减 2017 年度利润总额 432.37 万元。

（4）2017 年 11 月，长园和鹰全资子公司和鹰国际有限公司（以下简称和鹰国际）与柬埔寨客户 DAS XING GARMENT 签订金额为 93 万美元的吊挂产品销售合同。在一直未发货的情况下，和鹰国际于 2017 年 12 月按照合同金额确认了收入，未结转销售成本。2018 年 3 月，双方协议解除该合同，DAS XING GARMENT 一直未就该合同付款。长园和鹰以此虚增 2017 年度营业收入 614.12 万元，虚增 2017 年度利润总额 614.12 万元。

（5）2017 年，长园和鹰智能设备有限公司（以下简称和鹰设备，系长园和鹰控股子公司上海欧泰科智能科技股份有限公司的全资子公司）在与南昌中绵实业发展有限公司签订的吊挂系统销售合同中约定，货交承运人后视为完成交付；在与际华三五三九制鞋有限公司签订的产品销售合同中约定，裁剪机等设备到货后试用期满未提出退货视为对方同意购买。经查，相关商品实际并未销售出库，但和鹰设备仍确认了收入。长园和鹰以此虚增2017年度营业收入15.64万元，虚增2017年度利润总额15.64万元。

（6）2017年，和鹰设备向慈溪市曼嘉服饰有限公司等13家国内客户销售裁床、铺布机、吊挂等产品。经查，在上述销售中，和鹰设备重复开具发票，继而重复确认收入。长园和鹰以此虚增2017年度营业收入287.51万元，虚增2017年度利润总额287.51万元。

（7）2017年，和鹰设备与阜新市福雅服装有限公司等8家国内客户签订了9份销售合同。经查，对于上述合同中已开发票确认收入的产品，和鹰设备在2017年底编制财务报表时再次作为已发货但未开票项目调增收入，重复确认收入。长园和鹰以此虚增2017年度营业收入202.31万元，虚增2017年度利润总额202.31万元。

（8）长园和鹰子公司上海和鹰融资租赁有限公司（以下简称和鹰租赁）向和鹰设备购买吊挂产品和裁床设备，并为客户中藹万家服装股份有限公司（以下简称中藹万家）提供相应的融资租赁服务。2017年8月至11月，和鹰租赁与中藹万家先后签订21份《融资租赁合同》，每份合同均有高价、低价两个版本，除价格外其他合同内容完全相同。长园和鹰依据高价版合同，按照合同全部商品已发货确认了2017年销售商品收入；经查，和鹰租赁与中藹万家实际按照低价版合同结算支付，且合同约定商品并未全部发货。长园和鹰以此虚增2017年度营业收入5,259.17万元，虚增2017年度利润总额3,059.17万元。

（9）2016年6月，长园和鹰与山东昊宝服饰有限公司（以下简称山东昊宝）签订金额为1.5亿元的《昊宝服饰不落地智能工厂销售合同》，向山东昊宝提供服装不落地智能工厂系统项目整厂解决方案。2017年2月，山东昊宝在智能工厂项目中的全部权利义务由山东伊甸缘服饰有限公司（以下简称山东伊甸缘）承担。长园和鹰按照完工百分比法确认了2016年度、2017年度该项建造合同收入。经查，该建造合同结果不能可靠估计，不应采用完工百分比法确认合同收入。长园和鹰以此虚增2016年度、2017年度营业收入分别为4,531.16万元、1,538.26万元，虚增2016年度、2017年度利润总额分别为4,531.16万元、635.72万元。

（10）2016年11月，和鹰设备与上海峰龙科技有限公司（以下简称上海峰龙）签订金额为1.72亿元的总包合同，向上海峰龙提供女装智能柔性生产线系统集成项目总体解决方案，其中包括500万元的方案设计。同期，长园和鹰又与上海峰龙签订金额为500万元的《设计服务合同》，约定由长园和鹰提供智能工厂及智能物联网系统设计服务。长园和鹰确认2016年度提供劳务收入500万元，采用完工百分比法确认2017年度建造合同收入13,272.92万元。经查，《设计服务合同》在2016年未实际履行，长园和鹰以此虚增2016年度营业收入500万元、利润总额500万元。上海峰龙项目建造合同结果不能可靠估计，不应采用完工百分比法确认合同收入，长园和鹰以此虚增2017年度营业收入6,291.57万元、利润总额6,291.57万元。

（11）2016年12月5日，长园和鹰与安徽红爱实业股份有限公司（以下简称安徽红爱）签订金额为4亿元的合同，约定向安徽红爱提供智能工厂全面解决方案。2016年12月26日，双方又签订了金额为7,470万元的销售合同（以下简称《7,470万元合同》），约定就智能工厂项目向安徽红爱销售智能裁剪系统、服装吊挂系统及183套智能三维人体扫描仪。2016年12月29日，和鹰设备与安徽红爱签订金额为3.4亿元的合同（以下简称《3.4亿元合同》），约定向安徽红爱提供智能工厂系统全面解决方案，该合同取代以往达成的各项协议。长园和鹰依据《7,470万元合同》和ERP系统销售出库单，确认2016年度销售商品收入；采用完工百分比法确认2017年度建造合同收入。经查，《7,470万元合同》效力实际已于2016年12月29日终止，为《3.4亿元合同》所取代，相关商品应当纳入安徽红爱智能工厂项目整体按照建造合同进行核算，不应单独按照产品销售合同进行核算。长园和鹰以此虚增2016年度营业收入1,043.76万元、利润总额1,043.76万元。安徽红爱智能工厂项目建造合同的结果不能可靠估计，不应采用完工百分比法确认合同收入，长园和鹰以此虚增2017年度营业收入7,316.16万元、利润总额7,316.16万元。

综上，长园和鹰上述行为导致长园集团2016年度合并利润表虚增营业收入14,971.27万元，虚增利润总额12,300.38万元，分别占公开披露的长园集团当期营业收入、利润总额（追溯调整前）的2.56%、15.21%；2017年度合并利润表虚增营业收入20,958.78万元，虚增利润总额17,989.83万元，分别占公开披露的长园集团当期营业收入、利润总额（追溯调整前）的2.82%、14.85%。此外，长园和鹰确认对M.T.SEWING的销售收入，发生在其被纳入长园集团合并报表范围之前，该笔业务导致长园集团虚增2016年度、2017年度期末应收账款870.41万元。上述行为导致长园集团2016年年度报告、2017年年度报告存在虚假记载，违反了2005年《证券法》第六十三条的规定，构成2005年《证券法》第一百九十三条第一款所述的违法行为。长园集团主动向证券监管机构报告了信息披露违法行为，并通过2018年年度报告进行了追溯调整。

思考：根据销售收入内部控制要求，在长园集团虚增销售的过程中，销售内部控制可能存在哪些缺陷？

第六节　研究与开发内部控制

《企业内部控制应用指引第 10 号——研究与开发》中所指的研究与开发，是指企业为获取新产品、新技术、新工艺等所开展的各种研发活动。研究与开发是企业进行自主创新、提升企业核心竞争力的重要手段。企业应当重视研发工作，根据发展战略，科学制定研发计划，强化研发全过程管理，规范研发行为，促进研发成果的转化和有效利用，不断提升企业自主创新能力。

一、研究与开发内部控制目标

研究与开发目标是指企业在实施研究与开发内部控制过程中所采取的措施。具体有以下三方面目标：

（1）建立健全研发成果保护制度。加强对专利权、非专利技术、商业秘密及研发过程中形成的各类资料的管理，严格按照制度规定接触和使用。

（2）建立健全研发成果转化机制。促进研发成果及时、有效转化；进行知识产权评审，及时取得权属，利用专利文献选择合适的技术路线；坚持以市场为导向的新产品开发，降低产品成本。

（3）建立健全核心研究人员管理和激励制度。明确界定核心研究人员范围，建立核心研究人员保密机制与同业限制机制。

二、研究与开发管理基本流程

研究与开发的流程通常来讲主要涉及研发立项、研发过程管理、结题验收、研发成果转化、研发成果保护和研发活动评估几个环节。

（一）研发立项

研发立项是企业发展战略的直接体现，是企业未来核心竞争力的主要源泉。立项环节包括立项申请、评审和审批。研发立项管理过程中，企业应多次进行立项调研、可行性分析，研发立项申请须经过科学的论证，对研发项目的背景、必要性、市场分析、前景预测、财务和社会效益等各个方面进行详尽的评估，最终形成可行性报告。企业需要组织研发项目评审小组，组织评审会议对研发项目的可行性报告进行立项评审，评审过程中将技术创新与研究价值作为评审的重要指标，特别注意立项是否符合国家或企业的科技发展方向，对申请立项的项目从创新性、研究价值、研究目标、研究方案、市场前景等多个方面进行判断和评价。重大的研发项目，须经董事会或类似的权力机构集体决策，审批通过后方可立项。

（二）研发过程管理

研发工程管理是研究与开发的核心环节，通常包括自主研发、委托（合作）研发两种不同的形式。

自主研发是企业依靠自身力量，独立完成研发项目，包括原始创新、集成创新以及在引进消化基础上的再创新等三种类型。自主研发投入具有成本高、投资周期长、项目不确定性比较大等特点，同时研究成果具有较强的外部性，对企业技术人员的素质、企业管理水平等具有较高要求，自主研发存在较大的失败风险。近年来，企业在研发过程中，对于非核心技术一般采用外包形式，由其他机构进行研发或直接购买技术，企业可以集中力量用于核心技术的研发。

委托（合作）研发是指企业委托具有经营资质的外包机构承担部分研发项目。企业受到技术、人员、资金、时间、信息等因素的制约，将非核心研发委托其他机构研发或与其他机构共同合作研发，实现资源共享，发挥各自的优势，提高研发效率，降低研发失败风险。

（三）结题验收

结题验收是对研究的成果进行质量验收，分为检测鉴定、专家评审和专题会议几种不同的验收方式。结题验收首先由研发部门提出结题申请，提交结题相关材料，研发部门内部需要事先对结题材料进行审核。项目结题验收过程中，应聘请具有相关技术水平的专家或机构对项目是否实现立项目标进行评审，并确保参与评审人员的独立性。

（四）研发成果转化

研发成果转化是指企业将研发成果经过开发过程转化为产品应用的过程，是企业研发成果形成竞争力的关键环节。企业通过加强研究成果的开发，形成科研、生产、市场一体化的自主创新机制，促进研究成果转化。分步推进研究成果的开发，通过试生产充分验证产品性能，在产品获得市场认可后方可进行批量生产。

（五）研发成果保护

研发成果保护是通过对研发企业合法权益的保护，加强核心人员管理制度，合理实施研发绩效管理，对已形成的成果进行有效的识别和保护的过程。研发成果的保护涉及责任单位、责任人及其保护流程。保护过程中首先对研发成果资料进行收集，对验收通过的研发成果资料进行归集整理，研发成果包括研发项目计划书、可行性报告、研发预算等研发前期资料，专利、技术方案、配方、技术参数等研发成果资料，以及研发成果验收资料。企业一般把研发成果划分为重大研发成果、重要研发成果和一般研发成果。不同类别的研发成果应当分类保管。研发成果是企业核心竞争力的主要体现，也是企业在市场竞争中保持竞争优势的重要力量。

（六）评估与保护

对研发活动进行评估，总结研发管理经验，分析存在的薄弱环节，完善相关的制度与办法，不断提升研发活动的管理水平。

研究与开发的流程在不同行业的企业以及不同规模的企业有较大差异，图4-9为生产型企业研究与开发的基本流程。

三、研究与开发控制的主要风险

（一）研发立项环节主要风险

研发立项环节的主要风险在于研发计划的方向与企业科技发展战略不匹配；研发项目未经科学论证或论证不充分；研发承办单位或者负责人不具备研发需要的相关资质；研发评审与审批环节把关不严，可能导致创新不足或资源浪费。

（二）研发过程管理环节主要风险

在不同研发形式下，研发过程管理环节的风险也不同。自主研发过程管理风险主要在于研发人员配备不合理；研发过程中未能及时分析问题，导致研发成本过高，造成舞弊等；研发过程管理不善，对研发费用缺乏监督，导致研发费用失控，研发收入未规范核算形成账外资产；多个研发项目没有良好的协调配合，导致项目间资源分配不合理，出现资源短缺，影响研发程序正常进行，研发效率下降；研发合同管理不善，导致研发成果权属不清，知识产权存在争议。

委托（合作）研发管理的风险主要在于委托单位选择不当，合作方案设计不合理，权责利分配不够明晰，知识产品权属缺乏明确归属，资源分配不当，与合作单位沟通不畅，造成产权法律纠纷，影响委托（合作）的效果。

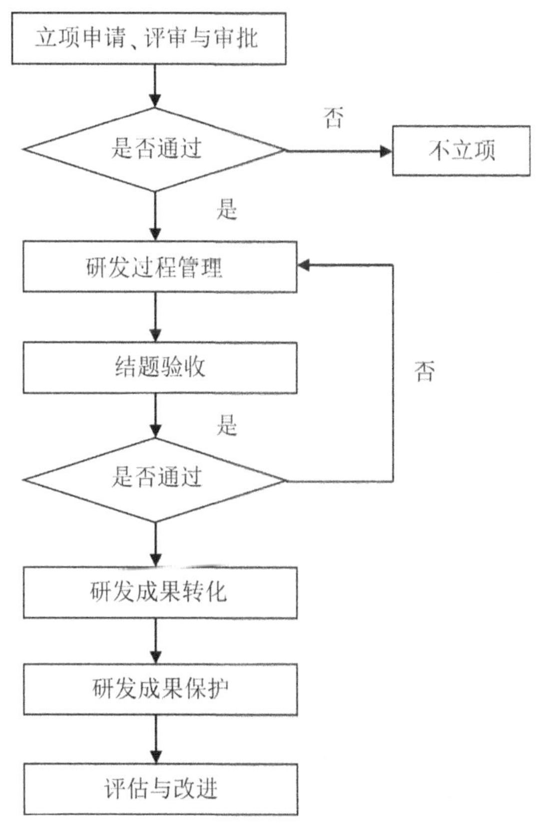

图 4-9 生产型企业研究与开发基本流程

（三）结题验收环节主要风险

结题验收环节的风险主要在于验收人员的技术、能力、独立性不足，造成验收权威性不足，验收成果与事实不符；项目测试与鉴定投入不足，测试与鉴定的不充分，导致技术失败风险。

（四）研发成果转化环节主要风险

研发成果转化环节的主要风险在于未建立完善的研发成果转化制度，对研发成果转化不足，导致研发的成果资源利用率偏低；或者对研发新产品未经充分测试就大批量生产，技术不成熟导致成本过高；研发成果转化营销策略安排不当，导致营销失败。

（五）研发成果保护环节主要风险

研发成果保护环节的主要风险在于企业未能有效识别和保护知识产权，对知识产权的权属未能制定明确的规范，导致研发的新技术或者新产品被限制使用；研发过程中对核心研发技术人员缺少有效的激励和管理制度，未能调动研发人员的积极性，没有对研发人员在技术竞争方面进行有效约束，导致核心技术人员流失，研发技术秘密外泄，形成新的竞争对手。

四、研究与开发关键控制点与措施

研究与开发是企业自主创新、增强企业核心竞争力的关键途径，企业应当有效控制研发风险，实现发展战略目标。根据上述研究与开发过程中面临的主要风险，企业需要关注以下研究与开发内部控制中的关键控制点，采取必要的控制措施。

（一）研发立项环节关键控制点与措施

1. 建立研发立项、审批制度

企业通过建立完善的立项、审批制度，确定研发计划制定的原则，明确立项审批的层级与审批权限，确定对立项承办单位与项目负责人的资质条件进行评估的流程，确定立项审批流程等；研发项目应当按照规定的权限和程序进行审批，重大研发项目须报经董事会或类似权力机构集体审议决策；审批过程中，重点关注研发项目在促进企业发展方面的必要性、技术的先进性以及成果转化的可行性。

2. 研发计划制定与评估

企业根据发展战略需要，制定研发计划，根据研发计划提出研发项目立项申请，开展可行性研究，编制可行性研究报告；对立项申请的审核评估，企业一般需要组织独立于申请及立项审批之外的专业机构和人员进行评估论证，出具评估意见。

（二）研发过程管理环节关键控制点与措施

1. 自主研发项目

对于自主研发项目企业应当建立研发项目管理制度与技术标准，建立研发信息反馈制度和重大事项报告制度，严格落实研发项目岗位责任制；通过加强对研发过程的管理，合理配备专业人员，严格落实岗位责任制；合理设计研发项目组织架构，确定项目实施计划进度，合理预计研发工作量和所需资源，优化研发项目管理的任务分配方式，确保研究过程高效、可控；对研究项目进展情况跟踪检查，评估各阶段研究成果，提供足够的经费支持，确保项目按期、保质完成，有效规避研究失败风险。

2. 委托（合作）项目

企业研发项目委托外单位承担的，应当采用招标、协议等适当方式确定受托单位，签订外包合同，在外包合同中明确约定研究成果的产权归属、研究进度和质量标准等相关内容。

与其他单位合作进行研究的，需要对合作单位进行尽职调查，签订书面合作合同，明确双方投资、分工、权利义务、研究成果产权归属等；加强对合作研发项目的管理监督，严格控制项目费用，跟踪项目的目标、内容、进度与资金的调整。

（三）结题验收环节关键控制点与措施

1. 建立健全验收控制制度

建立和完善研究成果验收制度，确定验收的目的，制定验收组织办法与验收程序，明确验收过程中需要提交的相关验收材料；明确验收小组或验收委员会的职责，落实技术主管部门的验收责任，按计划对研发项目进行严格评审，明确验收结果的意见类型；对验收材料不详细或验收结论意见存在较大争议的，按照规定的复议流程进行复议。

2. 严格执行验收程序

组织专业人员对研究成果进行独立评审和验收，由相对独立的、具有专业胜任能力的测试人员进行鉴定试验；加大在测试鉴定阶段的投入，按计划进行正式、系统的评审，重大研发项目可以组织外部专家参与项目验收鉴定；对验收过程中的异常情况应重新进行验收申请或者补充研发。

（四）研发成果转化环节关键控制点与措施

1. 建立健全研发成果转化制度

建立健全研发成果转化制度，促进研发成果及时、有效转化，研究成果的开发应当分步推进，通过试生产充分验证产品性能，在获得市场认可后方可进行批量生产，科学鉴定研发成果大批量生产的技术成熟度，力求降低产品成本。

2. 委托机构审查

对于通过验收的研究成果，可以委托相关机构进行审查，确认是否申请专利或作为非专利技术、商业秘密等进行管理；企业对于需要申请专利的研究成果，应当及时办理有关专利申请手续；企业应当加强研究成果的开发，形成科研、生产、市场一体化的自主创新机制，促进研究成果转化。

（五）研发成果保护环节关键控制点与措施

1. 建立研究成果保护制度

企业应当加强对专利权、非专利技术、商业秘密及研发过程中形成的各类涉密图纸、程序、资料的管理，严格按照制度规定借阅和使用，禁止无关人员接触研究成果。

2. 核心技术人员保密措施

企业应当建立严格的核心研究人员管理制度，明确界定核心研究人员范围和名册清单，签订符合国家有关法律法规要求的保密协议；企业与核心研究人员签订劳动合同时，应当特别约定研究成果归属、离职条件、离职移交程序、离职后保密义务、离职后竞业限制年限及违约责任等内容。

第七节　信息系统内部控制

《企业内部控制应用指引第 18 号——信息系统》中所指的信息系统，是指企业利用计算机和通信技术，对内部控制进行集成、转化和提升所形成的信息化管理平台。随着信息技术的飞速发展，信息系统在企业中的应用涉及企业经营管理的各个环节，也是企业内部控制的重要手段。因此，对信息系统的内部控制显得尤为重要，本教材将信息系统的内部控制单独作为一个小节进行详细阐述。

企业应当重视信息系统在内部控制中的作用，根据内部控制要求，结合企业组织架构、业务范围、地域分布、技术能力等因素，制定信息系统建设整体规划，加大投入力度，有序组织信息系统开发、运行与维护，优化管理流程，防范经营风险，全面提升企业现代化管理水平。指定专门机构对信息系统建设实施归口管理，明确相关单位的职责权限，建立有效的工作机制。企业可委托专业机构从事信息系统的开发、运行和维护工作。

一、信息系统内部控制目标

（一）有效促进企业内部控制实施

随着信息技术高速发展，企业日常生产经营过程中，大量重复性、常规性和程序化的内部控制可以通过有效的相互牵制、前后制约的流程化控制来进行。企业运用信息技术加强内部控制，建立与经营管理目标相适应的信息系统，促进内部控制流程与信息系统的有机结合，实现对业务与流程的自动控制。基于企业所有部门和全部业务活动的信息管理系统，进一步加强了企业日常的内部控制，也进一步提高了企业管理水平、决策效率与效果，减少人为操纵。因此，利用信息技术实行内部控制，提高内部控制的执行力和效果，是企业内部控制的目标之一。

（二）提高信息系统安全性、可靠性

企业通过建立整合各项生产与管理业务活动的信息系统，对生产经营过程中生成的信息进行系统认证，通过异常数据的自动报警系统，对异常数据采取有效措施，保证经营管理数据有效传递，防范经营风险，有助于提高企业信息数据的安全与可靠。同时，在信息系统的开发与管理中，通过强调信息的保密性、完整性和有用性，提高用于决策的信息质量，降低企业成本，强化竞争优势，提高竞争力，促进企业战略的实现。

（三）为有效的信息沟通机制提供保障

建立完善的企业信息系统，提高各项业务之间的协调度，有助于各部门之间传递与沟通信息，保证信息系统涉及的数据更高效地进行传递，减少信息传递的层级，为企业建立高效的信息沟通机制提供技术保障。

二、信息系统内部控制类型

信息系统的内部控制通常分为一般控制和应用控制两类。这两类控制用以预防、发现和纠正系统中发生的错误、舞弊和故障，使系统能够正常运行，是信息可靠性和及时性的重要保证。

（一）一般控制

一般控制是指对信息系统的开发、组织、鉴定以及应用环境的控制。一般控制采用的控制措施为企业信息系统的应用提供了运行环境，一般控制直接影响着每个信息系统的应用。一般控制是应用控制的基础，通常包括对数据中心的操作控制、系统软件的购买与维护控制、数据入口安全控制以及应用系统的开发与维护控制等。

1. 数据中心操作控制

数据中心操作控制包括工作设定、时间安排、操作员行为、后台支持与恢复程序、灾后重建计划。

2. 系统软件控制

系统软件控制包括操作系统、数据库管理系统、通信软件、安全软件和系统工具（具有系统运行和支持应用系统的功能）的有效采购、运行和维护。

3. 数据入口安全控制

有效的数据入口安全控制能起到保护系统的作用，防止不当进入和系统的非法授权使用，以及拦截黑客和其他入侵者。入口控制措施将授权用户限制在其工作必需的应用系统或应用功能中，支持适当的职责分工，对允许或限制进入的用户界面需要进行经常性的及时监督，防止非授权使用和更改系统，确保数据和程序的完整性。

4. 应用系统开发与维护控制

应用系统的开发和维护提供了系统设计和运用的结构，概述了特定阶段，将需求文件化，通过设定批准和核对点来控制项目的开发或维护，适当控制系统需求变更，包括对需求变更的适当授权、对变更的检查、变更批准、结果测试与实施草案等，从而保证变更实施的正确性。此外，利用销售商提供的集成软件包也是应用系统开发的一种形式，通过利用系统嵌入式选择为客户定制应用软件。

（二）应用控制

应用控制是指对信息系统中具体数据处理功能的控制。应用控制具有特殊性，不同的应用系统有不同的处理方式和处理环节，具有不同控制环节和控制要求。应用控制用于控制应用工程，保证交易处理的完整性、准确性和有效性。应用控制包括输入控制、处理控制和输出控制，应特别注意应用系统的接口，以及接口相连的其他系统，保证所有用于处理的信息适当地输入和输出。

（三）两者之间的关系

一般控制用于支持应用控制的功能，两者都用于保证信息处理工程的完整性和准确性。一般控制用于保证建立在计算机程序基础上的应用控制能够实施。如计算机匹配和编辑检查功能对数据的在线录入进行测试，当数据不匹配或格式错误时，可以及时反馈，提示作出修改。一般控制是良好应用控制的前提。

三、信息系统控制主要风险

信息系统在控制过程中，通常根据信息系统的运行分为信息系统开发、信息系统运行与维护、信息系统结束使用等三个重要的环节。下面根据这三个环节来对信息系统控制中的风险进行详细的阐述。

（一）信息系统开发环节主要风险

信息系统开发包括信息系统开发战略规划和开发方式的选择。企业根据发展战略和业务需要进行信息系统建设，首先要确立信息系统建设目标，根据目标进行系统建设战略规划，再将规划细化为项目建设方案。在信息系统建设过程中，可以选择适当的方式。

1. 信息系统开发战略规划风险

制定信息系统开发战略规划是信息化建设的起点，是以企业发展战略为依据制定的企业信息化建设的全局性、长期性的规划。制定信息系统战略规划的主要风险有两个方面：

第一，缺乏战略规划或规划不合理，可能造成重复建设或信息系统不适用，浪费企业资源，导致经营管理效率低下。

第二，没有将信息化与企业业务需求相结合，降低了信息系统的应用价值。信息系统建设时缺乏整体观念和整合意识，企业具有多个信息系统，系统之间缺乏联系，如企业拥有财务管理、销售管理、生产管理、人力资源管理等多个信息系统，但各系统无法共享数据、各自为政，削弱了信息系统的协同效用。

2. 信息系统开发方式选择风险

信息系统开发是信息系统生命周期中技术难度最大的环节，需要将业务流程、内部控制措施、权限配置、预警指标、核算办法等嵌入信息系统中。信息系统开发按照开发主体来看主要有自行开发、业务外包和外购调试等。

（1）自行开发的主要风险。自行开发是企业依托自身力量完成整个信息系统的开发。自行开发方式的主要风险包括：信息系统建设缺乏项目计划或计划不当，导致项目进度滞后、费用超支，项目功能达不到预计的要求；对系统需求分析不合理，系统功能、性能、安全等方面的要求不符合业务处理和控制的需要，技术上不可行，系统经济效益不佳，系统的需求表达不准确、不完整，导致需求分析未能达到企业要求；系统设计方案不能完全满足用户需求，无法实现技术设计时的目标，设计方案未能有效控制开发成本，不能保证开发质量和进度，设计方案不合理，导致后期频繁变更；编程结果与设计计划不符，系统测试不充分，缺乏对整体模块的集成运行测试，导致系统上线后出现严重问题；缺乏有效的程序版本控制，导致重复修改或修改不一致等；缺乏完整可行的上线计划，导致系统上线混乱；人员培训不足，操作人员不能正确使用系统，导致业务处理错误或无法充分利用系统功能；初始数据准备不足，导致新旧系统数据不一致，业务处理出现错误。

（2）业务外包的主要风险。业务外包是指企业委托其他单位开发信息系统，由专业的公司或科研机构负责开发、安装和实施。业务外包方式的主要风险包括：选择外包服务商时由于信息不对称，外包服务商可能会实施损害企业利益的行为，容易引发道德风险；在签订外包合同时，合同条款不准确、不完善，可能导致企业的合法权益无法得到有效保障；对外包服务商缺乏持续跟踪评价，可能导致外包服务质量不能满足企业需要。

（3）外购调试的主要风险。外购调试是在企业的特殊需求较少的情况下，直接购买市场上成熟的商业化软件和系统实施方案，通过开发参数设置和二次开发满足企业的需求。外购调试方式的主要风险包括：供应商选择不当，选择的软件产品型号或者服务产品功能无法满足企业需要；技术支持或后续服务能力不足，导致系统后续升级缺乏保障。

（二）信息系统运行与维护环节主要风险

信息系统运行与维护主要包括信息系统日常维护控制、信息系统变更控制和信息系统安全管理三个方面。其风险主要包括以下三个方面：

1. 信息系统日常维护方面的主要风险

没有建立规范信息系统日常运行管理规范，缺乏例行的协同检查制度，系统数据没有进行定期备份，可能导致系统出错、损坏后无法恢复等严重后果。

2. 信息系统变更的主要风险

对信息系统的变更没有建立严格的变更申请、审批、执行和测试流程，导致系统随意变更，或者系统变更后无法达到预期效果。

3. 信息系统安全管理的主要风险

信息系统中硬件设备分布范围广、种类繁多，导致安全管理难度大；业务部门系统安全意识薄弱，对系统和数据安全缺乏有效的监控手段，对系统程序的缺陷或漏洞安全防护不够，导致遭受黑客攻击；对各种电脑病毒防范不力，导致信息系统运行不稳定或数据丢失；缺乏对操作人员的监控，导致其利用系统进行舞弊或犯罪行为。

（三）信息系统结束使用环节主要风险

信息系统由于企业破产或并购、被新的系统替代等停止使用，这一环节是信息系统生命周期的最后阶段。该环节的主要风险包括：因企业经营条件方式变化，没有做好对系统数据的保密措施，没有严格按照要求对系统中具有价值或涉密的信息进行销毁或转移，导致系统数据泄露；没有按照国家有关法律法规的要求以及对电子档案的管理规定，妥善保管原有的信息系统档案，如保管时间不够长等。

四、信息系统控制关键控制点与措施

（一）信息系统开发环节关键控制点与措施

1. 进行信息系统建设整体规划

企业根据信息系统建设整体规划提出项目建设方案，明确建设目标、人员配备、职责分工、经费保障和进度安排等相关内容，按照规定的权限和程序审批后实施。企业信息系统归口管理部门组织内部各单位提出开发需求和关键控制点，规范开发流程，明确系统设计、编程、安装调试、验收、上线等全过程的管理要求，严格按照建设方案、开发流程和相关要求组织开发工作。

2. 选择合适的开发方式

企业开发信息系统，可以采取自行开发、外购调试、业务外包等方式。选定外购调试或业务外包方式的，应当采用公开招标等形式择优确定供应商或开发单位。企业开发信息系统，应当将生产经营管理业务流程、关键控制点和处理规则嵌入系统程序，实现手工环境下难以实现的控制功能；企业在系统开发过程中，应当按照不同业务的控制要求，通过信息系统中的权限管理功能控制用户的操作权限，避免将不相容职责的处理权限授予同一用户；应当针对不同数据的输入方式，考虑对进入系统数据的检查和校验功能；对于必需的后台操作，应当加强管理，建立规范的流程制度，对操作情况进行监控或者审计；应当在信息系统中设置操作日志功能，确保操作的可审计性；对异常的或者违背内部控制要求的交易和数据，应当设计由系统自动报告并设置跟踪处理机制。

3. 加强信息系统开发的跟踪与测试

由信息系统归口管理部门加强信息系统开发全过程的跟踪管理，组织开发单位与内部各单位的日常沟通和协调，督促开发单位按照建设方案、计划进度和质量要求完成编程工作，对配备的硬件设备和系统软件进行检查验收，组织系统上线运行等。在系统完成后，组织独立于开发单位的专业机构对开发完成的信息系统进行验收测试，确保在功能、性能、控制要求和安全性等方面符合开发需求。

4. 做好系统上线各项准备工作

企业应当切实做好信息系统上线的各项准备工作，培训业务操作和系统管理人员，制定科学的上线计划和新旧系统转换方案，考虑应急预案，确保新旧系统顺利切换和平稳衔接。系统上线涉及数据迁移的，还应制定详细的数据迁移计划。

（二）信息系统运行与维护环节关键控制点与措施

1. 规范信息系统运行与维护流程

企业通过加强对信息系统运行与维护的管理，制定信息系统工作程序、信息管理制度以及各模块子系统的具体操作规范，及时跟踪、发现和解决系统运行中存在的问题，确保信息系统按照规定的程序、制度和操作规范持续稳定运行。

2. 严格信息系统变更流程

企业应当建立信息系统变更管理流程，信息系统变更需要严格遵照管理流程进行操作。信息系统操作人员不得擅自进行系统软件的删除、修改等操作，不得擅自升级、改变系统软件版本，不得擅自改变软件系统环境配置。

3. 加强信息系统安全管理

（1）企业根据业务性质、重要性程度、涉密情况等确定信息系统的安全等级，建立不同等级信息的授权使用制度，采用相应技术手段保证信息系统运行安全有序；建立信息系统安全保密和泄密责任追究制度；委托专业机构进行系统运行与维护管理的，应当审查该机构的资质，并与其签订服务合同和保密协议。

（2）采取安装安全软件等措施防范信息系统受到病毒等恶意软件的感染和破坏。建立用户管理制度，加强对重要业务系统的访问权限管理，定期审阅系统账号，避免授权不当或存在非授权账号，禁止不相容职务用户账号的交叉操作；综合利用防火墙、路由器等网络设备，漏洞扫描、入侵检测等软件技术以及远程访问安全策略等手段，加强网络安全，防范网络攻击和非法侵入；对于需要通过网络传输的涉密或关键数据，应当采取加密措施，确保信息传递的保密性、准确性和完整性。

（3）建立系统数据定期备份制度，明确备份范围、频率、方法、责任人、存放地点、有效性检查等内容。加强服务器等关键信息设备的管理，建立良好的物理环境，指定专人负责检查，及时处理异常情况；未经授权，任何人不得接触关键信息设备。

五、案例思考

例 4-5　光大证券“乌龙指”——信息系统内控缺陷①

一、案例回顾

（一）股指出现异常波动

2013 年 8 月 16 日，上证指数以 2075 点低开，到上午 11 点一直低位徘徊。

11 点 05 分 31 秒开始，指数曲线直线拉起，原因是中石化和工商银行权重股出现瞬间巨额买单，导致在 26 秒内涨停，随后涌现大批巨额买单，带动整个股指上扬，多达 71 只权重股涨停；上证指数在一分钟内涨超 5%，最高报 2198.85 点。

11 点 29 分，有媒体称：A 股暴涨源于光大证券自营盘 70 亿元的乌龙指。

① 《2013 上市公司内控经典案例之内控缺陷篇》，博观内控，2012 年 1 月 22 日 http://blog.sina.com.cn/s/blog_d6a869e10101dnem.html。

13点，光大证券公告称：因重要事项未公告，临时停牌。

14点23分，光大证券公告称：策略投资部自营业务在ETF套利中系统出现问题。

14点55分，光大证券官网不能登录，可能是短时间大量浏览导致网站崩溃。

15点，上交所官方微博称：今日交易系统运行正常，已达成交易将进入正常清算交收环节。

16点27分，证监会表示上证指数异常原因是光大证券自营账户大额买入，已展开调查。

（二）光大证券公告

8月18日光大证券发布公告称：公司策略投资部按计划开展ETF套利交易，8月16日设定交易员现货交易额度为8,000万元。上午9点41分到11点02分，交易员发出三组买入180ETF成分股的订单。11点07分，交易员通过系统监控模块发现成交金额异常，同时，接到上海证券交易所的问询电话，迅速批量撤单，并终止套利策略订单生成系统的运行，同时启动核查流程并报告部门领导。为了对冲股票持仓风险，开始卖出股指期货IF1309空头合约。下午开盘后，策略投资部开始将已买入的股票申购成50ETF以及180ETF在二级市场上卖出，同时，逐步卖出股指期货IF1309、IF1312空头合约，以对冲上午买入股票的风险。本次事件产生的原因主要是策略投资部使用的套利策略系统出现了问题。

（三）证监会调查结果

8月18日证监会通报调查结果：

1. 经初步核查，光大证券自营的策略交易系统包含订单生成系统和订单执行系统两个部分，存在程序调用错误、额度控制失效等设计缺陷，并被连锁触发，导致生成巨量市价委托订单，直接发送至上交所，累计申报买入234亿元，实际成交72.7亿元。同日，光大证券将18.5亿元股票转化为ETF卖出，并卖空7，130手股指期货合约。

2. 在核查中尚未发现人为操作差错，但光大证券该项业务内部控制存在明显缺陷，信息系统管理问题较多。上海证监局已决定先行采取行政监管措施，暂停相关业务，责成公司整改，进行内部责任追究。同时，中国证监会决定对光大证券正式立案调查。

二、案例评述

出事的策略投资部是光大证券创新业务和业绩的新引擎，在光大内部被寄予厚望。但在“乌龙指”事件中，正是这个“新引擎”遭遇折戟，让创新业务蒙上了系统漏洞及内控不力的阴影。

（一）信息系统缺陷

策略投资部使用的套利策略系统出现了问题。首先是该系统的订单生成系统存在的缺陷，导致在11时05分08秒之后的2秒内，瞬间重复生成26,082笔预期外的市价委托订单；其次是该系统的订单执行系统存在缺陷，当瞬间重复生成天量市价委托订单时，未有风险控制反应，反而是将巨量市价委托订单直接发送至交易所。铭创公司是此次光大事件所用订单执行系统的开发商，当时的中标价仅10万元，而国外类似系统需几百万美元投入，即便是国内类似系统，如恒生公司，其报价也在100万元。同期中信证券引进国外同类产品，软件投入达几千万元，配套软硬件及线路机房等总投入在1.5亿元左右。如此悬殊的费用落差虽然不能直接证明彼此之间存在同等的性能落差，但也让人不禁怀疑此套系统的质量。该系统开发项目历时一年左右，并于3月完成研发工作，此后仅仅实行了不到半年的系统联测、压测、情景测试等工作就于7月29日正式上线，运行15个交易日即引发此次事故。

随着信息技术的发展，全球经济对网络科技的依赖越来越强，网络安全问题正成为企业面临的重大风险之一。而企业在内控建设中往往对其不甚关注，一方面对网络技术本身缺乏了解，另一方面自身的重视程度有限。如何通过信息技术、信息管理制度、系统使用流程、系统授权等一系列手段的组合，降低企业的网络安全风险将成为内部控制的重大议题。

（二）风险控制系统缺陷

通过该事件可以发现，光大证券该部门的业务开展并没有制定合理的风险控制措施。或者说，依照光大对自身风控系统的自信言论来看，我们完全有理由怀疑该部门业务系统独立于公司其他系统，并未置于公司风控体系监控下。因为如果设有常规的风控体系，并且发挥了基本的作用，风控体系中的任何一道防线发生作用都能避免此次事件。

第一道防线：未对交易员的交易品种、交易金额进行限额管理，操作员的“过大”权限导致了巨大的风险。

第二道防线：部门级风险控制系统缺陷，对部门实盘和当日操作金额均未进行限额控制。

第三道防线：公司的风险监控系统没有发现234亿元巨额订单，而且该部门有独立光缆直连上交所的交易单元和报盘机，与经纪和自营通道分开。

令人不解的是，这些权限限制和监控机制对现代的信息技术来说并不难实现，发生这样的集体失灵只说明是交易制度和业务流程的约束机制出现了问题。

现代证券业已实现了从“人—人”到“人—机”再到“机－机”交易的系统智能化、自动化转变；但系统再先进也离不开制度的建设，实际上越是智能化和自动化，对制度和流程的设计要求越高，只有基于完备的制度和流程才能实现安全、高效的系统功能，因此最重要的还是制度建设。作为证券业企业来说，风险贯穿业务全流程，必须首先做到制度的完备，再通过系统实现对制度的完全遵循，两者相结合才能做到有力的风险控制。

思考：根据信息系统内部控制相关要求，你认为可以从哪些方面加强光大证券的信息系统内部控制？

第八节　财务报告内部控制

《企业内部控制应用指引第 14 号——财务报告》中所指的财务报告，是指反映企业某一特定日期财务状况和某一会计期间经营成果、现金流量的文件，包括会计报表及其附注和应当在财务报告中披露的相关信息资料。财务报告由会计人员编制，是企业现有或潜在投资者、债权人做出科学投资、信贷决策的重要依据，也是政府监管机构掌握相关信息的重要途径。

企业应当严格执行会计法律法规和国家统一的会计准则制度，加强对财务报告编制、对外提供和分析利用全过程的管理，明确相关工作流程和要求，落实责任制，确保财务报告合法合规、真实完整和有效利用。总会计师或分管会计工作的负责人负责组织领导财务报告的编制、对外提供和分析利用等相关工作。企业负责人对财务报告的真实性、完整性负责。

一、财务报告内部控制的目标

美国 SOX 法案 404 条款规定：在美上市公司必须建立包括控制环境、风险评估、控制活动、信息与沟通、监控等内容的内部控制体系。为合理确保会计核算系统中确认、计量、记录、报告各步骤都具有真实合法的凭据，减少核算中的差错，美国证券交易委员会（SEC）在 2002 年发布的 33-8138 号提案中首次对财务报告内部控制提出了明确的要求，确保公司设计的内部控制程序能为下列事项提供合理保证：公司的业务活动经过合理的授权；保护公司的资产，避免未经授权的不恰当使用；业务活动被恰当地记录并报告，保证上市公司的财务报告符合会计准则的编报要求。财务报告的内部控制是指由企业的首席执行官、首席财务官或公司行使类似职权的人员设计或监管的，受到公司董事会、管理层和其他人员影响的，为财务报告可靠性和满足外部使用的财务报告编制的符合会计准则提供合理保证的控制程序。

（一）规范财务报告控制流程

企业通过制定明确的财务报告编制、对外提供及分析利用等相关流程，明确职责分工、权限范围和审批程序，科学管理机构设置与人员配备，确保财务报告编制过程中编制、审核、披露等不相容岗位的分离。企业财会部门负责财务报告的编制和分析报告编写工作，企业内部各部门需要及时提供财务报告编制所需的信息，参与财务分析会议，促进财务报告的有效利用。

（二）健全财务报告授权审批制度

建立健全财务报告编制、报送和分析利用各环节的授权批准制度，如财务报告编制方案的审批、会计政策与会计估计的审批、重大交易事项会计处理的审批、财务报告内容的审核等。企业应根据经济业务性质、组织机构设置和管理层级安排，建立企业内部分级管理制度；规范审批审核流程与手续，确保报送与审批审核级别相符的材料，确保材料真实、完整；健全审批监控，防范越权审批，妥善保管审批文件。

（三）建立日常信息核对制度

建立日常信息定期核对制度，以保证财务报告真实、完整。在会计处理过程中及时对账，完善会计账簿与实物资产、会计凭证、往来单位或个人的核对机制，对于核对中发现的差异应及时查明原因并进行会计处理，确保会计信息的及时、真实与完整。防范由于舞弊引起的虚假交易，虚构收入、费用等风险或由于业务能力不足引起的会计处理错误等风险。

（四）充分利用会计信息技术

通过会计信息技术的应用，可实现提高工作效率和工作质量、防范财务报告风险的目标。主要有以下几个方面：定期更新和维护会计信息系统，确保系统数据、计算公式以及数据勾稽关系的准确性；建立访问安全制度，对系统的操作权限、信息使用、信息管理等设置明确的规定，确保财务报告数据安全性，防止对财务系统的非法篡改或删除；严格规范对会计信息系统的修改、系统软件升级以及系统硬件更换的审批，采取适当的替代措施确保财务报告的连续性；做好数据源信息的审核监控工作，确保录入的原始数据的真实、准确、完整；制定财务报告业务操作规范，保证会计信息系统各项技术与业务配置均符合会计准则的要求；指定专人负责会计信息系统数据的归档管理工作，定期做好备份，对会计存储介质的会计档案，定期检查其有效性。

二、财务报告业务流程

企业财务报告业务流程主要包括财务报告的编制、财务报告的对外披露和财务报告的分析利用等三个阶段（见图 4-10）。

（一）财务报告的编制

企业财务报告应按照会计准则规定，以登记完整、核对无误的会计账簿及其他资料为依据进行编制，做到完整、真实、准确。财务报告编制阶段主要涉及下列具体的步骤：

（1）日常业务的会计处理。财务部门根据企业会计准则以及行业相关政策，对企业日常经济业务事项进行会计处理。

（2）重大事项的会计处理。企业对当前具有重大影响的事项应当予以确认，如以前年度损益调整以及相关事项对当期财务报告的影响、会计准则制度的变化对财务报告的影响、合并报表范围发生变化对财务报告的影响等，企业对重大事项的处理应当进行适当的审批；对需要专业判断的重大事项应及时上报财务部门进行研究，对重大事项的处理应与相关部门沟通，如资产减值的确定、公允价值的计量等涉及重大判断与估计的，财务部门需要与资产管理部门及时沟通。

（3）清查资产、核实债务。在编制财务报告前，财务部门需要会同相关部门制定资产清查与债务核实的计划，合理安排清查与核实的时间、人员配备、进度安排等，确定实物资产盘点的具体方法与安排，做好业务准备工作，通过资产清查、债务核实，确保债务金额核对一致，实物资产的数量与账面一致；对清查过程中发现的差异，及时查找原因，提出处理意见，取得合法的凭据，按照规定报经审批后按照会计准则的要求进行会计处理。

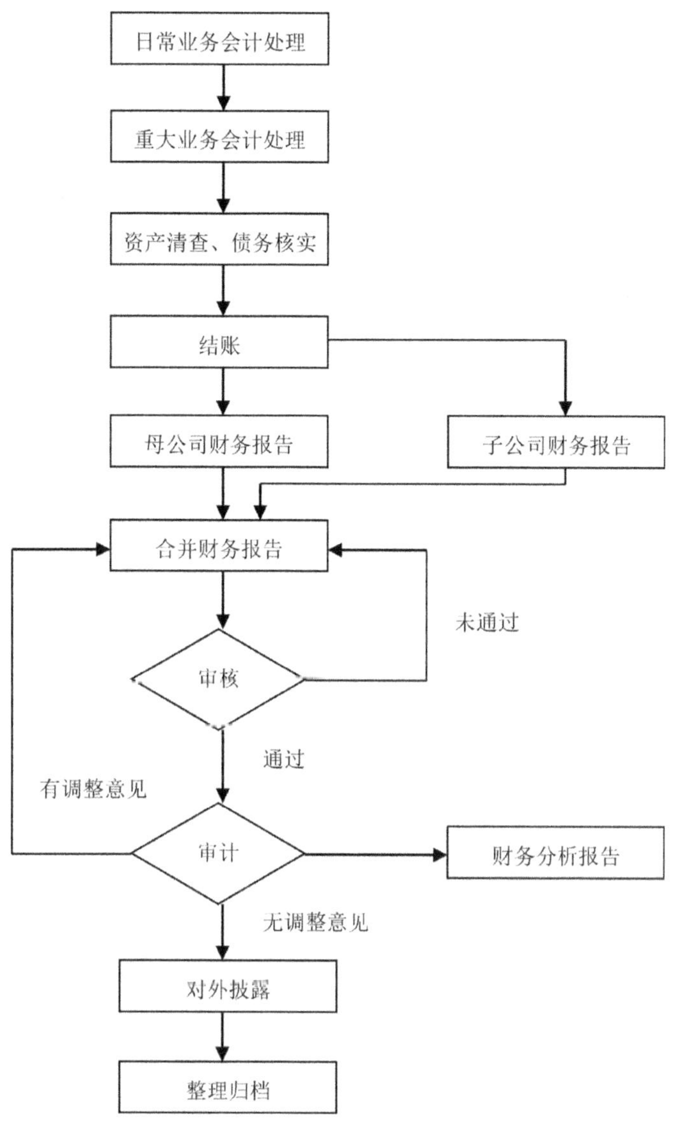

图 4-10　财务报告基本流程

（4）结账。企业在完成日常业务会计处理、重大事项会计处理以及清查资产与核实债务后，核对各会计账簿记录与会计凭证的内容、金额是否一致，会计处理是否符合会计准则的要求，对当期需要计提的折旧、摊销、资产减值等予以确认，实施结账步骤。

（5）编制财务报告。对一般企业来讲，按照会计准则要求的格式和内容编制财务报告。部分企业需要编制个别财务报告和企业集团整体层面的合并财务报告。个别财务报告是指由企业或子公司编制的，仅反映企业或子公司自身财务状况、经营成果和现金流量的报告。合并财务报告反映的是母公司及其子公司形成的企业集团整体的财务状况、经营成果和现金流量。编制合并财务报告首先需根据会计准则规定确定合并的范围，确定内部交易事项，进行内部控制抵消会计处理。

（二）财务报告的对外披露

企业应当按照法律法规和会计制度的要求，及时对外披露财务报告。编制完成的财务报告需要由具有审批权限的层级签发，对需要经过会计师事务所审计的财务报告必须经注册会计师审计后，将企业财务报告与审计报告一并提供。对外披露的财务报告和审计报告应当及时整理归档并妥善保管。

（三）财务报告的分析利用

企业财务报告反映了企业在某一时点的财务状况、一定时期的经营成果和现金流量，以及与上述信息相关的财务报表附注。除了对外提供财务报告以向外部使用者提供企业信息外，企业在内部经营管理过程中，也需要对财务报告所反映的信息进行汇总、计算、对比，系统了解企业的偿债能力、资本结构、盈利能力以及营运能力等情况，评价企业获得现金及现金等价物的能力，预测企业未来现金流量。企业应当建立健全财务报告分析制度，采用科学的方法及时对财务报告进行分析，为管理层决策提供依据。

三、财务报告内部控制主要风险

（一）财务报告编制环节主要风险

财务报告编制是会计核算的重要环节，是企业对外披露财务信息的首要环节，对保证财务报告的真实、完整具有重要意义。企业必须按照会计准则的要求，定期编制财务报告。企业应当制定完善的财务报告编制制度，明确具体的编制方案，确定编制方法、编制程序、组织分工、编报时间等。

1. 日常会计处理环节的风险

日常会计处理的风险主要有：会计政策的选择违反企业会计准则的要求，会计政策、会计估计及变更未经审批，导致会计政策选择不当；各部门职责不清，没有严格确定人员的分工，导致财务数据传递出现差错或者格式不一致，影响财务报告的质量；会计处理不及时，财务报告未按照规定的时间编制，导致财务报告不及时。

2. 重大事项确定环节的风险

这一环节的风险主要有：企业发生债务重组、非货币性交易、收购兼并等重大事项时，会计处理不当导致会计信息失真，给企业带来潜在或现实的损失；披露信息不规范、不合理，导致存在虚假记载、误导性陈述、重大遗漏等。

3. 资产清查、债务核实环节的风险

这一环节是为确保所提供的会计信息真实、完整而在财务报告编制前进行的全面资产清查、债务核实。资产清查、债务核实过程中的风险主要有：未对资产清查、债务核实进行合理计划，未合理安排时间和工作进度，导致资产清查、债务核实的准备工作不充分，影响清查与核实的效果；资产清查、债务核实过程中，没有严格对各类资产的凭据、实物、账面进行核对，没有对债务进行严格的对账，对资产清查、债务核实过程中发现的差异，未及时查找原因，未按照会计准则要求进行会计处理。

4. 结账环节的风险

结账环节是财务报告编制前的重要环节，是确保财务报告编制信息真实、完整的关键步骤。这一环节的主要风险有：没有严格进行账账、账证、账表核对，账务处理存在差错，虚列或隐瞒收入，推迟或提前确认收入，随意改变费用、成本的确认与计量方法，导致费用、成本不实，结账时间和结账程序不符合相关规定，随意对已结账会计期间进行重新处理。

5. 财务报告编制环节的风险

财务报告编制环节主要风险有：报表数据不完整、不准确，报表种类不完整，报表附注内容不完整等，在编制合并财务报告时合并范围不准确，内部交易事项未进行会计处理，导致财务报告失真，决策失误。

（二）财务报告对外披露环节主要风险

财务报告对外披露环节，一般包括财务报告披露前的内部审核、财务报告的外部审计以及正式对外披露几个步骤。这一环节的主要风险有：财务报告对外披露前未经企业内部审核，对报告内容真实性、完整性及报告格式审核不充分；对外披露的财务报告未经注册会计师审计或者聘请的审计机构不符合法律法规的要求，企业与审计机构串通舞弊；对外提供财务报告时，未按照要求进行财务报告披露，财务报告在编制基础、编制方法、编制原则等方面不一致，对财务报告使用的有效性产生不利影响，披露时间不及时，导致财务报告时效性不足，或提前泄露财务报告信息，导致内幕交易等违规行为。

（三）财务报告分析利用环节主要风险

财务报告分析利用是企业相关部门（通常为财务部门）按照财务分析制度定期编制财务分析报告，与其他相关部门通过各种形式对企业从财务报告反映出的经营管理状况进行分析，发现存在的问题，提高经营管理水平。财务报告分析利用一般包括两个部分，一是编制财务分析报告，二是财务分析后对问题的整改落实。总体来讲这一环节的主要风险有：财务报告分析目标不明确，财务分析方法不恰当，导致无法达到利用财务分析辅助决策的目的；财务分析报告内容不够完整，未对生产经营过程中的重大事项进行重点分析，或者财务报告分析仅限于财务部门，未充分利用其他部门的资源，影响财务分析质量与有用性；对财务分析中提出的意见不够重视，没有及时进行整改落实。

四、财务报告内部控制关键控制点与措施

（一）财务报告编制环节关键控制点与措施

1. 编制财务报告前会计处理

需要重点关注会计政策和会计估计，对财务报告产生重大影响的交易和事项的处理应当按照规定的权限和程序进行审批，进行必要的资产清查、减值测试和债权债务核实。按照国家统一的会计准则制度规定，根据登记完整、核对无误的会计账簿记录和其他有关资料编制财务报告，做到内容完整、数字真实、计算准确，不得漏报或者随意进行取舍。

2. 确保财务报告列示的资产、负债、所有者权益金额应当真实可靠

各项资产计价方法不得随意变更，如有减值，应当合理计提减值准备，严禁虚增或虚减资产；各项负债应当反映企业的现时义务，不得提前、推迟或不确认负债，严禁虚增或虚减负债；所有者权益应当反映企业资产扣除负债后由所有者享有的剩余权益，由实收资本、资本公积、留存收益等构成；做好所有者权益保值增值工作，严禁虚假出资、抽逃出资、资本不实。

3. 按照法律法规要求编制财务报告

如实列示当期收入、费用和利润，各项收入的确认应当遵循规定的标准，不得虚列或者隐瞒收入，推迟或提前确认收入；各项费用、成本的确认应当符合规定，不得随意改变费用、成本的确认标准或计量方法，虚列、多列、不列或者少列费用、成本；利润由收入减去费用后的净额、直接计入当期利润的利得和损失

等构成，不得随意调整利润的计算、分配方法，编造虚假利润；各种现金流量由经营活动、投资活动和筹资活动的现金流量构成，应按照规定划清各类交易和事项的现金流量的界限。

企业按照国家统一的会计准则制度编制报表附注，报表附注是财务报告的重要组成部分，对反映企业财务状况、经营成果、现金流量的报表中需要说明的事项，作出真实、完整、清晰的说明；企业集团应当编制合并财务报表，明确合并财务报表的合并范围和合并方法，如实反映企业集团的财务状况、经营成果和现金流量；企业编制财务报告，应当充分利用信息技术，提高工作效率和工作质量，减少或避免编制差错和人为调整因素。

（二）对外披露环节关键控制点与措施

企业应当依照法律法规和国家统一的会计准则制度的规定，及时对外提供财务报告；财务报告编制完成后，按照规定装订成册，加盖公章，由企业负责人、总会计师或分管会计工作的负责人、财会部门负责人签名并盖章；财务报告须经注册会计师审计的，注册会计师及其所在的事务所出具的审计报告，应当随同财务报告一并提供；企业对外提供的财务报告应当及时整理归档，并按有关规定妥善保存。

（三）分析利用环节关键控制点与措施

1. 定期召开财务分析会议

企业应当重视财务报告分析工作，定期召开财务分析会议，充分利用财务报告反映的综合信息，全面分析企业的经营管理状况和存在的问题，不断提高经营管理水平；吸收有关部门负责人参加企业财务分析会议，由总会计师或分管会计工作的负责人在财务分析和利用工作中发挥主导作用。

2. 对经营状况进行充分分析

分析企业的资产分布、负债水平和所有者权益结构，通过资产负债率、流动比率、资产周转率等指标分析企业的偿债能力和营运能力；分析企业净资产的增减变化，了解和掌握企业规模和净资产的变化过程；分析各项收入、费用的构成及其增减变动情况，通过净资产收益率、每股收益等指标，分析企业的盈利能力和发展能力，了解和掌握当期利润增减变化的原因和未来发展趋势；分析经营活动、投资活动、筹资活动现金流量的运转情况，重点关注现金流量能否保证生产经营过程的正常运行，防止现金短缺或闲置。

3. 充分利用财务分析报告

企业定期的财务分析需要形成分析报告，构成内部报告的组成部分；及时将财务分析报告结果传递给企业内部有关管理层级，充分发挥财务报告在企业生产经营管理中的重要作用。根据分析报告的意见和各部门职责，由责任部门负责落实整改要求，由财务部门负责监督、跟踪落实情况。

第九节　合同管理内部控制

《企业内部控制应用指引第 16 号——合同管理》中所指的合同，是指企业与自然人、法人及其他组织等平等主体之间设立、变更、终止民事权利义务关系的协议，但不包括企业与职工签订的劳动合同。合同管理是企业生产经营过程中非常普遍的一项经济活动，企业的经济往来通常都是以合同的形式进行的，企业经营的效果与合同以及合同管理有着密切的关系。

企业合同管理是指企业对以自身为当事人的合同依法进行订立、履行、变更、解除、转让、终止以及审查、监督、控制等一系列行为的总称，其中合同的订立、履行、变更、解除、转让、终止是合同管理的内容或合同管理的对象，审查、监督、控制是合同管理的手段。合同管理必须是全过程、系统性和动态性的，防范合同业务风险，加强合同业务控制，构建合同业务内部控制框架。通过加强合同管理，确定合同归口管理部门，明确合同拟定、审批、执行等环节的程序和要求，定期检查和评价合同管理中的薄弱环节，采取相应控制措施，促进合同有效履行，切实维护企业的合法权益。

一、合同管理内部控制目标

在全面系统梳理合同业务流程和主要风险之前，需要确立合同管理内部控制的目标。合同管理内部控制目标是合同管理的方向。合同业务控制是董事会、监事会、管理层及全体员工实施的，旨在实现合同内部控制目标的过程，包括合同当事人资信调查、合同谈判、合同文本拟定、合同审批、合同签署、合同履行、履行监督、合同归档及纠纷处理等合同的全过程。合同内部控制的实质是对合同风险的控制，主要控制目标包括以下三个方面。

（一）防范企业法律风险

企业应当通过合同管理防范法律风险，维护企业合法权益。企业合同管理实质上是企业风险管理、权利管理和效益管理，合同管理对企业的生存与发展起着基础性作用。合同法律风险管理是运用法律、管理手段实现合同风险的有效规避，实现企业经营目标。

（二）降低企业运营风险

合同管理从宏观上来讲，是指经营合同管理职能的国家行政机关和经济组织按照国家授权范围，通过指导、组织、监督和检查等方式促使合同当事人依法签订、履行、变更、解除合同，承担违约责任，制止和查处利用合同的违法活动，保障合同法律制度的贯彻实施。因此，合同管理内部控制的目标就是将企业经营与合同风险管理紧密联系，将合同风险管理融入经营业务开展的全过程，在业务控制之前，引入企业合同风险的分析意见，监控业务目标的实现，确保企业经营业务的正常进行，降低企业运营风险，提高经营管理水平，促进企业可持续发展。

（三）防范企业财务风险

企业合同管理除了对经营业务过程进行全面控制，也需要将合同风险管理联系到企业财务管理和资金流动中去，强化企业财务管理和资金运动的过程控制。防范合同风险需要与企业经营管理、财务管理和资金流动过程相结合。

二、合同管理基本流程

合同管理流程包含多个环节，合同风险管理通常由企业法律事务部门负责，其职责包括合同审核、合同监督、合同纠纷处理等。合同管理控制从大的方面来讲主要包括合同的订立与合同的履行两大阶段，从具体的管理过程来讲，对合同订立环节与履行环节进行细分，可具体分为合同调查、合同谈判、合同文本拟定、合同审批、合同签订、合同履行、合同补充与变更、合同解除、合同结算、合同归档等环节（见图 4-11）。

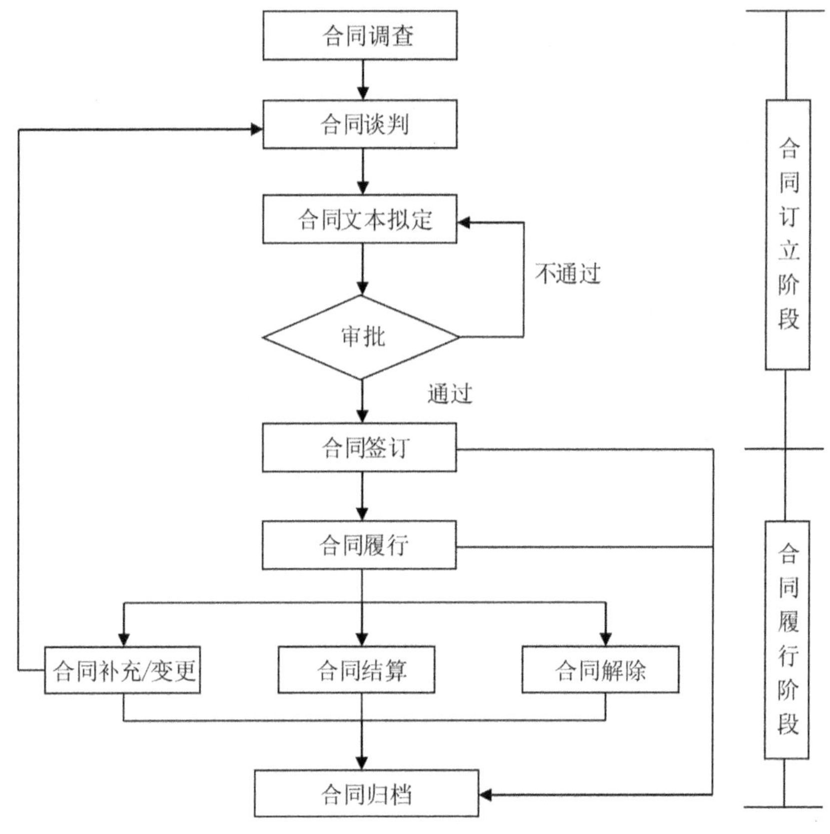

图 4-11　合同管理基本流程

（一）合同调查环节

企业在订立合同前需要进行合同调查，目的是了解合同订立当事人的主体资格、信用能力、财务状况等，确保对方具有合同履约能力。合同调查环节主要由企业法务部门负责，涉及合同主体资格审查、合同内容信息审查、合同调查等。合同调查通常是与被调查对象的主要供应商、客户、客户银行、主管税务机关以及工商管理部门等进行沟通，了解其生产经营、商业信誉、履约能力等，同时，获取对方当事人财务报告、以往交易记录等信息，评估财务风险。

（二）合同谈判环节

初步确定合同当事人后，企业与对方开始进行合同谈判。谈判过程中应按照自愿、公平原则，磋商合同内容与具体条款，明确双方的权利义务与违约责任。对影响重大、专业性较强的合同，可以聘请外部专家参与谈判，对合同谈判的内容必须做好保密工作，防止机密外泄，加强责任追究。

（三）合同文本拟定环节

根据合同谈判结果，企业需要拟定合同文本，合同条款是合同文本拟定的关键内容。合同条款应当明确、严谨、准确、完整，一般包括缔约各方的名称和住所、合同标的、数量、质量、价格、履行期限及地点和方式、违约责任以及争议解决方式等内容。在合同条款制定过程中，对各个条款应当充分考虑。合同文本拟定通常涉及业务部门、法务部门，有时也需要财务等部门对合同的具体条款参与拟定，合同文本的拟定应当由归口部门统一管理和授权审批，对需报经国家主管部门审查或备案的，应履行相应的程序。

（四）合同审批环节

合同审批是对拟定的合同文本进行审核批准的过程。合同审批的重点是审核合同文本的合法性、经济性、可行性和严密性，具体包括关注合同主体、内容和形式是否合法，合同内容是否符合企业经济利益，对方当事人是否具有履约能力，合同的权利和义务、违约责任以及争议解决条款是否明确。对影响重大或法律关系复杂的合同文本，需要组织财务、内审、法律、业务等多个部门进行联合审核，对合同审批过程中的意见应准确、完整地进行记录。对已审批的合同条款进行修改的，需要再次履行审批流程，不得擅自修改。

（五）合同签订环节

在合同经过相关部门审核批准后，当事人与合同对方当事人正式签订合同并加盖合同专用章或公章。合同正式签订后即具有法律效力，对合同当事人具有法律约束力。在签订合同过程中，企业按规定程序与权限与对方当事人签订合同。企业需要建立严格的合同用章保管和使用制度，合同在完成编号、审批等流程后方可盖章。对已签订的合同，企业需要采取在合同页码之间加盖骑缝章、使用防伪印记、使用不可编辑的电子文档等措施，防止合同被篡改。对需办理批准、登记手续方可生效的合同，应及时办理相关手续。

（六）合同履行环节

合同履行是按照合同条款约定的时间、地点、质量和技术标准、运输方式等执行合同的过程。企业与对方当事人应遵守诚实守信的原则，根据合同的性质、目的、交易习惯等履行通知、协助、保密等义务。合同履行过程中，企业需要对合同履行情况及效果进行检查、分析和验收，对合同当事人的履约情况进行监控，对需要补充、变更或解除合同的，应及时处理，履约过程中发生纠纷的，应依据国家相关法律法规的要求进行处理。

（七）合同结算环节

合同结算是按照合同约定，办理合同价款结算，按合同收取款项或支付款项的过程。合同结算通常由财务部门履行，财务部门在审核合同条款的基础上，办理业务结算手续，对未按照合同条款履行约定的或应签订合同而未签订的支付请求，财务部门应当拒绝支付，并按规定程序上报。

（八）合同归档环节

合同归档保管是对已正式签署生效的合同进行统计、分类、保管，详细登记合同的订立、履行、变更以及终结的情况。合同归档包含合同管理的全过程，合同的签订、履行、结算、变更、解除等均需要进行详细的登记归档。明确归档合同的流转、借阅、归还等流程和审批程序，明确合同档案职责权限。严格合同档案保密工作，未经批准，不得泄露合同订立与履行过程中涉及的国家和企业商业机密。

三、合同管理的主要风险

合同管理风险是指企业在合同从订立到履行过程中受各种不确定因素的影响而遭受损失的可能性。合同业务流程从大的方面可以分为合同订立阶段和合同履行阶段两部分。下面从这两个方面对合同管理的主要风险分别进行详细的阐述。

（一）合同订立阶段的主要风险

合同订立阶段主要包括合同调查、合同谈判、合同文本拟定、合同审批和合同签订这几个主要环节。

1. 合同调查环节的风险

合同调查环节存在的风险主要是对合同对方当事人的主体资格审查不严、信用情况判断失误、履约能力评价不当等，主要包括：

（1）忽视被调查对象的主体资格审查，合同对象不具备相应的民事权利能力和民事行为能力，不具备特定的资格，不具备代理权限或者越权代理等。

（2）合同签订前错误判断被调查对象的信用状况，在合同履行过程中未持续关注对方当事人资信变化，导致企业遭受损失。

（3）对被调查对象的履约能力评价不当，将不具备履约能力的对象确定为合格的合同对象，或者将具备履约能力的对象排除在外。

2. 合同谈判环节的风险

合同谈判环节是在合同调查完成后，与初步确定的合同对象就合同的内容和条款，明确合同当事人权利和义务的过程。合同谈判是企业组织合同相关人员与合同对方当事人进行洽谈，在这过程中存在参与谈判人员的选择不当、缺乏谈判技巧、谈判内容泄密等风险，主要包括：

（1）对影响重大、专业性较强的合同，没有组织企业相关职能部门参与，对聘请的外部专家的专业资质、胜任能力和职业道德等没有进行严格审查，导致参与谈判人员缺乏应有的素质。

（2）对合同谈判对手的情况缺乏足够的了解，没有掌握国家的法律法规、行业监管、产业政策、同类产品或服务的市场等信息，导致企业制定的谈判策略不恰当。

（3）对合同的核心内容、关键条款与细节没有进行足够的研究，导致存在对本企业明显不利的合同条款。合同谈判的策略和内容泄密，导致企业在谈判过程中处于不利地位。

3. 合同文本拟定环节的风险

合同文本拟定环节的风险主要有选择拟定合同的形式、合同具体的内容和条款以及合同拆分等几方面的风险，具体包括：

（1）选择的合同文本或合同形式不恰当，对应当签订书面合同的没有签订书面合同，合同的内容与国家法律法规、行业政策、企业战略目标等存在冲突。

（2）合同文本没有经专业的部门审定，合同的内容和条款不完整、表述不够严谨准确、存在重大遗漏，导致企业合法权益受损。

（3）缺乏对合同文本的统一归口部门管理，存在通过化整为零等方式有意规避合同管理控制的行为，对须报经国家相关主管部门审查或备案的合同，未履行相应的程序。

4. 合同审批环节的风险

合同审批是企业对合同当事人资格的证件、资质审查，具体审查权利和义务条款是否明确、违约责任条款是否合适、结算方式是否合规等，对经过审查的合同由具备审批权限的部门和人员审批通过。合同审批环节的风险主要有合同审批人员素质、合同审核流程以及审核修改意见的执行等。

（二）合同履行阶段的主要风险

1. 合同履行环节的风险

合同履行环节是在合同经过审批，正式签订合同后，企业与对方当事人依照诚信原则，根据合同约定对合同条款的履行过程。这一过程中存在合同义务履行不当、对合同对方当事人履约能力缺乏监控、合同纠纷处理不当等风险，主要包括：

（1）合同的当事人未能恰当履行合同义务，导致合同目的无法实现。

（2）合同生效后，对合同条款未明确的事项或合同履行环境发生变更需要变更的，未能签订补充协议，导致合同无法正常履行。

（3）合同履行过程中未能及时发现可能导致企业利益受损的情况，对已发现企业利益受损的情况未能及时采取补救措施，造成企业遭受损失。

（4）对合同纠纷未能采取合理措施，导致企业遭受处罚、法律诉讼失败，损害企业经济利益和形象。

2. 合同结算环节的风险

合同结算是合同执行的重要环节，在这一过程中存在合同结算不及时、结算金额有误等风险，主要包括：

（1）对应当支付的合同结算款项，在合同规定期限内未按照约定及时支付，或者支付金额和支付方式与合同约定不符，导致合同纠纷。

（2）对应当收取的合同款项，在合同到期后未及时进行催收，增加坏账风险。

3. 合同归档环节的风险

合同登记归档是对合同全过程的管理，包括合同的签署、履行、结算、补充或变更、解除等环节。在这一过程中主要存在合同保管不当、泄密等风险，主要包括：

（1）未制定完善的合同归档管理制度，未定期对合同进行统计、分类和归档，导致合同档案缺失。

（2）未制定严格的合同使用管理制度，导致在订立、履行过程中合同内容泄露，给企业造成损失。

（3）未明确合同的流转、借阅和归还的职责权限和审批流程，导致合同滥用风险。

四、合同管理关键控制点与措施

（一）合同订立阶段关键控制点与措施

1. 充分调查合同对方当事人

合同订立前充分了解合同对方的履约能力，审查调查对象的法人或自然人证件、资质证明、授权委托书等，评价其主体资格是否恰当。获取调查对象的财务报告、审计报告、以往的交易记录等信息，评估其财务状况和信用情况，必要时，对调查对象进行现场调查，分析其履约能力；从外部取得调查对象的信息，与其供应商、客户、开户银行及政府监管部门等进行沟通，了解其生产经营、市场地位、商业信誉等情况。

2. 做好合同谈判工作

收集对手的资料，充分熟悉谈判对手的情况，研究国家、行业监管部门的政策，产品市场状况，确定企业的谈判策略，对合同的核心内容、重要条款等进行重点关注；对于影响重大、涉及较高专业技术或法律关系复杂的合同，应当组织法律、技术、财会等专业人员参与谈判，必要时可聘请外部专家参与相关工作，充分了解外部专家的资质、专业胜任能力和职业道德；对谈判过程中的重要事项和参与谈判人员的主要意见，应当予以记录并妥善保存；对于谈判的内容做好严格的保密措施，防止泄露；企业对外发生经济行为，除即时结清方式外，应当订立书面合同；合同订立前，应当充分了解合同对方的主体资格、信用状况等有关内容，确保对方当事人具备履约能力。

3. 严格控制合同文本

企业根据协商、谈判等的结果，拟定合同文本，按照自愿、公平原则，明确双方的权利义务和违约责任，做到条款内容完整、表述严谨准确、相关手续齐备，避免重大疏漏；合同文本一般由业务承办部门起草、法律部门审核，重大合同或法律关系复杂的特殊合同应当由法律部门参与起草；国家或行业有合同示范文本的，可以优先选用，但对涉及权利义务关系的条款应当进行认真审查，并根据实际情况进行适当修改；合同文本须报经国家有关主管部门审查或备案的，应当履行相应程序。

4. 对合同进行审核

对合同文本进行严格审核，重点关注合同的主体、内容和形式是否合法，合同内容是否符合企业的经济利益，对方当事人是否具有履约能力，合同权利和义务、违约责任和争议解决条款是否明确等；企业对影响重大或法律关系复杂的合同文本，应当组织内部相关部门进行审核；相关部门提出不同意见的，应当认真分析研究，慎重对待，并准确无误地加以记录，需要对合同条款作出修改的，内部相关部门应当认真履行审核职责。

5. 正式签订合同

企业按照规定的权限和程序与对方当事人签署合同。正式对外订立的合同，由企业法定代表人或由其授权的代理人签名或加盖有关印章，授权签署合同的，应当签署授权委托书；属于上级管理权限的合同，下级单位不得签署，下级单位认为确有需要签署涉及上级管理权限的合同，应当提出申请，并经上级合同管理机构批准后办理；上级单位应当加强对下级单位合同订立、履行情况的监督检查；完善合同专用章保管制度，合同经编号、审批及企业法定代表人或由其授权的代理人签署后，方可加盖合同专用章，加强合同信息安全保密工作，未经批准，不得以任何形式泄露合同订立与履行过程中涉及的商业秘密或国家机密。

（二）合同履行阶段关键控制点与措施

1. 按照约定履行合同

企业应当遵循诚实信用原则严格履行合同，对合同履行实施有效监控，强化对合同履行情况及效果的检查、分析和验收，确保合同全面有效履行。合同生效后，企业就质量、价款、履行地点等内容与合同对方没有约定或者约定不明确的，可以协议补充，不能达成补充协议的，按照国家相关法律法规、合同有关条款或者交易习惯确定；在合同履行过程中发现有显失公平、条款有误或对方有欺诈行为等情形，或出于政策调整、市场变化等客观因素，已经或可能导致企业利益受损的，应当按规定程序及时报告，并经双方协商一致，按照规定权限和程序办理合同变更或解除事宜；加强合同纠纷管理，在履行合同过程中发生纠纷的，依据国家相关法律法规，在规定时效内与对方当事人协商并按规定权限和程序及时报告，合同纠纷经协商一致的，双方应当签订书面协议，合同纠纷经协商无法解决的，应当根据合同约定选择仲裁或诉讼方式解决；企业内部授权处理合同纠纷的，应当签署授权委托书，纠纷处理过程中，未经授权批准，相关经办人员不得向对方当事人作出实质性答复或承诺。

2. 严格控制合同结算

为降低企业合同结算过程中的风险，企业需要针对企业合同结算过程中的风险采取有效措施。企业财会部门根据合同条款审核后办理结算业务，根据合同约定的条款按期支付结算款项，对未按合同条款履约的，或应签订书面合同而未签订的，财会部门有权拒绝付款，并及时向企业有关负责人报告；对合同应收取的款项，企业需要指定专门部门及人员负责日常管理，对逾期未收到的款项及时进行催收。

3. 加强合同归档管理

合同管理部门应当加强合同登记管理，充分利用信息化手段，定期对合同进行统计、分类和归档，详细登记合同的订立、履行和变更等情况，实行合同的全过程封闭管理；加强合同管理的后期评估，建立合同履行情况评估制度，至少于每年年末对合同履行的总体情况和重大合同履行的具体情况进行分析评估，对分析评估中发现的合同履行中存在的不足，及时加以改进；健全合同管理考核与责任追究制度，对合同订立、履行过程中出现的违法违规行为，追究有关机构或人员的责任。

五、案例思考

例 4-6　A 股史上最大利润造假案——康得新①

一、证监会处罚结果

2020 年 6 月 28 日，中国证监会对康得新复合材料集团股份有限公司（以下简称康得新，股票代码 002450）下发《行政处罚及市场禁入事先告知书》（处罚字〔2020〕56 号）（以下简称《事先告知书》）。部分内容如下：

根据《事先告知书》认定的事实，公司存在触及《深圳证券交易所上市公司重大违法强制退市实施办法》《股票上市规则》规定的强制退市情形的可能性，公司股票可能被实施重大违法强制退市。公司股票已自 2019 年 7 月 8 日停牌。

经查明，康得新涉嫌违法的事实如下（部分）。

（一）虚增利润 115.3 亿元

2015—2018 年年度报告存在虚假记载。2015 年 1 月至 2018 年 12 月，康得新通过虚构销售业务方式虚增营业收入，并通过虚构采购、生产、研

① 中国证监会网站，http://static.cninfo.com.cn/finalpage/2020-06-28/1207963133.PDF；宋夏云、陈丽慧、况玉书，《康得新财务造假案例分析》，《财务管理研究》2019 年第 2 期，第 62-67 页；《康得新涉嫌欺诈上市：隐瞒与海外大客户关联关系 虚增资产夸大收入》，https://business.sohu.com/20130708/n380990459.shtml。

发费用、产品运输费用等方式虚增营业成本、研发费用和销售费用。通过上述方式，康得新《2015年年度报告》虚增利润总额2,242,745,642.37元，占年报披露利润总额的136.22%；《2016年年度报告》虚增利润总额2,943,420,778.01元，占年报披露利润总额的127.85%；《2017年年度报告》虚增利润总额3,908,205,906.90元，占年报披露利润总额的134.19%；《2018年年度报告》虚增利润总额2,436,193,525.40元，占年报披露利润总额的711.29%。

（二）虚假记载银行存款122亿元

康得新2015—2018年年度报告中披露的银行存款余额存在虚假记载。康得新2015—2018年年度报告披露了各年末银行存款余额情况：2015年披露为9,571,053,025.20元，其中包括康得新及其子公司在北京银行股份有限公司（以下简称北京银行）西单支行尾号为3796、3863、4181、5278的账户（以下简称银行账户）余额共计4,599,634,797.29元；2016年披露为14,689,542,575.86元，其中包括康得新及其子公司在北京银行西单支行的账户余额6,160,090,359.52元；2017年披露为17,781,374,628.03元，其中包括康得新及其子公司在北京银行西单支行的账户余额10,288,447,275.09元；2018年披露为14,468,363,032.12元，其中包括康得新及其子公司在北京银行西单支行的账户余额12,209,443,476.52元。根据康得投资集团有限公司（以下简称康得集团）与北京银行西单支行签订的《现金管理业务合作协议》，康得新及其合并财务报表范围内3家子公司的4个北京银行账户资金被实时、全额归集到康得集团北京银行西单支行尾号为3258的账户，康得新及其各子公司北京银行账户各年实际余额为0。

此外，康得新还存在未及时披露关联担保、未如实披露募集资金使用情况等违法行为。

二、利润造假主要手段

康得新于2001年8月成立，2011年1月在深圳证券交易所中小板上市，康得投资集团有限公司持股53.16%。康得新有三大主要业务，分别是以预涂材料和光电材料为核心的新材料，以SR、3D、大屏触控为中心的智能显示，以及碳纤维业务。2002年10月，中国首条预涂膜生产线由康得新建成投产；2007年，康得新首次私募融资大获成功，并于同年在张家港生产基地开辟了第二条预涂膜生产流水线；2009年，公司再次通过私募融资获得大笔资金，在北京建成了两条预涂膜生产线；2009年8月，为扩大规模效应和集群效应，康得新在张家港生产基地新建了公司的第五和第六条预涂膜生产线并投产。康得新在中国预涂膜行业取得了龙头地位。康得新的全年营业收入从2007年的1.64亿元攀升到2010年的5.24亿元，4年间涨幅近219.51%，显示出良好的发展态势。2011年上市后，康得新的股价不断攀升，2017年在蓝筹牛市中创下历史新高，涨幅达27倍，一度被誉为“中国的3M”和“千亿白马股”。

然而，2019年1月15日，康得新手握“巨额现金”却无法足额偿付10亿元短期融资券本息。随后，康得新的股票因银行账号被冻结而触发深交所规定中的其他风险警示情形，被纳入“退市风险警示股票”名单，直到证监会向康得新下发《中国证券监督管理委员会行政处罚及市场禁入事先告知书》。2019年1月23日开市，康得新一夜之间变为“ST康得新”，15万股民震惊，其股价跌至3.52元/股，与最高点相比跌幅达86%。

康得新利润造假的方法：一是伪造海外客户，炮制虚假业务合同，临摹国外客户签名，粘贴打印，虚构外销业务产业链。康得新的外销业务实质上是将PET等外品（基材）冒充光学膜运到海外，免费送给别人，再由康得新相关人员一手炮制虚假业务合同，临摹国外客户签名后完成。二是通过关联方虚构销售业务，虚构大量应收账款，通过虚构客户的采购金额虚构收入，在年报中隐瞒前五大客户和供应商。

其实早在2013年，就有文章质疑康得新欺诈上市，招股书显示，2007—2009年公司的前五大客户中均有来自美国及欧洲的客户。其中，位于荷兰的Kangdexin Europe（或称Kangdexin Europe BV）多次出现。

2008年，Kangdexin Europe为公司第三大客户，贡献销售金额2,060万元，占营业收入的7.93%；2009年，其为第二大客户，贡献销售金额3,150万元，占营业收入的8.64%。招股书称，Kangdexin Europe是康得新在欧洲的经销商，被后者允许使用“KANGDEXIN”的名称字样，为其在欧洲地区拓展市场，推广品牌。Kangdexin Europe网站亦显示，其为康得新的预涂膜产品在欧洲的经销商。

上市后，Kangdexin Europe继续在康得新国外客户中扮演着重要角色。2010年，它是公司第二大客户，贡献营业收入6,326万元，占营业收入的12.07%；2011年，是第三大客户，贡献营业收入9,007万元，占营业收入的5.9%；2012年上半年，是第四大客户，贡献营业收入5,853万元，占营业收入的6.09%。

2012年年报中，康得新未披露公司前五大客户详细名单。理由是公司称，客户信息对任何一家公司而言都属于重要的商业机密，2012年年报中，多家上市公司未披露前五大客户名单。公司认为，这种信息披露方式对维护客户信息是有益的，因此也采取了这种披露方式。同时，Kangdexin Europe 多次出现在康得新前五大应收账款欠款单位名单中，且稳居第一位。2009—2011 年，康得新对 Kangdexin Europe 的应收账款分别为 798 万元、2,879 万元、6,117 万元，占应收账款之比分别为 22.1%、54.6%、45.5%。2012 年上半年，康得新对 Kangdexin Europe 的应收账款近 5,000 万元，占应收账款之比为 22%。在对 Kangdexin Europe 的描述中，康得新称其为“非关联方”。公司招股书对关联企业的介绍中，亦未有 Kangdexin Europe 的名字。然而，通过荷兰 KVK 网站（Kamer van Koophandel）却发现，在康得新上市前，其与 Kangdexin Europe 的关系为关联企业，康得新未予披露。根据荷兰相关法律规定，私人有限责任公司（BV）必须在 KVK 注册。

资料显示，2008 年 8 月至 2010 年 2 月，Kangdexin Europe 的实际控制人是来自中国重庆的 Zhong Yu，其出生日期为 1950 年 3 月 22 日，与康得新招股书披露的公司董事长、实际控制人钟玉的信息相符。而在此期间，Zhong Yu 还是另一家荷兰公司 Huali Europe Holding 的实际控制人，这家公司则为康得新的全资子公司。

2009 年 10 月，Huali Europe Holding 全资控股了 Kangdexin Europe。可以推断，Kangdexin Europe 及 Huali Europe Holding 的实际控制人 Zhong Yu 即为康得新的实际控制人钟玉。彼时，Kangdexin Europe 与康得新实为同一实际控制人控制下的关联企业。而康得新招股书对此并未予以披露，涉嫌欺诈发行。

2010 年 2 月，就在康得新上市前几个月，在英属维尔京群岛（BVI）注册的 Wavy Ocean Investment Limited 取代康得新成为 Huali Europe Holding 的全资股东，间接控股 Kangdexin Europe。一位 1977 年出生的叫作 Wang Wei 的北京人成为 Huali Europe Holding 及 Kangdexin Europe 的实际控制人。

康得新财报显示，Kangdexin Europe 为公司经销的预涂膜逐年攀升，2008—2009 年累计贡献营业收入 0.51 亿元，2010—2012 年上半年累计贡献营业收入 2.12 亿元。而资料显示，Kangdexin Europe 的注册资本仅为 18,000 欧元（按当时汇率计算为 17.6 万元人民币，下同），2008—2009 年连续两年均出现亏损，累计亏损 1,023 万元。截至 2009 年末，公司固定资产仅为 23 万元，净资产为 −767 万元，员工为 5 人。

思考：康得新利润造假在合同管理内部控制方面可能存在哪些缺陷?

第十节　其他业务内部控制

在企业内部控制体系中，除了上述已详细阐述的企业具体业务活动的内部控制，还有一些业务活动虽然在《企业内部控制应用指引》中有具体的指引，对企业内部控制非常重要，但在企业实际经营活动中并非经常性发生。因此，本节将对这些业务活动的内部控制一并进行阐述。

一、工程项目内部控制

《企业内部控制应用指引第 11 号——工程项目》中所指的工程项目，是指企业自行或者委托其他单位所进行的建造、安装工程。企业的重大工程项目一般是企业发展战略和中长期规划的具体体现，能够提高企业再生产能力，为企业可持续发展提供支撑。而国有及国有控股企业的重大工程项目，在调整经济结构、转变经济发展方式、促进经济转型升级和技术进步等方面具有举足轻重的地位。同时，工程项目由于存在投入资源多、资金大、周期长等特点，往往存在较多环节，经济利益关系错综复杂，容易发生各种违规违法事件。工程项目内部控制就是为保障工程资产的安全、完整和有效利用，合理保证财务及工程信息的真实、准确、完整，提高工程项目的资金使用效率，在工程项目建设周期内，采取一系列相互关联、相互协调、相互制约的控制程序与措施，确保工程建设目标的实现。

（一）工程项目内部控制目标

工程项目内部控制的总体目标是加强工程项目管理，提高工程质量，保证工程进度，控制工程成本，防范商业贿赂等舞弊行为。工程项目往往有许多参与单位，他们承担不同的建设和管理任务，各个参与单位的工作性质、工作任务和作用各不相同。但是，业主方是工程项目的主体方面，从业主方的角度来看，工程项目管理主要包括投资目标、进度目标和质量目标三大方面。投资目标是指项目的总投资目标，主要包括成本目标和资金目标；进度目标是指项目需要的时间目标，即工程项目的建设周期，从项目开始到工程完工交付的时间目标；质量目标包括设计质量、施工质量、材料质量、设备质量以及整体的环境质量等，除了要满足工程项目的技术规范和技术标准外，也需要满足业主方具体的质量需求。三个目标贯穿于项目的全过程，三者之间相互制约、有机统一，提高质量可能影响项目进度与投资，同样节约投资可能会影响工程质量和工程进度，加快进度又可能影响工程质量和投资。三个目标的控制都包括事前、事中和事后，因此，在实施项目控制过程中，必须将总目标分解到三个具体目标，再到实际情况的评价，层层分解，实现目标的有机结合。此外，工程项目安全管理也是工程施工的一个重要方面。总体来看，工程项目控制主要有以下几方面目标。

1. 完善工程项目管理制度

企业需要梳理工程项目业务流程，明确各管理层级的职责与权限，确定各岗位职责，结合业务运行过程中的关键环节，履行管理控制职能，将业务流程、职责权限与管控要求有机结合，形成科学、规范的工程项目管理体系，促进工程项目规范、廉洁、高效运行。

2. 梳理工程项目业务流程

企业要加强工程项目控制，需要全面梳理工程项目中各个环节的业务流程，针对各风险领域查找、界定关键控制点。在对工程项目进行流程梳理时，需要遵循法律法规的要求，保证工程项目基本流程的完整性。

3. 明确各部门岗位职责权限

工程项目业务复杂，涉及众多职能部门与工作岗位，企业需要在全面梳理工程项目业务流程的基础上，健全项目管理组织体系，明确相关部门和岗位的职责权限，确保工程项目管理不相容职务分离，需要实现项目的建议、可行性分析与项目决策之间的分离、项目概算与审核的分离、项目决策与项目实施的分离、项目实施与价款支付的分离、项目实施与项目验收的分离、竣工决算与决算审计的分离等等。同时，工程项目经营由于具有专业性和复杂性的特点，建设过程中涉及的利益主体较多，工程项目控制范围不仅局限于企业内部，也包括大量与工程项目相关的外包主体之间的权责划分与沟通协调。

（二）工程项目管理基本流程

工程项目业务流程是指围绕投资、进度和质量三大目标，在工程立项、设计、招标、建设、验收和评估等方面的各项工作。一般来讲，工程项目流程包括工程立项、工程设计、工程招标、工程建设和竣工验收等环节（见图 4-12）。

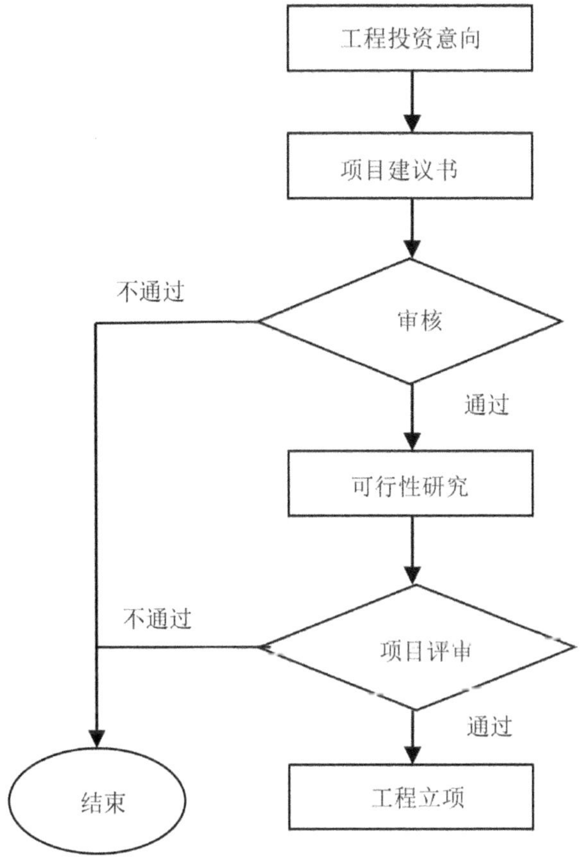

图 4-12　工程立项业务流程

1. 工程立项

工程立项是工程项目控制的关键环节，主要涉及过程项目的决策过程，是企业对拟建工程项目在必要性和可行性方面进行技术经济论证，对不同建立方案之间进行技术经济比较并作出判断和决定的过程。工程立项需要指定专门机构归口管理工程项目，根据企业发展战略和投资计划，提出项目建议书，开展可行性研究，编制项目可行性报告。

（1）项目建议书。对重大项目，企业需要编制工程项目建议书，在综合考虑产业政策、发展战略、经营计划等基础上，提出建设某项目的建议文件，对拟建项目提出框架性总体设想。项目建议书的主要内容包括项目的必要性和依据、产品方案、拟建设的规模、建设地点、投资估算、资金筹措、项目进度安排、经济效益和社会效益的估计、环境影响的初步评价等。对于非重大项目，也可以不编制项目建议书，但必须进行可行性研究，重点探讨项目投资的必要性和可行性。

（2）可行性研究。项目可行性研究是企业工程项目立项环节的重要内容，对工程项目必须进行可行性研究，提出可行性研究报告。可行性研究是对拟建设项目在技术、工程、财务、经济、组织、外包协作条件上是否合理可行进行全面分析、论证，对多个方案进行比较，为项目决策提供依据。可行性研究是项目投资前具有决定性影响的阶段，是投资前期工作的核心内容。对重大或者复杂的工程项目，可行性研究一般需要经过初步可行性研究、辅助研究和详细可行性研究三个步骤。企业对可行性研究也可委托具有相应资质的专业机构开展，并按照有关要求形成可行性研究报告。

（3）评审与决策。可行性研究报告形成后，建设单位应当组织有关部门或委托具有经营资质的专业机构，对可行性研究报告进行全面审核与评价，提出评审意见，作为项目决策的主要依据。在对可行性研究报告进行评审后，按照规定的程序和权限，对工程项目进行决策，并对决策过程进行完整的书面记录。

项目评审过程中，企业需要组织规划、工程、技术、财务、法律等部门的专家对项目建议书和可行性研究报告进行充分论证与评审，出具评审意见。评审重点关注项目投资方案、投资规模、资金筹措、生产规模、投资效益、布局选址、技术、安全、设备、环境保护等方面，核实相关资料的来源与取得途径是否真实、可靠和完整。

项目决策过程中，企业按照规定的权限和程序进行决策，决策过程应有完整的书面记录，重大工程立项须经董事会或类似权力机构集体审议批准，总会计师或分管会计工作的负责人需要参与项目决策，任何个人不能单独决策或擅自改变集体决策意见，工程项目决策失误应当实行责任追究制度。

工程项目评审与审批是企业投资决策的基本依据，其结果也是项目融资机构贷款的依据，项目评审结论对可行性研究报告予以肯定，投资决策形成，投资前准备工作结束，项目进入执行阶段。

2. 工程设计

工程项目立项后，需要对工程项目进行设计，保证工程质量，确定工程建设进度，节约工程投资。一般来讲，工业工程项目设计可按初步设计和施工图设计两个阶段进行；对技术复杂、设计难度大的工程项目，可按初步设计、技术设计和施工图设计三个阶段进行；对特别重大的大型建设项目，如大型矿区、大型油田等，除按上述三个阶段进行设计外，还需要进行总体规划设计或总体设计；对小型工程项目，设计步骤可适当简化为施工图设计一个阶段。

（1）初步设计环节。企业对工程项目初步设计可以明确拟建工程在指定地点和规定期限内建设的技术可行性和经济合理性，同时确定主要技术方案、工程总造价和主要技术经济指标。初步设计文件应由相应资质的设计单位提供，如为多家设计单位联合设计的，应由总包设计单位负责汇总设计资料。初步设计文件一般由设计说明书、设计图纸、主要设备及材料、工程概算书等四部分组成。建设单位可自行进行初步设计，也可委托其他单位进行，对委托外单位进行初步设计的，企业需要引入竞争机制，差异招标方式，选择具有资质和经验的设计单位，签订工程设计合同，明确双方的权利和义务。企业按照初步设计审查和批准制度的要求，按照规定进行初步设计方案的复核与专家评议。

（2）技术与施工图设计环节。初步设计后需要进行施工图设计。这一阶段主要通过图纸，将设计者的意图和全部设计结果表达出来，作为施工的依据。施工图设计是指导工程施工、确定施工过程所需的设备、材料和加工制造。施工图设计基本完成后，需由建设单位、设计单位、施工单位、监理单位等共同审阅施工图文件，设计单位需要进行技术交底，介绍设计意图和技术要求，及时沟通问题，修改不符合实际或有错误的部分，设计单位需要提供全面、及时的现场服务，减少设计变更，对确需进行设计变更的，必须严格按照规定程序审批，杜绝边勘察、边设计、边施工的现象，施工图设计完成后，需经授权审批部门审核批准施工图预算。

3. 工程招标

工程招标是指建设单位在立项之后，依照法定程序，以公开招标或约标等方式，由投标人依据招标文件参与竞争，通过评标择优选定中标人的一种经济活动。工程招标是促进工程项目建设公开、公平、公正的重要制度安排，是防范工程领域商业贿赂的有效举措。企业工程项目一般采用公开招标形式，择优选择具有相应资质的承包单位和监理单位。招标业务流程通常包括招标、投标、开标、评标、定标五个主要环节。

（1）招标与投标。招标主要包括招标前准备、发布招标公告、资格预审公告发布。在前期准备阶段，应确定招标组织方式（自行招标、委托招标）、招标方式（公开招标、约请招标）、划分标段等。公开招标是招标人在指定的报刊、电子网络或其他媒体上发布招标公告，吸引投标人参加投标竞争，招标人从中择优选择中标单位的招标方式。约请招标也称选择性招标，是招标人根据自己的经验和有关供应商、承包方的资料或以往业绩情况，选择一定数量的企业（一般 5~10 家，不得少于 3 家），向其发出投标邀请书，邀请其参与投标竞争。企业应当依照国家招投标法的规定，遵循公开、公平、平等竞争的原则，发布招标公告，提供包含招标工程的主要技术要求、主要合同条款、评标的标准和方法，以及开标、评标、定标的程序等内容的文件。企业可以根据项目特点决定是否编制标底，需要编制标底的，标底编制过程和标底应当严格保密，在确定中标人前，企业不得与投标人就投标价格、投标方案等实质性内容进行谈判。招标文件可以自行制定，也可以委托专业机构编制。

投标是投标人根据招标人提出的招标条件，经过现场考察、投标预备会、投标文件编制等，在规定时间内以密函方式向招标人递交投标文件，提出自己的报价和优惠条件，在开标时由招标人对各投标人的报价及其他条件进行比较，确定中标人，与中标人达成协议的过程。

（2）开标、评标和定标。企业应当依法组织工程招标的开标、评标和定标，接受有关部门的监督。开标指的是在选择承包单位时，企业将工程勘察、设计、施工、设备采购一并发包给一个项目总承包单位，或者将其中一项或多项发包给一个工程总承包单位。企业需要根据项目总承包特征及各项工程的特点，明确各分包工程的范围，制定总承包及各分包工程的招标文件。在确定承包方之前，企业需要对各备选单位进行调查，初步审查投标资格，了解该单位的资质信誉、实力、工程业绩是否符合工程项目的要求，并且要求投标方以书面形式承诺不转包该工程项目。在开标过程中，企业负责人、总承包方、各分包商、设计主持人及专业负责人、工程监理负责人、专业工程师等有关人员应出席，在开标过程中，可邀请公证机构进行检查和公证，确保公正，防范舞弊。

评标是依据招标文件的规定和要求，对投标文件进行审查、评审和比较，是确定中标人的必经程序，是保证招标成功的关键环节。因此，评标需要由企业和代理机构独自承担，任何单位和个人不得非法干预，以保证评标公正性。企业在评标过程中，应当依法组建评标委员会。评标人员要遵守职业道德，在中标结束前应严格保密，不得私下接触投标人，不得收取投标人任何形式的商业贿赂，并对提出的评审意见承担责任。评标委员会成员与评标的有关工作人员不得透露投标文件的背景、中标候选人的推荐情况及与评标有关的其他情况。

定标是企业按照规定的权限和程序从中标候选人中确定中标人，向招标人发出中标通知书，在规定的期限内与中标人订立书面合同，明确双方的权利、义务和违约责任的过程。合同的签订需要遵循《企业内部控制应用指引第 16 号——合同管理》的规定。

4. 工程建设

（1）一般工程建设。工程建设是指工程建设的实施阶段，包括工程监理、工程物资采购和工程价款结算。工程质量、工程进度与工程成本主要取决于这个阶段的建设质量。

工程监理是指具有相关资质的监理单位受建设单位的委托，依据国家批准的工程项目建设文件、工程建设法律法规和工程建设监理合同及其他工程建设合同，代替建设单位对承建单位的工程建设实施监控的一种专业化活动。建设单位一般通过招标的形式委托具有相应资质的工程监理单位实施监理。工程监理是工程建设中一项重要的监控措施，对保证工程质量有着关键的作用。

工程物资是指用于工程施工或建造所需的材料和工程设备，工程物资采购包括材料和设备的采购，工程物资的质量直接关系到工程质量、进度与投资。为保证项目顺利进行，需要按照施工进度需要，及时采购工程材料和设备。

工程价款结算是建设单位与承包单位之间对建设工程的发包承包合同价款按照约定进行工程款项支付的活动，通常包括工程预付款、工程进度款和工程竣工价款结算等。

（2）工程变更。在工程建设过程中，有时会涉及工程变更。工程变更是指在工程项目合同实施过程中，由发包人或由承包人提出，发包人批准的对工程合同工作的增减、施工工艺、时间或顺序的变动，包括设计图纸的更改、施工条件的变化、合同条件的变更、工程量的增减等。工程变更需要事先进行周密调查，具备完善的图文资料，其要求与现有设计要求相同。编制工程变更设计报告需详细列示变更设计的理由、变更方案、与原设计的技术经济比较，经批准后实施。

5. 竣工验收

竣工验收是指工程项目竣工后由建设单位会同设计、施工、监理单位及工程质量监督部门，对工程项目是否符合规划设计要求以及建筑施工和设备安装质量是否合格进行全面检验的过程。竣工验收之前一般会有分阶段验收，已经完成验收的部分在竣工验收时原则上不再重复验收。竣工验收环节一般包括工程质量验收、竣工结算和竣工决算等。

竣工验收是全面检验建设项目质量和投资使用情况的重要环节，包括承办单位初步验收、监理机构审查和建设单位验收三个阶段。建设单位收到建设工程竣工报告后，组织设计、施工、工程监理等进行竣工验收。竣工验收合格后方可交付使用，未经验收或者验收不合格的，不得交付使用。

竣工结算是指工程项目完工并经竣工验收合格后，发包方与承包方按照合同约定对完成的建设项目进行工程价款计算、调整与确认的活动，包括单位工程竣工结算、单项工程竣工结算和建设项目竣工总结算。承包方编制竣工结算，经发包方审核，双方确认无误后进行竣工结算款项支付。发包方与承包方办理完竣工结算后，承包方需要向发包方提交竣工结算款项支付申请，发包方依据确认的竣工结算书在合同约定的时间内向承包方支付工程竣工结算款项。

竣工决算是指建设单位编制的反映建设项目实际造价和投资效果的文件，以实物数量和货币为计量单位，综合反映竣工项目从筹建到竣工交付的全部建设费用、财务情况和投资效果的总结性文件。建设单位在收到工程竣工验收报告后，应及时编制竣工决算，通常包括收集、整理、分析相关数据，清理各项账务、债务和结余物资，填写竣工决算表格，编写建设工程竣工决算报告。

（三）工程项目控制的主要风险

1. 工程立项环节的主要风险

（1）项目建议书的主要风险。项目建议书是建设单位根据工程投资意向，综合考虑产业政策、发展战略、经营计划等提出的建设某一工程项目的建议文件，是对拟建设项目的总体设想。这一环节的主要风险在于投资意向与国家产业政策和企业发展战略脱节，项目建议书的内容不合规、不完整，项目性质、用途不够清晰，拟建项目的规模、标准不够明确，项目投资估算与进度安排不协调等。

（2）可行性研究的主要风险。这一环节的主要风险在于对工程项目缺乏可行性研究，或者可行性研究流于形式，没有对项目进行深入的分析研究，导致决策不当，无法实现预期的效益，导致项目失败；可行性研究的深度达不到质量标准和实际要求，无法为项目决策提供充分、可靠的依据。

（3）评审与决策环节的主要风险。这一环节的主要风险在于项目评审没有按照规范要求进行，评审流程不够规范，或者评审人员的技术水平没有达到要求，评审结果误导项目决策；在评审与决策时，权限设置不合理，决策程序不规范，导致决策失误，给企业带来经济损失。

2. 工程设计环节的主要风险

工程设计环节的风险包括初步设计阶段风险和施工图设计阶段风险。

（1）初步设计阶段风险。该阶段的主要有风险在于设计单位不符合项目资质要求，初步设计未进行多方案选择，设计人员未对相关资料进行深入研究，初步设计存在较大的技术问题；设计深度不足，造成施工组织不够周密，工程质量存在隐患，导致投资成本过高等。

（2）施工图设计阶段风险。该阶段的主要风险在于没有按照项目需要进行设计，施工概预算脱离实际，导致项目投资失控；工程设计与后续施工没有进行有效的衔接，技术方案不能得到有效落实，影响工程质量，造成重大的经济损失。

3. 工程招标环节的主要风险

工程招标是工程项目建设过程中加强内部控制、防范舞弊的关键环节，通过严格控制招标，可以有效降低可能带来的损失。工程招标环节主要风险包括招标环节的风险、投标环节的风险以及开标、评标和定标环节的风险三大方面。

（1）招标环节的风险。招标阶段的主要风险在于，招标人在招标过程中将建设项目进行不合理分解，导致招标项目不完整；投标资格的审查不严，在投标资格条件设置时按照投标人的条件设置，存在暗箱操作，没能做到公平、合理，相关人员违法违规泄露标底，导致存在利益输送等舞弊行为。

（2）投标环节的风险。这一阶段的主要风险在于，投标人与招标人串通投标，存在舞弊风险；投标人资质条件不符合要求，投标挂靠或冒用他人名义投标，导致工程质量风险。

（3）开标、评标和定标环节的风险。投标工作结束后，建设单位应组织开标、评标和定标。招标人在招标文件要求提交投标文件的截止时间前收到投标书，开标时均应当众拆封，不能遗漏，否则构成对投标人的不公正对待。对投标文件规定的截止时间后收到的投标书，不能予以开启，应当退回。这一阶段的主要风险在于，开标不公开、不透明，损害投标人利益；评标委员会缺乏专业能力，或者建设单位向评标委员会施加影响，导致评标委员会缺乏独立性，影响评标的效果；评标委员会与投标人串通舞弊，损害招标人利益。

中标后，建设单位应当在规定时间内与中标人签订书面合同，双方不得另行订立背离招标文件实质性内容的其他协议。合同签订是中标项目执行的开始，关系到项目的顺利实施和项目实施过程中企业经济利益与战略目标的实现。合同订立后，未经授权不得擅自更改合同内容或条款。这一阶段的主要风险在于，未签订合同或者合同条款不明确；合同信息保密措施不到位，未在合同中订立保密条款，保密责任不够明确，导致商业机密泄露；合同签订后未经授权擅自变更合同条款或内容。

4. 工程建设施工环节的主要风险

工程建设施工阶段包括工程监理、工程物资采购和工程价款结算等几个环节。在此过程中涉及质量控制、进度控制、安全控制、物资采购控制、工程价款结算控制以及工程变更控制。

（1）工程监理环节的主要风险。工程监理是工程建设中一项重要的监控措施，对工程质量发挥关键作用。工程监理环节的主要风险在于，建设单位在选择监理机构时没有进行公开招标，或者招标过程中流程不规范，存在违规招标的行为，选择的工程监理机构缺乏相应资质或缺乏同类工程监理的经验；项目建设过程中，监理机构没有按照施工阶段参与监理，未按照项目总进度计划，对施工单位的施工分部、季度、月度具体的计划安排进行审查，导致工程进度没有按照计划进行；监理单位没有深入现场决策以保证质量措施的落实，未能及时审核施工单位按工程进度提交的报告；竣工后，监理单位未对竣工技术资料进行严格审查、清理。

（2）工程物资采购环节的主要风险。工程物资采购环节的风险具体可分为采购成本风险、采购进度风险、采购质量风险和采购程序性风险。采购成本风险是工程物资采购过程中，采购成本超过预算的风险，可能出于各种原因，采购的实际成本高于项目预算的成本，导致项目成本超支；采购进度风险是工程物资采购没有按照计划的进度进行，工程物资采购的环节过多、采购流程过于复杂、审批环节过多，导致采购周期过长，未能按照施工进度计划及时提供工程物资，导致工期延误；采购质量风险是指采购的工程物资存在质量缺陷，没有及时分析工程物资的质量缺陷，导致工程质量未能达到预定要求。

（3）工程价款结算环节的主要风险。工程价款的结算主要是工程施工过程中的各种风险，可能会对工程质量、施工工期和项目造价产生较大影响，其中最常见的是合同外的工程量大大增加，导致工程结算实际价款大大提高。工程价款结算环节的主要风险在于，建设单位与施工单位没有确定合同，施工单位不具备施工条件，发包人没有按照合同约定支付预付款项；在施工工程中没有按照合同约定，对工程量、工程费用进行仔细审核，导致多付、重复支付、超预算支付等情况。

（4）工程变更环节的主要风险。工程变更需要制定工程变更的流程，从变更的提出、论证到决策程序，需要明确相关人员的职责。工程变更环节的主要风险在于，建设单位通过设计变更随意扩大建设规模、增加建设内容、提高建设标准等，导致工程变更频繁，项目总成本超标或者工期延误等；对重大的项目变更，没有经过财务机构的审查论证，导致资金无法落实到位。

5. 竣工验收环节的主要风险

（1）竣工验收环节的主要风险。竣工验收是全面检验建立项目质量和投资使用情况的重要环节，包括承包单位初验、监理机构审查和建设单位验收三个阶段。竣工验收是工程建设的最后一个环节，存在众多风险，如工程项目验收人员专业技术水平不足，或者验收时没有严格执行验收质量标准，可能导致已验收的工程项目质量不符合设计要求，使工程项目存在质量隐患。竣工验收环节的主要风险在于，没有组织竣工验收，或验收不合格后仍交付使用；竣工验收不规范，质量检验时把关不严，导致工程存在质量隐患；对已通过竣工验收的工程项目，在到达预定可使用状态后，未及时入账。

（2）竣工决算环节的主要风险。工程项目竣工决算是综合反映项目从筹建到竣工的全部建设费用、财务情况和投资效果的总结性文件。工程竣工决算环节的风险主要在于，虚报项目投资完成金额、虚列建设成本或者隐匿结余资金，导致竣工决算报告失真；竣工决算后未及时办理竣工验收手续，未及时编制工程竣工决算报告，造成工程项目财务结算滞后；不能按照合同约定支付工程结算尾款，工程工期延长，增加资金占用时间，增加工程成本等。

（四）工程项目关键控制点与措施

企业应当建立和完善工程项目各项管理制度，全面梳理各个环节可能存在的风险点，规范工程立项、招标、造价、建设、验收等环节的工作流程，明确相关部门和岗位的职责权限，做到可行性研究与决策、概预算编制与审核、项目实施与价款支付、竣工决算与审计等不相容职务相互分离，强化工程建设全过程的监控，确保工程项目的质量、进度和资金安全。具体来看，工程项目内部控制关键控制点与措施如下。

1. 工程立项环节关键控制点与措施

企业应当指定专门机构归口管理工程项目，根据发展战略和年度投资计划，提出项目建议书，开展可行性研究，编制可行性研究报告。

（1）按照规定编制项目建议书。编制项目建议书之前应当进行明确的投资分析、编制和评审项目建议书的职责分工；全面了解企业所处行业和地区的相关政策规定，结合企业实际及经济环境变化趋势，客观分析投资机会，确定投资意向；根据国家与行业规定，结合自身实际，对项目的必要性、项目依据、产品方案、拟建规模、建设地点、投资估算、资金筹措、项目进度安排、经济效果和社会效益的估计、环境影响的初步评价等进行分析论证；对专业性较强和复杂的工程项目，可以委托专业机构进行工程投资分析；关于集体审议项目建议书，必要时可委托专家或委托专业机构评审，参与项目建议书编制的机构不得承担评审任务；对国家规定需要报批的项目建议书须及时报批取得批文。

（2）按规定进行可行性研究。根据国家和行业规定以及企业实际，确定可行性研究报告的内容与格式，可行性研究报告的内容应当包括项目概况，项目建设的必要性，市场预测，项目建设选址及建设条件论证，建设规模和建设内容，项目外部配套建设，环境保护，劳动保护与卫生防疫，消防、节能、节水，总投资及资金来源，经济、社会效益，项目建设周期及进度安排，招投标法规定的相关内容等，并按照有关要求形成可行性研究报告；对需要委托专业机构开展可行性研究的，应制定选择标准，确保可行性研究的科学性、准确性和公正性，选择专业机构时，应重点关注专业资质、专业人员素质、相关业务经验等。

可行性研究时需要关注建设标准要符合企业实际情况和财力、物力，技术先进性要适当，既要考虑项目对企业产品质量的提升作用，又要考虑企业营销状况，避免投资浪费。

（3）按规定组织项目评审与决策。组织规划、工程、技术、财会、法律等部门的专家对项目建议书和可行性研究报告进行充分论证和评审，出具评审意见，作为项目决策的重要依据。在项目评审过程中，重点关注项目投资方案、投资规模、资金筹措、生产规模、投资效益、布局选址、技术、安全、设备、环境保护等方面，审核相关资料的来源和取得途径是否真实、可靠和完整；可以委托具有相应资质的专业机构对可行性研究报告进行评审，出具评审意见，从事项目可行性研究的专业机构不得再从事可行性研究报告的评审；按照规定的权限和程序对工程项目进行决策，决策过程应有完整的书面记录；关于重大工程项目的立项，应当报经董事会或类似权力机构集体审议批准，总会计师或分管会计工作的负责人应当参与项目决策，任何个人不得单独决策或者擅自改变集体决策意见；工程项目决策失误应当实行责任追究制度。在工程项目立项后、正式施工前，需要依法取得建设用地、城市规划、环境保护、安全、施工等方面的许可。

2. 工程设计环节关键控制点与措施

企业需要实行严格的概预算管理，切实做到及时备料、科学施工、保障资金、落实责任，确保工程项目达到设计要求。加强工程造价管理，明确初步设计概预算和施工图预算的编制方法，按照规定的权限和程序进行审核批准，确保概预算科学合理；可以委托具备相应资质的中介机构开展工程造价咨询工作；向招标确定的设计单位提供详细的设计要求和基础资料，进行有效的技术、经济交流。

（1）按规定进行初步设计。初步设计应当在技术、经济交流的基础上，采用先进的设计管理实务技术，进行多方案比选，采取适当的方式确定设计单位，引入竞争机制，根据项目特点采用招标方式选择具有相应资质和经验的设计单位；与设计单位签订设计合同，在设计合同中明确设计单位的权利与义务，特别是项目由多个单位共同设计时，相应指定一个设计单位作为主体设计单位，对项目整体设计的合理性和整体性负责；在设计过程中，需要向设计单位提供设计所需的详细基础资料，进行有效的技术经济交流，避免因资料不完整导致的设计问题；对设计方案应当建立严格的审查批准制度，通过严格的初审、复审以及专家评议等环节，确保评审工作质量。

（2）按规定进行施工图设计。在初步设计和技术设计后，需要对具体施工的图纸进行施工图设计，指导工程施工以及施工过程所需设备、材料的加工；建立严格的概预算编制与审核制度，按照国家、行业等各项规定和标准编制概预算，组织工程、技术、财会等部门的相关专业人员或委托具有相应资质的中介机构对编制的概预算进行审核，重点审核编制依据、项目内容、工程量的计算、定额套用等是否真实、完整和准确；工程项目概预算按照规定的权限和程序审核批准后执行。

建立严格的施工图管理制度和交底制度，召开施工图会审会议，审查施工图设计能否满足全面施工及各类设备安装要求，是否符合国家和行业规定，专业工种之间是否有效配合，向设计单位进行技术交底，必要时引入设计监理，提高设计质量；施工图设计深度及图纸交付进度应当符合项目要求，防止因设计深度不足、设计缺陷，造成施工组织、工期、工程质量、投资失控以及生产运行成本过高等问题；设计单位应当提供全面、及时的现场服务，建立设计变更管理制度，因过失造成设计变更的，应当实行责任追究制度。

3. 工程招标环节关键控制点与措施

（1）按规定进行招标、投标。企业的工程项目一般应当采用公开招标的方式，择优选择具有相应资质的承包单位和监理单位。在选择承包单位时，可以将工程的勘察、设计、施工、设备采购一并发包给一个项目总承包单位，也可以将其中的一项或者多项发包给一个工程总承包单位，但不得违背工程施工组织设计和招标设计计划，将应由一个承包单位完成的工程肢解为若干部分发包给几个承包单位；依照国家招投标法的规定，遵循公开、公正、平等竞争的原则，发布招标公告，提供载有招标工程的主要技术要求、主要合同条款、评标的标准和方法，以及开标、评标、定标的程序等内容的招标文件；根据项目特点决定是否编制标的，需要编制标的的，标的编制过程和标的应当严格保密；在确定中标人前，不得与投标人就投标价格、投标方案等实质性内容进行谈判。

（2）按规定组织开标、评标和定标。依法组织工程招标的开标、评标和定标，并接受有关部门的监督。依法组建评标委员会，评标委员会由企业的代表和有关技术、经济方面的专家组成，评标委员会应当客观、公正地履行职务，遵守职业道德，对所提出的评审意见承担责任；企业应当采取必要的措施，保证评标在严格保密的情况下进行，评标委员会应当按照招标文件确定的标准和方法，对投标文件进行评审和比较，择优选择中标候选人；评标委员会成员和参与评标的有关工作人员不得透露对投标文件的评审和比较、中标候选人的推荐情况以及与评标有关的其他情况，不得私下接触投标人，不得收受投标人的财物或者其他好处；按照规定的权限和程序从中标候选人中确定中标人，及时向中标人发出中标通知书，在规定的期限内与中标人订立书面合同，明确双方的权利、义务和违约责任，企业和中标人不得再行订立背离合同实质性内容的其他协议。

4. 工程建设环节关键控制点与措施

（1）合理采购工程物资。按照合同约定，自行采购工程物资的，应当按照《企业内部控制应用指引第 7 号——采购业务》等相关指引的规定，组织工程物资采购、验收和付款；由承包单位采购工程物资的，应当加强监督，确保工程物资采购符合设计标准和合同要求，严禁不合格工程物资投入工程项目建设，重大设备和大宗材料的采购应当根据有关招标采购的规定执行。

（2）按规定实行工程监理。企业应当实行严格的工程监理制度，委托经过招标确定的监理单位进行监理。工程监理单位应当依照国家法律法规及相关技术标准、设计文件和工程承包合同，对承包单位在施工质量、工期、进度、安全和资金使用等方面实施监督；工程监理人员应当具备良好的职业操守，客观公正地执行监理任务，发现工程施工不符合设计要求、施工技术标准和合同约定的，要求承包单位改正；发现工程设计不符合建筑工程质量标准或者合同约定的质量要求的，应当报告企业要求设计单位改正；未经工程监理人员签字，工程物资不得在工程上使用或者安装，不得进行下一道工序施工，不得拨付工程价款，不得进行竣工验收。

（3）按合同进行工程结算。企业财会部门需要加强与承包单位的沟通，准确掌握工程进度，根据合同约定，按照规定的审批权限和程序办理工程价款结算，不得无故拖欠。

（4）严格控制工程变更。企业应当严格控制工程项目的变更，对确需变更的，必须按照规定的权限和程序进行审批，重大项目的变更应当按照项目决策和概预算控制的有关程序和要求重新履行审批手续；因工程变更等造成价款支付方式及金额发生变动的，应当提供完整的书面文件和其他相关资料，并对工程变更价款的支付进行严格审核。

5. 竣工验收环节关键控制点与措施

（1）及时进行竣工决算。在收到承包单位的工程竣工报告后，企业需要及时编制竣工决算，开展竣工决算审计，组织设计、施工、监理等有关单位进行竣工验收；重点审查决算依据是否完备，相关文件资料是否齐全，竣工清理是否完成，决算编制是否正确；加强竣工决算审计，未实施竣工决算审计的工程项目，不得办理竣工验收手续。

（2）及时组织工程竣工验收。交付竣工验收的工程项目应当符合规定的质量标准，有完整的工程技术经济资料，并具备国家规定的其他竣工条件；对验收合格的工程项目，应当编制交付使用财产清单，及时办理交付使用手续；按照国家有关档案管理的规定，及时收集、整理工程建设各环节的文件资料，建立完整的工程项目档案；同时，需要建立完工项目后评估制度，重点评价工程项目预期目标的实现情况和项目投资效益等，并以此作为绩效考核和责任追究的依据。

二、担保业务内部控制

《企业内部控制应用指引第 12 号——担保业务》中所指的担保业务，指企业作为担保人按照公平、自愿、互利的原则与债权人约定，当债务人不履行债务时，依照法律规定和合同协议承担相应法律责任的行为。担保业务对企业来讲是一项风险较高的业务，当债务人未能偿还到期债务时，担保人需要对债务承担连带担保责任，企业非常容易陷入担保诉讼，给企业造成重大的经济损失。因此，企业需要依法制定和完善担保业务政策及相关管理制度，明确担保的对象、范围、方式、条件、程序、担保限额和禁止担保等事项，规范调查评估、审核批准、担保执行等环节的工作流程，按照政策、制度、流程办理担保业务，定期检查担保政策的执行情况及效果，切实防范担保业务风险。

（一）担保业务的基本流程

企业担保业务的基本流程主要有两个阶段：调查评估与审批阶段和执行与监控阶段。其中，调查评估与审批阶段主要有接受申请、调查评估、担保审批三个环节，执行与监控阶段主要有签订合同、日常监控、会计控制、代位清偿与追索等四个环节。

1. 接受申请

企业收到担保申请人提出的担保申请后，需要对担保申请人的经营状况和资信情况进行初步的审查，收集齐全担保申请人的申请资料，担保风险部门对收集的资料进行初步审查，判断申请人是否符合担保风险控制的基本条件。在接受担保申请环节需要对相关人员严格实行不相容职务分离原则。

2. 调查评估

调查评估是企业控制担保风险的重要环节。企业需要成立专门的风险评估部门或风险评估小组，风险评估部门成员需要具备相应的资质，风险评估部门对担保申请人的担保内容、担保申请人的资信、担保风险评估方法、风险评估报告等进行调查与审核。对通过初步审查的担保申请人，企业风险管理部门需要采取科学的方法全面、深入地掌握担保申请人的资信情况，确定担保申请人用于担保和第三方担保的资产状况及其权利归属，确定担保业务是否符合国家法律法规和企业担保政策的要求，了解担保项目的预期运营情况。对完成调查的担保申请人形成书面的风险评估报告，全面反映调查评估情况和担保申请人的风险水平。

3. 担保审批

担保审批环节是依据调查评估结果进行判断，确定担保申请人能否签订担保合同的过程。担保审批与担保申请人的调查评估应当履行不相容职务分离原则。通常，担保项目评审委员会要对风险管理部门提交的反映申请人资信情况的调查报告和风险评估报告进行审批，评审项目资料的真实性、完整性和反担保措施落实的可能性，分析担保申请人的资产负债情况和现金流情况，判断其偿债能力。对符合担保条件的申请人，审批通过担保申请。

4. 签订合同

担保申请人的申请通过企业评审后，企业需要与被担保人签订正式的担保合同，担保合同是企业同意担保申请人办理担保业务的体现，明确担保双方的权利与义务。担保合同的签订，须由具有签署合同权限或经过授权的人员办理。

5. 日常监控

企业在对被担保人的资信进行审查评估后，需要继续对其偿债能力情况进行持续的日常监控，及时、准确、全面地了解被担保人的经营状况、财务状况和担保项目运行情况，定期了解被担保人的财务数据、项目建设进度、企业管理层变动等，最大限度地实现企业担保权益，降低企业担保责任。

6. 会计控制

担保业务涉及担保财产、费用收取、财务分析、债务承担、会计处理以及相关信息的披露等，需要会计系统进行有效的控制，记录担保项目台账，详细记录担保对象、金额、期限、抵押物或质押物，对反担保财产进行管理，妥善保管被担保人的反担保评价，定期核查财产的存续状况和价值，确保反担保财产的安全完整。

7. 代位清偿与追索

当被担保人无法偿还到期债务时，担保人需要承担担保责任，向债权人代位清偿被担保人的债务。企业代位清偿债务后，可以依法履行追索权，向被担保人进行追偿。

（二）担保业务的主要风险

1. 接受申请环节主要风险

企业接受担保申请人的申请后，需要对担保申请人的基本资格进行初步审查。这一环节的主要风险有：

（1）企业未建立健全担保政策和相关管理制度，没有明确担保对象、担保范围、担保方式、担保条件、担保程序、担保限额以及禁止担保的事项，未能有效地对担保申请人进行初步审查。

（2）企业虽然建立了担保政策和相关管理制度，但在执行初步审查时，未能严格按照担保政策和相关管理制度进行审查，审查时把关不严，没有严格执行不相容职务分离原则，导致接受申请环节的初步审查未能起到相应的作用。

2. 调查评估环节主要风险

调查评估环节是担保业务风险控制的关键环节。这一环节的主要风险有：

（1）调查人员方面的风险。调查评估人员不具备相应的资质或能力，无法对担保申请人的资信进行有效的调查评估；承担调查评估与担保审批职责的人员没有实行职责分离，参与调查评估的人员与担保申请人存在利益冲突而没有实行回避，影响调查评估的客观性和公正性。

（2）调查评估过程的风险。在对担保申请人资信进行调查的过程中，未全面、深入了解和掌握担保申请人的财务、经营以及资信等情况，未深入分析担保申请人的偿债能力、盈利能力、资产管理能力以及可持续发展能力等，未对项目盈利能力和行业前景进行合理预测，导致无法对担保申请人做出正确的评估；调查完成后，对担保申请人的项目风险评估不够全面，采取的评估方法不科学，不能综合运用各种方法提交风险评估报告，导致担保决策失误。

3. 担保审批环节主要风险

担保审批是对担保申请人和担保项目风险控制的后续环节。这一环节的主要风险有：

（1）企业未建立和完善担保授权审批制度，对授权批准方式、授权权限、授权程序以及职责分工等缺乏明确的控制，导致企业对外担保混乱。

（2）虽然设有对外担保的相关制度，但在执行时未严格执行制度，存在审批不严、越权审批或者在审批过程中存在舞弊行为等情况，造成担保决策存在重大疏漏，企业内设机构或分公司、子公司随意对外担保，导致企业担保业务存在重大风险。

4. 签订合同环节主要风险

企业与担保申请人签订担保合同后，合同中的权利和业务关系正式成立，企业需要承担担保义务。这一环节的主要风险有：

（1）企业未经适当授权对外订立担保合同，合同印章管理不严，未严格按照审核批准的担保业务订立合同，导致企业可能承担较大的担保风险，遭受重大经济损失。

（2）未认真审核担保合同条款，合同表述不够严谨，合同权利与义务不明确或不对等，导致存在潜在纠纷、权利追索被动等问题。

5. 日常监控环节主要风险

担保的监督控制存在于担保义务履行期间的全过程，除了担保调查评估阶段对担保申请人的资信、财务状况、项目前景等的评估外，需要在正式履行担保义务后持续对被担保人进行跟踪和监控。这一环节的主要风险有：

（1）企业对担保合同履行情况未及时进行监控，未定期了解被担保人的经营状况与财务状况，未持续取得被担保人的财务报告，未关注其偿债能力、现金流等直接影响担保合同履行的情况。

（2）对担保合同日常监控中发现的被担保人经营困难、现金流异常或者违反担保合同的其他情况，未及时采取措施，导致企业在被担保人无法偿还到期债务后需要承担连带偿还责任，使企业遭受经济损失。

6. 会计控制环节主要风险

担保业务涉及众多担保财产、财务风险、债务承担和会计处理与披露等财务方面的业务，会计控制是担保业务中的重要环节。这一环节的主要风险有：

（1）企业未建立健全担保业务的信息沟通机制，未能促进担保信息及时有效沟通，导致财务部门无法及时取得相关的担保信息，担保业务无法实现有效的会计控制。

（2）财务部门未建立担保业务台账，详细记录担保对象、金额、期限、抵押或质押财产，未按照企业会计准则的要求进行会计处理，担保业务会计信息未按照要求进行披露或信息披露不符合要求，违反监管部门的相关要求。

7. 代位清偿与追索环节主要风险

在被担保人无法偿还到期债务时，担保人应当履行代位清偿义务，对已代位清偿的债务，担保人对被担保人具有追索权。这一环节的主要风险有：

（1）对被担保人无法偿还的到期债务，企业不按照担保合同的约定，及时履行代位清偿义务，可能引起法律诉讼，影响企业形象。

（2）企业在承担了代位清偿义务后，没有及时向被担保人行使追索权利或追索权利行使不力，企业无法取得追索资产，造成企业经济损失。

（三）担保业务关键控制点与措施

担保业务的内部控制主要是采取有效控制措施，降低担保业务的风险，从大的方面来讲，可以采取两方面措施：调查评估与审批阶段的关键控制点与措施、执行与监控阶段的关键控制点与措施。

1. 调查评估与审批阶段关键控制点与措施

（1）对申请人进行初步的调查。制定和完善企业担保政策和相关管理制度，明确担保的对象、范围、方式、条件、程序等要求；按照担保政策和相关管理制度的规定，对担保业务申请人的身份证件、法人登记证书、资质证明、授权委托书等进行初步审查，评价申请人是否具有担保资格。

（2）担保申请人的调查和评估。企业首先应当指定相关部门负责办理担保业务，对担保申请人进行资信调查和风险评估，评估结果应出具书面报告，企业也可委托中介机构对担保业务进行资信调查和风险评估工作。企业在对担保申请人进行资信调查和风险评估时，应当重点关注以下事项：担保业务是否符合国家法律法规和本企业担保政策等相关要求；担保申请人的资信状况，一般包括基本情况、资产质量、经营情况、偿债能力、盈利水平、信用程度、行业前景等；担保申请人用于担保和第三方担保的资产状况及其权利归属，企业要求担保申请人提供反担保的，还应当对与反担保有关的资产状况进行评估。

（3）严格担保审批。明确和完善担保授权审批制度，明确授权批准的方式、期限、程序、职责等，各层级应在授权范围内审批，不得越权审批，经办人员应当在职责范围内，按照审批人员的批准意见办理担保业务，对于审批人超越权限审批的担保业务，经办人员应当拒绝办理；重大的担保业务，应当报经董事会或类似权力机构批准；在充分了解和掌握担保申请人相关情况的基础上，权衡企业自身的资产状况、担保能力与申请人的担保申请，确保担保金额控制在企业可承受范围内；当担保申请人越权变更担保事项时，需要重新对担保申请人履行调查评估流程，根据新的调查评估报告和风险评估报告，重新履行担保审批手续；企业应当采取合法有效的措施加强对子公司担保业务的统一监控，企业内设机构未经授权不得办理担保业务；企业为关联方提供担保的，与关联方存在经济利益或近亲属关系的有关人员在评估与审批环节应当回避，对境外企业进行担保的，应当遵守外汇管理规定，并关注被担保人所在国家或地区的政治、经济、法律等因素。

担保申请人出现以下情形之一的，不得对其提供担保：担保项目不符合国家法律法规和本企业担保政策的；已进入重组、托管、兼并或破产清算程序的；财务状况恶化、资不抵债、管理混乱、经营风险较大的；与其他企业存在较大经济纠纷，面临法律诉讼且可能承担较大赔偿责任的；与本企业已经发生过担保纠纷且仍未妥善解决的，或不能及时足额交纳担保费用的。

2. 执行与监控阶段关键控制点与措施

（1）严格控制担保合同的订立。企业根据审核批准的担保业务订立担保合同。担保合同应明确被担保人的权利、义务、违约责任等相关内容，并要求被担保人定期提供财务报告与有关资料，及时通报担保事项的实施情况；担保申请人同时向多方申请担保的，需要在担保合同中明确约定本企业的担保份额和相应的责任；担保合同管理过程中，应加强对签订合同所使用的印章、合同专用章的保管和使用。

（2）加强对担保合同的日常监控。企业担保经办部门需要对担保合同进行日常管理，定期监测被担保人的经营情况和财务状况，对被担保人进行跟踪和监督，了解担保项目的执行、资金的使用、贷款的归还、财务运行及风险等情况，确保担保合同有效履行；担保合同履行过程中，如果被担保人出现异常情况，应当及时报告，妥善处理；对于被担保人未按有法律效力的合同条款偿付债务或履行相关合同项下的义务的，按照担保合同履行义务，同时主张对被担保人的追索权。

（3）加强担保会计系统控制。建立健全信息沟通机制，促进担保信息及时有效沟通。加强对担保业务的会计系统控制，及时足额收取担保费用，建立担保事项台账，详细记录担保对象、金额、期限、用于抵押和质押的物品或权利以及其他有关事项；企业财会部门应当及时收集、分析被担保人担保期内经审计的财务报告等相关资料，持续关注被担保人的财务状况、经营成果、现金流量以及担保合同的履行情况，积极配合担保经办部门防范担保业务风险；对于被担保人出现财务状况恶化、资不抵债、破产清算等情形的，企业应当根据国家统一的会计准则制度规定，合理确认预计负债和损失；加强对反担保财产的管理，妥善保管被担保人用于反担保的权利凭证，定期核实财产的存续状况和价值，发现问题及时处理，确保反担保财产安全完整。

（4）及时履行代位清偿义务和行使权力追索。强化法治意识，当被担保人明确无法偿还到期债务以后，企业应当按照担保合同的约定及时履行代偿义务；对已履行代位清偿义务的，企业需要依法向被担保人行使追索权，担保业务部门需要与财务、法律等部门合作，依法处置被担保人的反担保财产，减少企业经济损失；建立担保业务责任追究制度，对在担保中出现重大决策失误、未履行集体审批程序或不按规定管理担保业务的部门及人员，应当严格追究相应的责任；在担保合同到期时，全面清查用于担保的财产、权利凭证，按照合同约定及时终止担保关系；妥善保管担保合同、与担保合同相关的主合同、反担保函或反担保合同，以及抵押、质押的权利凭证和有关原始资料，切实保证担保业务档案完整无缺。

三、业务外包内部控制

《企业内部控制应用指引第 13 号——业务外包》中所指的业务外包，是指企业利用专业化分工优势，将日常经营中的部分业务委托给本企业以外的专业服务机构或其他经济组织完成的经营行为。这里的业务外包不包括工程项目外包，工程项目外包单独在工程项目内部控制中进行阐述。企业在业务外包控制管理过程中，需要对外包业务实施分类管理，通常按照业务外包的重要性程度，划分为重大外包业务和一般外包业务。重大外包业务是指对企业生产经营有重大影响的外包业务。从业务的内容来看，外包业务通常包括研发、资信调查、可行性研究、委托加工、物业管理、客户服务、IT 服务等。业务外包是经济发展、市场分工的产物，企业通过业务外包可以实现企业资源的有效整合。将非核心业务进行外包，一方面可以将企业有限的资源整合到核心业务中，实现资源利用效率最大化；另一方面，可以利用外包企业专业化、规模化的优势，有效降低产品的成本，提高企业经济效益。

业务外包内部控制是指企业董事会、监事会、经理层和全体员工实施的，旨在实现业务外包目标的过程。在业务外包控制过程中，企业应当建立和完善业务外包管理制度，规定业务外包的范围、方式、条件、程序和实施等相关内容，明确相关部门和岗位的职责权限，强化对业务外包全过程的监控，防范外包风险，充分发挥业务外包的优势。企业应当权衡利弊，避免核心业务外包。

（一）业务外包的基本流程

企业业务外包可能存在多种形式，流程也不尽相同。通常来讲，企业业务外包有以下基本步骤（见图 4-13）：

（1）制定外包方案。制定业务外包方案是企业根据生产计划和业务外包管理制度，结合业务外包范围，拟定实施方案。

（2）审批外包方案。企业按照规定的权限和程序审核批准外包业务实施方案。

（3）选择承包方。企业根据批准的业务外包实施方案选择合适的承包方来承担外包业务。

（4）签订外包合同。企业与承包方签订正式的业务外包合同，明确双方的权利义务关系。

（5）实施外包业务。企业按照业务外包合同约定、外包制度以及流程的要求，落实外包需要的人力、资金、设备等各类资源。

（6）外包过程管理。企业对业务外包过程进行监控，持续关注承包方对外包业务的履约能力，对业务外包过程中出现的意外情况做好充分的预计，建立业务外包应急机制，对违法完成外包合同的承包方及时采取措施。

（7）外包成果验收。在业务外包合同完成后，企业组织相关部门或人员对完成的业务外包按照合同约定进行验收，对验收过程中发现的异常情况，及时查明原因，采取补救措施。

（8）会计控制。企业对外包业务按照企业会计准则的要求进行会计处理，在财务报告中进行充分披露，按照合同约定支付业务外包款项。

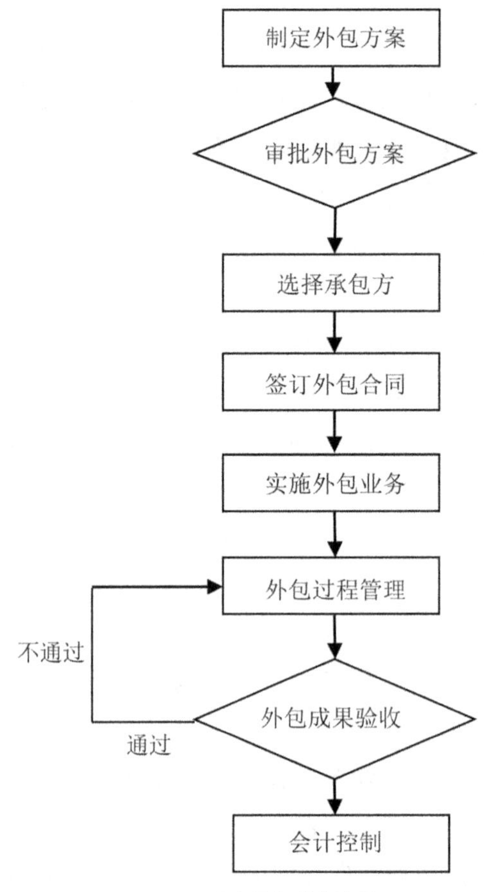

图 4–13　业务外包基本流程

（二）业务外包的主要风险

1. 制定外包方案环节的风险

制定外包方案是业务外包的第一个环节。这一环节的主要风险有：

（1）企业未制定外包业务管理制度，导致制定业务外包方案时缺乏依据，未能对业务外包项目进行明确的指导，未明确外包业务的范围，造成原则上不能外包的核心业务被外包出去，影响企业竞争力。

（2）制定的业务外包方案不合理，重大的业务外包方案未取得专业人员的意见，外包方案与企业发展战略、生产经营特点不符，无法实现业务外包的目标。

2. 审核批准环节的风险

审核批准环节是企业按照规定的权限和程序对业务外包方案进行审核批准的过程。这一环节的主要风险有：

（1）未制定相应的审核批准制度，审批制度不健全，导致业务外包方案审批不够规范。

（2）审批时未严格按照规定要求进行审批或者越权审批，导致业务外包决策存在重大疏漏，造成严重的经济损失。

（3）业务外包方案审批时，未对业务外包方案的经济效益进行合理的评估，业务外包方案在实际履行过程中产生的成本过高，导致业务外包不经济。

3. 选择承包方环节的风险

企业在正式签订业务外包合同前，需要运用合理的方式选择合适的承包方，对承包方的专业资质、履约能力、业务外包成本等进行评估。这一环节的主要风险有：

（1）选择的承包方主体不合法或者缺乏应有的专业资质，不具备相应的专业技术资格，缺乏业务外包相关的经验，导致业务外包的质量、时间等无法保障。

（2）选择承包方的方法不科学、不合理，缺乏竞争机制，没有采用公开招标等适当的方式，未遵守公开、公平、公正原则，导致选择承包方过程中存在舞弊行为。

（3）选择的承包方业务外包价格不合理，导致业务外包成本过高，无法发挥业务外包的成本优势。

4. 签订外包合同环节的风险

企业在选定承包方后，需要签订业务外包合同，明确合同当事人的权利和义务。这一环节的主要风险有：

（1）未对业务外包合同条款包含的重要风险因素进行充分的考虑和审核，拟定的合同条款不够规范、严谨，未对承包方提供外包服务的类型、数量、成本、方式、时间等基本要素进行明确，导致企业与承包方发生合同纠纷。

（2）合同签订过程中，存在未经授权或越权审批的情况，导致合同内容存在欺诈或重大疏漏。

（3）合同中未约定对机密业务或事项的保密条款，未约定合同当事人的保密义务和责任，在合同环节发生变化时，未继续修订和更新保密条款，导致业务外包合同内容泄密。

5. 实施外包业务环节的风险

实施外包业务是企业按照外包合同的约定，组织外包业务需要的人力、资金及设备等资源，履行业务外包合同的过程。这一环节的主要风险有：

（1）未确定和完善业务外包协调机制，业务外包工作组织不够充分，与承包方的外包业务缺乏协调和沟通，无法与承包方在资产、信息资料、人力资源、安全保密等方面达成一致，导致业务外包过程中存在较多的问题。

（2）未建立对承包方履约能力的持续监控评估机制，承包方出现无法继续履行业务外包合同情形时，未及时采取有效措施，降低合同可能带来的损失，导致经济利益受损。

6. 外包过程管理环节的风险

企业在业务外包合同履行过程中，需要对外包业务的过程进行持续的管理，分析业务外包的风险因素，防止重大的经济损失。这一环节的主要风险有：

（1）未对承包方的履约能力进行持续的关注，当发生各种内外部变化时，承包方履约能力受到影响，承包方无法继续按约定履行业务外包合同，导致业务外包失败，影响企业正常生产经营活动。

（2）未对履约过程中涉及的商业信息资料进行有效的管理，对业务外包合同涉及的机密内容控制不力，导致商业秘密泄露，给企业造成严重影响。

7. 外包成果验收环节的风险

在业务外包合同执行完毕后，企业需要对合同成果进行验收，保障外包业务的质量。这一环节的主要风险有：

（1）未对合同成果验收方式、时间、质量标准等进行明确约定，验收方式与业务外包成果交付方式不匹配，导致双方产生纠纷。

（2）验收程序不规范，验收过程中，缺乏相关部门人员参与，未按照质量标准严格验收，导致业务外包成果存在质量问题。

8. 会计控制环节的风险

企业需要对业务外包涉及的会计核算、信息披露、款项结算等会计事项进行有效的管控。这一环节的主要风险有：

（1）缺乏有效的会计系统控制，未能全面、准确地记录和反映企业业务外包各环节的资金流和实物流，导致企业缺乏对资金和实物的控制，造成企业资产流失或贬损。

（2）外包业务会计处理未遵守会计准则的要求，未按照监管部门的要求进行信息披露，导致企业受到监管部门的处罚；外包资金结算不严，支付方式不恰当，导致企业遭受经济损失。

（三）业务外包关键控制点与措施

业务外包内部控制有两个关键阶段：业务外包准备阶段和业务外包实施阶段。业务外包准备阶段包括业务外包方案的制定、方案的审核批准、选择承包方等环节。业务外包实施阶段包括签订业务外包合同、实施外包业务、外包过程管理、外包成果验收和业务外包会计控制等环节。

1. 业务外包准备阶段关键控制点与措施

（1）合理制定业务外包方案。企业根据各类业务与核心业务的关联度、外包业务的控制程度以及外包市场的成熟程度等，合理确定外包业务的范围；建立健全业务外包管理制度，对业务外包项目根据其对生产经营的影响程度分类进行管理，明确业务外包方式、条件、程序等内容；严格按照业务外包管理制度的要求制定业务外包实施方案，在制定业务外包方案时，考虑企业的年度预算、生产经营计划和企业战略目标，确保业务外包方案的可行性，避免将核心业务外包出去；在制定业务外包方案过程中，对专业的问题需要听取专业人士的意见，根据合理化建议完善业务外包实施方案。

（2）审核批准业务外包方案。企业在考虑年度生产经营计划和业务外包管理制度时，结合确定的业务外包范围，拟定实施方案后，按照规定的权限和程序审核批准；在审核批准过程中，需要明确授权批准的方式、权限、程序、责任及相关控制措施，各个层级的人员应当在授权范围内进行审批，不得越权审批，总会计师或分管会计工作的负责人应当参与重大业务外包的决策，重大业务外包方案应当提交董事会或类似权力机构审批；对业务外包方案进行审核时，注意对比分析业务外包项目在自营与外包情况下的风险与收益，确定业务外包方案的经济性和可行性。

（3）选择合适的承包方。企业按照批准的业务外包实施方案选择承包方。在选择承包方时，需要考虑下列条件：承包方是否为依法成立和合法经营的专业服务机构或其他经济组织，是否具有相应的经营范围和固定的办公场所；承包方应当具备相应的专业资质，其从业人员符合岗位要求和任职条件，并具有相应的专业技术资格；承包方的技术及经验水平应当符合本企业业务外包的要求；企业应当综合考虑内外部因素，合理确定外包价格，严格控制业务外包成本，切实做到符合成本效益原则；选择承包方时企业应当引入竞争机制，遵循公开、公平、公正的原则，采用适当方式，择优选择外包业务的承包方，采用招标方式选择承包方的，应当符合招投标法的相关规定；企业及相关人员在选择承包方的过程中，不得收受贿赂、回扣或者索取其他好处，承包方及其工作人员不得利用向企业及其工作人员行贿、提供回扣或者给予其他好处等不正当手段承揽业务。

2. 业务外包实施阶段关键控制点与措施

（1）签订业务外包合同。企业按照规定的权限和程序从候选承包方中确定最终承包方后，需要签订业务外包合同。对业务外包合同的条款进行有效的控制，充分识别和考虑业务外包方案中的重要风险因素，通过合同条款有效规避或降低风险；签订的业务外包合同内容通常包括外包业务的内容和范围、双方权利和义务、服务和质量标准、保密事项、费用结算标准和违约责任等事项；企业外包业务需要保密的，应在业务外包合同或者另行签订的保密协议中明确规定承包方的保密义务和责任，要求承包方向其从业人员提示保密要求和应承担的责任。

（2）有效组织实施业务外包。业务外包合同签订后，企业需要有效组织外包业务的开展，加强业务外包实施的管理，按照业务外包制度、工作流程等相关要求，制定实施过程管理措施；做好与承包方的对接工作，加强与承包方的沟通与协调，通过各种方式确保承包方充分了解企业的工作流程、质量标准等，从源头控制外包业务质量；及时搜集相关信息，发现和解决外包业务日常管理中存在的问题；对于重大业务外包，企业应当密切关注承包方的履约能力，建立相应的应急机制，避免业务外包失败造成本企业生产经营活动中断。

（3）加强业务外包过程管理。企业应当加强业务外包实施的管理，持续对业务外包过程进行监控，严格按照业务外包制度、工作流程和相关要求，组织开展业务外包，并采取有效的控制措施，确保承包方严格履行业务外包合同；密切关注重大业务外包项目承包方的履约能力，采取动态管理方式，对承包方外包业务进行定期评估，关注承包方财务状况、生产能力、技术创新能力等，确保承包方对外包业务的投入能够支持其产品或服务达到预期目标；建立实时监控与应急机制，当出现偏离合同目标等情况时，及时督促承包方采取措施调整改进，对重大业务外包做好紧急预案，制定临时替代方案；加强对业务外包合同履行过程中的商业信息管理，防止商业机密泄露；有确凿证据表明承包方存在重大违约行为，导致业务外包合同无法履行的，应当及时终止合同，承包方违约并造成企业损失的，企业应当按照合同对承包方进行索赔，并追究责任人责任。

（4）组织业务外包成果验收。根据业务外包合同约定，在业务外包合同执行完成后需要验收的，企业应当组织相关部门或人员对完成的业务外包合同进行验收，出具验收证明；验收时，需要根据不同的成果交付方式，灵活采取不同的验收方式进行验收；根据业务外包合同的约定，确定业务外包合同质量验收标准，组织相关业务、财务、质量控制等部门的人员参与验收，严格按照质量标准检查和测试产品或服务，确保其符合质量标准，对验收过程中发现的异常情况，应当立即报告，查明原因，及时处理。

（5）加强业务外包会计控制。企业应当根据国家统一的会计准则制度，加强对外包业务的核算与监督，做好业务外包费用结算工作。根据会计准则要求，对业务外包过程中的资产、负债等事项进行会计核算，在财务报告中进行充分披露，按业务外包合同约定的时间、方式和金额支付合同款项。

四、案例思考

例 4-7　知名大学企业违规担保——*ST 工新[①]

哈尔滨工大高新技术产业开发股份有限公司（*ST 工新，600701，以下简称工大高新）成立于 1993 年，于 1996 年在上海证券交易所正式挂牌交易。工大高新控股股东为哈尔滨工业大学高新技术开发总公司（以下简称工大高总），股权占比 22.31%，工大高总为隶属哈尔滨工业大学的全民所有制企业，而哈尔滨工业大学是国家首批“211 工程”“985 工程”重点建设院校。

2020 年 4 月 29 日，工大高新发布公告称收到中国证券监督管理委员会黑龙江监管局（以下简称黑龙江证监局）《行政处罚及市场禁入事先告知书》（处罚字〔2020〕1 号，以下简称《行政处罚告知书》），部分内容如下。

① 资料来源：中国证监会网站 http://static.sse.com.cn/disclosure/listedinfo/announcement/c/2020-10-24/600701_20201024_1.pdf.

一、关联方非经营性占用上市公司资金未及时披露

工大高新董事长张大成在2005年6月至2018年9月21日期间同时任哈尔滨工大集团股份有限公司（以下简称工大集团）董事长。根据《中华人民共和国公司法》第二百一十六条、《上市公司信息披露管理办法》第七十一条的相关规定，工大集团与工大高新之间构成关联关系。

（1）2017年4月14日，工大高新与赵林香签署《借款暨担保协议书》。协议显示，工大高新向赵林香借款人民币1亿元，借款用途为资金周转。《借款暨担保协议书》签订当日，赵林香将1亿元借款资金分两笔，一笔5,200万元，另一笔4,800万元汇入工大集团。存在工大高新为该1亿元资金的借款人，而工大集团为该1亿元资金实际使用人的事实。工大高新与工大集团均未提供证据证实该笔资金往来为工大高新与工大集团正常贸易往来。

（2）2017年7月7日，工大高新与安徽省金丰典当有限公司签署《典当合同》。合同显示，工大高新以持有的存货向安徽省金丰典当有限公司融资1亿元，资金用途为补充流动资金，期限为2017年7月7日至2018年7月1日。该1亿元借款资金分别于2017年7月10日、7月12日分两笔，每笔5,000万元，由安徽省金丰典当有限公司直接汇入工大集团。存在工大高新为该1亿元资金的借款人，而工大集团为该1亿元资金实际使用人的事实。工大高新与工大集团均未提供证据证实该笔资金往来为工大高新与工大集团正常贸易往来。

（3）2016年12月2日，工大高新中大植物蛋白分公司（以下简称中大植物蛋白）与上海湛丰贸易有限公司（以下简称上海湛丰）签订了《大豆采购合同》。2017年3月1日，工大高新先后以5,000万元、5,000万元、1亿元，分三笔将2亿元资金汇入中大植物蛋白，中大植物蛋白收到2亿元资金后，于当日先后以5,000万元、5,000万元、1亿元分三笔汇入上海湛丰，作为《大豆采购合同》的履约保证金。上海湛丰收到2亿元履约保证金后，当日将该笔资金全部汇入工大集团。该《大豆采购合同》到期并未得到实际履行，无商品购销出入库记录，无真实业务往来，工大高新公告称该笔资金为工大集团占用。

（4）2017年8月22日，工大高新向其子公司上海哈青贸易有限公司（以下简称上海哈青）汇入资金1亿元。当日，上海哈青向上海熙祥泉实业有限公司（以下简称上海熙祥泉）支付预付货款1亿元。同日，上海熙祥泉将1亿元资金汇入工大集团。上海哈青向上海熙祥泉支付1亿元预付货款的事项，无购销合同，未实际履行，无真实业务往来，工大高新公告称该笔资

金为工大集团占用。

（5）2016 年 12 月 29 日，工大高新向其孙公司天津汉柏明锐电子科技有限公司（以下简称天津汉柏明锐）汇入资金 2 亿元。当日，天津汉柏明锐将 2 亿元资金先后以 1.5 亿元、5,000 万元，分两笔支付给中冶天工集团有限公司（以下简称中冶天工），作为工程款项。当日，中冶天工将上述款项先后以 1.5 亿元、5,000 万元，分两笔支付给工大集团的下属公司工大创谷（三河）科技发展有限公司。另《债权债务确认书》表明，中冶天工和工大创谷（三河）科技发展有限公司、天津汉柏明锐之间无实质性债权债务关系，上述 2 亿元资金的债权人是天津汉柏明锐，债务人是工大集团。工大高新与工大集团均未提供证据证实该笔资金往来为工大高新与工大集团正常贸易往来。

（6）2017 年 12 月 19 日，工大高新出资 2 亿元设立产业并购基金，投资北京瑞鑫嘉业投资管理中心（有限合伙），北京瑞鑫嘉业于 2017 年 12 月 19 日收到上述 2 亿元资金，并于当日将该笔资金转入工大集团。工大高新与工大集团均未提供证据证实该笔资金往来为工大高新与工大集团正常贸易往来。

（7）2017 年 10 月 13 日，工大集团向佛山市海德仲辉网络科技有限公司（以下简称佛山海德）借款 4，000 万元，后经汉柏科技、佛山海德、工大高新三方协商，在工大高新子公司汉柏科技预付给佛山海德的预付款中扣除。工大高新与工大集团均未提供证据证实该笔资金往来为工大高新与工大集团正常贸易往来。

（8）2017 年 10 月 16 日，工大高新子公司哈尔滨龙丹利民乳业有限公司（以下简称龙丹利民）与浙江省稠州商业银行签署《最高额质押合同》（编号：2201736605300006O762），合同显示龙丹利民以 8,000 万元存单质押为上海建奥借款提供质押担保。其后上海建奥将该笔借款 7,600 万元资金汇入工大集团。2018 年 5 月 28 日，龙丹利民收到浙江稠州商业银行股份有限公司上海分行的贷款提前收回通知书，将质押存单直接还款 7,600 万元，其余 400 万元返还给龙丹利民。根据资金流向，上述事项构成工大集团对工大高新事实上的关联方资金占用。综上，工大高新通过上述方式累计发生向关联方工大集团提供资金的关联交易 10.16 亿元。对于上述事项工大高新均未按规定及时履行信息披露义务，也未在当期半年报、年报中真实、准确、完整披露，违反了《中华人民共和国证券法》（2014 年修正，以下简称《证券法》）第六十五条、第六十六条、六十七条等相关规定。

二、对外担保未及时披露

（1）2017年8月2日，工大高新与方美凤签署《保证担保书》，保证担保书显示，工大高总向方美凤借入贷款人民币1亿元，工大高新、工大集团、烟台和为置业有限公司、张大成为借款提供保证担保。

（2）2017年5月16日，工大高新与苏州安泰成长投资有限公司（以下称苏州安泰）签署《保证合同》，合同显示，工大高总于2017年5月5日向苏州安泰借入贷款人民币5,000万元，工大高新为借款提供连带担保责任。

（3）2017年3月29日，工大高新与中安百联（北京）资产管理有限公司（以下称中安百联）签署保证合同，合同显示，工大高总向中安百联借款人民币2亿元，工大高新为其提供连带责任担保。

（4）2017年3月13日，工大高新与深圳前海新富资本管理集团有限公司（以下称前海新富）签署《关于工大高总之贷款合同之保证合同》，合同显示，工大高总与前海新富签订了贷款合同，贷款金额1.5亿元，工大高新为其提供连带责任保证担保。

（5）2017年5月18日，工大高新与北京汉富美邦国际投资顾问中心（以下称北京汉富美邦）签署担保合同，合同显示，工大高总向北京汉富美邦借款人民币3亿元，工大高新为其承担连带责任担保。

（6）工大高新承诺函显示，2017年2月，工大集团委托深圳市宏利创新投资合伙企业（以下称深圳宏利）发行阳明2号私募投资基金，通过恒丰银行委托贷款形式进行融资。深圳宏利委托恒丰银行股份有限公司宁波分公司向工大集团发放贷款，贷款金额4亿元，贷款用途为补充企业流动资金。工大高总、工大高新为其提供连带责任保证。

（7）工大高新承诺函显示，2017年2月，工大集团向合格投资者发行总额不超过人民币1亿元的“哈工大集团2017定向融资计划”，期限18个月，累计发行金额4,457万元人民币，工大高新为其到期兑付本金及利息提供不超过1亿元人民币的连带责任担保。

（8）2016年6月29日，工大高新与深圳新华富时资产管理有限公司签署保证合同，合同显示工大集团与深圳新华富时资产管理有限公司签署《股权收益转让及回购合同》，发行“新华富时工大1号专项资产管理计划”，融资7.5亿元人民币，工大高新为其承担连带责任担保。

（9）2017年8月1日，工大高新致大连银行股份有限公司上海分行担保函显示，工大集团、杭州东方邦信橙和投资合伙企业（有限合伙）、黑龙江乳业集团有限责任公司、唐山渤海石油有限责任公司与大连银行股份有限公司上海分行签署了委托贷款合同，委托贷款金额为7.8亿元，工大高新为上述贷款提供无条件不可撤销的连带责任保证担保。

（10）《哈尔滨工大高新技术产业开发股份有限公司、哈尔滨国际会展体育中心有限公司、哈尔滨机场专用路有限公司与上海国金租赁有限公司之融资租赁合同》显示，2016年5月，上海国金租赁有限公司采用售后回租的方式向哈尔滨机场专用路有限公司（以下称机场路公司）提供融资租赁服务，金额5亿元，工大高新为此笔融资租赁业务提供连带责任保证。

（11）第三方保证合同显示，2017年5月和2017年8月，深圳市彼岸大道贰拾柒号投资合伙企业（有限合伙）分别委托南洋银行向工大集团发放贷款3亿元人民币和4亿元人民币，期限为18个月和12个月。工大高新为此两笔总计7亿元人民币贷款提供连带责任保证担保。

（12）第三方保证合同显示，2017年5月，工大集团向深圳前海金木商业保理有限公司融资2亿元人民币，工大高新为其承担连带责任担保。

（13）2017年5月26日，工大高新与吴成文签署《最高额保证借款合同》，合同显示工大集团、工大高新、张大成向吴成文借款人民币1亿元，借款期间为2017年5月26日至2017年5月30日。工大高新为其承担连带责任担保。

（14）《上海国金租赁有限公司、哈尔滨工大集团股份有限公司、哈尔滨工大高新技术产业开发股份有限公司之保证合同》显示，2018年1月30日，上海国金租赁有限公司向工大集团放款2亿元人民币，工大高新为此笔融资租赁业务提供最高额2.5亿元人民币连带责任保证。

（15）2015年12月，工大高新与中程租赁有限公司签署保证合同，合同显示，哈尔滨市龙丹日高乳业有限责任公司向中程租赁有限公司融资5,000万元，工大高新为其承担连带责任担保。

（16）最高额保证合同显示，2016年，哈尔滨哈南国际开发开放总部投资有限公司向中江国际信托股份有限公司融资5亿元人民币，工大高新为其提供15亿元最高额度保证。

（17）《浙江稠州商业银行股份有限公司最高额质押合同》显示，2017年10月17日，工大高新子公司龙丹利民为上海建奥提供存单质押担保，担保金额8,000万元。

（18）2014年12月15日，汉柏科技原实际控制人彭海帆与薄超签订了1亿元的借款合同，借款期限自2014年12月15日至2016年12月14日，并由汉柏科技及其四家子公司（天津汉柏信息技术有限公司、天津汉柏明锐电子科技有限公司、天津汉柏汉安信息技术有限公司、天津汉柏芯科电子科技有限公司）为彭海帆上述个人借款签订了承担连带担保责任的保证合同。2016 年 9 月 14 日，上述公司股权结构发生变更，上述公司成为工大高新的下属公司。

综上，工大高新及其下属公司对外发生的上述 18 笔担保合计 63.1 亿元。工大高新未履行内部审议程序，未及时履行信息披露义务，也未在当期半年报、年报中真实、准确、完整披露。违反了《证券法》第六十五条、第六十六条、六十七条等相关规定。

此外，工大高新还涉及重大诉讼和仲裁未及时披露、公司基本账户被冻结事项未及时披露、工大高新子公司股权被冻结情况、工大高新重大债务未清偿事项未及时披露等违法事实。

思考：根据对外担保内部控制要求，工大高新对外担保内部控制可能存在哪些重大缺陷？工大高新是否应当承担为控股方大股东违规担保产生的担保责任？

课后习题答案

▶▶ 课后习题 ▶

（一）单项选择题

1. 企业筹资、投资和资金营运等活动的总称是（　）。

A. 资金活动　B. 资产管理　C. 担保业务　D. 工程项目

2. 不一定属于投资活动关键风险点的是（　）。

A. 投资方案与公司发展战略不符

B. 投资项目未突出主业

C. 所有投资项目均未实行集体决策或者联签制度

D. 缺乏对项目的跟踪管理

3.（　）是采购决策最关键的环节，也是最终确定供应商、签订采购合同的依据。

A. 采购方式的选择　B. 验收程序　C. 价格谈判　D. 供应商选择

4. 针对固定资产运行与维护环节可能存在的固定资产操作不当、维修保养不到位，造成固定资产运作不良、使用效率低下、产品残次率高、生产停顿，甚至出现生产事故等风险，企业可以采取的控制措施是（　）。

A. 企业应当强化对关键设备运转的监控，严格操作流程，实行岗前培训和岗位许可制度，确保设备安全运转

B. 企业应当定期对固定资产的技术先进性进行评估

C. 按照单项资产建立固定资产卡片

D. 定期对固定资产进行清查

5. 存货的保管与（　　）职务是不相容的。

A. 存货的验收　　　　B. 存货的会计记录

C. 存货的请购　　　　D. 存货的采购

6. 除全面梳理资产管理流程、查找薄弱环节外，资产管理的总体要求还包括（　　）。

A. 重视投保　　　　B. 严格执行与监控

C. 完善相关管理制度　　　　D. 以战略为导向

7. 以下不属于销售业务风险点的是（　　）。

A. 销售计划管理　　　　B. 销售过程管理

C. 客户信用管理　　　　D. 订立销售合同

8. 销售过程存在舞弊行为，可能导致的风险是（　　）。

A. 销售款项不能收回　　　　B. 销售不畅

C. 库存积压　　　　D. 企业利益受损

9. 以下不属于无形资产的使用与保护环节主要风险的是（　　）。

A. 无形资产使用效率低下

B. 存在重大技术安全隐患以及忽视品牌建设、社会认可度低

C. 缺乏严格的保密措施，导致商业秘密泄露

D. 其他企业的侵权行为损害企业利益

10. 对新开发的技术或产品未进行有效保护，而竞争对手抢先申请专利保护，导致自主开发成果被限制使用，合作研发中未明确产权归属，上述属于研发业务的（　　）阶段的风险。

A. 研究成果开发　　　　B. 研发活动评估

C. 研发成果保护　　　　D. 研究过程管理

11. 以下关于工程招标内部控制的说法，不正确的是（　　）。

A. 企业的工程项目一般应当采用公开招标的方式

B. 为了保证完工进度，可以将工程肢解为若干部分发包给几个承包单位

C. 对投标人的信息采取严格的保密措施，防止投标人之间的串通舞弊

D. 按照招标公告或资格预审文件中的投标人资格条件对投标人进行严格审查，预防假资质中标或借资质串标

12. 工程价款结算环节易出现的风险不包括（　　）。

A. 资金使用管理混乱　　　　B. 现场控制不当

C. 工程延迟　　　　　　　D. 项目资金不落实

13. 关于担保业务控制，下列说法中正确的是（　　）。

A. 为了节省成本，调查评估人员与担保业务审批人员可以由一人担任

B. 调查评估是办理担保业务的第一步

C. 规范担保合同记录、传递和保管，确保担保合同运转轨迹清晰完整、有案可查

D. 担保合同的订立事关重大，应经总经理审批才可通过

14. 缺乏对担保合同的跟踪管理或监控不力，无法对被担保人出现的异常情况进行及时报告和处理，给企业造成损失，这属于担保业务中（　　）环节的主要风险。

A. 会计系统控制　　　　　B. 调查评估

C. 担保审批　　　　　　　D. 日常管理

15. 外包合同的执行与监控的主要风险不包括（　　）。

A. 合同内容存在重大风险和欺诈

B. 与承包方的对接工作不到位，沟通协调不力

C. 缺乏对承包方履约能力的持续评估以及应急机制

D. 对承包方的索赔不力

16. 以下关于企业外包业务控制，不正确的是（　　）。

A. 任何业务都可以外包

B. 强化对业务外包全过程的监控

C. 重大业务外包方案应当提交董事会或类似权力机构审批

D. 建立严格的回避制度和监督处罚制度

17. 下面属于财务报告内部控制的总体要求的是（　　）。

A. 抓住关键控制点

B. 规范各环节工作流程

C. 充分利用信息技术

D. 明确职责权限和不相容岗位分离

（二）多项选择题

1. 实施资金活动内部控制的总体要求包括（　　）。

A. 建立科学决策机制　　　　B. 实行资金集中管控

C. 合理设计流程　　　　　　D. 抓住关键控制点

E. 查找薄弱环节

2. 采购业务流程中的不相容职务包括（　　）。

A. 请购与审批　　　　　　B. 询价与确定供应商

C. 采购与验收　　　　　D. 订立合同与审计

E. 审核与付款

3. 工程项目存在的不相容岗位主要包括（　　）。

A. 可行性研究与决策　　　　B. 概预算编制与审核

C. 项目实施与价款支付　　　D. 竣工决算与审计

E. 招标与签订施工合同

4. 销售业务的流程包括（　　）。

A. 销售计划管理　　　　　B. 客户信用管理

C. 确定定价机制和信用方式　　D. 销售谈判以及订立销售合同

E. 发货、收款、客户服务等

5. 研发风险控制的总体要求包括（　　）。

A. 重视研发　　　　B. 强化管理

C. 制度宽松　　　　D. 制订计划

E. 项目转化

6. 在资产管理中，应重点关注的风险包括（　　）。

A. 存货积压或短缺

B. 存货价值贬损或生产中断

C. 固定资产更新改造不够、使用效能低下、维护不当、产能过剩

D. 无形资产缺乏核心技术、权属不清、技术落后、存在重大技术安全隐患

E. 销售政策和策略不当、销售渠道管理不当等，导致销售不畅、库存积压

7. 担保业务流程包括（　　）。

A. 担保申请　　　　B. 调查评估

C. 审批　　　　　　D. 订立担保合同

E. 担保合同执行与监控等

8. 担保申请人出现下列情形之一的，不得提供担保的有（　　）。

A. 担保项目不符合国家法律法规和本企业担保政策

B. 担保申请人已经变更法定代表人

C. 担保申请人已经进入重组、托管、兼并或破产清算程序

D. 担保申请人与其他企业出现较大经济纠纷，面临法律诉讼且可能承担较大赔偿责任

E. 担保申请人与本企业已经发生过担保纠纷且仍未妥善解决的，或不能及时足额交纳担保费用的

9. 业务外包控制的总体要求是（　　）。

A. 完善业务外包管理制度　　　B. 强化监控

C. 加强信息核对　　　　　　　D. 避免核心业务外包

E. 健全各环节的授权批准制度

10. 关于外包业务承包方的选择，正确的有（　　）。

A. 承包方是依法成立和合法经营的专业服务机构或其他经济组织

B. 承包方应当具备相应的专业资质

C. 引入竞争机制，遵循公开、公平、公正的原则，择优选择外包业务的承包方

D. 基于成本效益原则的考虑，承包方的选择可以直接指定有资质的承包方

E. 建立严格的回避制度和监督处罚制度

11. 财务报告的业务流程包括（　　）。

A. 制定财务报告编制方案　　　B. 确定重大事项会计处理方法

C. 查实资产和负债　　　　　　D. 编制财务报告

E. 对外提供以及分析利用等

12. 下列控制措施中属于不相容岗位分离控制的是（　　）。

A. 调查评估人员与担保业务审批人员应当分离，调查评估结果应出具书面报告

B. 销售合同草案经审批同意后，企业应授权有关人员与客户签订正式销售合同

C. 对于某些商品的价格浮动权，销售部门应将权力逐级分配并明确权限执行人

D. 明确相关部门和岗位的职责权限，做到项目实施与价款支付等不相容职务相互分离

E. 指定专人定期与供应商核对应付账款、应付票据、预付账款等往来款项

（三）判断题

1. 不管是大宗采购还是一般物资或劳务的采购都应该采用招标的方式。（　　）

2. 编制需求预算和采购预算、选择供应商、管理供应过程是采购业务的关键风险点。（　　）

3. 对于重大的固定资产投资项目，企业可进行可行性研究与评价，并由企业实行集体决策和审批，防止出现决策失误而造成严重损失。（　　）

4. 企业代管、代销、暂存、受托加工的存货，不应纳入本企业的存货管理。（　　）

5. 规范销售行为、防范销售风险，可以促进企业扩大销售、拓宽销售渠道、提高市场占有率，对于增加收入、实现企业经营目标和发展战略有重要意义。（　　）

6. 企业发货部门应当对销售合同进行审核，并组织发货。（　　）

7. 未经授权发货、发货不符合合同约定或者发货程序不规范，可能造成货物损失或发货错误，引发销售争议，影响货款收回。（　　）

8. 研发活动具有投入大、周期短、不确定性高的特点，因此研发活动的成败对企业生产经营影响较大。(　)

9. 重大工程项目的立项，应当报经董事会或类似权力机构集体审议批准，总会计师或分管会计工作的负责人应当参与项目决策。(　)

10. 不得由同一部门或个人办理担保业务的全过程。(　)

11. 企业在进行工程项目招标时，在确定中标人前，为保证供求双方的充分了解，企业应同投标人就投标方案等内容进行谈判。(　)

12. 某公司为了工作方便，将所收到的工程款存入个人账户作为日常结算账户使用。(　)

第五章

企业内部控制评价

学习目标

企业内部控制评价从广义上来讲包括企业对内部控制的自我评价和注册会计师对企业的外部评价，从狭义上来讲指企业的自我评价。本章以狭义的企业内部控制出发，对企业管理层对内部控制自我评价的内涵、评价的程序和方法、评价的内容、内部控制缺陷的认定以及内部控制评价报告进行详细的阐述。通过本章学习，应当掌握以下内容：

- 了解企业内部控制评价的内涵、评价的作用以及评价的标准；
- 掌握内部控制评价的基本程度和方法，能够对企业内部控制执行情况进行基础的评价；
- 掌握内部控制评价的内容，包括内部控制环境、控制机制、控制活动、信息与沟通以及内部监督的评价内容；
- 掌握内部控制缺陷分类，控制缺陷认定标准以及在内部控制评价中对控制缺陷的处理方法；
- 了解内部控制评价报告的基本内容，熟悉内部控制评价报告编制的方法。

20 世纪八九十年代开始，随着经济全球化的迅速发展，在全球经济、贸易、金融一体化的背景下，企业规模不断扩大，涌现出许多跨国公司。由于这些跨国公司业务遍及全球不同的国家和地区，各个国家和地区的经济、文化、环境等存在巨大差别，跨国公司在管理上通常采取分权制的管理模式，决策低层化及业务多元化趋势日益明显，企业的经营风险和管理风险大大增加。企业内部审计部门作为传统的内部监督机构，受到人力资源、工作时间、地域差别等因素的制约，无法完全深入了解企业业务活动，对企业经营活动的监控功能逐渐减弱，因此迫切需要一种新的内部控制评价方法来实现对企业业务活动的控制，及时发现风险。在这个背景下，国际内部审计协会（The Institute of Internal Auditors, IIA）引入“引导会议法”作为企业内部控制评价的一项新方法，在企业中得到了广泛应用。这一方法通过引导、调动管理者和相关业务部门及生产环节责任人，共同对企业内部控制进行分析和评价，调动全体员工参与内部控制建设，从而实现内部监督。

2002 年，美国颁布 SOX 法案，其中第 103 条款对审计、质量控制和独立性准则作出规定：“注册会计师须在每个审计报告中说明对上市公司内部控制构成及程序的测试范围，并在审计报告或单独的报告中说明”；第 404 条款规定：“要求企业编制的年度报告中包含内部控制报告，注册会计师须对企业管理层建立和维护内部控制充分性进行测试和评价，并出具评价报告”,SOX 法案对高级管理层的责任、建立内部控制体系和外部注册会计师审计均有明确的要求，对企业内部控制的实际执行产生了重大影响。SOX 法案的实施弥补了公司治理结构方面的缺陷和漏洞，为监管机构查处财务舞弊、明确责任人提供了法律保障。所有在美国上市的公司必须建立完善的内部控制体系，建立涉及每一项经济业务的内部控制制度，年度对其有效性和充分性进行评价，对存在的重大缺陷应当披露，公司管理层对此承担责任。同时，外部注册会计师需要对企业内部控制出具单独的评价报告，从而倒逼企业在经营活动、信息系统、投融资管理、财务系统、法律法规监督等各个方面进行检查，影响企业的整体业务进行流程重组、人员重新配置和明确岗位职责等。

2006 年，上海证券交易所和深圳证券交易所分别出台了《上海证券交易所上市公司内部控制指引》和《深圳证券交易所上市公司内部控制指引》，要求上市公司披露内部控制自我评价报告及注册会计师核实的评价意见。

2008 年，财政部、证监会、审计署、银监会和保监会等五部委联合发布《企业内部控制基本规范》，规定“企业应当结合内部监督情况，定期对内部控制的有效性进行自我评价，出具内部控制自我评价报告。内部控制自我评价的方式、范围、程序和频率，由企业根据经营业务调整、经营环境变化、业务发展状况、实际风险水平等自行确定”。

2010 年，五部委又联合发布了《企业内部控制配套指引》，该配套指引包括《企业内部控制应用指引》《企业内部控制评价指引》和《企业内部控制审计指引》，其中的《企业内部控制评价指引》和《企业内部控制审计指引》是企业内部控制评价的规范文件。

2012 年，财政部、证监会发布《关于 2012 年主板上市公司分类分批实施企业内部控制规范体系的通知》，要求境内外同时上市的公司及中央和地方国有控股主板上市公司，在披露 2012 年公司年报的同时，披露董事会对公司内部控制的自我评价报告以及注册会计师出具的内部控制审计报告。

从大的方面来讲，企业内部控制的自我评价与注册会计师对企业内部控制的外部评价均属于内部控制评价的范畴。本章所指的内部控制评价如无特殊说明均指企业内部控制的自我评价，注册会计师的外部评价将在第六章进行详细阐述。

第一节 内部控制评价概述

一、内部控制评价内涵

目前，在企业内部控制评价对主体的确定方面，我国的政策与国外政策有一定的差别。美国 SOX 法案规定企业的 CEO 和 CFO 必须为公司的财务报告完整性和准确性提供保证，明确建立和维护内部控制制度是公司管理层的责任。因此，美国的企业内部控制评价主体为企业管理层。我国《企业内部控制评价指引》所称的内部控制评价，是指企业董事会或类似权力机构，对内部控制的有效性进行全面评价、形成评价结论、出具评价报告的过程。因此，我国内部控制评价的主体是企业董事会或类似权力机构。企业内部控制评价的内涵可以从下面几个方面来理解。

（一）评价主体

我国《企业内部控制评价指引》指出，企业内部控制评价的主体是董事会或类似权力机构，董事会或类似权力机构是内部控制设计和运行的责任主体，负责企业内部控制的设计、完善和运行。在企业实际操作中，一般指定董事会下属的审计委员会承担对内部控制评价的组织、领导、监督等职责，授权审计委员会下属的内部审计部门执行内部控制评价的具体工作，对内部控制的设计和运行进行评估，最终形成内部控制评价报告。企业董事会应当对内部控制评价报告的真实性负责。

（二）评价对象

企业内部控制评价的对象是内部控制的有效性。内部控制的有效性是指企业建立与实施内部控制对实现内部控制目标提供合理保证的程度，由于内部控制的固有局限性，企业内部控制只能提供合理保证而非绝对保证。从控制对象来看，内部控制的有效性分为内部控制设计有效性和内部控制运行有效性。从控制目标来看，内部控制有效性分为合规目标有效性、资产目标有效性、报告目标有效性、经营目标有效性以及战略目标有效性。

（三）评价过程

企业内部控制评价一方面是一个动态的过程，对内部控制设计和运行的评价涵盖评价计划、评价实施和评价报告编报等多个阶段。另一方面，对企业内部控制的评价具有时效性，需要定期对内部控制进行评价，内部控制评价是一个持续的不断评价的过程。

二、内部控制评价作用

（一）有助于完善企业内部控制体系

内部控制评价是以评价、反馈、再评价的方式，反映企业在内部控制设计与运行过程中存在的缺陷，并持续进行自我完善的过程。通过内部控制评价发现和分析内部控制存在的缺陷，采取有针对性的措施落实整改，能够及时发现管理漏洞，从建立与实施等多个方面来优化管理制度，防范企业各类风险，促进企业内部控制的不断完善。

（二）有助于提高公众企业认可度

企业内部控制评价形成的评价报告按照相关规定需要对外公布，企业需向公众如实反映风险管理水平、内部控制状况、企业发展战略、竞争优势、可持续发展能力等情况，而公众可以通过企业内部控制自我评价报告来发现和评估企业状况。内部控制评价有助于企业展示诚信、透明、承担社会责任的形象，有利于提高投资者、债权人以及其他利益相关者的认可度，为企业创造更有利的外部环境，促进企业可持续发展。

（三）有助于提高管理层内部控制水平

根据压力传递机制理论，信息被公开后会受到公众的监督，对信息发布者产生一定的压力。企业内部控制评价报告的对外公布，在一定程度上可以督促被监管者不断改进和提高成效。内部控制评价报告公开披露后，投资者、债权人、监管机构及其他利益相关者能够据此判断企业内部控制是否建立健全，是否得到有效运行，并在此基础上判断管理层所提供的财务报告是否可靠、判断企业能否确保资产的安全和完整、判断企业经营目标能否实现等，从而倒逼企业管理层加强企业内部控制建设，提高内部控制水平。

三、内部控制评价原则

根据《企业内部控制评价指引》的要求，企业实施内部控制评价至少应当遵循下列原则。

（一）全面性原则

全面性原则是指企业内部控制的评价范围应当广泛、全面。从评价的内容上来讲，评价工作应当包括内部控制的设计与内部控制的运行。从评价的对象上来讲，评价工作应当涵盖企业及其所属单位的各种经济业务和事项。

（二）重要性原则

企业内部控制评价在把握全面评价的基础上，还需要突出内部控制评价的重点，关注重要业务单位、重大业务事项和高风险业务领域。具体来讲，重要性主要体现在制定和实施评价工作方案、分配评价资源的过程中，以风险为导向，重点关注影响内部控制目标实现的高风险领域和风险点，重点关注重要的业务事项和关键控制环节。

（三）客观性原则

客观性原则是指评价工作应当准确地揭示经营管理的风险状况，如实反映内部控制设计与运行的有效性。在内部控制评价方案的制定、评价实施过程、评价报告编报及披露过程中坚持客观、公正的原则，如实反映内部控制设计与运行的状况。

四、内部控制评价标准

企业在制定统一、具有可操作性的内部控制评价标准体系时，需要从目标定位、内容范围以及设置方式等方面综合考虑，从企业管理与控制目标（一般标准）和内部控制要素与作业层面（具体标准）两方面入手。

（一）内部控制评价一般标准

内部控制评价的一般标准是指应用于内部控制评价的各个方面的标准，是内部控制制度整体运行应达到的目标，包括完整性、合理性和有效性三个方面。

1. 内部控制的完整性

内部控制的完整性包含两个层面：一是企业根据市场经营的需要，应当设置的内部控制均已设置；二是对生产经营活动的全过程进行控制。内部控制的完整性要求，在对内部控制采取不同的方法进行评价时，应当体现出系统性的内部控制。

2. 内部控制的合理性

内部控制的合理性指内部控制设计和运行时的适用性和经济性。在达到内部控制完整性的同时，需要达到控制的合理性。在评价内部控制合理性时，首先要考虑控制的适用性，企业设计的内部控制体系需要适应企业自身的特点和要求。不同的企业，在行业、规模、技术、人员等多个方面存在差异，在设计和运行内部控制系统时应当结合企业自身特点，考虑内部控制的控制点设置是否合理、是否安排过多或不必要的控制点、各个控制环节是否合理、控制职能划分是否清晰、人员间的分工与岗位分离是否恰当等。内部控制的经济性是指内部控制设计与运行时应当遵循成本效益原则，内部控制应当突出重点，对重要的业务和环节投入较多的资源予以重点控制，实施内部控制获得的效益应当大于控制产生的成本，当然这里的效益不仅是财务方面的效益，也包括非财务指标产生的效益。

3. 内部控制的有效性

有效性是内部控制的关键，要求内部控制的设计与运行不能违反国家法律法规，能够有效防止错误和舞弊，合理保证提高经营效率、财务报告可靠且遵循法律法规。内部控制的有效性要求内部控制在总体上有效，在各项具体制度方面也应当发挥作用。内部控制作为一个体系，各项控制之间需要相互协调、有机结合。

（二）内部控制评价具体标准

内部控制评价的具体标准是指应用于内部控制要素评价和作业层面评价时应遵循和达到的目标，其中控制要素评价标准以作业层面评价标准为基础，作业层面评价标准是控制要素评价标准的细化。根据COSO的内部控制整合框架，内部控制包括控制环境、风险评估、控制活动、信息与沟通、监督等五个要素，各个控制要素包含更多的项目。控制活动是确保管理层的指令得到贯彻和执行，是针对控制点而制定的，企业一般根据生产经营活动的特点设计控制活动，作业层面评价标准是对控制活动的进一步细化。在设计和运行控制要素和作业层面时，可以从控制目标、控制点和控制措施三个方面来设计。

第二节　内部控制评价程序和方法

企业应当根据《企业内部控制评价指引》的要求，结合企业内部控制设计与运行的实际情况，制定具体的内部控制评价办法，规定评价的原则、内容、程序、方法和报告形式等，明确相关机构或岗位的职责权限，落实责任制，按照规定的办法、程序和要求，有序开展内部评价工作。

一、内部控制评价程序

企业按照内部控制评价办法规定的程序，开展内部控制评价工作。内部控制评价程序通常由评价准备、评价实施和评价报告三个阶段组成，其中评价准备阶段包括成立评价机构、制定评价方案、组成评价工作组等环节，评价实施阶段包括确定评价范围和重点、执行现场测试、认定内部控制缺陷等环节，评价报告阶段包括汇总评价结果、编制和披露评价报告等环节。

（一）评价准备阶段

1. 成立评价机构

成立内部控制评价机构是内部控制评价最初的工作。企业应根据自身的行业特点、经营规模、机构设置等成立评价机构。成立评价机构时，需要考虑以下几方面因素：评价机构能否独立行使对内部控制系统的建立与运行进行评价的权力；

是否具备监督与评价内部控制系统相对应的能力；与其他职能部门在评价内部控制时能否互相配合、互相制约、互相促进；评价机构是否能够得到企业负责人的支持，采取有效的措施保证评价机构对内部控制评价的有效开展。企业可以授权内部审计部门或专门机构负责内部控制评价的具体组织实施工作。

2. 制定评价方案

内部控制评价方案制定要根据企业内部控制设计与运行过程中的高风险领域和重点环节，确定评价的范围，科学合理制定评价方案。内部控制评价方案可以对内部控制进行全面评价，也可以根据需要采取重点评价的方式。企业内部控制评价机构拟定评价工作方案，明确评价范围、工作任务、人员组织、进度安排和费用预算等相关内容，报经董事会或其授权机构审批后实施。

3. 组成评价工作组

企业内部控制评价机构根据经批准的评价方案，组建内部控制评价工作组，具体实施内部控制评价工作。评价工作组需要吸收企业内部相关机构中熟悉情况的业务骨干参加，具体来讲，内部控制评价工作组由内部审计、财务、信息技术、法律、人力资源和生产经营部门的人员组成，参与工作组的人员应具备独立性、业务胜任能力和职业道德素养，对本部门的内部控制评价工作应当实行回避制度。在必要的情况下，企业可以根据自身需要建立长效的内部控制评价培训机制，培养内部控制评价人员。企业也可以委托中介机构实施内部控制评价，为企业提供内部控制审计服务的会计师事务所不得同时为同一企业提供内部控制评价服务。

（二）评价实施阶段

1. 确定评价范围和重点

内部控制评价工作组在充分了解组织机构设置、职责分工、管理层构成及分工、经营状况等基本情况的基础上，进一步强调内部控制评价范围，确定评价重点和抽样数量，结合评价组成员的专业背景进行合理的分工。

2. 执行现场测试

内部控制评价工作组应当对被评价单位进行现场测试，综合运用个别访谈、调查问卷、专题讨论、穿行测试、实地查验、抽样和比较分析等方法，充分收集被评价单位内部控制设计和运行是否有效的证据，按照评价的具体内容，如实填写评价工作底稿，研究分析内部控制缺陷。内部控制评价过程中应形成工作底稿，详细记录评价工作的内容，包括评价要素、主要风险点、采取的控制措施、相关证据、认定结果等，评价工作底稿应做到设计合理、证据充分、便于操作。

3. 认定内部控制缺陷

企业内部控制评价机构按评价质量控制机制，对现场评价的底稿进行复核，编制内部控制缺陷认定汇总表，结合日常监督和专项监督发现的内部控制缺陷及持续改进情况，对内部控制的缺陷、形成的原因、影响程度进行全面分析，提出认定意见，按照规定流程进行报告。企业对内部控制缺陷的认定，应当以日常监督和专项监督为基础，结合年度内部控制评价，由内部控制评价部门进行综合分析后提出认定意见，按照规定的权限和程序进行审核后予以最终认定。内部控制缺陷包括设计缺陷和运行缺陷。

（三）评价报告阶段

1. 汇总评价结果

企业内部控制评价机构对执行内部控制评价的范围、评价工作重点、评价底稿的编制与复核、内部控制缺陷的认定等内容进行汇总，确定无误后形成正式的评价结果。

2. 编制和披露评价报告

企业内部控制评价机构根据内部控制评价结果，按照规定的程序和要求，编制内部控制评价报告。内部控制评价报告应当分别对内部环境、风险评估、控制活动、信息与沟通、内部监督等要素进行设计，对内部控制评价过程、内部控制缺陷认定及整改情况、内部控制有效性的结论等相关内容作出披露。内部控制评价报告应当报经董事会或类似权力机构批准后对外披露或报送相关部门。

建立内部控制评价报告反馈机制，对内部控制报告中认定的控制缺陷，内部控制评价机构应当提出整改意见，落实整改责任人，对整改意见的落实情况进行跟踪反馈。建立内部控制评价工作档案管理制度，对内部控制评价的档案做好整理归档工作，对内部控制评价的有关文件资料、工作底稿和证明材料等予以妥善保管。

二、内部控制评价方法

企业内部控制评价可以采取多种形式，这里列举其中几个重要的方法。

（一）问卷调查法

问卷调查法是企业内部控制评价过程中经常采用的一种方法。这种方法通常由评价人员根据企业的行业类型、业务循环、管理层级、内部控制关键环节等，事先设计出一系列具有针对性、标准化的调查表，通过被调查人员的回答，反映各项控制措施是否健全、是否有效运行，以此对企业内部控制进行判断。

采取问卷调查法时，评价人员首先需要确定调查范围、调查目标，明确测试重点，设计出调查问题，将问卷发放给企业相关人员，由相关人员针对问题进行回答，收集问卷调查表，对回答的问题进行汇总，最后根据汇总的结果评价企业内部控制体系。采取这种方法的关键在于针对需要调查的内部控制体系设计科学合理的问题，调查问卷设计合理与否直接关系到评价工作质量的好坏。一般而言，内部控制调查表应当具备下列内容和步骤。

1. 调查项目

内部控制评价人员可以根据评价方案的要求和以往工作经验，将评价内容分为不同的控制系统，据此分别设计相应的调查表。

2. 调查内容

各个控制系统的调查表内容主要通过调查问题体现，调查问题应当围绕控制系统中各个控制环节、关键控制点以及采取的控制措施进行设计，根据控制措施一一设计调查问题，同时设计控制环境、一般控制等相应的问题。

3. 设计步骤

内部控制调查问卷的设计通常分为三步进行：首先，确定内部控制评价的调查目标；其次，根据调查目标确定调查的控制点及其控制措施；最后，根据控制点及其控制措施拟定具有针对性的调查问题。

4. 调查表格式

调查表的格式一般分为封闭式和开放式两种，具体可以由评价人员根据需要进行选择和设计。调查表的要素至少包含调查单位、调查项目、调查时间、调查问题、被调查人、调查人等。企业可以根据具体要求，针对具体的内部控制要素或业务循环进行设置。表 5-1 为内部控制调查问卷的模板。

表 5-1　货币资金内部控制调查问卷

序　号	问　题	是	否	备　注
1	银行账户（含银行汇票存款、银行本票存款、外埠存款、信用证存款、外币存款）开立是否有规定的审批手续			
2	货币资金收付业务的出纳、审核、记录的岗位是否相互分开			
3	银行票据与有关印章保管的岗位是否相互分开			
4	登记银行存款日记账、现金日记账、其他货币资金明细账与登记总账的岗位是否分开			
5	记账凭证与原始凭证的核对是否由稽核人员进行			
6	银行存款日记账与银行对账单是否及时进行核对			
7	是否按月编制银行存款调节表，未达账项是否得到检查			
8	外币存款与外币付款记账是否符合要求，月末是否按规定计算汇兑损益			
9	记账凭证是否连续编号			
10	货币资金收付款业务是否经有关业务主管或领导审批，并经授权人经办			
11	出纳是否根据审核无误的会计记账凭证登记银行存款日记账、现金日记账和其他货币资金明细账			
12	办理结算业务后的结算凭据是否加盖“收讫”或“付讫”戳记			
13	作废的支票及其他银行票据是否加盖“作废”戳记			
14	库存现金是否由出纳专门保管，出纳工作是否定期进行轮换			
15	库存现金是否在稽核人员监督下定期进行盘点			
16	是否采取措施限制非出纳人员接触现金			
17	外部存款支用或收回是否有规定的审批手续			
18	对有价证券等是否制定管理规定			

评价结果：

评价人员：

年　月　日

附注：以上问题请据实填写。“是”表示相关内部控制健全，在对应的表格内打“√”；“否”表示内部控制缺陷，打“×”；无法判断的在“备注”栏注明。

填表人：

年　月　日

（二）流程图法

流程图法是指用特定的语言符号或图形，将评价对象的组织结构、组织分工、权限范围、会计记录、业务处理流程等内部控制以图解的形式加以描述的一种方法。用符号和图形来表示企业经济活动和凭据在组织机构间的流转，能够以直观、形象的方式清晰地反映企业内部控制情况。内部控制流程图的主要步骤包括选定流程图符号、确定流程图路线、确定流程图重点、编制流程图说明。

（三）穿行测试法

穿行测试法是指追踪某一交易在内部控制系统中的处理过程，将初始数据输入内部控制流程，数据通过全部流程和关键控制环节，将运行结果与设计要求进行对比，从而发现内部控制缺陷的方法。穿行测试通常是将多种程序按照特定的需要进行结合运用，通过追踪交易在内部控制系统中的处理过程，来证实评价人员对内部控制的了解，确定内部控制是否得到有效执行，来评价内部控制的有效性。

（四）引导会议法

引导会议法是指内部控制评价机构组织的，由全体评价小组成员参加的研讨会，对经过调查发现的、影响相关目标实现的公司整体内部控制要素和关键控制点，进行讨论、评价，识别内部控制设计和运行中存在的缺陷，并提出具有针对性的整改措施的一系列过程。引导会议法有五种主要类型：①以目标为基础，针对企业已有的控制措施和风险进行讨论；②以风险为基础，针对企业面临的主要风险和已有的控制措施进行讨论；③以控制为基础，针对企业全部或重点内部控制的设计和运行状况进行讨论；④以流程为基础，针对企业业务流程进行关键控制点的评价，按照全面风险管理分析业务流程中存在的风险；⑤以部门或业务板块为基础，评价企业部门或业务板块运行状况及部门或业务板块之间的协调程度，识别影响经营效率的主要障碍。

（五）个别访谈法

个别访谈法是评价人员根据检查评价的需要，对企业单位员工进行单独访谈，询问特定内部控制的设计和运行情况，以获取内部控制相关信息的方法。评价人员在询问企业相关人员或查阅相关资料时，针对所了解到的内部控制方面的情况，通常需要以文字的形式进行记录。如通过对信息系统管理人员的访谈，可以了解信息系统未经授权的人员能否接触相关的信息。

（六）实地查验法

实地查验法是指评价人员到内部控制执行现场，实地观察有关人员的实际工作情况，对企业财产进行盘点、清查，以查验规定的内部控制措施是否得到有效执行的方法，为企业某项业务处理是否与内部控制要求相符提供证据。如评价人员亲自到仓库现场观察材料的验收和入库情况，以了解材料是否进行严格验收、是否及时入库、入库材料是否按照规定摆放、仓库安全措施是否符合要求等。

（七）比较分析法

比较分析法是指评价人员通过分析、比较数据间的关系、趋势或比率等来获取评价证据的方法。这是评价人员运用分析性复核的程序，确定内部控制评价重点和关键环节的方法。评价人员利用数据对比、分析和判断企业是否存在潜在的问题和控制风险，具体可以采取比较分析法、比率分析法、趋势分析法等，也包括比较分析数据的异常变动、重要比率或趋势与预期数的差异等。

（八）抽样法

抽样法是指评价人员针对具体的内部控制业务流程，按照业务发生的频率及固有风险的程度，从确定的抽样总体中抽取一定比例的样本，对样本的符合性进行判断，进而对业务流程内部控制总体的有效性作出评价。

第三节　内部控制评价的内容

企业内部控制评价应当根据《企业内部控制评价指引》的要求，针对企业内部控制制度，围绕内部控制环境、风险评估、控制活动、信息与沟通、内部监督等要素，确定其具体内容，对内部控制设计与运行情况进行全面评价。

一、内部控制环境评价

企业组织开展内部环境评价，应当以组织架构、发展战略、人力资源、企业文化、社会责任等应用指引为依据，结合本企业的内部控制制度，对内部环境的设计及实际运行情况进行认定和评价。

（一）内部控制环境评价内容与指标

控制环境是企业内部控制的基调，是其他内部控制整体框架中所有要素的基础，反映了企业股东、董事会、管理层和其他人员对内部控制的态度、认识和行为。具体的内容与指标参见表 5-2。

表 5-2 内部控制环境评价内容与关键指标

评价内容	关键指标
组织架构	(1) 董事会及各专门委员会、监事会和经理层的职责权限、任职资格是否明确
	(2) 是否科学界定了董事会、监事会、经理层在建立和实施内部控制过程中的职责分工
	(3) 董事会是否采取了必要的措施促进和推动企业内部控制工作
	(4) 组织机构是否与企业业务特点相一致并符合内部控制的要求
	(5) 是否明确权责分配、制定相应的制度确保权责行使的透明度
	(6) 是否定期梳理、评估治理结构和内部控制设置，发现问题并及时采取措施，加以调整优化
发展战略	(1) 是否制定科学合理的发展目标和战略规划
	(2) 是否对发展战略进行可行性研究和科学论证，并报董事会和股东大会审议批准
	(3) 是否制定年度工作计划，编制全面预算，确保发展战略的有效实施
	(4) 是否采取有效方式将发展战略及其落实情况传递到内部各管理层和全体员工
	(5) 是否及时监控发展战略实施情况，并根据环境变化及时对发展战略作出调整
人力资源政策	(1) 人力资源政策是否有利于企业可持续发展和内部控制的有效执行
	(2) 是否制定并实施关于员工聘用、培训、辞退与辞职、薪酬、考核、安全、晋升与奖惩等方面的管理制度
	(3) 是否有对关键岗位员工制定的强制休假制度或定期轮岗制度
	(4) 是否与掌握国家秘密或企业商业秘密的员工签订保密协议和竞业限制协议
	(5) 是否将有效执行内部控制纳入企业绩效考核体系
社会责任	(1) 是否建立严格的安全生产管理体系、操作规范和应急预案
	(2) 是否建立严格的产品质量控制和检查制度，妥善处理消费者提出的投诉和建议
	(3) 是否采取有效措施保护环境、开展生态建设和节约资源，实现节能减排目标
	(4) 是否依法保护员工的合法权益，保持工作岗位相对稳定，积极促进充分就业

续表

评价内容	关键指标
企业文化	（1）企业是否重视文化建设、法制教育、员工培训等工作并采取措施予以落实
	（2）企业董事、监事、经理及其他高管人员是否在文化建设和履行社会责任中起到表率作用
	（3）企业是否制定高管人员职业道德准则和员工行为守则
	（4）是否建立法律顾问制度和重大法律纠纷案件备案制度，并在企业重大经营事项及其合同协议等签订、履行过程中有效发挥法律部门的作用
内部审计	（1）内部审计的独立性是否得到保证，审计委员会和内部审计机构是否独立、充分履行监督职责
	（2）审计委员会成员履行监督职责的意见表示是否客观并有据可查
	（3）内部审计机构是否按照审计计划完成内部审计工作并提出审计意见

（二）内部控制环境评价工作底稿

内部控制评价工作应当形成工作底稿，详细记录企业执行评价工作的内容，包括评价要素、主要风险点、采取的控制措施、有关证据资料以及认定结果等，评价工作底稿应当设计合理、证据充分、便于操作。企业内部环境评价表是内部控制评价人员在评价控制环境时编制的工作底稿，通常包括控制措施要点、测试与评价方法、测试记录、是否符合控制要求、是否有替代措施、基础分值、评价得分等方面内容。控制环境评价的内容与核心指标如表 5-3 所示。

表 5-3　企业内部控制环境评价表

控制措施要点	测试与评价方法	测试记录	是否符合控制要求有无替代措施	基础分值	评价得分
1. 职责分配与授权					
1.1 子公司经理应有明确职责分工及授权，公司经理层任职资格、人数范围和岗位应符合总部规定	取得子公司经理人员名单及职责分工等相关资料，了解任职人数与既定岗位是否相匹配，是否按规定授权履行工作职责。技术、经营、财务等重要部门的管理人员是否充足，能否满足企业持续发展需要				
……	……				

续表

控制措施要点	测试与评价方法	测试记录	是否符合控制要求有无替代措施	基础分值	评价得分
2. 组织结构					
2.1 董事会、监事会应按照企业章程行使工作职责，董事需在所有董事会会议记录和重大举措文件上签名，监事需监督董事和其他高管防止其滥用职权侵害股东利益	取得企业章程，查看董事会和监事会会议记录和相关文件，检查董事和监事是否符合任职资格并切实履行职责				
……	……				
综合评价					

二、风险评估机制评价

企业组织开展风险评估机制评价，应当以《企业内部控制基本规范》有关风险评估的要求，依据各项应用指引中所列的主要风险为依据，结合本企业的内部控制制度，对日常经营管理过程中的目标设定、风险识别、风险分析、应对策略等进行认定和评价。风险评估应当准确识别和分析与内部控制目标相关的内外部风险，确定相应的风险承范围。企业风险表现在各个业务环节与经营过程中，企业在评价风险评估时，应结合业务与经营过程进行评价。

从目标内容来分，企业的目标通常有经营目标、财务报告目标和合规目标三类。经营目标指与效果和效率相关的目标，包括绩效、盈利目标、保护财产安全等，经营目标取决于企业管理结构和管理层选择；财务报告目标指与编制可靠的对外公布的财务报告相关的目标，取决于外部对财务报告的要求驱动；合规目标指遵守法律法规、行业监管等有关的目标，取决于外部要求。内部控制评价目标主要包括评价企业层面目标和评价业务层面目标。企业风险识别与分析评价主要是针对企业层面、业务层面的风险是否存在充分的风险识别和分析机制作出评判的过程。企业层面的风险通常存在外部因素和内部因素。业务层面风险识别与分析需要识别各个实体层面目标的重大风险，需要关注估计各个风险的重要性，评价风险发生的可能性以及如何适当管理风险。风险应对的评价主要针对变化的内部控制环境是否得到充分的关注，如经营环境发生变化、新员工的加入、信息系统的新增或改造、企业的快速成长、新技术的应用、企业结构变更等。风险评估机制评价的主要内容与核心指标如表 5-4 所示。

表 5-4　风险评估机制评价内容与核心指标

评价内容	核心指标
目标设定	（1）企业层面是否有明确的目标，目标是否具有广泛的认知基础，企业战略是否与企业目标相匹配
	（2）业务层面各目标与企业目标是否一致，各业务层面目标是否相互协调、是否具有可操作性
	（3）是否结合企业风险偏好确定相应的风险承受水平
风险识别	（1）目标是否层层分解并确定关键业务或事项
	（2）是否持续地收集相关信息，内外部风险识别机制是否健全，是否识别影响公司目标实现的风险
	（3）是否根据关键业务或事项分析成功的因素
	（4）是否识别影响企业目标实现的风险
风险分析	（1）风险分析技术方法是否适用
	（2）结合风险发生的可能性和影响程度划分风险等级的准确性
	（3）风险发生以后负面影响判断的准确性
风险应对	（1）风险应对策略与企业战略、企业文化是否一致性
	（2）风险承受水平与风险应对策略的匹配程度

三、控制活动评价

企业组织开展控制活动评价，应当以《企业内部控制基本规范》和各项应用指引中的控制措施为依据，结合本企业的内部控制制度，对相关控制措施的设计和运行情况进行认定和评价。控制活动是实现内部控制目标必需的所有政策和程序，是指通过企业组织机构中所有层级人员的参与和执行，确保管理层指令得到有效执行的政策和程序，包括审批、授权、确认、审核、资产保护、职责分工等不同的活动。控制活动评价的主要内容与核心指标如表 5-5 所示。

表 5-5　控制活动评价内容与核心指标

评价内容	核心指标
控制活动设计	（1）是否综合运用手工控制和自动控制、预防性控制和发现性控制等方法，对各类业务的主要风险和关键环节设置了必要的控制措施
	（2）各项控制措施的设计是否与风险应对策略相适应
控制活动运行	（1）针对各类业务事项的主要风险和关键环节所指定的各类控制方法和控制措施是否得到有效实施

续表

评价内容	核心指标
控制活动运行	(2)对不相容职务应分离而未分离的情况，是否采取了替代控制措施予以弥补
	(3)是否存在超越权限或未按规定程序办理业务的情况
	(4)特别授权是否履行了相应的程序并及时予以确认
	(5)企业重大决策、重大事项、重要人事任免、大额资金支付等业务是否实行集体决策或会签制度
特殊性质的控制活动	(1)企业是否针对非常规、非系统的业务制定相应的控制措施，并定期对其执行情况进行检查
	(2)是否建立重大风险预警机制和突发事件应急处理机制，相关应急预案的处置程序和处理结果是否有效

在对企业控制活动进行评价时，内部控制评价人员应当编制评价工作底稿，通常以控制活动评价表的形式。控制活动评价表根据不同业务活动内容制定，通常来讲，应当包含控制点、适用单位、不相容岗位、检查步骤与方法、相关制度索引、控制点资料、检查评价得分、检查记录、未有效执行原因等。表5-6为企业物资采购控制活动评价表。

表5-6　企业物资采购控制活动评价表

控制点描述	适用单位	不相容岗位	检查步骤与方法	相关制度索引	控制点资料	检查评价得分	检查记录	未有效执行原因
1. 物资采购职责界定								
1.1 物资装备部门负责制定企业物资管理制度对各子公司物资采购实行监督	物资装备部	采购申请、审批、验收	检查是否制定物资采购制度	物资采购管理办法				
……								
合计								
本流程控制点共有　个，其中不适应　个，未发生控制点　个，应执行控制点　个，未执行控制点　个，本流程分值　分，实际得　分								

评价人：　　　　　　　　　　　　　　　　　复核人：
时间：　年　　月　　日　　　　　　　　　　时间：　年　　月　　日

四、信息与沟通评价

企业组织开展信息与沟通评价，应当以内部信息传递、财务报告、信息系统等相关应用指引为依据，结合本企业内部控制制度，对信息收集、处理和传递的及时性、反舞弊机制的健全性、财务报告的真实性、信息系统的安全性，以及利用信息系统实施内部控制的有效性等进行认定和评价。对企业信息与沟通的评价，主要从信息评价和沟通评价两方面进行。

（一）信息评价

信息评价的主要内容包括获取内外部信息，针对已确定的目标向管理层提供必要的报告；向相关人员及时提供充分详细的信息，使其有效履行职责；根据企业信息系统战略规划开发和改造信息系统，对企业层面和业务层面目标的实现做出响应；管理层对信息系统的开发和改造提供合理的支持。

（二）沟通评价

沟通评价的主要内容包括员工职责与控制职责的有效性，员工向管理层报告不当行为的沟通渠道的有效性；管理层对员工建议的接受程度；企业内部横向沟通的适当性、完整性和及时性，能否使员工职责得到充分履行；与客户、供应商及其他外部机构沟通渠道的开放性和有效性，对外部信息采取措施的及时性和适当性。信息与沟通评价主要内容与核心指标如表5-7所示。

表5-7　信息与沟通评价内容与核心指标

评价内容	核心指标
信息质量	（1）企业是否及时、准确、充分地获取与经营管理和内部控制相关的信息
	（2）是否采取措施确保内部信息与外部信息的有用性
沟通制度	（1）是否建立信息沟通机制，信息收集、处理和传递是否透明高效
	（2）信息沟通是否有效
	（3）是否能够及时处理信息并作出有效应对
	（4）员工诉求是否有顺畅的反映渠道
信息系统	（1）是否建立与经营管理相适应的信息系统
	（2）是否对信息技术风险进行识别、评估和防范
	（3）信息系统一般控制是否完整
	（4）信息系统应用控制是否与具体业务事项紧密结合
	（5）是否建立并保存相关信息交流与沟通的记录
反舞弊机制	（1）是否建立健全并有效实施反舞弊机制
	（2）是否建立举报和投诉等举报人保护制度并将其信息及时准确传递给员工
	（3）对舞弊事件和举报所涉及的问题是否及时进行处理

五、内部监督评价

企业组织开展内部监督评价，应当以《企业内部控制基本规范》有关内部监督的要求以及各项应用指引中有关日常管控的规定为依据，结合本企业的内部控制制度，对内部监督机制的有效性进行认定和评价，重点关注监事会、审计委员会、内部审计机构等是否在内部控制设计和运行中有效发挥监督作用。内部控制评价工作底稿需要详细记录企业执行评价工作的内容，包括评价要素、主要风险点、采取的控制措施、有关证据资料以及认定结果等。内部监督评价主要从持续监督、单独评价和报告缺陷三方面来进行。

（一）持续监督

持续监督评价的主要内容包括员工在企业日常中能够在何种程度上获得内部控制系统是否持续发挥作用的相关证据；从外部取得的信息在何种程度上证实了内部产生的信息存在的问题；会计记录是否定期与实物资产进行核对；企业对内部和外部审计人员关于内部控制的建议的反应；培训会议、规划讨论和其他会议在何种程度上向管理层提供了内部控制有效运行的反馈；是否定期了解员工对行为规范的理解和遵守情况等。

（二）单独评估

单独评估评价是对某项控制内容进行单独评估的评价，主要内容包括内部控制系统单独评估的范围和频率；单独评估程序的适当性；评估系统的方法是否科学和适当；对单独评估的记录归档是否适当。

（三）报告缺陷

报告缺陷评价的主要内容包括是否建立了获得和报告已识别的内部控制缺陷的机制；报告缺陷方式的适当性以及对报告缺陷后续处理的适当性。内部监督评价主要内容与核心指标如表 5-8 所示。

表 5-8　内部监督评价内容与核心指标

评价内容	核心指标
内部监督制度	（1）是否建立内部控制监督制度
	（2）是否制定内部控制自我评价管理办法和考核奖惩办法
内部控制缺陷认定	（1）是否制定科学的内部控制缺陷认定标准并有效执行
	（2）是否对控制缺陷提出相应的整改方案

续表

评价内容	核心指标
内部控制缺陷认定	（3）是否及时向董事会、监事会及管理层报告内部控制重大缺陷并按规定予以披露
	（4）对发现的内部控制重大缺陷是否追究相关责任单位和责任人的责任
	（5）是否建立内部控制缺陷信息数据库并进行跟踪检查
控制文档记录	（1）是否采取书面或其他合适的方式对内部控制的设计与运行进行记录并妥善保管
	（2）对未及时进行合适保管的内部控制文档或记录是否已实施有效控制或替代控制措施

企业内部监督评价通常采取对细化内容进行逐条测试的评价方式，内部控制监督评价工作底稿一般形式如表 5-9 所示。

表 5-9　企业内部监督评价表

被评价单位：

项　目	测试评价方法 （以 0.1 分为扣分单位）	基础分值	评价分值	检查记录	扣分原因
1. 总体要求					
2. 责任部门测试要求					
2.1 业务流程责任部门至少每半年开展一次内部控制测试，内部控制测试不得由子公司内部控制部门代为测试	（1）检查责任部门是否每半年开展一次测试，测试时间是否符合要求（0.6 分） （2）检查测试是否由以往流程部门负责实施（0.4 分）				
2.2 各部门应将内部控制纳入部门工作目标，并与日常管理工作紧密结合，定期修订相关管理制度	（1）检查责任部门是否将内部控制纳入部门工作目标，并与日常管理工作相结合（1 分） （2）检查是否按照内部控制要求定期修订相关制度（1 分）				
3. 综合检查要求					
4. 内部审计					
……					
合　计					

评价人：　　　　　　　　　　　　复核人：

时间：　年　　月　　日　　　　　时间：　年　　月　　日

第四节　内部控制缺陷认定

企业在日常监督、专项监督和年度评价工作中，应当充分发挥内部控制评价工作组的作用。内部控制评价工作组应当根据现场测试获得的证据，对内部控制缺陷进行初步认定，并按其影响程度分为重大缺陷、重要缺陷和一般缺陷。企业内部控制评价工作组应当建立评价质量交叉复核制度，评价工作组负责人应当对评价工作底稿进行严格审核，并在对所认定的评价结果签字确认后，提交企业内部控制评价部门。

一、内部控制缺陷分类

内部控制缺陷是内部控制设计和运行无法合理保证内部控制目标实现的原因。内部控制缺陷按不同的方式有多种分类。其中按照内部控制缺陷形成的原因可分为设计缺陷和运行缺陷；按照内部控制缺陷对控制目标的影响程度可分为重大缺陷、重要缺陷和一般缺陷；按照内部控制缺陷的内容可分为财务报告缺陷和非财务报告缺陷。

（一）按控制缺陷形成原因分类

1. 设计缺陷

内部控制设计缺陷指内部控制设计不科学、不合理，造成内部控制在正常运行时无法实现控制目标。通常情况下，内部控制设计缺陷强调为实现控制目标所必需的控制。内部控制设计缺陷对内部控制系统来说是根本性的问题，如果内部控制系统存在设计缺陷，内部控制体系即使运行再好也无法达到控制目标。

2. 运行缺陷

内部控制运行缺陷指内部控制设计较为科学、合理，但在实际运行过程中没有严格按照设计的要求执行，或运行过程中存在超越权限、缺乏胜任能力的问题，导致内部控制运行与设计相脱节，无法有效实现控制目标。

（二）按对控制目标影响程度分类

1. 重大缺陷

内部控制重大缺陷是指一个或多个控制缺陷的组合，可能导致企业严重偏离控制目标。从严重程度来看，重大缺陷对企业内部控制设计和运行的影响是最大的。一般而言，如果内部控制存在重大缺陷，那么该内部控制系统整体基本是无效的。

2. 重要缺陷

内部控制重要缺陷是指一个或多个控制缺陷的组合，其经济后果严重程度低于重大缺陷，但仍有可能导致企业偏离控制目标。对内部控制重要缺陷的判断和评价可以从定性和定量两个方面来分析。定性分析强调内部控制缺陷在性质上是否可能或很可能对内部控制的有效性产生影响，并且影响的严重程度介于重大缺陷和一般缺陷之间。定量分析强调对评价对象进行量化处理，如财务报告错报的定量分析可借鉴企业会计准则规定，将影响的可能性按百分比进行划分，同时按错报金额占总收入或总资产等项目的占比确定影响的严重程度。

3. 一般缺陷

一般缺陷是指除重大缺陷、重要缺陷之外的其他控制缺陷。通常而言，一般缺陷对内部控制系统整体的影响较小，一般不会导致内部控制整体失效。从缺陷整改的角度来看，一般缺陷整改的难度要小于重大缺陷和重要缺陷的整改难度。

在企业实务中，重大缺陷、重要缺陷和一般缺陷的具体认定标准，由企业根据上述要求自行确定。

（三）按内部控制缺陷内容分类

1. 财务报告缺陷

财务报告内部控制缺陷是指在会计确认、计量、记录和报告过程中出现的，对企业财务报告的真实性、完整性产生直接影响的控制缺陷，通常包括财务报表缺陷、会计基础工作缺陷、财务信息系统缺陷等。

2. 非财务报告缺陷

非财务报告内部控制缺陷是指虽不直接影响财务报告的真实性、完整性，但对企业经营管理的合规性、资产的安全性、经营的效率和效果等控制目标存在影响的其他内部控制缺陷。

二、内部控制缺陷认定标准

企业对内部控制缺陷的认定，应当以日常监督和专项监督为基础，结合年度内部控制评价，由内部控制评价部门进行综合分析后提出认定意见，按照规定的权限和程序进行审核后予以最终认定。在认定标准方面，不同的业务认定标准有所不同，对财务报告内部控制缺陷的认定标准与非财务报告内部控制缺陷的认定标准有所差别。因此，通常将内部控制缺陷认定标准分为财务报告内部控制缺陷认定标准和非财务报告内部控制缺陷认定标准。

（一）财务报告内部控制缺陷认定标准

财务报告内部控制是指针对财务报告目标设计和实施的内部控制，是在会计确认、计量、记录和报告过程中出现的，对财务报告真实性和完整性产生直接影响，能够及时防范、发现和纠正财务报告错报的控制。因此，财务报告内部控制缺陷指不能及时防范、发现和纠正财务报告错报的内部控制的缺陷。财务报告内部控制缺陷根据对财务报告重大错报相关的内部控制有效性及其影响程度，可划分为重大缺陷、重要缺陷、一般缺陷。

1. 财务报告内部控制缺陷重要程度判断标准

财务报告内部控制缺陷认定的标准按照重要程度来判断，重要程度取决于两方面因素：一是该缺陷是否具备合理可能性导致企业内部控制不能及时防范、发现和纠正财务报告错报。合理可能性是指按照一般判断发生的可能程度，确定是否具备合理可能性依赖于评价人员的职业判断。二是该缺陷单独或者连同其他缺陷可能导致的潜在错报金额的大小。

2. 表明财务报告内部控制可能存在重大缺陷的情形

企业财务报告内部控制如果存在以下几种情况，表明该财务报告内部控制可能存在重大缺陷：①董事、监事或高级管理人员存在舞弊行为；②企业更正已公开发布的财务报告；③注册会计师发现当期财务报告存在重大错报，而企业内部控制在运行过程中未能发现该重大错报；④企业审计委员会或内部审计机构对内部控制的监督无效。

3. 确定财务报告内部控制缺陷重要性水平的方法

一般而言，如果一项内部控制缺陷单独或连同其他缺陷具备合理可能性导致不能及时防范、发现和纠正财务报告的重大错报，就应当将该缺陷认定为重大错报。重大错报中的“重大”涉及企业管理层确定的财务报告的重要性水平。确定内部控制缺陷的重要性水平通常有两种方法：绝对金额法，即一项错报金额超过设定的金额就认定为重大错报的方法，如一项错报的金额超过 20 万元就应当认定为重大错报；相对金额法，是指错报金额超过某项总额的一定占比就认定为重大错报的方法，如错报金额超过资产总额的 2% 就应当认定为重大错报。

应当将一项财务报告内部控制缺陷单独或连同其他缺陷具备合理可能性导致不能及时防范、发现和纠正财务报告的重大错报的程度虽然没有达到企业设定的重要性水平，但是仍旧应当引起董事会和管理层的重视的错报，认定为重要错报，将低于重要错报重要性水平的错报认定为一般错报。如果企业的财务报告内部控制存在一项或多项重大缺陷，就不能得出该企业的财务报告内部控制有效的结论。

（二）非财务报告内部控制缺陷认定标准

非财务报告内部控制是指针对除财务报告控制目标之外的其他内部控制目标的控制，这些控制目标主要包括企业战略目标、资产安全目标、经营目标、合规目标等。非财务报告内部控制目标同样应当作为企业内部控制评价的重点。

1. 非财务报告内部控制缺陷认定的特点

非财务报告内部控制缺陷认定与财务报告内部控制缺陷认定相比，具有涉及面广、认定难度大等特点。企业在认定非财务报告内部控制缺陷时，可以根据风险评估的各项工作，结合企业实际情况、管理现状和发展要求对企业的风险进行细化或补充，参照财务报告内部控制缺陷认定标准，合理制定非财务报告内部控制缺陷认定标准。

2. 确定非财务报告内部控制缺陷认定标准的方法

非财务报告内部控制缺陷认定由于涉及企业除财务报告以外的经营管理其他方面，在认定标准确定上可以采取定量标准和定性标准两种。①定量标准。定量标准按照金额的大小进行判断，可以根据造成直接损失的绝对金额来制定标准，也可以按照造成直接损失的金额占企业资产总额、销售收入、净资产等的比重来制定标准。②定性标准，定性标准按照缺陷业务性质的严重程度进行判断，可以根据缺陷造成的直接或间接的负面影响的性质、影响范围等因素来制定标准。为避免企业操纵内部控制评价报告，非财务报告内部控制缺陷认定标准一经确定，在无特殊情况下，不同评价期间的评价标准应当保持一致，不得随意更改。

3. 表明存在非财务报告内部控制重大缺陷的情形

按照非财务报告内部控制缺陷认定标准可将非财务报告内部控制缺陷认定为重大缺陷、重要缺陷和一般缺陷。企业非财务报告内部控制如果存在以下情形，表明其非财务报告内部控制可能存在重大缺陷：①国有企业缺乏民主决策程序，如缺乏“三重一大”决策程序；②企业决策程序不科学，如存在决策失误导致的并购失败；③企业存在违反国家法律法规的行为，如偷税漏税行为；④高级管理人员或关键技术人员大量流失；⑤内部控制评价结果特别是前期重大或重要缺陷未得到有效整改。

需要注意的是，企业非财务报告内部控制目标中，企业战略目标和经营目标的实现往往受到多种内外部其他因素的影响，企业的内部控制只能合理保证董事会和管理层了解这些目标的实现程度。因此，在认定针对战略目标和经营目标内部控制缺陷时，除了反映内部控制缺陷本身，更重要的是应当进一步考虑企业制定的战略、开展经营活动的机制和程序是否符合内部控制要求，以及不恰当的机制和程序对企业战略和经营目标可能造成的影响。

三、内部控制缺陷汇总与整改

企业内部控制评价部门应当编制内部控制缺陷认定汇总表，结合日常监督和专项监督发现的内部控制缺陷以及持续改进情况，对内部控制缺陷及其成因、表现形式和影响程度进行综合分析和全面复核，提出认定意见，反映内部控制缺陷造成的影响，并以适当的形式向董事会、监事会或者经理层报告，重大缺陷应当由董事会予以最终认定。企业对于认定的重大缺陷，应当及时采取应对策略，切实将风险控制在可承受范围之内，并追究有关部门或相关人员的责任。

企业应当对认定的内部控制缺陷进行整改，采取具有针对性的措施，将风险控制在可接受范围内。对不同程度的内部控制缺陷采取的整改措施有所不同，具体见表 5-10。

表 5-10　内部控制缺陷整改措施

<table>
<tr><th>缺陷类型</th><th colspan="2">对策措施</th><th>整改方案及期限</th></tr>
<tr><td>重大缺陷</td><td>在发现时立即报告</td><td rowspan="2">缺陷及整改方案应向董事会（审计委员会）、监事会或经理层报告并审定
如果出现不适合向经理层报告的情形，例如存在经理层舞弊等内部控制缺陷，或者经理层出现凌驾内部控制的情形，应直接向董事会（审计委员会）、监事会报告</td><td rowspan="3">内部控制评价机构应当就发现的内部控制缺陷提出整改建议，并报相关审批机构批准。获得批准后，应制定切实可行的整改方案，整改方案至少应当包括整改目标、整改内容、整改步骤、整改措施、整改方法和期限等。整改期限超过一年的，整改目标应区分近期和远期目标，以及各自对应的整改内容</td></tr>
<tr><td>重要缺陷</td><td>定期（至少每年）报告</td></tr>
<tr><td>一般缺陷</td><td>定期（至少每年）报告</td><td>定期向经理层报告，并视情况确定是否向董事会（审计委员会）、监事会报告</td></tr>
</table>

第五节　内部控制评价报告

企业应当根据《企业内部控制基本规范》《企业内部控制应用指引》和《企业内部控制评价指引》设计内部控制评价报告的种类、格式和内容，明确内部控制评价报告编制程序和要求，按照规定的权限报经批准后对外报出。

一、内部控制评价报告的内容

内部控制评价报告应当分内部环境、风险评估、控制活动、信息与沟通、内部监督等要素进行设计，对内部控制评价过程、内部控制缺陷认定及整改情况、内部控制有效性的结论等相关内容作出披露。内部控制评价报告至少应当披露下列内容。

（一）董事会对内部控制报告真实性的声明

董事会对内部控制报告真实性的声明主要是董事会及全体董事对报告内容的真实性、准确性、完整性承担个别及连带责任，标准报告内容不存在任何虚假记载、误导性陈述或重大遗漏。

（二）内部控制评价工作的总体情况

内部控制评价工作的总体情况主要明确企业内部控制评价机构工作方面的组织、领导机制和进度安排，注册会计师对企业内部控制有效性的独立审计情况。

（三）内部控制评价的依据

内部控制评价的依据是指企业开展内部控制评价工作所依据的法律法规和规章制度。这里通常包括《企业内部控制基本规范》《企业内部控制应用指引》和《企业内部控制评价指引》，以及企业内部控制制度和评价办法。

（四）内部控制评价的范围

内部控制评价范围主要描述企业内部控制评价所涵盖的被评价的单位、纳入评价范围的业务事项以及重点关注的高风险领域。内部控制评价范围如有遗漏，应说明原因及其对内部控制评价报告真实性和完整性的影响等。

（五）内部控制评价的程序和方法

内部控制评价的程序和方法主要说明企业内部控制评价工作遵循的基本流程，评价过程中采取的主要方法。

（六）内部控制缺陷及其认定情况

内部控制缺陷及其认定情况主要说明适用本企业的内部控制缺陷认定的标准，声明企业当期对内部控制缺陷认定的标准与以前年度保持一致，如作出调整的说明调整的原因。反映根据内部控制缺陷认定标准认定的当期重大缺陷、重要缺陷和一般缺陷。

（七）内部控制缺陷的整改情况及重大缺陷拟采取的整改措施

内部控制缺陷的整改情况及重大缺陷拟采取的整改措施主要说明对认定的内部控制缺陷已完成的整改措施、取得的整改成效，以及对未完成整改的内部控制缺陷采取的应对措施。对认定的内部控制重大缺陷（包括前期认定的内部控制缺陷）已完成整改的，说明企业有足够的测试样本显示与该重大缺陷相关的内部控制设计与运行是有效的。对尚未完成整改的内部控制缺陷，说明企业将要采取的整改措施以及措施预期达到的效果。

（八）内部控制评价结论

内部控制评价结论是指内部控制评价报告对内部控制最终的结论。对不存在内部控制重大缺陷的，可以出具期末内部控制有效性结论。对存在内部控制重大缺陷的，不得出具内部控制有效的结论，应当描述重大缺陷的性质及其对实现相关控制目标的影响程度，以及可能给企业未来生产经营带来的相关风险。对内部控制评价报告基准日至内部控制评价报告发出日之间认定的重大缺陷，企业应要求内部控制评价机构进行核查，并根据核查结果对评价结论作出调整，说明董事会拟采取的措施。

二、内部控制评价报告编报

企业应当根据年度内部控制评价结果，结合内部控制评价工作底稿和内部控制缺陷汇总表等资料，按照规定的程序和要求，及时编制内部控制评价报告。内部控制评价报告应当报经董事会或类似权力机构批准后对外披露或报送相关部门。

企业内部控制评价部门应当关注内部控制评价报告基准日至内部控制评价报告发出日之间是否发生影响内部控制有效性的因素，并根据其性质和影响程度对评价结果进行相应调整。企业内部控制审计报告应当与内部控制评价报告同时对外披露或报送。企业应当以 12 月 31 日作为年度内部控制评价报告的基准日。内部控制评价报告应于基准日后 4 个月内报出。

企业应当建立内部控制评价工作档案管理制度，内部控制评价的有关文件资料、工作底稿和证明材料等应当妥善保管。

三、内部控制评价报告案例

例 5-1　美的集团股份有限公司 2019 年度内部控制评价报告①

美的集团股份有限公司全体股东：

根据《企业内部控制基本规范》及其配套指引的规定和其他内部控制监管要求（以下简称“企业内部控制规范体系”），结合美的集团股份有限公司（以下简称“公司”）内部控制制度和评价办法，在内部控制日常监督和专项监督的基础上，我们对公司 2019 年 12 月 31 日（内部控制评价报告基准日）的内部控制有效性进行了评价。

一、重要声明

按照企业内部控制规范体系的规定，建立健全和有效实施内部控制，评价其有效性，并如实披露内部控制评价报告是公司董事会的责任。监事会对董事会建立和实施内部控制进行监督。经理层负责组织领导企业内部控制的日常运行。公司董事会、监事会及董事、监事、高级管理人员保证本报告内容不存在任何虚假记载、误导性陈述或重大遗漏，并对报告内容的真实性、准确性和完整性承担个别及连带法律责任。

公司内部控制的目标是合理保证经营管理合法合规、资产安全、财务报告及相关信息真实完整，提高经营效率和效果，促进实现发展战略。由于内部控制的固有局限性，故仅能为实现上述目标提供合理保证。此外，情况的变化可能导致内部控制变得不恰当，或对控制政策和程序遵循的程度降低，根据内部控制评价结果推测未来内部控制的有效性具有一定的风险。

① 资料来源：中国证券监督管理委员会，http://static.cninfo.com.cn/finalpage/2020-04-30/1207684774.PDF。

二、内部控制评价结论

根据公司财务报告内部控制重大缺陷的认定情况，于内部控制评价报告基准日，不存在财务报告内部控制重大缺陷，董事会认为，公司已按照企业内部控制规范体系和相关规定的要求在所有重大方面保持了有效的财务报告内部控制。根据公司非财务报告内部控制重大缺陷认定情况，于内部控制评价报告基准日，公司未发现非财务报告内部控制重大缺陷。

自内部控制评价报告基准日至内部控制评价报告发出日之间未发生影响内部控制有效性评价结论的因素。

三、内部控制评价工作情况

（一）内部控制组织体系

公司董事会授权内控项目小组负责内部控制评价的具体组织实施工作，对 2019 年度纳入评价范围的风险领域和单位进行内部控制评价。内控项目小组包括内控项目领导小组、执行小组两个层次。

内控项目领导小组是内控项目的领导和决策机构，负责整个内控项目实施策略制订、重大事项决策、项目实施情况监督。公司董事长兼总裁方洪波先生担任领导小组组长。内控项目领导小组就内部控制建设和评价的总体情况向董事会负责。

内控项目执行小组是内控项目的组织实施机构，完成内控项目的具体实施。包括确定 2019 年度纳入评价的单位；记录重要业务单元、重要业务流程及交易的内部控制；评价内部控制设计及执行的有效性；维护更新内部控制评价文件；监察内部控制问题的发现以及经管理层确认的整改建议是否按计划进度落实执行；定期就项目进度、质量及重大问题及时汇报内控项目领导小组。被纳入评价范围的风险领域和单位流程负责人为各项控制活动内部控制建设和评价的具体责任人。流程负责人在内控项目执行小组的指导下描述业务流程、有关控制点及其他有关流程的信息，确认流程记录文件，识别重要控制措施，整改内控缺陷。公司聘请普华永道中天会计师事务所（特殊普通合伙）对公司内部控制有效性进行独立审计。

（二）内部控制评价范围

公司按照风险导向原则确定纳入评价范围的主要单位、业务和事项以及高风险领域，并对母公司及下属重要子公司 2018 年度的资产总额、净利润、营业收入进行了分析，将以下单位的内部控制纳入 2019 年度的评价范围：美的集团股份有限公司（母公司）、广东美的制冷设备有限公司、广东美的集团芜湖制冷设备有限公司、美的集团武汉制冷设备有限公司、广州华凌制冷设备有限公司、芜湖美智空调设备有限公司、广东美的厨房电器制造有限公司、无锡小天鹅股份有限公司、合肥美的洗衣机有限公司、合肥美的电冰箱有限公司、合肥华凌股份有限公司、广东美的暖通设备有限公司、合肥美的暖通设备有限公司、佛山市顺德区美的电热电器制造有限公司、芜湖美的生活电器制造有限公司、广东美的环境电器制造有限公司、芜湖美的厨卫电器制造有限公司、佛山市顺德区美的洗涤电器制造有限公司、广东美芝制冷设备有限公司、安徽美芝精密制造有限公司、浙江美芝压缩机有限公司、广东威灵电机制造有限公司、安得智联科技股份有限公司、宁波美的联合物资供应有限公司、宁波美美家园电器服务有限公司、美的集团财务有限公司、美的小额贷款股份有限公司、美的集团电子商务有限公司、美的电器（新加坡）贸易有限公司、Midea Electric Netherlands（I）B.V.、Toshiba Lifestyle Products & Services Corporation、Toshiba Consumer Marketing Corporation、KUKA Aktiengesellschaft 等。

纳入评价范围单位的资产总额、净利润、营业收入占公司合并财务报表对应项目超过 70%。纳入评价范围的主要业务和事项包括组织结构、发展战略、企业文化、社会责任、内部信息沟通、风险评估、内部监督、对子公司管理、信息披露、募集资金、担保业务、关联方管理、人力资源、财务管理、资产管理、内销与收款、外销与收款、研发管理、采购与存货、生产管理、信息系统等。重点关注的高风险领域包括财务管理、资产管理、内销与收款、外销与收款、采购与存货等。

上述纳入评价范围的单位、业务和事项以及高风险领域涵盖了公司经营管理的主要方面，不存在重大遗漏。

（三）内部控制评价工作依据及内部控制缺陷认定标准

公司依据企业内部控制规范体系及结合企业内部控制制度和评价办法，在内部控制日常监督和专项监督的基础上，对母公司及选取的重要子公司截至 2019 年 12 月 31 日内部控制的设计与运行的有效性进行评价。

公司董事会根据企业内部控制规范体系对重大缺陷、重要缺陷和一般缺陷的认定要求，结合公司规模、行业特征、风险偏好和风险承受度等因素，区分财务报告内部控制和非财务报告内部控制，研究确定了适用于本公司的内部控制缺陷具体认定标准，并与以前年度保持一致。公司确定的内部控制缺陷认定标准如下：

1. 财务报告内部控制缺陷认定标准

公司确定的财务报告内部控制缺陷评价的定量标准如下：

	重大缺陷	重要缺陷	一般缺陷
定量标准	缺陷影响大于或等于2019年12月31日合并财务报表税前净利润的1%	缺陷影响大于或等于2019年12月31日合并财务报表税前净利润的1%的20%	缺陷影响小于2019年12月31日合并财务报表税前净利润的1%的20%

公司确定的财务报告内部控制缺陷评价的定性标准如下：

（1）是否涉及董事、监事和高级管理人员舞弊；

（2）是否存在会计基础缺陷；

（3）是否存在财务报告相关的关键信息系统缺陷；

（4）是否对公司的经营管理造成重大影响，例如对以下因素的影响：生产安全、质量、合规性，以及可能需要高级管理层介入处理；

（5）该项控制与其他控制的相互作用或关系，该项缺陷与其他缺陷之间的相互作用；

（6）控制缺陷在未来可能产生的影响。

2. 非财务报告内部控制缺陷认定标准

公司确定的非财务报告内部控制缺陷评价的定量标准如下：

	重大缺陷	重要缺陷	一般缺陷
品牌及市场份额	在全国范围内造成较大影响（品牌、形象、竞争力、市场份额等方面），这种影响需要公司通过长时间的努力消除，且付出巨额代价	在所在区域（省份/地区）造成较大影响（品牌、形象、竞争力、市场份额等方面），这种影响需要由公司在较长时间内消除，并需要付出较大代价	在事件发生当地（市/县）造成一定影响（品牌、形象、竞争力、市场份额等方面），但这种影响可以由公司自行在短期内消除
垄断或不正当竞争行为	被主管监督执法单位认定存在垄断或不正当竞争行为的，且构成犯罪并追究刑事责任	被主管监督执法单位认定存在垄断或不正当行为，仅被处以罚款，但未构成犯罪；或给他人造成损失且承担民事赔偿责任	垄断或不正当的行为导致企业形象受到明显影响，并导致未来可能产生诉讼或罚款等
生产安全	生产环节存在重大安全隐患造成严重后果，构成犯罪的，依照刑法有关规定被追究刑事责任	生产环节存在重要安全隐患被主管安全监督机构通报批评，责令限期改正或者逾期未改正被责令停止建设或者停产停业整顿，并处以罚款	被各级媒体曝光重大生产安全隐患，对企业形象造成明显

公司确定的非财务报告内部控制缺陷评价的定性标准如下：

（1）公司是否缺乏民主决策程序或决策程序效率不高；

（2）是否违反国家法律、法规；

（3）是否存在内部控制评价的结果特别是重大或重要缺陷未得到整改的情况；

（4）重要业务是否缺乏制度控制或制度系统性失效；

（5）是否对公司的经营管理造成重大影响，例如对以下因素的影响：生产安全、质量、合规性，以及可能需要高级管理层介入处理；

（6）该项控制与其他控制的相互作用或关系，该项缺陷与其他缺陷之间的相互作用；

（7）控制缺陷在未来可能产生的影响。

对于财务报告内部控制及非财务报告内部控制重大缺陷，管理层还关注以下可能存在重大缺陷的迹象：

（1）董事、监事和高级管理人员舞弊；

（2）重述以前公布的财务报表，以更正舞弊或错误导致的重大错报；

（3）发现当期财务报告存在重大错报，而内部控制在运行过程中未能发现该错报；

（4）企业审计委员会和内部审计机构对内部控制的监督无效；

（5）针对同一重要账户、列报及其相关认定或内部控制要素存在多项缺陷；

（6）本年度内受到监管机构的处罚；

（7）发生重大损失，能够合理证明该损失是一个或多个控制缺陷而导致的。重要缺陷是指单独缺陷或连同其他缺陷组合，其严重程度低于重大缺陷，但仍有可能导致公司偏离控制目标。一般缺陷是指未构成重大缺陷或重要缺陷的其他内部控制缺陷。

内部控制缺陷影响程度评价还需考虑以下影响：

（1）关注和分析对其他控制的影响，充分考虑不同控制点的缺陷组合的风险叠加效应。

（2）补偿性控制的作用。补偿性控制是其他正式或非正式的控制对某一控制缺陷的遏制或弥补。

（四）内部控制缺陷认定及整改情况

1. 财务报告内部控制缺陷认定及整改情况

根据上述财务报告内部控制缺陷的认定标准，报告期内公司不存在财务报告内部控制重大缺陷、重要缺陷。

2. 非财务报告内部控制缺陷认定及整改情况

根据上述非财务报告内部控制缺陷的认定标准，报告期内未发现公司非财务报告内部控制重大缺陷、重要缺陷。

四、其他内部控制相关重大事项说明

不适用。

美的集团股份有限公司

2020 年 4 月 30 日

董事会

▶▶ 课后习题 ▶

课后习题答案

（一）单项选择题

1. 企业内部控制评价的主体是（　　）。

A. 政府机关　　B. 会计师事务所

C. 董事会或类似权力机构　　D. 财务部门

2. 企业内部控制评价的对象是（　　）。

A. 内部控制规章制度　　B. 内部控制有效性

C. 财务报告的公允性　　D. 内部控制环境

3. 内部控制评价工作的具体组织实施主体一般为（　　）。

A. 内部审计机构或专门的内部控制评价机构

B. 经理层

C. 监事会

D. 审计委员会

4. 企业内部控制评价工作的起点是（　　）。

A. 明确内部控制目标　　B. 制订内部控制评价方案

C. 组成评价工作组　　D. 确定评价方法

5. 内部控制评价工作的最终表现为（　　）。

A. 财务报告　　B. 审计报告

C. 内部控制评价工作底稿　　D. 内部控制评价报告

6. 年度内部控制评价报告的基准日为（　　）。

A. 12 月 1 日　　B. 6 月 30 日

C. 4 月 1 日　　D. 12 月 31 日

7. 下列不属于内部环境评价范畴的有（　　）。

A. 目标设定　　　　B. 社会责任

C. 内部审计　　　　D. 治理结构

8. 内部控制评价人员在实施现场检查测试时，应遵循的原则是（　　）。

A. 公平、公正、公开　　　　B. 客观、公正、公平

C. 全面性、重要性、客观性　　　　D. 制衡性、适应性、成本效益

9. 一般而言，如果一项内部控制缺陷单独或连同其他缺陷具备合理可能性导致不能及时防止或发现并纠正财务报告中的重大错报，就应将该缺陷认定为（　　）。

A. 重大缺陷　　　　B. 重要缺陷

C. 一般缺陷　　　　D. 严重缺陷

10. 下列有关内部控制评价的说法中错误的是（　　）。

A. 内部控制评价应紧紧围绕内部环境、风险评估、控制活动、信息与沟通、监督五要素进行

B. 内部控制的有效性是指企业建立与实施内部控制对实现控制目标提供合理保证的程度

C. 企业实施内部控制评价，仅包括对内部控制设计有效性的评价，不包括运行有效性的评价

D. 董事会可以通过审计委员会来承担对内部控制评价的组织、领导、监督职责

11. 如果某企业更正已公布的财务报告，通常表明该企业内部控制可能存在（　　）。

A. 重大缺陷　　　　B. 重要缺陷

C. 一般缺陷　　　　D. 严重缺陷

12. 关于内部控制缺陷的处理，下列说法错误的是（　　）。

A. 对于运行缺陷，应分析出现的原因，查清责任人

B. 处理结果应以适当的形式向经理层报告

C. 对于重大缺陷，应当由董事会予以最终认定

D. 对于因内部控制缺陷造成经济损失的，应当查明原因，追究相关部门和人员的责任

13. 通常表明企业非财务报告内部控制可能存在重大缺陷的是（　　）。

A. 除政策性亏损原因外，企业连年亏损，持续经营受到挑战

B. 董事、监事和高级管理人员舞弊

C. 注册会计师发现当期财务报告存在重大错报，而内部控制在运行过程中未能发现该错报

D. 企业审计委员会和内部审计机构对内部控制的监督无效

14. 通过数据分析，识别评价关注点的内部控制评价方法是（　　）。

A. 个别访问法　　　　B. 穿行测试法

C. 比较分析法　　　　D. 实地查验法

15. 从控制目标的角度来看，相关的内部控制能够防止或发现并纠正财务报告的重大错报指的是（　　）。

A. 合规目标内部控制的有效性

B. 资产目标内部控制的有效性

C. 报告目标内部控制的有效性

D. 经营目标内部控制的有效性

16. 下列属于《企业内部控制基本规范》强制性规定的是（　　）。

A. 设置总会计师的大中型企业，应设置与其职权重叠的副职

B. 对于重大的业务和事项，董事长可以单独进行决策

C. 董事会负责组织领导企业内部控制的日常运行

D. 企业定期对内部控制的有效性进行自我评价，出具内部控制评价报告

17. 在认定财务报告内部控制缺陷性质时，关于“重要程度”的说法正确的是（　　）。

A. 该缺陷是否具备合理可能性导致企业的内部控制不能及时防止或发现并纠正财务报告错报

B. 该缺陷单独可能导致的潜在错报金额的大小

C. 该缺陷连同其他缺陷可能导致的潜在错报金额的大小

D. 该缺陷已经实际上导致企业的内部控制不能及时防止或发现并纠正财务报告错报

18. 不可认定为内部控制存在运行缺陷的情况有（　　）。

A. 由不恰当的人执行　　　　B. 未按设计的方式运行

C. 运行的时间或频率不当　　　　D. 制度设计存在漏洞

19. 下列不属于内部控制评价流程的有（　　）。

A. 明确企业内部控制目标　　　　B. 制订内部控制评价方案

C. 报经理层审批　　　　D. 实施内部控制现场评价与测试

20. 下列关于财务报告内部控制缺陷认定标准中重大缺陷定量标准说法错误的是（　　）。

A. 营业收入潜在错报大于等于营业收入的 1%

B. 利润总额潜在错报大于等于利润总额的 5%

C. 所有者权益潜在错报大于等于所有者权益的 0.5%

D. 资产总额潜在错报大于等于资产总额的 0.5%

（二）多项选择题

1. 从控制目标的角度来看，内部控制的有效性可分为（　　）。

A. 合规目标内部控制的有效性　　B. 资产目标内部控制的有效性

C. 报告目标内部控制的有效性　　D. 经营目标内部控制的有效性

E. 战略目标内部控制的有效性

2. 考察内部控制运行的有效性，应考虑的因素包括（　　）。

A. 相关控制在评价期内是如何运行的

B. 相关控制是否覆盖了所有关键的业务与环节

C. 相关控制是否得到了持续一致的运行

D. 实施控制的人员是否具备必要的权限和能力

E. 相关控制是否与企业自身的经营特点、业务模式以及风险管理要求相匹配

3. 内部控制评价的内容主要包括（　　）。

A. 内部环境评价　　B. 风险评估评价

C. 控制活动评价　　D. 信息与沟通评价

E. 监督评价

4. 企业对内部控制评价至少应当遵循的原则包括（　　）。

A. 全面性原则　　B. 重要性原则

C. 客观性原则　　D. 有效性原则

E. 时效性原则

5.《企业内部控制规范体系实施中相关问题解释第 2 号》指出，集团性企业在对集团总部及下属企业的内部控制活动进行全面、客观评价的基础上，应重点关注（　　）。

A. 重要业务单位　　B. 重大决策

C. 重大事项　　D. 重要人事任免

E. 高风险业务

6. 作为内部控制体系的重要组成部分，内部控制评价对企业意义重大，其主要作用包括（　　）。

A. 有助于提升企业财务报告的质量

B. 有助于企业自我完善内控体系

C. 有助于提升企业市场形象和公众认可度

D. 有助于实现与政府监管的协调互动

E. 有助于保护利益相关者的合法利益

7.《企业内部控制评价指引》第十五条规定，内部控制评价工作组对被评价单位进行现场测试时，可以单独或者综合运用的方法有（　　）。

A. 个别访谈法　　　　　　　B. 调查问卷法

C. 专题讨论法　　　　　　　D. 穿行测试法

E. 实地查验法

8. 按照内部控制缺陷的成因分类，内部控制缺陷分为（　　）。

A. 设计缺陷　　　　　　　B. 运行缺陷

C. 重大缺陷　　　　　　　D. 重要缺陷

E. 一般缺陷

9. 企业层面的内部控制评价方法包括（　　）。

A. 个别访谈法　　　　　　　B. 调查问卷法

C. 观察　　　　　　　　　D. 抽样

E. 实地查验法

10. 内部控制缺陷按其形式分为（　　）。

A. 重大缺陷　　　　　　　B. 重要缺陷

C. 一般缺陷　　　　　　　D. 财务报告内部控制缺陷

E. 非财务报告内部控制缺陷

11. 根据《企业内部控制规范体系实施中相关问题解释第 1 号》文件，下列说法正确的是（　　）。

A. 查找并纠正企业内部控制缺陷，是开展企业内部控制评价的一项重要工作

B. 关于内部控制缺陷的认定标准已经出台了统一规定

C. 企业在确定内部控制缺陷的具体认定标准时，应当从定性和定量的角度综合考虑

D. 只有重大缺陷需要向董事会、监事会或者管理层报告，其他类型的缺陷不需要汇报

E. 内部控制缺陷一经发现，应立即整改，纠正之后无须对外披露

12. 企业在内部控制评价报告中披露的内容包括（　　）。

A. 董事会声明　　　　　　　B. 内部控制评价工作的总体情况

C. 内部控制评价的依据　　　D. 内部控制缺陷及其认定

E. 内部控制缺陷的整改情况

13. 出现（　　）迹象之一，通常表明财务报告内部控制可能存在重大缺陷。

A. 企业决策失误，导致并购不成功

B. 董事、监事和高级管理人员舞弊

C. 管理人员或技术人员纷纷流失

D. 媒体负面新闻频现

E. 企业更正已公布的财务报告

14. 下列（　　）是评价内部控制设计有效性时需要考虑的方面。

A. 内部控制的设计是否做到了以内部控制的基本原理为前提，以《企业内部控制基本规范》及其配套指引为依据

B. 内部控制的设计是否覆盖了所有关键的业务与环节，对董事会、监事会、经理层和员工具有普遍的约束力

C. 内部控制的设计是否与企业自身的经营特点、业务模式以及风险管理要求相匹配

D. 实施控制的人员是否具备必要的权限和能力

E. 内部控制制度是否得到彻底执行

15. 下列（　　）是评价内部控制运行有效性时主要考虑的方面。

A. 相关控制在评价期内是如何运行的

B. 相关控制是否得到了持续一致的运行

C. 实施控制的人员是否具备必要的权限和能力

D. 内部控制的设计是否覆盖了所有关键的业务与环节，对董事会、监事会、经理层和员工具有普遍的约束力

E. 内部控制的设计是否做到了以内部控制的基本原理为前提，以《企业内部控制基本规范》及其配套指引为依据

16. 下列（　　）属于内部控制评价工作底稿常见的层次。

A. 业务流程评价表　　B. 尽职情况评价表

C. 控制要素评价表　　D. 内部控制评价汇总表

E. 执行情况评价表

17. 根据《关于2012年主板上市公司分类分批实施企业内部控制规范体系的通知》（财办会〔2012〕30号），下列（　　）符合内部控制评价报告的标准格式。

A. 重要声明　　B. 内部控制评价结论

C. 内部控制评价工作情况　　D. 内部控制工作附注

E. 财务情况说明书

18. 下列关于内部控制缺陷报告的时间要求，错误的有（　　）。

A. 一般缺陷、重要缺陷和重大缺陷一旦发现，应立即报告

B. 一般缺陷、重要缺陷应定期（至少每年）报告，重大缺陷应立即报告

C. 一般缺陷、重要缺陷和重大缺陷应定期（至少每年）报告

D. 一般缺陷应定期（至少每年）报告，重要缺陷和重大缺陷应立即报告

E. 一般缺陷、重要缺陷和重大缺陷均无须报告

19. 按照内部控制缺陷的重要程度来划分，内部控制缺陷可以划分为（　　）。

A. 一般缺陷　　B. 重要缺陷　　C. 重大缺陷　　D. 执行缺陷　　E. 系统缺陷

（三）判断题

1. 董事会可以聘请会计师事务所对其内部控制的有效性进行审计，其承担的责任可因此得以减轻或消除。（　）

2. 内部控制评价能为内部控制目标的实现提供绝对保证。（　）

3. 内部控制的设计应覆盖所有关键的业务与环节，但是对董事会、监事会、经理层和员工不具有普遍的约束力。（　）

4. 为节省成本，为企业提供内部控制审计的会计师事务所，可以同时为同一家企业提供内部控制评价服务。（　）

5. 在内部控制建立与实施初期，企业应更多地采用重点评价或专项评价方式，以提高内部控制评价的效率和效果。（　）

6. 内部控制缺陷经认定为重大缺陷，内部控制评价报告将会被出具“否定意见”。（　）

7. 对于有下属单位的集团公司，如果下属单位存在重大缺陷，并不能表明集团公司存在重大缺陷。（　）

8. 内部控制缺陷的严重程度并不取决于该控制不能及时防止或发现并纠正潜在缺陷的可能性，而是取决于是否实际发生了错报。（　）

9. 内部控制评价报告必须对外披露。（　）

10. 对于自内部控制评价报告基准日至内部控制评价报告报出日之间发生的影响内部控制有效性的因素，内部控制评价部门可以不予关注。（　）

11. 企业内部控制缺陷认定一般可采用绝对金额法或者相对比例法确定重要性水平和一般水平，以此作为判断缺陷类型的临界值。（　）

12. 按照内部控制缺陷的成因分类，可以将内部控制缺陷分为财务报告内部控制缺陷和非财务报告内部控制缺陷。（　）

13. 董事会负责组织实施内部控制评价工作，一方面授权内部控评价机构组织实施，另一方面积极支持和配合内部控制评价的开展，为其创造良好的环境和条件。（　）

14. 内部控制部门负责组织各部门的内控自查、测试和评价工作，对发现的设计和运行缺陷提出整改方案及具体整改计划，积极整改。（　）

15. 设计缺陷是指企业缺少为实现控制目标所必需的控制措施，或现存控制设计不适当，即使正常运行也难以实现控制目标。（　）

16. 按照内部控制缺陷影响内部控制目标实现的严重程度分类，内部控制缺陷分为一般缺陷、重要缺陷和重大缺陷。（　）

17. 根据《关于2012年主板上市公司分类分批实施企业内部控制规范体系的通知》（财

办会〔2012〕30号），自愿披露内部控制评价报告的上市公司在进行内部控制评价时应遵照执行《公开发行证券的公司信息披露编报规则第21号——年度内部控制评价报告的一般规定》。(　　)

18. 内部控制评价结果可以用来判断未来内部控制的有效性。(　　)

19. 内部控制评价方法中，比较分析法是指通过与行业内具有相同或相似经营活动的标杆企业进行比较，对内部控制设计有效性进行评价的方法。(　　)

20. 公司内部控制评价结论认定公司内部控制评价报告基准日存在内部控制重大缺陷，或者公司内部控制被会计师事务所出具了非标准内部控制审计报告，以及标准内部控制审计报告披露了非财务报告内部控制重大缺陷的，公司应当在年度报告"重要提示"中对以上情况作出声明，并提示投资者注意阅读年度报告内部控制相关章节中内部控制评价和审计的相关信息。(　　)

21. 企业内部控制评价报告应当先于内部控制审计报告对外披露或报送。(　　)

22. 企业内部控制的一般缺陷、重要缺陷和重大缺陷，应当由董事会最终予以认定。(　　)

23. 某国有大型企业内部控制评价部门，可以从机关部门和下属单位A公司抽调相关业务人员，组成内部控制评价工作组，对所有下属单位进行内部控制评价。(　　)

24. 按照缺陷的来源，内部控制缺陷可以分为设计缺陷和运行缺陷。(　　)

第六章

企业内部控制审计

学习目标

企业内部控制审计是外部注册会计师对企业内部控制执行有效性的评价，本章内容主要包括内部控制审计的内涵，内部控制审计与财务报告审计的关系，内部控制审计计划的制定，实施内部控制审计工作的基本要求，如何评价内部控制缺陷，完成内部控制审计以及出具内部控制审计报告的要求。通过本章学习，应当掌握如下内容：

- 了解企业内部控制审计的内涵；
- 掌握内部控制审计计划的基本步骤，理解风险评估、应对舞弊风险和确定重要性水平；
- 了解内部控制审计实施阶段的相关内容，掌握重要账户、列报的认定，选择拟测试控制的要求；
- 掌握内部控制审计工作完成的相关内容，掌握内部控制审计报告的种类及适用范围，掌握内部控制不同类型审计报告的基本内容。

《企业内部控制审计指引》中的企业内部控制审计是指会计师事务所接受委托，对特定基准日内部控制设计与运行的有效性进行审计。建立健全和有效实施内部控制、评价内部控制的有效性是企业董事会的责任。按照本指引的要求，在实施审计工作的基础上对内部控制的有效性发表审计意见，是注册会计师的责任。注册会计师执行内部控制审计工作，应当获取充分、适当的证据，为发表内部控制审计意见提供合理保证。注册会计师应当对财务报告内部控制的有效性发表审计意见，并对内部控制审计过程中注意到的非财务报告内部控制的重大缺陷，在内部控制审计报告中增加“非财务报告内部控制重大缺陷描述段”予以披露。

第一节　内部控制审计概述

一、内部控制审计必要性

内部控制作为企业的一项重要管理活动，主要有五个方面基本目标，包括财务报告相关信息的可靠性、资产的安全完整、对法律法规的遵循、提高经营的效率和效果以及促进发展战略目标的实现。2001 年前后，众多国际知名企业发生了一系列会计造假事件，人们开始意识到健全有效的内部控制对预防财务舞弊至关重要，各国政府监管机构、企业界和会计职业界对内部控制的重视程度也进一步提升，关注的焦点逐渐从财务报告本身的可靠性转向对保证财务报告可靠性的机制建设，通过有效的内部控制对财务报告过程的控制，来保证财务报告结果的可靠性。投资者及其他利益相关者有权要求企业披露内部控制相关的信息，同时也要求注册会计师对企业的内部控制信息进行审计，增强信息的可靠性。

但是，在传统的财务报表审计中，注册会计师一般不直接对企业内部控制进行测试，仅在必要的情况下采取强制要求对企业内部控制进行测试，如在评估认定层次重大错报风险时，预期控制的运行是有效的，即注册会计师在确定实质性程序的性质、时间安排和范围时，拟信赖控制运行的有效性，或者仅实施实质性程序并不能提供认定层次充分、适当的审计证据。因此，传统的财务报表审计过程中，对企业内部控制的了解和测试难以满足信息使用者。在此基础上，内部控制审计逐渐发展起来，很多国家纷纷要求注册会计师对内部控制设计和运行的有效性进行审计或鉴证。例如，美国 SOX 法案的第 404 条款和日本《金融商品交易法》均要求注册会计师对企业管理层财务报告内部控制的评价进行审计。我国的

《企业内部控制基本规范》明确规定了会计师事务所对企业内部控制的有效性进行审计，之后又出台了《企业内部控制审计指引》规范企业内部控制审计工作。

各国市场监管机构对市场的监管重心也逐步转移，从事后的监管转变为对过程的管理，从对财务报告质量本身的监管转变为对确保财务报告质量体系的监管，从对大案、要案的查处转变为对系统风险的防范。美国和日本均以法案形式强制要求对企业财务报告内部控制进行审计；欧盟、加拿大、英国未强制要求进行内控审计，但英国等的上市规则要求注册会计师对管理层作出的内部控制声明进行形式上的审阅。强制要求进行内部控制审计的国家，如美国和日本，要求将内部控制审计与年度财务报表审计整合进行。其中美国要求同一家会计师事务所将内部控制审计与财务报表审计整合进行，而日本则更进一步，要求同一位注册会计师在从计划审计工作、实施审计程序获取审计证据、评价审计证据的充分性和适当性，直到发表审计意见的整个过程中，将两种审计作为一个整体进行。

我国《企业内部控制基本规范》及配套指引要求执行企业内控规范体系的企业，必须对本企业内部控制的有效性进行自我评价，披露年度自我评价报告，同时聘请具有证券期货业务资格的会计师事务所对其财务报告内部控制的有效性进行审计，出具审计报告。注册会计师对在内部控制审计过程中注意到的企业非财务报告内部控制的重大缺陷，应当提示投资者、债权人和其他利益相关者关注。

二、内部控制审计内涵

内部控制审计的是指会计师事务所接受委托，对特定基准日内部控制设计与运行的有效性进行审计。2010 年，财政部会计司、中国注册会计师协会对《企业内部控制审计指引》进行了详细的解读。本书将《企业内部控制审计指引》解读与其他学者对内部控制审计定位相结合，对企业内部控制审计的内涵进行详细讲解。

（一）企业内部控制审计时间维度

按照企业内部控制审计的规定，内部控制审计基于特定基准日。这是一个时点，注册会计师基于基准日（如年末 12 月 31 日）内部控制的有效性发表意见，而不是对财务报表涵盖的整个期间（如一个会计年度）的内部控制的有效性发表意见。但这并不意味着注册会计师只关注企业基准日当天的内部控制，而是考察企业一个时期内（足够长的一段时间）内部控制的设计和运行情况。例如，注册会计师可能在 5 月对企业的内部控制进行测试，发现问题后提请企业进行整改，假设在 6 月整改，而企业的内部控制在整改后要运行一段时间（如至少一个月）

才可观察出整改效果，则8月注册会计师需再对整改后的内部控制进行测试。因此，虽然注册会计师是对12月31日（基准日）内部控制的设计和运行发表意见，但这里的基准日不是一个简单的时点概念，而是体现了内部控制过程向前的延续性。注册会计师所采用的内部控制审计的程序和方法，也体现了这种延续性。

企业内部控制本质上是一个“免疫系统”，是一个动态的、不断变化的过程，在不同的时点内部控制状态是不同的。1992年COSO的内部控制整合框架，将内部控制自我评价报告的时间维度最终定位于时点，主要基于三方面考虑：一是定位于时点符合证券持有人和其他报告使用者的需要，内部控制自我评价报告更像是一个健康体检报告，针对会计截止时点的内部控制报告更能反映当期状态；二是定位于时点提供了一个有利于识别和整改缺陷的环境，关注时点使管理层将主要精力放在及时解决问题上，而不是放在披露期间识别的控制缺陷上；三是定位于时点成本较低。①

在内部控制审计实务中，要避免仅对评估基准日的内部控制运行进行测试，或测试没有涵盖足够长的期间或在整改后的内部控制没有运行足够长的期间的情况下仍出具无保留意见内部控制审计报告。

（二）企业内部控制审计范围

《企业内部控制审计指引》第四条第二款规定，注册会计师应当对企业财务报告内部控制的有效性发表审计意见，并对内部控制审计过程中注意到的非财务报告内部控制的重大缺陷，在内部控制审计报告中增加“非财务报告内部控制重大缺陷描述段”予以披露。也就是注册会计师对企业财务报告内部控制必须出具审计意见，同时，对发现的非财务报告内部控制的重大缺陷需要给予关注。

在这一方面，我国的内部控制审计目标与国外内部控制审计目标略有差异。如美国SOX法案将内部控制审计的范围界定为财务报告内部控制。根据COSO的企业内部控制整合框架，内部控制有五个目标，财务报告的可靠性目标是其中之一。为什么有些国家将内部控制审计的范围界定为财务报告内部控制，而不包括其他内部控制目标？围绕这个问题，当时有两种观点：一种认为审计范围应当全面，涵盖内部控制的所有目标，这样才能通过审计推动企业建立和完善全面的内部控制；另一种观点认为审计范围应限于与合理保证财务报告的可靠性有关的内部控制。

持第一种观点的理由主要是：从投资者角度看，财务报告内部控制关系到公

① 唐建华、杨汉明、万寿琼：《美国企业内部控制审计的定位》，《审计研究》2016年第4期，第107–112页。

众利益，是监管的重点和优先领域，也是投资者最为关心的。SOX 法案是由大规模的财务舞弊直接推动出台的，该法案首先要解决企业财务报告的可靠性问题。可靠的财务信息是资本市场正常运行的基本保障，不真实、不可靠的财务信息会严重误导投资者决策。社会公众和市场监管机构可以容忍企业经营效率低或发生亏损，但不能容忍虚假的财务信息。正是在这个意义上，财务报告内部控制成为立法和监管机构重点和优先关注的领域。从经济学角度来看，信息的提供也要符合成本效益原则，内部控制审计给企业产生了巨大的成本。鉴于成本考虑，美国于 2012 年通过了《中小企业促进法》(*Jumpstart Our Business Srartups Act*)，对年营业收入在 10 亿美元以下的上市公司豁免财务报告内部控制审计要求。因此，如果将非财务报告内部控制也纳入审计范围，会大大增加企业成本和工作量；同时，从开展审计的会计师事务所角度来看，其也缺乏对非财务报告内部控制审计的技术和方法。

我国主要采用的也是第一种观点，但是增加了对审计过程中注意到的非财务报告的重大缺陷的披露要求。

财务报告内部控制是指企业为了合理保证财务报告及相关信息真实完整而设计和运行的内部控制，以及用于保护资产安全的内部控制中与财务报告可靠性目标相关的控制。这里要注意一点，在企业内部控制审计过程中，需要对企业内部控制目标中的保证资产安全完整目标进行一定的分解，将其分为与财务报告可靠性相关的资产安全完整目标和与财务报告可靠性无关的资产安全完整目标。财务报告内部控制主要包括下列政策和程序：

（1）保存充分、适当的记录，准确、公允地反映企业的交易和事项；

（2）合理保证按照企业会计准则的规定编制财务报表；

（3）合理保证收入和支出的发生以及资产的取得、使用或处置经过适当授权；

（4）合理保证及时防止和发现并纠正未经授权的、对财务报表有重大影响的交易和事项。

非财务报告内部控制是指除财务报告内部控制之外的其他控制，通常是指为了合理保证遵循法律法规、提高经营的效率和效果、促进发展战略的目标，以及保证资产安全完整中与财务报告可靠性无关的控制。

在审计实务中，注册会计师需要对与资产安全完整相关的内部控制进行甄别，避免只要资产出现重大损失，就一律认定为财务报告内部控制存在重大缺陷，或将与资产安全完整相关的控制一律视为非财务报告内部控制。

（三）企业内部控制审计与财务报表审计事务所选择

上市公司每年需要聘请会计师事务所对财务报告内部控制和财务报表进行审计，这里就出现一个问题，这两种审计能否由同一家事务所审计还是必须由两家事务所分别审计呢？针对这个问题，美国 SOX 法案明确要求由出具财务报告审计报告的会计师事务所对企业财务报告内部控制进行审计。PCAOB 第 2 号审计准则规定，由于财务报表审计中获取的信息可能对注册会计师形成财务报告内部控制有效性的结论十分重要，注册会计师在不审计财务报表的情况下，不能审计财务报告内部控制。

我国的《企业内部控制审计指引》第一章第五条规定："注册会计师可以单独进行内部控制审计，也可将内部控制审计与财务报表审计整合进行。"也就是说，这两种审计在我国可以由两家事务所开展也可以由一家开展，并未对财务报告审计和内部控制审计只能由一家事务所进行作出明确限制。

因此，当一家会计师事务所既审计企业内部控制又审计财务报表时，需要引入整合审计（integrated audit）这个概念。注册会计师将内部控制审计与财务报表审计整合进行，在整合审计中，注册会计师应当对内部控制设计与运行的有效性进行测试，以同时实现下列目标。一是获取充分、适当的证据，支持其在内部控制审计中对内部控制有效性发表的意见；二是获取充分、适当的证据，支持其在财务报表审计中对控制风险的评估结果。整合审计涉及如何确定内部控制审计与财务报表审计的关系。

三、整合审计

同一家会计师事务所进行内部控制审计和财务报表审计时，注册会计师可以将两种审计进行整合。首先需要明确两个问题，即内部控制审计与财务报表审计两者之间的区别和联系。

（一）内部控制审计与财务报表审计区别

内部控制审计与财务报表审计作为两个独立审计项目，在具体目标、保证程度、评价要求、报告类型等方面存在着实质性的差异。内部控制审计是对保证企业财务报告质量的内置机制的审计，重在对"过程"的审计；而财务报表审计是为提高财务报告的可靠性，重在对"结果"的审计。具体来看两者存在以下区别。

1. 对内部控制了解和测试目的不同

在财务报表审计中，注册会计师对内部控制了解和测试的目的是确定实质性程序的性质、时间安排和范围，减少实质性测试的工作量，提高针对性，支持财务报表审计的意见。在内部控制审计中评价内部控制的目的是对内部控制本身的有效性发表审计意见。

2. 内部控制测试的范围不同

在财务报表审计中，对不同的认定，注册会计师可能制定不同的审计方案，采取不同的审计方法，对有些认定，注册会计师可能不依赖内部控制，而需要通过实质性程序获取审计证据，因此，可以不对内部控制的有效性进行测试。在内部控制审计中，对所有的内部控制相关认定，注册会计师需要直接测试内部控制的有效性。因此，虽然在财务报表审计过程中需要对内部控制进行一定的了解，针对某些与财务报表相关的认定需要测试相关的内部控制的有效性，但是，财务报表审计中实施的内部控制测试不足以对企业财务报告内部控制发表审计意见。

3. 内部控制测试结果所要达到的可靠程度不同

在财务报表审计中，内部控制测试结果的可靠性相对较低，注册会计师测试的样本量具有一定的弹性。而内部控制审计中，注册会计师需要获取内部控制有效性的高度保证，对内部控制测试结果的可靠性要求较高，样本量的选择弹性较小。

4. 对内部控制缺陷的评价要求不同

在财务报表审计中，注册会计师仅需将审计过程中识别出的内部控制缺陷分为值得关注的内部控制缺陷和一般缺陷。而在内部控制审计中，注册会计师需要对内部控制缺陷进行严格的评估，将内部控制缺陷分为重大缺陷、重要缺陷和一般缺陷，重大缺陷将影响内部控制审计意见的类型。

（二）内部控制审计与财务报表审计联系

在技术层面和实务工作中，内部控制审计与财务报表审计在审计模式、程序、方法等方面存在着相同之处，风险识别、评估和约定等大量工作内容相近，存在着交叉，许多审计工作可以共享，因此，这两种审计可以整合进行。如均需要实施风险评估程序，了解被审计单位及其环境，识别和评估财务报表层次和认定层次的重大错报风险；内部控制审计与财务报表审计确定和运用审计重要性水平可以共享；在内部控制审计时，对所有相关的认定均要求测试内部控制有效性，其测试结果可用于确定财务报表审计实质性程序的性质、时间安排和范围，减少实质性测试的工作量，提高针对性；而财务报表审计中实质性测试发现的错报，能够印证内部控制的有效性。

整合审计可以在设计和实施审计测试时，最大限度地减少重复劳动和审计成本，提高审计效率和审计效果，避免审计评价不一致的情形，实现两种审计的目标。同时，整合审计可以减轻企业聘请不同事务所实施审计的负担。我国《企业内部控制审计指引》也提倡由同一家会计师事务所实施内部控制审计和财务报表审计，将两者整合进行。

值得注意的是，在企业内部控制审计实务中，企业应当尽早聘请会计师事务所进行内部控制审计。因为在传统的财务报表审计中，如果发现重大错报，只要被审计单位最后时刻同意审计调整，注册会计师可以签发无保留意见审计报告。但是，在内部控制审计中，如果发现被审计单位的内部控制存在重大缺陷，注册会计师提出整改意见后，还需要跟踪整改情况，才能得出内部控制是否有效的结论，决定是否签发无保留意见审计报告。例如，对每季度运行一次的内部控制，如果注册会计师认定存在重大缺陷，被审计单位需要整改运行 6 个月，之后注册会计师才能得出控制是否有效的审计结论。因此，企业需要尽量提早确定实施内部控制审计的会计师事务所。

第二节　计划审计工作

计划审计工作对注册会计师顺利完成审计工作和有效控制审计风险具有重要的意义。合理地计划内部控制审计工作，有助于注册会计师关注重点审计领域，及时发现和解决潜在的问题，恰当地组织和管理审计工作。充分的审计计划可以帮助注册会计师对项目组成员进行恰当的分工、指导、监督和复核，也有助于协调注册会计师和外包专家的工作。在计划内部控制审计工作时，注册会计师需要控制初步业务活动，制定总体审计策略和具体的审计计划。在此过程中，注册会计师需要进行多项工作，包括确定重要性水平、确定执行审计业务所需资源的性质、时间安排和范围等。在整合审计时，内部控制审计计划应当与财务报表审计计划相结合。

为了配合内部控制审计制度的实施，指导注册会计师编制内部控制审计工作底稿，2011 年，中国注册会计师协会编写了《企业内部控制审计工作底稿编制指南》（以下简称指南）。该指南在《企业内部控制审计指引》和《企业内部控制审计指引实施意见》框架下起草，内容涵盖编制审计计划、测试内部控制、评价控制缺陷和出具审计报告等各个重要环节，下面以该指南为基础对内部控制审计进行详细的讲解。

一、初步业务活动

在计划内部控制审计前，注册会计师需要开展初步的业务活动，确保审计项目组具备执行内部控制审计业务所需的独立性和专业胜任能力，不存在因管理层诚信问题而可能影响注册会计师接受或保持该项内部控制审计业务意愿的事项。内部控制审计的前提条件已经得到满足，注册会计师与被审计单位之间不存在对业务约定条款的误解。初步业务活动内容主要有：

（1）确定针对客户关系和具体审计业务的接受或保持实施相应的质量控制程序；

（2）评价会计师事务所和项目组遵守相关职业道德要求的情况；

（3）确定内部控制审计的前提条件是否得到满足；

（4）就内部控制审计约定条款与被审计单位管理层达成一致意见，并单独签订内部控制审计业务约定书；

（5）根据项目需要，挑选合适的审计人员，建立审计项目组。

（一）内部控制审计前提条件

内部控制审计的前提条件是注册会计师承接或保持内部控制审计的必要前提。在确定内部控制审计的前提条件时，注册会计师需要确定：①被审计单位的内部控制标准是否适当；②就被审计单位认可并理解其责任与管理层和治理层达成一致意见。如果注册会计师认为无法达到这两个前提条件，通常情况下就不应承接该内部控制审计业务。

这里需要再明确一下，被审计单位认可并理解的责任，是指被审计单位应当明确并愿意承担的责任，具体来讲包括以下几个方面：

（1）按照适用的内部控制标准，设计和运行有效的内部控制，确保财务报表不存在舞弊或错误导致的重大错报。这里的舞弊是出于主观原因有意识地采取某种措施导致重大错报，而错误是出于业务胜任能力等原因导致出现重大错报。

（2）按照适用的内部控制评价标准对内部控制进行评价并编制内部控制评报告。

（3）向注册会计师提供必要的工作条件，包括允许注册会计师接触与内部控制的设计和运行相关的所有信息（如运行记录、授权文件等），向注册会计师提供内部控制审计所需要的其他信息，允许注册会计师在获取审计证据时不受限制地接触其认为必要的人员。

（二）内部控制审计业务约定书

如果决定接受或保持内部控制审计业务，注册会计师应当就审计业务约定条款与管理层达成一致意见，并签订单独的内部控制审计业务约定书，以记录该审计业务约定条款，避免双方对审计业务的理解产生分歧。内部控制审计业务约定书至少应当包括下列内容。

（1）内部控制审计的目标和范围。

（2）注册会计师的责任。

（3）被审计单位的责任。

（4）指出被审计单位采用的内部控制标准。

（5）提及注册会计师拟出具的内部控制审计报告的形式和内容，以及对在特定情况下出具的内部控制审计报告可能不同于预期形式和内容的说明。

（6）审计收费。

内部控制审计业务约定书的格式和内容可能因被审计单位和业务的具体需要情况而异，如果需要，内部控制审计业务约定书还可以包括其他条款，例如：

①详细说明内部控制审计工作的范围，包括审计适用的法律法规、内部控制审计标准。②说明由于内部控制的固有局限性，存在不能防止和发现错报的可能性，以及由于情况的变化内部控制可能变得不恰当，或对内部控制政策和程序的遵循程度降低，根据内部控制审计结果推测未来内部控制的有效性具有一定的风险等。③计划和执行内部控制审计工作的安排，包括项目组的构成。④企业确认将提供必要的书面声明。⑤管理层同意告知注册会计师在被审计单位评价基准日之后至审计报告日之前内部控制是否发生变化，或出现可能对内部控制产生重要影响的其他因素。⑥对审计涉及的其他人员（包括被审计单位的内部审计人员、其他人员以及在管理层或治理层指导下的第三方）工作的安排。

例 6-1 是内部控制审计业务约定书的参考格式，对集团内部控制审计业务，可根据实际需要做出修改。

例 6-1　内部控制审计业务约定书

甲方：×× 股份有限公司

乙方：×× 会计师事务所

兹由甲方委托乙方对截至20×× 年12月31日的财务报告内部控制进行审计，经双方协商，达成以下约定。

一、内部控制审计的目标和范围

乙方接受甲方委托，对甲方截至20×× 年12月31日按照《企业内部控制基本规范》和相关规定建立的财务报告内部控制进行审计并对其有效性发表审计意见。

二、甲方的责任

（1）根据《中华人民共和国会计法》及《企业内部控制基本规范》，甲方有责任设计、执行和维护有效的内部控制，制定本公司的内部控制制度并组织其实施，并对本公司内部控制的有效性进行自我评价，披露年度自我评价报告。

（2）甲方应当及时为乙方的审计工作提供与审计有关的所有记录、文件和所需的其他信息（如果在审计过程中需要补充资料，亦应及时提供），并保证所提供资料的真实性和完整性。

（3）甲方应确保乙方不受限制地接触其认为必要的甲方内部人员和其他相关人员。

（4）甲方管理层应对其做出的与内部控制审计有关的声明予以书面确认。

（5）甲方应为乙方派出的有关工作人员提供必要的工作条件和协助，乙方将于外勤工作开始前提供主要事项清单。

甲方应按照本约定书的约定及时足额支付审计费用以及乙方人员在审计期间的交通、食宿和其他相关费用。

（6）乙方的审计不能减轻甲方及甲方管理层的责任。

三、乙方的责任

（1）乙方的责任是在执行审计工作的基础上对甲方财务报告内部控制的有效性发表审计意见。乙方根据《企业内部控制审计指引》及相关中国注册会计师执业准则的规定执行审计工作。该指引及相关执业准则要求注册会计师遵守中国注册会计师职业道德守则，计划和执行审计工作，以对甲方在所有重大方面是否保持了有效的财务报告内部控制获取合理保证。

（2）审计工作涉及实施审计程序，以获取与财务报告内部控制有关的审计证据。选择的审计程序取决于乙方的判断，包括评估重大缺陷存在的风险，根据评估的风险测试和评价内部控制设计与运行的有效性。审计工作还包括实施乙方认为必要的其他程序。

（3）内部控制具有固有局限性，存在不能防止和发现错报的可能性。此外，由于情况的变化内部控制可能变得不恰当，或对控制政策和程序遵循程度降低。因此，根据内部控制审计结果推测未来内部控制的有效性具有一定风险。

（4）在审计过程中，乙方若发现甲方存在内部控制重大缺陷、重要错报，应以书面形式向甲方治理层或管理层通报。但乙方通报的各种事项，并不代表已全面说明所有可能存在的缺陷或已提出所有可行的改进建议。甲方在实施乙方提出的改进建议前应全面评估其影响，未经乙方书面许可，甲方不得向任何第三方提供乙方出具的沟通文件。

（5）按照约定时间完成审计工作，出具审计报告。乙方应于20×× 年× 月 × 日前出具审计报告。

（6）除下列情况外，乙方应当对执行业务过程中知悉的甲方信息予以保密：①法律法规允许披露，并取得甲方的授权；②根据法律法规的要求，为法律诉讼、仲裁准备文件或提供证据，以及向监管机构报告发现的违法行为；③在法律法规允许的情况下，在法律诉讼、仲裁中维护自己的合法权益；④接受注册会计师协会或监管机构的执业质量检查，答复其询问和调查；⑤法律法规、执业准则和职业道德规范规定的其他情形。

四、审计收费

（1）本次审计服务的收费是以乙方各级别工作人员在本次工作中所耗费的时间为基础计算的。乙方预计本次审计服务的费用总额为人民币 ××万元。

（2）甲方应于本约定书签署之日起 ×× 日内支付 ×% 的审计费用，其余款项于审计报告草稿完成日结清。

（3）如果由于无法预见的原因，乙方从事本约定书所涉及的审计服务实际时间较本约定书签订时预计的时间有明显增加或减少，甲、乙双方应通过协商，相应调整本部分第 1 段所述的审计费用。

（4）如果由于无法预见的原因，乙方人员抵达甲方的工作现场后，本约定书所涉及的审计服务中止，甲方不得要求退还预付的审计费用；如上述情况发生于乙方人员完成现场审计工作，并离开甲方的工作现场之后，甲方应另行向乙方支付人民币 ×× 元的补偿费，该补偿费应于甲方收到乙方的收款通知之日起 ×× 日内支付。

（5）与本次审计有关的其他费用（包括交通费、食宿费等）由甲方承担。

五、审计报告和审计报告的使用

（1）乙方按照《企业内部控制审计指引》规定的格式和类型出具审计报告。

（2）乙方向甲方致送审计报告一式 × 份。

（3）甲方在提交或对外公布乙方出具的审计报告时，不得对其进行修改。甲方认为有必要修改内部控制度时，应当事先通知乙方，乙方将考虑有关的修改对审计报告的影响，必要时，将重新出具审计报告。

六，本约定书的有效期间

本约定书自签署之日起生效，并在双方履行完毕本约定书约定的所有义务后终止。但其中第三项第 6 段以及第四、五、七、八、九、十项并不因本约定书终止而失效。

七、约定事项的变更

如果出现不可预见的情况影响审计工作如期完成，或需要提前出具审计报告，甲、乙双方均可要求变更约定事项，但应及时通知对方，并由双方协商解决。

八、终止条款

（1）如果根据乙方的职业道德及其他有关专业职责、适用的法律法规或其他任何法定的要求，乙方认为已不适宜继续为甲方提供本约定书约定的审计服务，乙方可以采取向甲方提出合理通知的方式终止履行本约定书。

（2）在本约定书终止的情况下，乙方有权就其终止之日前对约定的审计服务项目所做的工作收取合理的费用。

九、违约责任

甲、乙双方按照《中华人民共和国合同法》的规定承担违约责任。

十、适用法律和争议解决

本约定书的所有方面均应适用中华人民共和国法律进行解释并受其约束。本约定书履行地为乙方出具审计报告所在地，因本约定书引起的或与本约定书有关的任何纠纷或争议（包括关于本约定书条款的存在、效力或终止，或无效之后结果），双方协商确定采取以下第 × 种方式予以解决：

（1）向有管辖权的人民法院提起诉讼；

（2）提交 ×× 仲裁委员会仲裁。

十一、双方对其他有关事项的约定

本约定书一式两份，甲、乙双方各执一份，具有同等法律效力。

×× 股份有限公司（盖章）　　　　×× 会计师事务所（盖章）

授权代表：（签名并盖章）　　　　授权代表：（签名并盖章）

20×× 年 × 月 ×× 日　　　　20×× 年 × 月 ×× 日

（三）项目组建立

在进行初步业务活动时，项目合伙人除了需要考虑前面所述的内容外，还需要选择相关领域的人员组成项目组，同时对项目组成员进行培训，以合理安排内部控制审计工作。项目组成员应当符合以下要求：

（1）具有执行性质和复杂程度类似的内部控制审计业务的经验；

（2）了解企业内部控制相关规范和指引要求；

（3）了解《企业内部控制审计指引》《企业内部控制审计指引实施意见》和中国注册会计师执业准则的相关要求；

（4）拥有与企业所处行业相关的知识；

（5）具有职业判断能力。

此外，注册会计师对开展审计工作中需要但当前项目组成员不具备的技能作出评估，并针对此情况制定计划以获取相关资源。例如，当项目组成员不具备与企业信息系统环境相关的知识技能时，注册会计师需要获得信息技术专业人员的协助以测试与信息系统相关的内部控制。

二、制定审计计划

（一）制定审计计划时需要考虑的因素

在制定审计计划时，注册会计师应当评价与企业相关的法律法规及行业概况、企业组织架构、经营特点、内部控制状况、重大缺陷的沟通以及对企业内部控制的初步判断等，考虑上述因素对内部控制审计的影响。

1. 与企业相关的风险

在制定审计计划时，注册会计师通常通过询问被审计单位的高级管理人员、了解宏观经济形势对企业的影响、重点关注对财务报表可能产生重要影响的风险以及这些风险的变化等，结合自身的审计经验形成对企业经营活动面临的各种风险的初步认识。了解企业面临的风险有助于注册会计师识别重大错报风险，有助于识别重要账户和重大业务流程，形成对内部控制审计重大风险的初步评价。

2. 企业的组织架构和资本结构等事项

注册会计师应当了解被审计单位的股权结构、企业的实际控制人及其关联方，企业的子公司以及合营、联营公司，了解企业财务报表的合并范围，企业的组织结构、治理结构，企业业务分部的设置与管理架构，资产负债表外的筹资安排以及经营性租赁安排。如果企业存在多个组成部分，还需要了解各个组成部分对集团的重要性。对上述事项的了解，有助于注册会计师评价企业是否存在能够引起财务报表重大错报的非常规业务或关联方交易，以及相关的内部控制可能存在的重大缺陷。

3. 内部控制缺陷的整改

注册会计师应当了解被审计单位对以前年度审计中发现的内部控制缺陷所采取的整改措施及整改结果，并相应调整本年的内部控制审计计划。如果以前年度发现的内部控制缺陷未得到有效整改，则注册会计师需要评价这些缺陷对当期内部控制审计意见的影响。注册会计师对于内部控制审计报告中提及的可能导致财务报表发生重大错报的内部控制缺陷，应当将其记录在内部控制缺陷汇总表中，关注企业相应的整改计划和实施情况。

4. 可获取的与内部控制有效性相关的证据类型与范围

注册会计师应当了解可获取的与内部控制有效性相关的证据类型与范围，对可获取的审计证据的充分性和适当性进行评价以更好地计划内部控制测试的性质、时间安排和范围。内部控制特定领域存在重大缺陷的风险越高，注册会计师所需要获取的审计证据的客观性、可靠性越强。

5. 对内部控制有效性的初步判断

注册会计师综合上述考虑因素，结合以前年度的审计经验，形成对企业内部控制有效性的初步判断。对内部控制可能存在重大缺陷的领域，注册会计师应给予充分的关注，如对相关的内部控制亲自进行测试而非利用他人工作；在接近内部控制评价基准日的时间测试内部控制；选择更多的组成部分进行测试；增加内部控制的测试范围等。

（二）总体审计策略

注册会计师应当贯彻风险导向审计的思路，恰当地计划内部控制审计工作。内部控制审计计划分为总体审计策略和具体审计计划两个层次。总体审计策略用以总结计划阶段的成果，确定审计的范围、时间和方向，并指导具体审计计划的制定。制定总体审计策略的过程有助于注册会计师结合风险评估程序的结果确定向具体审计领域分配资源的类别和数量，向高风险领域分配的审计时间预算等；确定何时分配这些资源，包括是在期中审计阶段还是在关键日期调配资源等；确定如何管理、指导和监督这些资源，包括预期何时召开项目组预备会和总结会，预期项目合伙人和经理如何进行复核，是否需要实施项目质量控制复核等。通常来讲，总体审计策略包括以下内容。

1. 确定审计业务的特征

（1）确定被审计单位采用的内部控制标准，以界定审计范围；

（2）预期审计工作涵盖的范围。预期审计工作涵盖的范围，包括应涵盖的组成部分的数量及所在地点。内部控制审计范围应当包括被审计单位在基准日或在此之前收购的实体，以及在基准日作为终止经营进行会计处理的业务。对于按照权益法核算的投资，审计的范围应当包括针对权益法下相关会计处理而实施的控制，但通常不包括对权益法下被投资方的控制；

（3）拟审计的经营分部的性质，包括是否需要具备专门知识；

（4）注册会计师对被审计单位内部控制评价工作的了解以及拟利用被审计单位内部相关人员工作的程度；

（5）被审计单位使用服务机构的情况，以及注册会计师如何取得有关服务机构内部控制设计和运行有效性的证据；

（6）对利用在以前审计工作中或财务报表审计工作中获取的审计证据的预期；

（7）信息技术对审计程序的影响，包括数据的可获得性和对使用计算机辅助审计技术的预期。

2. 明确审计业务的报告目标

注册会计师需要明确审计业务的报告目标，以计划审计的时间安排和所需要沟通的性质。通常需要考虑：

（1）被审计单位对外公布内部控制审计报告的时间安排；

（2）注册会计师与管理层和治理层讨论内部控制审计工作的性质、时间安排和范围；

（3）注册会计师与管理层和治理层讨论拟出具的报告的类型和时间安排以及沟通的其他事项，包括审计报告、管理建议书以及向治理层通报的其他事项；

（4）注册会计师与管理层讨论预期就整个审计业务中对审计工作的进展进行的沟通；

（5）项目组成员之间沟通的预期性质和时间安排；

（6）预期是否需要与第三方进行其他沟通。

3. 考虑指导项目组工作方向的重要因素

注册会计师需要根据职业判断，考虑以下用以指导项目组工作的因素。

（1）财务报表整体的重要性和实际执行的重要性；

（2）初步识别可能存在较高的重大错报风险的领域，评估的财务报表层次的重大错报风险对指导、监督和复核的影响；

（3）被审计单位经营活动或内部控制最近发生变化的程度，与被审计单位沟通过的内部控制缺陷；

（4）有关管理层对设计、执行和维护健全的内部控制重视程度的证据，包括有关这些控制得以适当记录的证据；

（5）注册会计师对内部控制有效性的初步判断和对内部控制重大缺陷的初步识别，可获取的、与内部控制有效性相关的证据的类型和范围；

（6）与评价财务报表发生重大错报的可能性和内部控制有效性相关的公开信息。

4. 考虑初步业务活动结果的影响

注册会计师需要考虑初步业务活动结果，考虑对被审计单位执行其他业务时获得的经验是否与内部控制审计业务相关；

（1）注册会计师在执行其他业务时对被审计单位财务报告内部控制的了解。

（2）影响被审计单位所处行业的事项，如行业财务报告惯例、经济状况和技术革新，与被审计单位相关的法律法规和监管环境等。

（3）与被审计单位经营相关的事项，包括组织结构、经营特征和资本结构；被审计单位经营活动的复杂程度以及与被审计单位相关的风险。

（4）以前审计中对内部控制运行有效性评价的结果，包括识别出的缺陷的性质和应对措施；影响被审计单位的重大业务发展变化，包括信息技术和业务流程的变化，关键管理人员变化以及收购、兼并和处置。

（5）确定执行业务所需资源的性质、时间安排和范围。

（三）具体审计计划

具体审计计划比总体审计策略更加详细，内容包括项目组成员拟实施的审计程序的性质、时间安排和范围。计划这些审计程序，会随着具体审计计划的制定逐步深入，并贯穿于审计的整个过程。注册会计师应当在具体审计计划中体现了解和识别内部控制，测试内部控制设计，测试内部控制运行有效性程序的性质、时间安排和范围。

三、风险评估

风险导向审计思路是风险管理思想在审计上的应用。风险的识别、评估和应对是风险管理思想的核心内容。注册会计师在审计过程中需要将财务报告内部控制重大缺陷风险的识别、评估和应对作为审计工作的主线，在风险评估的基础上，将审计资源配置在高风险领域，以提高审计效率和效果。

对审计人员来讲，在进行审计时，一般会将风险分为三大类：固有风险（inherent risk）、控制风险（control risk）和检测风险（detection risk）。

（1）固有风险——当企业不存在内部控制时财务报告出现重大错报的可能性。这是错误或舞弊发生的可能性。错误是非有意产生的，与企业员工的个人能力相关，而舞弊是有意的，与企业员工的诚信度相关。

（2）控制风险——企业建立了相关的内部控制，当财务报告错报的程度超过可接受的水平，但没有被内部控制预防或检测出来的可能性。控制风险是控制失败的可能性，即控制失败风险。

（3）检测风险——审计人员取得的审计证据没能检测出超过可接受审计风险的可能性，即检测失败风险。而这是审计人员能够接受的审计程序没有检测出错误或舞弊的风险。

可接受审计风险（acceptable audit risk）是审计人员能够接受的审计失败的可能性，即审计人员得出结论认为财务报告“公允列报”，因此签发无保留意见审计报告，而事实上财务报告存在重大错报的可能性。

可接受审计风险取决于上述三种风险的大小，可以用以下公式来表示：

可接受审计风险＝固有风险 × 控制风险 × 检测风险

在审计实务过程中，一般由审计人员通过观察、访谈、查阅等方式，评估企业的固有风险和控制风险，根据企业所处的财务状况、管理层诚信和财务报告使用者的数量，来设定可接受的审计风险，再根据上述因素来确定检测风险，确定检测风险对应的审计证据数量。上述公式可以变化为：

检测风险 = 可接受审计风险 /（固有风险 × 控制风险）

如果企业固有风险较高，控制风险也会比较高，反之亦然。设定的可接受审计风险越低，检测风险就越低，所需要的审计证据就越多。

影响可接受审计风险的因素有：

（1）被审计单位财务状况。企业财务状况越差，可接受的审计风险设定就越低。

（2）管理层诚信。企业管理层诚信度越低，可接受的审计风险设定就越低。

（3）财务报告使用者数量。财务报告使用者越多，可接受的审计风险设定就越低。

（一）风险评估作用

1. 确定重要账户列报及其相关认定的依据

风险评估是确定重要账户列报以及相关认定的依据。对于重要账户、列报及其相关认定，注册会计师需要将其纳入审计考虑的范围；对于不重要账户、列报及其不相关认定，注册会计师在审计时可将其剔除。

2. 选择拟测试控制的依据

注册会计师应当以风险评估为基础，选择拟测试的控制。注册会计师应当更多地关注高风险领域，而其他低风险领域，或者即使有缺陷但也不可能导致财务报表重大错报的控制，无须进行控制测试。

3. 确定测试的性质、时间安排和范围的依据

注册会计师应当根据与内部控制相关的风险，确定拟实施审计程序的性质、时间安排和范围，获取充分、适当的证据。审计程序的性质具体是指询问、观察、检查和重新执行等；审计程序的时间安排既包括测试内部控制所针对的期间（时间），也包括何时实施控制测试；审计程序的范围主要指测试的样本量。与内部控制相关的风险越高，注册会计师需要获取的证据应越多，可靠性要求越高。

当被审计单位具有多个组成部分时，风险评估结果还是确定测试范围的依据。如果某些组成部分单独或连同其他组成部分导致合并财务报表出现重大错报的可能性极小，注册会计师无须进一步考虑这些组成部分。对风险较低的组成部分，注册会计师可以首先评价、测试企业层面控制能否提供充分、适当的证据，如果能提供充分、适当的证据，注册会计师对这些组成部分可以仅测试企业层面控制。

如果某项风险导致企业合并财务报表发生重大错报的可能性不是极小，注册会计师应当测试针对该项风险而实施的控制。

4. 确定利用被审计单位自我评价程度的依据

为避免重复劳动，《企业内部控制审计指引》鼓励注册会计师利用被审计单位的自我评价工作。注册会计师需要根据风险评估的结果来确定在多大程度上利用被审计单位自我评价报告。与某项控制相关的风险越高，被审计单位内部审计人员、内部控制评价人员和其他相关人员的工作的可利用程度就越低，注册会计师应当较少利用被审计单位自我评价结果，更多地对该项控制亲自进行测试，反之亦然。

（二）风险评估程序

在财务报表审计中，注册会计师采用风险导向审计模式，需要首先实施风险评估程序，识别和评估财务报表层次和认定层次的重大错报风险。在此基础上，分别予以应对。

在财务报告内部控制审计中，采用的也是风险导向审计的模式，注册会计师需要首先识别内部控制存在重大缺陷的风险，然后有针对性地予以应对。内部控制是否存在重大缺陷，说到底，是指财务报告内部控制是否足以应对财务报表层次和认定层次的重大错报风险，包括舞弊引起的重大错报风险。

因此，无论对财务报表审计，还是对财务报告内部控制审计而言，在了解被审计单位情况的基础上识别和评估财务报表层次和认定层次的重大错报风险是两种审计共同的起点。可以说，两者对风险的评估方法和结果应当相同。具体内容可以参见《中国注册会计师审计准则第 1211 号——通过了解被审计单位及其环境识别和评估重大错报风险》对注册会计师实施风险评估程序进行的规范，这里不再赘述。

在整合审计中，注册会计师实施的风险评估程序应当同时为内部控制审计和财务报表审计服务。针对审计各个阶段识别出的风险，注册会计师都应当考虑该风险导致财务报表重大错报和财务报告内部控制重大缺陷的可能性。

风险评估程序应当在审计工作的各个方面和各个阶段予以综合考虑，贯穿整个审计工作的始终，而不是仅作为确定审计工作范围的一个步骤。在审计过程中，注册会计师应当随时根据内部控制审计和财务报表审计过程中获取的信息调整拟执行的审计程序。

在整合审计中，风险评估部分工作底稿可以共享。关于这部分工作底稿，可参见《财务报表审计工作底稿编制指南》中“了解被审计单位及其环境”部分。

四、应对舞弊风险

《企业内部控制审计指引》第十三条规定，注册会计师在测试企业层面控制和业务层面控制时，应当评价内部控制是否足以应当舞弊风险。在整合审计中计划和实施内部控制审计工作时，注册会计师应当考虑财务报表审计对舞弊风险的评估结果。在识别并测试企业层面控制以及选择其他控制进行测试时，注册会计师应当评价被审计单位的控制是否足以应对已识别的、由于舞弊导致的重大错报风险，并评价为应对管理层凌驾于内部控制之上的风险而设计的控制。

被审计单位为应对这些风险可能采取的控制包括：①针对重大的非常规交易的控制，尤其是针对导致会计处理延迟或异常的交易的控制；②针对期末财务报告流程中编制的分录和作出的调整的控制；③针对关联方交易的控制；④与管理层的重大估计相关的控制；⑤能够减弱管理层伪造或不恰当操纵财务结果的动机及压力的控制。为应对管理层凌驾于控制之上的风险而设计的控制，对任何被审计单位都是重要的。在小型被审计单位，由于高级管理层更多参与控制活动的实施和期末财务报告过程，因此，为应对管理层凌驾于控制之上的风险而设计的控制就显得尤为重要。在小型被审计单位，为应对管理层凌驾于控制之上的风险而设计的控制可能与较大或较复杂的被审计单位不同。

如果在内部控制审计中识别出旨在防止或发现舞弊的控制存在缺陷，注册会计师应当考虑该缺陷可能对拟实施审计程序的性质、时间安排和范围产生的影响，并按照《中国注册会计师审计准则第 1141 号——财务报表审计中与舞弊相关的责任》的规定，在财务报表审计中制定应对重大错报风险的方案时考虑这些缺陷。

五、利用他人工作

在内部控制审计过程中，注册会计师可以在对他人的业务胜任能力和客观性进行评价的基础上，结合对控制相关风险的考虑，最大限度地利用他人的工作。这里的他人是指被审计单位执行内部控制监督工作的人员，包括管理层、内部审计人员或在管理层或审计委员会指导下工作的其他第三方，这些第三方通常执行对内部控制有效性进行日常监督和专项监督。他人的工作与注册会计师的审计工作在技术方法上有共通之处，注册会计师可以利用和借鉴。在利用他人工作时，注册会计师需要考虑下列因素。

（一）他人的专业胜任能力和客观性

注册会计师依赖他人工作的程度，取决于执行内部控制监督人员的专业胜任能力和客观性。注册会计师和他人的专业胜任能力和客观性之间呈现正相关的关系。如果被审计单位监督人员对执行内部控制负责或对所测试信息的完整性和准确性负责，注册会计师不应当利用这些人员执行的测试工作，因为执行内部控制或对所测试信息的完整性和准确性负责是管理层的责任，如果被审计单位监督人员需要对此负责，说明其不具有足够的客观性。相反，如果被审计单位监督人员不需要对执行内部控制负责或对所测试信息的完整性和准确性负责，注册会计师可以考虑利用这些人员执行的测试工作。

被审计单位内部负责监督、稽核或合规工作的人员，如内部审计人员，如果拥有较高的专业胜任能力和客观性，注册会计师可以考虑更多地利用这些人员的工作结果。此外，向注册会计师提供直接帮助的人员，其工作也比支持管理层测试工作的人员更具有利用价值。在整合审计的内部控制测试中，注册会计师不应利用负有会计和财务报表编制职责人员的工作，如负有执行和监督财务报告内部控制的特别职责的人员如 CFO、财务主管等的工作。表 6-1 为注册会计师利用他人工作的评价表。表中将所要利用其工作的人员的专业胜任能力和客观性的评价由高到低分别划分为高、中、低三个档次，评估结果和利用该人员的工作程度的关系如下：

（1）拟利用其工作的人员的专业胜任能力和客观性越强，注册会计师能够利用他人的工作越多。

（2）无论他人的专业胜任能力如何，当其客观性较低的时候，注册会计师都不应当利用他人的工作。同样，当他人专业胜任能力较低时，无论客观性如何，注册会计师都不应当利用其工作。

表 6-1　他人工作可利用程度评价表

专业胜任能力	客观性		
	高	中	低
高	最大程度	中等程度	不依赖
中	较大程度	较小程度	不依赖
低	不依赖	不依赖	不依赖

（二）被测试控制相关风险影响

注册会计师利用他人工作的程度还受到与被测试控制相关风险的影响。当被测试控制相关风险较低，业务客观、不复杂时，注册会计师利用他人工作的程度较高；反之，当被测试控制相关风险较高，业务主观、复杂时，注册会计师利用他人工作的程度较低。

随着与审计领域相关的风险增加，注册会计师需要更多地依赖自己的工作。在执行财务报告内部控制审计时，注册会计师通常可以更大限度地利用专业胜任能力强、客观性较高并且所测试内容更加客观的人员的工作。对于重大会计估计等比较主观或涉及领域广泛的控制，注册会计师通常较低限度地利用他人工作。在确定他人工作是否可以利用时，注册会计师应当作出职业判断，与被测试控制相关的风险越高，注册会计师应当越多地利用亲自测试的结果。

（三）企业自我评价与内部控制审计关系

注册会计师应当了解被审计单位管理层对内部控制的自我评价工作，以了解被审计单位内部控制、实施风险评估程序并确定利用他人工作的范围。管理层自我评价过程的质量，尤其是执行自我评价工作的人员的专业胜任能力和客观性，对注册会计师确定能够在多大程度上利用他人的工作以及注册会计师需要执行的工作起着重要的作用。正因为如此，注册会计师执行的财务报告内部控制审计工作与管理层内部控制评价工作相互配合显得尤为重要。

建立健全有效的内部控制是被审计单位的责任。通常来说，管理层对内部控制有效性的自我评价工作需要在注册会计师开始内部控制审计工作之前启动，且最好保证内部控制设计缺陷以及内部控制运行缺陷尽早整改完毕，以预留足够长的平稳运行期。

一般而言，注册会计师在每个年度的较早时期就要同管理层就内部控制自我评价工作进行沟通，包括自我评价工作的进度安排、具体自我评价的工作范围、工作方法、样本选取的方法及数量，并获取必要的管理层自我评价文档。上述步骤及文档的获取主要帮助注册会计师确定其进行内部控制审计的时间安排，以及注册会计师在多大程度上可以利用被审计单位的内部控制评价工作。如果管理层就内部控制自我评价工作定期召开会议，注册会计师可以要求参加会议以及时了解内部控制自我评价工作的实际进展以及前期遇到的问题。

注册会计师在执行内部控制审计时，需要对内部控制自我评价人员的专业胜任能力和客观性进行判断，并根据被审计单位的业务特点以及注册会计师的职业判断，结合参考表 6-1 中的因素，确定在多大程度上可以利用自我评价工作。

值得强调的是，注册会计师应当对发表的审计意见独立承担责任，其责任不因为利用企业内部审计人员、内部控制评价人员和其他相关人员的工作而减轻。

六、确定重要性水平

企业财务报表审计时注册会计师需要确定重要性水平，同样，在企业内部控制审计时也需要确定重要性水平。在计划内部控制审计时，实施审计工作之前，注册会计师应当确定重要性水平，以识别重要账户、列报及其相关认定、重大业务流程等，并根据识别的控制缺陷对财务报表的影响程度进行评价。具体确定重要性水平的流程、考虑的因素以及如何确定等内容，这里不再详细介绍。

此外，注册会计师在计划内部控制审计阶段，还需要考虑被审计单位使用服务机构的事项，在执行集团内部控制审计业务时，应当基于集团财务报表识别重要账户、列报及其相关认定。

第三节　实施审计工作

在完成审计工作计划后，进入实施审计工作阶段。在这一阶段，注册会计师识别风险、选择测试控制采取的基本方法称为自上而下风险评估（Top-down Risk Assessment，TDRA）的方法。自上而下的方法始于财务报表层次，以注册会计师对财务报告内部控制整体风险的了解开始，然后，将关注重点放在企业层面的控制上，并将工作逐渐下移至重要账户、列报及其相关认定。随后，确认其对被审计单位业务流程中风险的了解，并对能足以应对评估的每个相关认定的重大错报风险的控制进行测试。该方法描述了注册会计师在识别风险以及拟测试控制时的连续思维过程，但并不完全是注册会计师执行审计程序的顺序，方法的具体步骤见图 6-1。

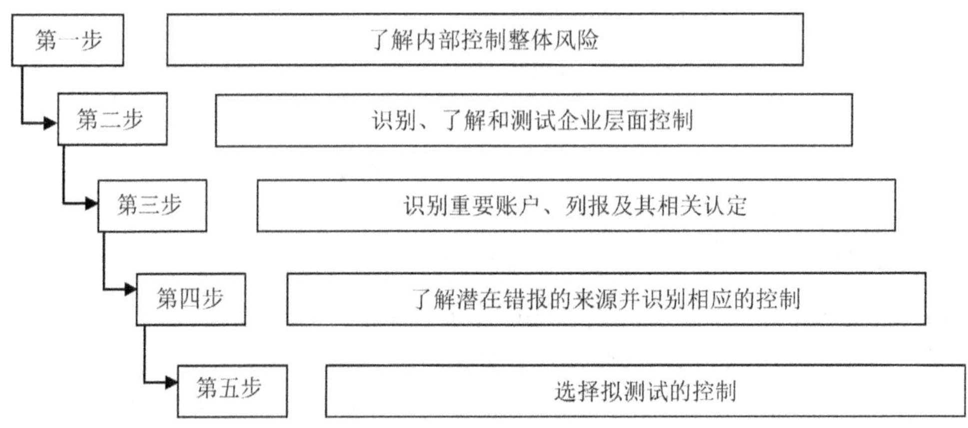

图 6-1　自上而下风险评估的方法

一、识别、了解和测试企业层面控制

通过了解企业与财务报告相关的整体风险，注册会计师可以识别出为保持有效的财务报告内部控制而必需的企业层面内部控制。企业的内部控制分为企业层面控制和业务层面控制。注册会计师在实施审计工作时，可以将企业层面控制和业务层面控制的测试结合进行。

（一）企业层面控制内容

企业层面控制通常为应对企业财务报表整体层面的风险而设计，也是其他控制运行的基础，是作用于整个企业范围内的、比交易层面更高的内部控制，作用比较广泛，通常不局限于某个具体认定。注册会计师测试企业层面控制，应当把握重要性原则，至少应当关注下列内容：

（1）与内部控制环境相关的控制。通常来讲，企业具有良好的内部控制环境是实施有效内部控制的基础；

（2）针对管理层和治理层凌驾于控制之上的风险而设计的控制。该控制对所有企业保持有效的内部控制都有重要影响；

（3）被审计单位的风险评估过程。风险评估过程包括识别与财务报告相关的经营风险和其他经营管理风险，以及针对这些风险所采取的措施；

（4）对内部信息传递和期末财务报告流程的控制。财务报告流程的控制可以确保管理层按照适当的会计准则编制合理、可靠的财务报告并对外报告。

（5）企业对控制有效性的内部监督（监督其他控制的控制）和内部控制评价。企业对内部控制有效性的内部监督和自我评价可以在企业层面上实施，也可以在交易层面上实施。此外，集中化的处理和控制（包括共享的服务环境）、监控经营成果的控制以及针对重大经营控制及风险管理实务的政策也属于企业层面控制。

（二）企业层面控制对其他控制及其测试影响

不同的企业层面控制在性质和精确度上存在差异。注册会计师应当从下列方面考虑。

1. 对重大错报被及时防止或发现的可能性有重要影响

企业层面控制对重大错报被及时防止或发现的可能性有重要影响，虽然这种影响是间接的，但这些控制可能影响注册会计师拟测试的其他控制及其对其他控制所执行程序的性质、时间安排和范围，如被审计单位的经营理念是否合理等。

虽然这些与内部环境相关的控制与某个财务报表认定没有直接关联，也不能取代注册会计师为对财务报表认定相关的内部控制的有效性作出结论所获得的证据，但是这些控制可能会对其他控制的有效运行，以及注册会计师对财务报表是否存在重大错报的风险评估带来普遍性影响，所以注册会计师可能需要考虑这些控制是否存在缺陷，以制定对其他控制所执行的程序。

2. 企业层面控制能够监督其他控制的有效性

管理层设计了某些企业层面控制旨在监督其他控制的有效性，并识别其他控制可能出现的失效情况。当这些控制运行有效时，注册会计师可以减少原本拟对其他控制的有效性进行的测试。

3. 企业层面控制防止和发现重大错报的精确度

企业层面控制本身能够精确到足以及时防止或发现并纠正一个或多个相关认定中存在的重大错报。如果一项企业层面控制足以应对已评估的重大错报风险，注册会计师就不必测试与该风险相关的其他控制。注册会计师可以综合内部控制对应的重要账户及列报的性质、管理层分析的细化程度等因素来分析某个控制是否有足够的精确度，以及时防止或发现财务报表重大错报。

正是企业层面控制的上述作用，注册会计师应当识别、了解和测试对内部控制有效性结论有重要影响的企业层面控制。注册会计师对企业层面控制的评价，可能增加或减少本应对其他控制所进行的测试。此外，由于对企业层面控制的评价结果将影响注册会计师测试其他控制的性质、时间安排及范围，所以注册会计师可以考虑在执行业务的早期阶段对企业层面控制进行测试。在完成对企业层面控制的测试后，注册会计师可以根据测试结果评价被审计单位的企业层面控制是否有效，并且计划需要测试的其他控制及对其他控制所执行程序的性质、时间安排和范围。

二、识别重要账户、列报及其相关认定

注册会计师在确定重要性水平之后，应当识别重要账户、列报及其相关认定，如果某账户或列报可能存在一个错报，该错报单独或连同其他错报导致财务报表发生重大错报，则该账户或列报为重要账户或列报。如果某财务报表认定可能存在一个或多个错报，上述错报将导致财务报表发生重大错报，则该认定为相关认定。某认定是否为相关认定，因被审计单位和账户而异，在识别重要账户、列报及其相关认定时，注册会计师应当从定性和定量两个方面作出评价。在内部控制

审计中，注册会计师在识别重要账户、列报及其相关认定时应当评价的风险因素与财务报表审计中考虑的因素相同。因此，在内部控制审计和财务报表审计中识别的重要账户、列报及其相关认定应当相同。

（一）从定量角度进行评价

超过财务报表整体重要性的账户，无论是在内部控制审计还是财务报表审计中，通常情况下都会被认定为重要账户。一个账户或列报，其金额超过财务报表整体重要性越多，该账户或列报被认定为重要账户或列报的可能性就越大。但是，一个账户或列报的金额超过财务报表整体重要性，并不必然表明其属于重要账户或列报，注册会计师还需要考虑定性的因素。定性的因素可能导致注册会计师将低于财务报表整体重要性的账户或列报认定为重要账户或列报。

（二）从定性角度进行评价

尽管某些账户或列报在金额上低于财务报表整体重要性，但注册会计师可能因为其受固有风险或舞弊风险的影响而将其确定为重要账户或列报。这些固有风险或舞弊风险很可能导致重大错报（该错报单独或连同其他错报将导致财务报表发生重大错报）。例如，某负债类账户很可能被显著低估，则该负债类账户应被确定为重要账户。

为识别重要账户、列报及其相关认定，注册会计师可以从下列方面评价财务报表项目及其附注的错报风险因素：①账户的规模和构成，易于发生错报的程度；②账户或列报中反映的交易的业务量、复杂性及同质性；③账户或列报的性质；④与账户或列报相关的会计处理及报告的复杂程度；⑤账户中反映的交易或余额遭受损失的风险；⑥账户或列报中反映的活动引起重大或有负债的可能性；⑦账户记录中是否涉及关联方交易；⑧账户或列报的特征与前期相比发生的变化。

注册会计师不仅要考虑重要账户或列报层面的风险，还需要深入账户或列报的明细项目，如固定资产账户下面的机器设备或房屋建筑物等明细账户。如果某账户或列报的各明细项目存在的风险差异较大，被审计单位可能需要采用不同的控制以应对这些风险，针对各自的风险设计审计程序。

在识别重要账户、列报及其相关认定时，注册会计师不应考虑控制风险的影响，因为内部控制审计的目标本身就是评价控制的有效性。

在确定某账户、列报是否重要和某认定是否相关时，注册会计师应当将所有可获得的信息加以综合考虑。如在识别重要账户、列报及其相关认定时，注册会计师还应当确定重大错报的可能来源。注册会计师可以通过考虑在特定的重要账户或列报中错报可能发生的领域和原因，来确定重大错报的可能来源。以前年度审计中了解到的情况会影响注册计师对固有风险的评估，因而应当在确定重要账户、列报及其相关认定时加以考虑。

三、了解潜在错报的来源并识别相应控制

在内部控制审计中，注册会计师应当实施程序以了解被审计单位流程中可能导致潜在错报的来源和识别管理层为应对这些潜在错报风险而执行的控制。

（一）了解潜在错报来源

注册会计师需要实施下列程序以进一步了解潜在错报的来源，并为选择拟测试的控制打下基础。注册会计师在实施该程序时，应当亲自执行或对提供直接帮助的人员的工作进行监督指导。具体的程序如下：①了解与相关认定有关交易的处理流程，确定这些交易是如何生成、批准、处理及记录的；②验证注册会计师识别出的业务流程中可能发生重大错报（包括舞弊导致的错报）的环节；③识别被审计单位用于应对这些错报或潜在错报的控制；④识别被审计单位用于及时防止或发现并纠正未经授权的、导致重大错报的资产在取得、使用或处置时的控制。

（二）实施穿行测试

穿行测试是指追踪某笔交易从发生到最终被反映在财务报表中的整个处理过程的一种测试方法。穿行测试通常是了解潜在错报来源和评价控制设计的有效性以及确定控制是否得到执行的有效方法。对注册会计师首次接受委托执行内部控制审计、存在较高固有风险的复杂领域、存在以前年度审计中识别出缺陷的领域以及引入新的人员和新的系统或采取新的会计政策而导致流程发生重大变化的领域，注册会计师通常要进行穿行测试。

穿行测试涵盖交易生成、授权、记录、处理和报告的整个过程，以及识别出的重要流程中的控制，包括针对舞弊风险的控制。一般而言，对每个重要流程，选取一笔交易或事项实施穿行测试即可。从采取的方法上来讲，注册会计师在实施穿行测试时通常会综合运用询问、观察、检查和重新执行。穿行测试是一种评估内部控制设计有效性的有效方法，具体来讲，主要程序包括：①向实际执行控制的人员进行询问；②观察控制的执行；③查阅在执行控制时使用的或由于执行该控制而生成的文件；④将支持性文件，如销售发票、合同和提货单等，与会计记录进行比较。

在实施穿行测试时，对于每个发生重要处理程序或控制的节点，注册会计师应当询问相关人员对既定程序和控制规定的了解，并确定相关人员是否根据其设计的意图及时执行这些处理程序或控制。注册会计师应当关注那些不符合既定程序和控制规定的例外事项。

注册会计师应当使用与被审计单位人员使用的相同的文件和信息技术对业务流程实施穿行测试，并向参与该流程或控制重要方面的相关人员进行询问。为此，注册会计师可能需要通过不止一次的访谈，询问执行该流程中重要程序和控制的人员。在制定访谈计划时，注册会计师要考虑与相关人员会面的顺序，以适当跟踪交易过程。为佐证穿行测试中各个测试节点的信息，注册会计师可以请相关人员描述其对此前和此后处理或控制活动的了解，并演示具体操作。此外，注册会计师在询问中还应提出更深入的问题，以便识别无效控制或舞弊迹象。

如果被询问的人员从未发现任何错误，注册会计师应当评估出现这种情况的原因是存在有效的预防性控制还是执行控制的人员缺乏必要的技能。注册会计师对穿行测试的记录，要包含询问的问题和得到的答复。执行穿行测试时实施的询问和检查文件的程序通常足以使注册会计师就控制是否得到执行得出结论，但通常不足以测试控制的运行有效性。在某些情况下，特别是对某些风险较低或较简单的人工或自动控制，实施穿行测试可能提供有关控制运行有效性的充分证据，这取决于与控制相关的风险、穿行测试中实施的程序以及实施这些程序的结果。

在审计期间，如果交易过程发生了重大变化，包括计算机应用程序、负责执行程序或控制人员的重大变化，注册会计师应当评估该变化的性质及其对相关账户的影响，以确定是否需要同时对变化前和变化后的交易过程实施穿行测试。穿行测试通常仅跟踪一笔交易的过程。例如，在支付流程中，如果对于超过 5 万元的付款必须有更高层级的审批（补充关键控制），注册会计师通常不需要选择第二笔交易（即一笔低于 5 万元的付款和一笔高于 5 万元的付款来实施穿行测试程序，而只需选取一笔超过 5 万元的付款交易）。对一笔交易的付款过程实施穿行测试，并补充实施询问和其他程序对所有付款（包括低于或高于 5 万元的付款）审批的控制可能就已经足够。

四、选择拟测试控制

注册会计师应当针对每一相关认定获取内部控制有效性的审计证据，以便对内部控制整体的有效性发表意见，但没有责任对单项内部控制的有效性发表意见。注册会计师需要对被审计单位的控制是否足以应对评估的每个相关认定的错报风险形成结论。因此，注册会计师应当选择对形成这一评价结论具有重要影响的控制进行测试，没有必要测试与某项相关认定无关的控制。在确定是否测试某项控制时，注册会计师应当考虑该项控制单独或连同其他控制是否足以应对评估的某项相关认定的错报风险。

注册会计师在选取拟测试的控制时，通常选择其中的关键控制而不会选择整个流程中的所有控制。关键控制是指能够为一个或多个重要账户或列报的一个或多个相关认定提供最有效力证据且测试最有效率的控制。注册会计师需要通过职业判断确定关键控制，在确定关键控制时需要考虑下列因素：①哪些控制是不可缺少的？②哪些控制直接针对相关认定？③哪些控制可以应对错误或舞弊导致的重大错报风险？④控制的运行是否足够精确？

总体来讲，自上而下的内部控制审计是一种分层确定评估内部控制风险的范围和证据的方法，如果识别并选取了能够充分应对重大错报风险的内部控制，则不需要再测试针对同样认定的其他控制。注册会计师在考虑是否有必要测试业务流程、应用系统或交易层面的控制之前，首先要考虑测试那些与重要账户的认定相关的企业层面的内部控制的有效性。如果企业层面内部控制是有效的且得到精确执行，能够及时防止或发现并纠正影响一个或多个认定的重大错报，则注册会计师可以不必就所有的业务流程、交易或应用层面内部控制运行的有效性获取审计证据。

第四节　评价控制缺陷

在第五章企业内部控制评价中，我们已经对内部控制缺陷进行了讲解，这里再作一下简单回顾。内部控制缺陷一般包括设计缺陷和运行缺陷。内部控制缺陷按照严重程度分为重大缺陷、重要缺陷和一般缺陷。

一、评价控制缺陷考虑因素

注册会计师在内部控制审计时评价控制缺陷考虑的因素与企业内部控制自我评价时对内部控制缺陷的考虑因素有所不同。注册会计师内部控制审计时应当评价其识别的各项控制缺陷的严重程度，以确定这些缺陷单独或组合起来，是否构成内部控制的重大缺陷。但是，在计划和实施审计工作时，不要求注册会计师寻找单独或组合起来不构成重大缺陷的内部控制缺陷。控制缺陷的严重程度与错报是否发生无关，而取决于控制不能防止或发现并纠正错报的可能性的大小。控制缺陷的严重程度取决于：①控制不能防止或发现并纠正账户或列报发生错报的可能性的大小；②一项或多项控制缺陷导致的潜在错报的金额大小。

在评价一项控制缺陷或多项控制缺陷的组合是否可能导致账户或列报发生错报时，注册会计师应当考虑的风险因素包括：①所涉及的账户、列报及其相关认定的性质；②相关资产或负债易于发生损失或舞弊的可能性；③确定相关金额时所需判断的主观程度、复杂程度和范围；④该项控制与其他控制的相互作用或关系；⑤控制缺陷之间的相互作用；⑥控制缺陷在未来可能产生的影响。

在存在多项控制缺陷时，即使这些缺陷从单项来看并不重要，但组合起来也可能构成重大缺陷。因此，注册会计师应当确定，对同一重要账户、列报及其相关认定或内部控制要素产生影响的各项控制缺陷，组合起来是否构成重大缺陷。

在评价一项或多项控制缺陷导致的潜在错报的金额大小时，注册会计师应当考虑的因素包括：①受控制缺陷影响的财务报表金额或交易总额；②在本期或预计的未来期间受控制缺陷影响的账户余额或各类交易涉及的交易量。在评价潜在错报的金额大小时，账户余额或交易总额的最大多报金额通常是已记录的金额，但其最大少报金额可能超过已记录的金额。通常，小金额错报比大金额错报发生的概率更高。在确定一项控制缺陷或多项控制缺陷组合是否构成重大缺陷时，注册会计师应当评价补偿性控制的影响。在评价补偿性控制是否能够弥补控制缺陷时，注册会计师需要考虑补偿性控制是否有足够的精确度以防止或发现并纠正可能的重大错报。

二、评价控制缺陷步骤

在评价控制缺陷时，注册会计师应当运用职业判断，考虑并平衡定量和定性因素，同时要对整个判断过程进行记录，尤其是详细记录关键判断和得出结论的理由。在评价控制缺陷严重程度的记录中，注册会计师应当对“可能性”和“错报金额大小”的判断作出明确的陈述。注册会计师评价控制缺陷的步骤如下（见图6-2）。

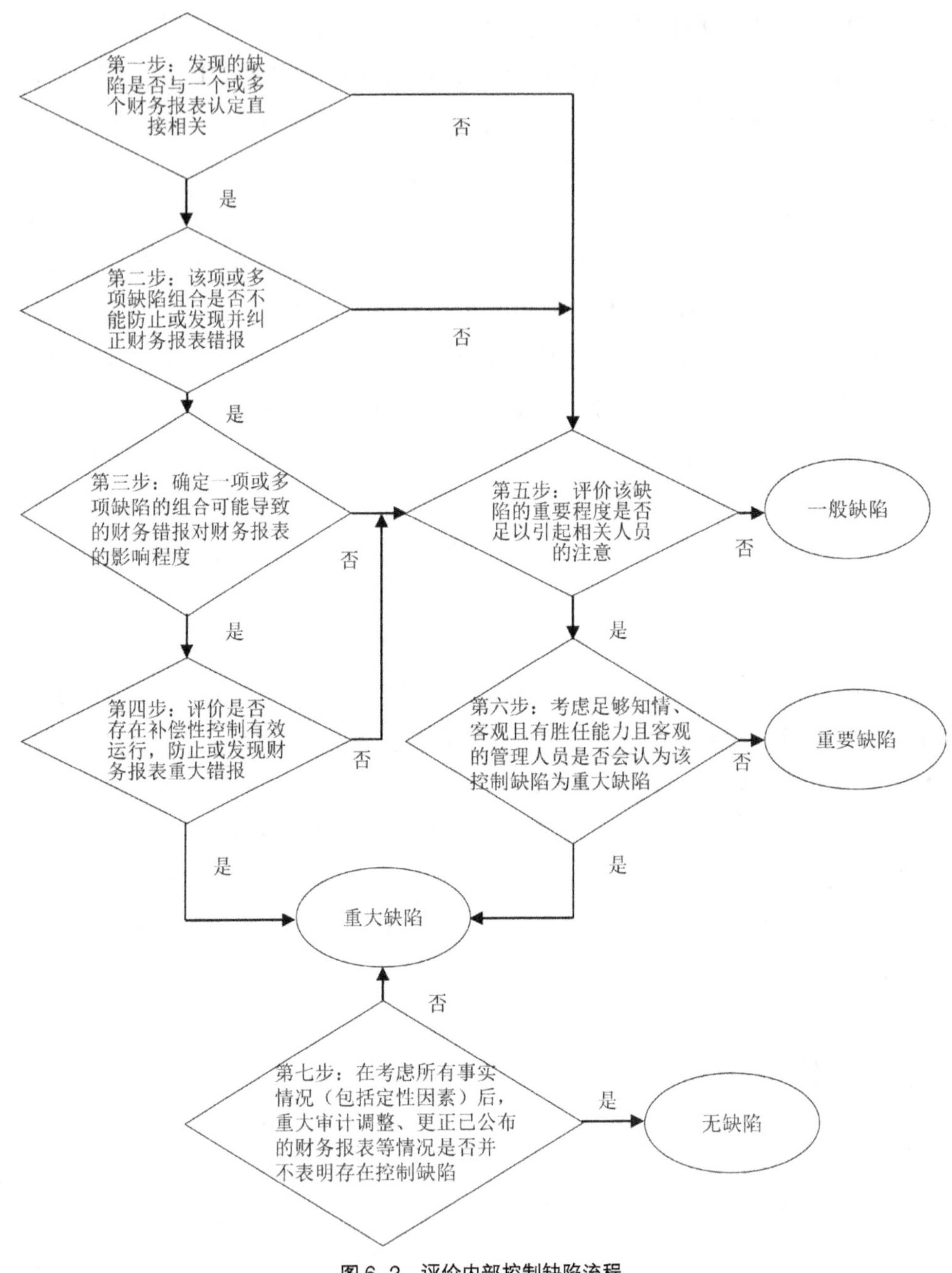

图 6-2　评价内部控制缺陷流程

（一）考虑发现的缺陷是否与一个或多个财务报表认定直接相关

通常，与财务报表认定直接相关的控制是流程、交易和应用层面的控制，而企业层面控制中与控制环境相关的控制和信息技术一般控制，属于促进其他控制有效运行的控制，一般与财务报表认定间接相关。但是，某些企业层面控制和信息技术一般控制也可能与一个或多个财务报表认定直接相关。如直接的企业层面控制，具有一定精确度的经营业绩复核足以防止或发现财务报表重大错报，因此，该控制可以认为与一个或多个财务报表认定相关。注册会计师在评价与财务报表认定间接相关的控制缺陷的严重程度时，应当考虑该缺陷导致出现其他控制缺陷的可能性及严重程度。

（二）确定一项缺陷或多项缺陷的组合是否不能防止或发现并纠正财务报表错报

注册会计师需要评价发现的一项缺陷或多项缺陷的组合导致财务报表错报的可能性。通常，注册会计师需要进行合理的定性判断，不需要进行定量评估。

（三）确定一项缺陷或多项缺陷的组合可能导致的财务报表错报对财务报表的影响程度

在评价控制缺陷时，注册会计师应当根据财务报表审计中确定的重要性水平，支持对控制缺陷严重程度的评价。在评价缺陷的严重程度时，注册会计师需要分别从定量、定性的角度考虑相关影响因素。从定量的角度出发，考虑是否可能导致财务报表错报，该错报在金额上对财务报表具有重大影响，且不能被一项控制或多项控制的组合所防止或及时发现并纠正。从定性的角度出发，考虑该缺陷或缺陷组合导致财务报表错报的严重程度的相关因素，以及针对依赖该信息进行决策的人员预期需要考虑的因素。

（四）评价是否存在补偿性控制并以一定的精确度有效运行以防止或发现并纠正财务报表重大错报

在确定一项控制缺陷或多项控制缺陷的组合是否构成重大缺陷时，注册会计师应当评价补偿性控制的影响。在评价补偿性控制能否弥补控制缺陷时，注册会计师应当考虑补偿性控制是否有足够的精确度以防止或发现并纠正可能发生的重大错报。以具有一定精确度和有效运行的补偿性控制，单独或组合起来可以防止或发现并纠正财务报表重大错报，因而可以减少或者减轻已认定的控制缺陷所导致的潜在错报。

注册会计师在评价控制缺陷严重性之前考虑补偿性控制可能更为有效。在得出补偿性控制是否有效运行的结论前，首先注册会计师应当分析该补偿性控制是否达到一定程度的精确性。其次，注册会计师应当对补偿性控制开展必要的测试工作，获取并记录补偿性控制运行有效的证据。需要注意的是，由于某些控制缺陷发生在企业的组成部分（如子公司）层面，而相关的补偿性控制可能存在于集团层面。因此，在对补偿性控制进行测试时，注册会计师应当考虑补偿性控制执行的层面及其对测试的影响。集团项目组应当与组成部分注册会计师及时开展充分、有效的沟通，及时识别补偿性控制并进行相应的测试，以便准确判断补偿性控制是否可以降低财务报表错报的可能性和严重程度。

（五）评价该缺陷的重要程度是否足以引起相关人员的注意

在这一步骤中，相关人员是指负责监督企业财务报告的高级管理人员（如CFO、总会计师）以及董事会成员和监事会成员。负责监督企业财务报告的人员通常关注：①控制缺陷在以前年度已存在并被认定为重要缺陷或重大缺陷；②控制缺陷存在于企业新兴业务或高风险业务；③控制缺陷存在于董事会或审计委员会高度关注的领域。

在评价财务报告内部控制缺陷的重要程度时，注册会计师应当确定企业财务主管负责人是否有充分合理的信心认为，企业的交易得到适当的记录、财务报表的编制符合企业会计准则和披露要求。如果注册会计师判断一个谨慎的财务主管负责人在企业存在该内部控制缺陷时，仍然保持对财务报表和相关信息真实准确的信心，且该信心是充分合理的，则注册会计师可以认为该缺陷是一般缺陷。反之，注册会计师可以认为该缺陷至少构成重要缺陷，并进而评价该缺陷是否构成重大缺陷。

（六）考虑足够知情、有胜任能力且客观的管理人员是否会认为该控制缺陷为重大缺陷

本步骤的目的是注册会计师在对内部控制缺陷进行定性和定量分析评价的基础上，充分发挥职业谨慎态度，从第三方的角度客观地重新审视内部控制缺陷的严重性，从而得出内部控制是否有效的结论。

此处的“足够知情、有胜任能力并且客观的管理人员”是指具有一定知识和能力的第三方人员（如监管机构人员、投资人等）在与注册会计师取得同样的内部控制缺陷相关信息时，是否会认为该控制缺陷会导致财务报表重大错报。如果是，则该缺陷构成重大缺陷，反之，则为重要缺陷。如果注册会计师确定发现的一项控制缺陷或多项控制缺陷的组合将导致审慎的管理人员在执行工作时，认为自身无法合理保证按照适用的财务报告编制基础记录交易，应当将这项控制缺陷或多项控制缺陷的组合视为存在重大缺陷的迹象。

（七）在考虑所有事实情况（包括定性因素）后，判断重大审计调整、更正已经公布的财务报表等情况是否并不表明存在控制缺陷

企业发生重大审计调整、更正已经公布的财务报表时，通常会认为控制失效。但是，在某些情况下，重大审计调整、更正已经公布的财务报表等事项可能是特殊的背景和环境（如会计政策调整）引发的，而不一定是控制缺陷导致的。如果存在充分的证据表明企业管理层已建立内部控制收集处理相关信息并按会计准则的要求记录和披露相关信息，并且有关内部控制设计和运行有效，则注册会计师可以合理地认为该控制并未失效。但是，实务中这种不是控制缺陷造成的特殊事项极少发生。因此，注册会计师对这些特殊事项的评估必须基于每家企业所处的特定环境和时点作出慎重考虑和分析。

三、控制缺陷整改

如果被审计单位在基准日前对存在的内部控制缺陷进行了整改，那么整改后的控制需要运行足够长的时间，注册会计师才能得出是否有效的审计结论。注册会计师应当根据控制的性质和与控制相关的风险，合理运用职业判断，确定整改后的控制运行的最短期间（或整改后控制的最少运行次数）以及最少测试数量。整改后控制运行的最短期间（或整改后控制的最少运行次数）以及最少测试数量见表 6-2。

表 6-2　整改后控制运行期间（或最少运行次数）及测试数量

控制运行频率	整改后控制运行的最短期间（或最少运行次数）	最少测试数量
每季度 1 次	2 个季度	2 次
每月 1 次	2 个月	2 次
每周 1 次	5 周	5 次
每天 1 次	20 天	20 次
每天多次	25 次（分布于涵盖多天的期间，通常不少于 15 天）	25 次

如果被审计单位在基准日前对存在重大缺陷的内部控制进行了整改，但整改后的控制尚未运行足够长的时间或次数，则注册会计师应当将其认定为内部控制在基准日存在重大缺陷。

第五节　完成审计工作

一、获取书面声明

注册会计师在完成审计工作后应当获取经企业签署的书面声明。

（一）书面声明内容

注册会计师获取的企业书面声明的内容应当包括：

（1）被审计单位董事会认可其对建立健全和有效实施内部控制负责；

（2）被审计单位已对内部控制进行了评价，并编制了内部控制评价报告；

（3）被审计单位没有利用注册会计师在内部控制审计和财务报表审计中执行的程序及其结果作为评价的基础；

（4）被审计单位根据内部控制标准评价内部控制有效性得出的结论；

（5）被审计单位已向注册会计师披露识别出的所有内部控制缺陷，并单独披露其中的重大缺陷和重要缺陷；

（6）被审计单位已向注册会计师披露导致财务报表发生重大错报的所有舞弊，以及其他不会导致财务报表发生重大错报，但涉及管理层、治理层和其他在内部控制中具有重要作用的员工的所有舞弊；

（7）注册会计师在以前年度审计中识别出的且已与被审计单位沟通的重大缺陷和重要缺陷是否已经得到解决，以及哪些缺陷尚未得到解决；

（8）在基准日后，内部控制是否发生变化，或者是否存在对内部控制产生重要影响的其他因素，包括被审计单位针对重大缺陷和重要缺陷采取的所有纠正措施。

（二）书面声明日期和涵盖期间

注册会计师应当按照《中国注册会计师审计准则第 1341 号——书面声明》的规定，确定声明书的签署者、涵盖的期间以及何时获取更新的声明书等。书面声明的日期应当尽量接近对财务报表出具审计报告的日期，但不得在审计报告日后。

（三）拒绝提供书面声明处理

《企业内部控制审计指引》第二十四条规定，企业如果拒绝提供或以其他不当理由回避书面声明，注册会计师应当将其视为审计范围受到限制，解除业务约定或出具无法表示意见的内部控制审计报告。同时，如果注册会计师还承担该企业其他审计事项，需要评价企业拒绝提供书面声明对其他声明（包括财务报表审计中获取的声明）的可靠性产生的影响。

二、沟通相关事项

（一）沟通内部控制缺陷

1. 沟通的一般要求

对于重大缺陷和重要缺陷，注册会计师应当以书面形式与管理层和治理层进行沟通。书面沟通应当在注册会计师出具内部控制审计报告之前进行。注册会计师应当以书面形式与管理层沟通其在审计过程中识别的所有其他内部控制缺陷，并在沟通完成后告知治理层。在进行沟通时，注册会计师无须重复自身、内部审计人员或被审计单位其他人员以前与管理层书面沟通过的控制缺陷。虽然并不要求注册会计师执行足以识别所有控制缺陷的程序，但是，注册会计师应当沟通其注意到的所有内部控制缺陷。

内部控制审计不能保证注册会计师发现严重程度低于重大缺陷的所有控制缺陷。注册会计师不应在内部控制审计报告中声明，在审计过程中没有发现严重程度低于重大缺陷的控制缺陷。

2. 整合审计中的内部控制缺陷沟通

在财务报表审计中，根据《中国注册会计师审计准则第 1152 号——向治理层和管理层通报内部控制缺陷》的规定，注册会计师应当以书面形式及时向治理层和管理层通报审计过程中识别出的值得关注的内部控制缺陷，除非在具体情况下不适合直接向管理层通报。值得关注的内部控制缺陷，是指注册会计师根据职业判断，认为足够重要从而值得治理层关注的内部控制的一个或多个缺陷的组合。在整合审计中，财务报表审计中值得关注的内部控制缺陷包括内部控制审计中的重大缺陷和重要缺陷。注册会计师应当就这两类缺陷与治理层和管理层沟通。

（二）沟通舞弊或违反法律法规行为

如果发现被审计单位存在或可能存在舞弊或违反法律法规行为，注册会计师应当按照《中国注册会计师审计准则第 1141 号——财务报表审计中与舞弊相关的责任》《中国注册会计师审计准则第 1142 号——财务报表审计中对法律法规的考虑》的规定，确定并履行自身的责任。

三、形成审计意见

注册会计师应当评价从各种来源获取的审计证据，包括对控制的测试结果、财务报表审计中发现的错报以及已识别的所有控制缺陷，形成对内部控制有效性的意见。在评价审计证据时，注册会计师应当查阅本年度涉及内部控制的内部审计报告或类似报告，并评价这些报告指出的控制缺陷。只有在审计范围没有受到限制时，注册会计师才能对内部控制的有效性形成意见。如果审计范围受到限制，注册会计师需要解除业务约定或出具无法表示意见的内部控制审计报告。

在对内部控制的有效性形成意见后，注册会计师应当评价企业内部控制评价报告对相关法律法规规定的要素的列报是否完整和恰当。根据中国证监会《上市公司实施企业内部控制规范体系监管问题解答》的规定，公开发行证券的公司在年度报告中应披露的财务报告内部控制评价报告应包括以下内容：①公司董事会关于建立健全和有效实施财务报告内部控制是公司董事会的责任，并就公司财务报告内部控制评价报告真实性作出的声明；②财务报告内部控制评价的依据；③根据自我评价情况，认定于评价基准日存在的财务报告内部控制重大缺陷情况；④对发现的重大缺陷已采取或拟采取的整改措施的说明；⑤公司董事会对评价基准日财务报告内部控制有效性的自我评价结论；⑥在财务报告内部控制自我评价过程中关注到的非财务报告内部控制重大缺陷情况。

第六节　出具审计报告

注册会计师在完成内部控制审计工作后，应当出具内部控制审计报告。注册会计师应当在审计报告中清楚地表达对内部控制有效性的意见，并对出具的审计报告负责。在整合审计中，注册会计师在完成内部控制审计和财务报表审计后，应当分别对内部控制和财务报表出具审计报告，并签署相同的日期。

标准的内部控制审计报告应当包括下列要素：①标题；②收件人；③引言段；④企业对内部控制的责任段；⑤注册会计师的责任段；⑥内部控制固有局限性的说明段；⑦财务报告内部控制审计意见段；⑧非财务报告内部控制重大缺陷描述段；⑨注册会计师的签名和盖章；⑩会计师事务所的名称、地址及盖章；⑪ 报告日期。

一、标准无保留意见内部控制审计报告

符合下列所有条件的，注册会计师应当对财务报告内部控制出具标准无保留意见的内部控制审计报告：

（1）企业按照《企业内部控制基本规范》《企业内部控制应用指引》《企业内部控制评价指引》以及企业自身内部控制制度的要求，在所有重大方面保持了有效的内部控制。

（2）注册会计师已经按照《企业内部控制审计指引》的要求计划和实施审计工作，在审计过程中未受到限制。

二、带强调事项段的无保留意见内部控制审计报告

注册会计师认为财务报告内部控制虽不存在重大缺陷，但仍有一项或者多项重大事项需要提请内部控制审计报告使用者注意的，应当在内部控制审计报告中增加强调事项段予以说明。注册会计师应当在强调事项段中指明，该段内容仅用于提醒内部控制审计报告使用者关注，并不影响对财务报告内部控制发表的审计意见。如果存在下列情况，注册会计师应当考虑在内部控制审计报告中增加强调事项段：

（1）如果确定企业内部控制评价报告对要素的列报不完整或不恰当，注册会计师应当在内部控制审计报告中增加强调事项段，说明这一情况并解释得出该结论的理由。

（2）如果注册会计师知悉在基准日不存在、但在期后期间发生的事项，且这类期后事项对内部控制有重大影响，注册会计师应当在内部控制审计报告中增加强调事项段，描述该事项及其影响，或提醒内部控制审计报告使用者关注企业内部控制评价报告中披露的该事项及其影响。

三、否定意见内部控制审计报告

注册会计师认为财务报告内部控制存在一项或多项重大缺陷的，除非审计范围受到限制，否则应当对财务报告内部控制发表否定意见。注册会计师出具的否定意见内部控制审计报告，还应当包括下列内容：①重大缺陷的定义；②重大缺陷的性质及其对财务报告内部控制的影响程度。

四、无法表示意见的内部控制审计报告

注册会计师审计范围受到限制的，应当解除业务约定或出具无法表示意见的内部控制审计报告，并就审计范围受到限制的情况，以书面形式与董事会进行沟通。注册会计师在出具无法表示意见的内部控制审计报告时，应当在内部控制审计报告中指明审计范围受到限制，无法对内部控制的有效性发表意见。注册会计师不应在内部控制审计报告中指明所执行的程序，也不应描述内部控制审计的特征，以避免误解。如果注册会计师在已执行的有限程序中发现财务报告内部控制存在重大缺陷，应当在内部控制审计报告中对重大缺陷作出详细说明。

五、非财务报告内部控制缺陷处理

注册会计师对在审计过程中注意到的非财务报告内部控制缺陷，应当区别具体情况予以处理。

1. 非财务报告内部控制重大缺陷

注册会计师认为非财务报告内部控制缺陷为重大缺陷的，应当以书面形式与企业董事会和经理层进行沟通，提醒企业加以改进；同时应当在内部控制审计报告中增加非财务报告内部控制重大缺陷描述段，对重大缺陷的性质及其对实现相关控制目标的影响程度进行披露，提示内部控制审计报告使用者注意相关风险。

2. 非财务报告内部控制重要缺陷

注册会计师认为非财务报告内部控制缺陷为重要缺陷的，应当以书面形式与企业董事会和经理层进行沟通，提醒企业加以改进，但无须在内部控制审计报告中说明。

3. 非财务报告内部控制一般缺陷

注册会计师认为非财务报告内部控制缺陷为一般缺陷的，应当与企业进行沟通，提醒企业加以改进，但无须在内部控制审计报告中说明。

六、期后事项

在企业内部控制自我评价基准日并不存在、但在该基准日之后至审计报告日之前（以下简称期后期间）内部控制可能发生变化，或出现其他可能对内部控制

产生重要影响的因素。注册会计师应当询问是否存在这类变化或影响因素，并获取企业关于这些情况的书面声明。

注册会计师知悉对企业内部控制自我评价基准日内部控制有效性有重大负面影响的期后事项的，应当对财务报告内部控制发表否定意见。注册会计师不能确定期后事项对内部控制有效性的影响程度的，应当出具无法表示意见的内部控制审计报告。

如果管理层在评价报告中披露了基准日之后采取的整改措施，注册会计师应当在内部控制审计报告中指明不对这些信息发表意见。

七、其他信息

如果企业内部控制评价报告中除法定要求的信息外，还包括其他信息，且该报告的使用者有理由认为该报告包括这些其他信息，注册会计师应当在内部控制审计报告中指明不对这些其他信息发表意见。

如果认为其他信息含有对事实的重大错报，注册会计师应当就此与管理层进行讨论。如果讨论后仍认为存在对事实的重大错报，注册会计师应当以书面形式将其看法告知管理层和治理层。

如果其他信息未包含在企业内部控制评价报告中，而是包含在年度财务报告中，注册会计师无须在内部控制审计报告中指明不对其发表意见。但是，如果注册会计师认为其他信息中存在对事实的重大错报，应当按照上述要求办理。

例 6-2—例 6-5 是各类内部控制审计报告参考格式。

1. 标准内部控制审计报告

例 6-2 内部控制审计报告

××股份有限公司全体股东：

按照《企业内部控制审计指引》及中国注册会计师执业准则的相关要求，我们审计了××股份有限公司（以下简称××公司）××年×月×日的财务报告内部控制的有效性。

一、企业对内部控制的责任

按照《企业内部控制基本规范》《企业内部控制应用指引》《企业内部控制评价指引》的规定，建立健全和有效实施内部控制，并评价其有效性是企业董事会的责任。

二、注册会计师的责任

我们的责任是在实施审计工作的基础上，对财务报告内部控制的有效性发表审计意见，并对注意到的非财务报告内部控制的重大缺陷进行披露。

三、内部控制的固有局限性

内部控制具有固有局限性，存在不能防止和发现错报的可能性。此外，情况的变化可能导致内部控制变得不恰当，或对控制政策和程序遵循的程度降低，根据内部控制审计结果推测未来内部控制的有效性具有一定风险。

四、财务报告内部控制审计意见

我们认为，×× 公司按照《企业内部控制基本规范》和相关规定在所有重大方面保持了有效的财务报告内部控制。

五、非财务报告内部控制的重大缺陷

在内部控制审计过程中，我们注意到 ×× 公司的非财务报告内部控制存在重大缺陷[描述该缺陷的性质及其对实现相关控制目标的影响程度]。由于存在上述重大缺陷，我们提醒本报告使用者注意相关风险。需要指出的是，我们并不对 ×× 公司的非财务报告内部控制发表意见或提供保证。本段内容不影响对财务报告内部控制有效性发表的审计意见。

×× 会计师事务所　　　　中国注册会计师：×××（签名并盖章）
（盖章）

中国注册会计师：×××（签名并盖章）

中国 ×× 市　　　　×× 年 × 月 × 日

2. 带强调事项段的无保留意见内部控制审计报告

例 6-3 内部控制审计报告

×× 股份有限公司全体股东：

按照《企业内部控制审计指引》及中国注册会计师执业准则的相关要求，我们审计了 ×× 股份有限公司（以下简称 ×× 公司）×× 年 × 月 × 日的财务报告内部控制的有效性。

一、企业对内部控制的责任

按照《企业内部控制基本规范》《企业内部控制应用指引》《企业内部控制评价指引》的规定，建立健全和有效实施内部控制并评价其有效性是企业董事会的责任。

二、注册会计师的责任

我们的责任是在实施审计工作的基础上，对财务报告内部控制的有效性发表审计意见，并对注意到的非财务报告内部控制的重大缺陷进行披露。

三、内部控制的固有局限性

内部控制具有固有局限性，存在不能防止和发现错报的可能性。此外，情况的变化可能导致内部控制变得不恰当，或对控制政策和程序遵循的程度降低，根据内部控制审计结果推测未来内部控制的有效性具有一定风险。

四、财务报告内部控制审计意见

我们认为，×× 公司按照《企业内部控制基本规范》和相关规定在所有重大方面保持了有效的财务报告内部控制。

五、非财务报告内部控制的重大缺陷

在内部控制审计过程中，我们注意到 ×× 公司的非财务报告内部控制存在重大缺陷［描述该缺陷的性质及其对实现相关控制目标的影响程度］。由于存在上述重大缺陷，我们提醒本报告使用者注意相关风险。需要指出的是，我们并不对 ×× 公司的非财务报告内部控制发表意见或提供保证。本段内容不影响对财务报告内部控制有效性发表的审计意见。

六、强调事项

我们提醒内部控制审计报告使用者关注，［描述强调事项的性质及其对内部控制的重大影响］。本段内容不影响已对财务报告内部控制发表的审计意见。

×× 会计师事务所　　　　中国注册会计师：×××（签名并盖章）
（盖章）

　　　　　　　　　　　　中国注册会计师：×××（签名并盖章）

中国 ×× 市　　　　　　　　　　　　×× 年 × 月 × 日

3. 否定意见内部控制审计报告

例 6-4 内部控制审计报告

××股份有限公司全体股东：

按照《企业内部控制审计指引》及中国注册会计师执业准则的相关要求，我们审计了××股份有限公司（以下简称××公司）××年×月×日的财务报告内部控制的有效性。

一、企业对内部控制的责任

按照《企业内部控制基本规范》《企业内部控制应用指引》《企业内部控制评价指引》的规定，建立健全和有效实施内部控制，并评价其有效性是企业董事会的责任。

二、注册会计师的责任

我们的责任是在实施审计工作的基础上，对财务报告内部控制的有效性发表审计意见，并对注意到的非财务报告内部控制的重大缺陷进行披露。

三、内部控制的固有局限性

内部控制具有固有局限性，存在不能防止和发现错报的可能性。此外，情况的变化可能导致内部控制变得不恰当，或对控制政策和程序遵循的程度降低，根据内部控制审计结果推测未来内部控制的有效性具有一定风险。

四、导致否定意见的事项

重大缺陷，是指一个或多个控制缺陷的组合，可能导致企业严重偏离控制目标。[指出注册会计师已识别出的重大缺陷，并说明重大缺陷的性质及其对财务报告内部控制的影响程度]有效的内部控制能够为财务报告及相关信息的真实完整提供合理保证，而上述重大缺陷使××公司内部控制失去这一功能。

五、财务报告内部控制审计意见

我们认为，由于存在上述重大缺陷及其对实现控制目标的影响，××公司未能按照《企业内部控制基本规范》和相关规定在所有重大方面保持有效的财务报告内部控制。

六、非财务报告内部控制的重大缺陷

在内部控制审计过程中，我们注意到××公司的非财务报告内部控制存在重大缺陷[描述该缺陷的性质及其对实现相关控制目标的影响程度]。由于存在上述重大缺陷，我们提醒本报告使用者注意相关风险。需要指出的是，我们并不对

××公司的非财务报告内部控制发表意见或提供保证。本段内容不影响对财务报告内部控制有效性发表的审计意见。

××会计师事务所　　　　　　　　　　中国注册会计师：×××（签名并盖章）
（盖章）
　　　　　　　　　　　　　　　　　中国注册会计师：×××（签名并盖章）
中国××市　　　　　　　　　　　　　　　　　　　　××年×月×日

4. 无法表示意见内部控制审计报告

例6-5 内部控制审计报告

××股份有限公司全体股东：

我们接受委托，对××股份有限公司（以下简称××公司）××年×月×日的财务报告内部控制进行审计。

一、企业对内部控制的责任

按照《企业内部控制基本规范》《企业内部控制应用指引》《企业内部控制评价指引》的规定，建立健全和有效实施内部控制，并评价其有效性是企业董事会的责任。

二、内部控制的固有局限性

内部控制具有固有局限性，存在不能防止和发现错报的可能性。此外，情况的变化可能导致内部控制变得不恰当，或对控制政策和程序遵循的程度降低，根据内部控制审计结果推测未来内部控制的有效性具有一定风险。

三、导致无法表示意见的事项

［描述审计范围受到限制的具体情况］

四、财务报告内部控制审计意见

由于审计范围受到上述限制，我们未能实施必要的审计程序以获取发表意见所需的充分、适当证据。因此，我们无法对××公司财务报告内部控制的有效性发表意见。

五、识别的财务报告内部控制重大缺陷［如在审计范围受到限制前，执行有限程序未能识别出重大缺陷，则应删除本段］

重大缺陷，是指一个或多个控制缺陷的组合，可能导致企业严重偏离控制目标。尽管我们无法对 ×× 公司财务报告内部控制的有效性发表意见，但在我们实施的有限程序的过程中，发现了以下重大缺陷：

[指出注册会计师已识别出的重大缺陷，并说明重大缺陷的性质及其对财务报告内部控制的影响程度]有效的内部控制能够为财务报告及相关信息的真实完整提供合理保证，而上述重大缺陷使 ×× 公司内部控制失去这一功能。

六、非财务报告内部控制的重大缺陷

在内部控制审计过程中，我们注意到 ×× 公司的非财务报告内部控制存在重大缺陷[描述该缺陷的性质及其对实现相关控制目标的影响程度]。由于存在上述重大缺陷，我们提醒本报告使用者注意相关风险。需要指出的是，我们并不对 ×× 公司的非财务报告内部控制发表意见或提供保证。本段内容不影响对财务报告内部控制有效性发表的审计意见。

×× 会计师事务所　　　　中国注册会计师：×××（签名并盖章）
（盖章）

中国注册会计师：×××（签名并盖章）

中国 ×× 市　　　　××年×月×日

第七节　内部控制审计报告案例

一、标准内部控制审计报告案例

标准内部控制审计报告案例以美的集团（000333 美的集团）2019 年度内部控制审计报告为例。美的集团 2019 年度内部控制审计报告由普华永道会计师事务所出具了标准内部控制审计报告（见例 6-6）。

例 6-6　内部控制审计报告

普华永道中天特审字〔2020〕第 0661 号

美的集团股份有限公司全体股东：

按照《企业内部控制审计指引》及中国注册会计师执业准则的相关要求，我们审计了美的集团股份有限公司（以下简称贵公司）2019 年 12 月 31 日的财务报告内部控制的有效性。

一、企业对内部控制的责任

按照《企业内部控制基本规范》《企业内部控制应用指引》《企业内部控制评价指引》的规定，建立健全和有效实施内部控制，并评价其有效性是贵公司董事会的责任。

二、注册会计师的责任

我们的责任是在实施审计工作的基础上，对财务报告内部控制的有效性发表审计意见，并对注意到的非财务报告内部控制的重大缺陷进行披露。

三、内部控制的固有局限性

内部控制具有固有局限性，存在不能防止和发现错报的可能性。此外，情况的变化可能导致内部控制变得不恰当，或对控制政策和程序遵循的程度降低，根据内部控制审计结果推测未来内部控制的有效性具有一定风险。

四、财务报告内部控制审计意见

我们认为，贵公司 2019 年 12 月 31 日按照《企业内部控制基本规范》和相关规定在所有重大方面保持了有效的财务报告内部控制。

普华永道中天会计师事务所（特殊普通合伙）　中国注册会计师：×××

中国注册会计师：×××

中国·上海市　2020 年 4 月 28 日

二、带强调事项段的无保留意见内部控制审计报告案例

带强调事项段的无保留意见内部控制审计报告案例以内蒙古天首（000611 *ST 天首）2019 年度内部控制审计报告为例。内蒙古天首 2019 年度内部控制审计报告由利安达会计师事务所出具带强调事项段的无保留意见内部控制审计报告（见例 6-7）。

例 6-7　内部控制审计报告

利安达专字〔2020〕第 2116 号

内蒙古天首科技发展股份有限公司全体股东：

按照《企业内部控制审计指引》及中国注册会计师执业准则的相关要求，我们审计了内蒙古天首科技发展股份有限公司（以下简称天首发展）2019 年 12 月 31 日的财务报告内部控制的有效性。

一、天首发展对内部控制的责任

按照《企业内部控制基本规范》《企业内部控制应用指引》《企业内部控制评价指引》的规定，建立健全和有效实施内部控制，并评价其有效性是天首发展董事会的责任。

二、注册会计师的责任

我们的责任是在实施审计工作的基础上，对财务报告内部控制的有效性发表审计意见，并对注意到的非财务报告内部控制的重大缺陷进行披露。

三、内部控制的固有局限性

内部控制具有固有局限性，存在不能防止和发现错报的可能性。此外，情况的变化可能导致内部控制变得不恰当，或对控制政策和程序遵循的程度降低，根据内部控制审计结果推测未来内部控制的有效性具有一定风险。

四、财务报告内部控制审计意见

我们认为，内蒙古天首科技发展股份有限公司于 2019 年 12 月 31 日按照《企业内部控制基本规范》和相关规定在所有重大方面保持了有效的财务报告内部控制。

五、强调事项

我们提醒内部控制审计报告使用者关注：

公司法人治理结构

按照公司章程对公司董事会、监事会任期的约定，公司第八届董事会、第八届监事会任期于 2019 年 8 月 8 日届满，因候选人提名工作尚在进行中，董事会、监事会将延期换届，董事会各专门委员会及高级管理人员的任期亦相应顺延。截至本报告日，公司董事会、监事会换届仍未完成。按照《证券法》《公司法》等法规及深交所《股票上市规则》《主板上市公司规范运作指引》的规定，公司董事会、监事会为公司法人治理结构中的重要权力机构和监督机构。未能如期完成换届，对公司治理及公司经营管理工作造成诸多不利影响，报告期内公司治理方面存在缺陷。

深圳证券交易所因公司董事会、监事会任期届满未及时换届于2020年1月8日下发了《关于对内蒙古天首科技发展股份有限公司的关注函》（公司部关注函〔2020〕第6号）。2020年4月11日，公司回复上述关注函：截至目前，公司未完成换届，是由于春节后疫情的影响。北京市五部门联合发布了《北京市城市管理综合行政执法局、北京市住房和建设委员会、北京市应急管理局、北京市卫生健康委员会、北京市市场监督管理局关于进一步明确在商务楼宇内办公单位防疫要求的通知》（京城管发〔2020〕13号）以及《关于企业到岗人数上限的通告》的要求，本公司严格遵照执行。截至目前，北京市仍为疫情严防严控重点地区，对进京的外来人员采用大数据追踪管理，公司无法与董监事会候选人见面沟通。当前，公司现任董监事会全体成员均勤勉尽职、认真负责，公司经营平稳有序。本公司将密切关注防疫动态，随时启动董事会换届事宜。

2019年8月16日，公司副总经理、财务总监李波提出书面辞职，根据《中华人民共和国公司法》《中华人民共和国公司章程》等法律法规的相关规定，李波先生的辞职申请自送达董事会时生效。公司董事长邱士杰先生将代理公司财务总监一职，直至公司董事会选聘新的财务总监时止。

截至本报告日，公司财务总监仍由公司董事长邱士杰兼任。公司在治理架构监督制衡方面存在控制缺陷，与证监会《上市公司治理准则》的相关要求存在差距，公司治理不够完善。

本段内容不影响已对财务报告内部控制发表的审计意见。

利安达会计师事务所（特殊普通合伙）　　　　中国注册会计师：×××

中国注册会计师：×××

中国·北京市　　　　2020年4月28日

三、否定意见内部控制审计报告案例

否定意见内部控制审计报告案例以熊猫金控（600599 *ST熊猫）2019年度内部控制审计报告为例。熊猫金控2019年度内部控制审计报告由天健会计师事务所出具否定意见内部控制审计报告（例6-8）。

例 6-8　内部控制审计报告

天健审〔2020〕2-460 号

熊猫金控股份有限公司全体股东：

按照《企业内部控制审计指引》及中国注册会计师执业准则的相关要求，我们审计了熊猫金控股份有限公司（以下简称熊猫金控公司）2019 年 12 月 31 日的财务报告内部控制的有效性。

一、企业对内部控制的责任

按照《企业内部控制基本规范》《企业内部控制应用指引》以及《企业内部控制评价指引》的规定，建立健全和有效实施内部控制，并评价其有效性是熊猫金控公司董事会的责任。

二、注册会计师的责任

我们的责任是在实施审计工作的基础上，对财务报告内部控制的有效性发表审计意见，并对注意到的非财务报告内部控制的重大缺陷进行披露。

三、内部控制的固有局限性

内部控制具有固有局限性，存在不能防止和发现错报的可能性。此外，情况的变化可能导致内部控制变得不恰当，或对控制政策和程序遵循的程度降低，根据内部控制审计结果推测未来内部控制的有效性具有一定风险。

四、导致否定意见的事项

重大缺陷是内部控制中存在的、可能导致不能及时防止或发现并纠正财务报表出现重大错报的一项控制缺陷或多项控制缺陷的组合。

熊猫金控公司的财务报告内部控制存在以下重大缺陷：熊猫金控公司于 2019 年 12 月 12 日将持有的全资子公司熊猫资本管理有限公司（现已更名为磴口县久利信息技术有限公司，以下简称久利信息）100% 的股权以 1 元的对价转让给磴口县浩长咨询服务有限公司，并办理了工商变更手续。久利信息子公司银湖网络科技有限公司（以下简称银湖网）于 2019 年 12 月 16 日委托久利信息另一子公司熊猫大数据信用管理有限公司（以下简称大数据公司）向融信通商务顾问有限公司（以下简称融信通）支付 16,683.30 万元，银湖网将其确认为应收债权款。2019 年 12 月 20 日，磴口县市场监督管理局向久利信息出具了《撤销许可听证告知书》，并于 2020 年 1 月 6 日举行了听证会。2020 年 1 月 20 日，磴口县市场监督管理局对久利信息下发了《撤销行政许可决定书》，决定撤销久利信息于2019年12月12日变更登记的行政许可。受上述事项的影响，熊猫金控公司转让久利信息股权的交易事项未能完成。

在上述交易事项中，我们注意到银湖网委托大数据公司向融信通支付前述款项的过程中未与融信通签署资金拆借合同，也未履行必要的内部审批流程；熊猫金控公司在磴口县市场监督管理局出具《撤销许可听证告知书》后，未能及时督促银湖网收回上述债权资金，也未对该项债权回收采取必要的财产保全措施。上述情况表明，熊猫金控公司在资产处置、合同管理和资金管理等方面的内部控制存在重大缺陷。

有效的内部控制能够为财务报告及相关信息的真实完整提供合理保证，而上述重大缺陷使熊猫金控公司内部控制失去这一功能。

在熊猫金控公司2019年财务报表审计中，我们已经考虑了上述重大缺陷对审计程序的性质、时间安排和范围的影响。除上述事项外，本报告并未对我们在2020年6月9日对熊猫金控公司2019年财务报表出具的审计报告产生影响。

五、财务报告内部控制审计意见

我们认为，由于存在上述重大缺陷及其对实现控制目标的影响，熊猫金控公司于2019年12月31日未能按照《企业内部控制基本规范》和相关规定在所有重大方面保持有效的财务报告内部控制。

天健会计师事务所（特殊普通合伙）　　　　中国注册会计师：×××

中国注册会计师：×××

中国·杭州市　　　　2020年4月28日

四、无法表示意见内部控制审计报告案例

无法表示意见内部控制审计报告案例以美都能源（600175 退市美都）2019年度内部控制审计报告为例。美都2019年度内部控制审计报告由大华会计师事务所出具无法表示意见内部控制审计报告（见例6-9）。

例 6-9　内部控制审计报告

大华内字〔2020〕00099 号

美都能源股份有限公司全体股东：

我们接受委托，对美都能源股份有限公司（以下简称美都能源）2019 年 12 月 31 日的财务报告内部控制进行审计。

一、企业对内部控制的责任

按照《企业内部控制基本规范》《企业内部控制应用指引》《企业内部控制评价指引》的规定，建立健全和有效实施内部控制，并评价其有效性是企业董事会的责任。

二、内部控制的固有局限性

内部控制具有固有局限性，存在不能防止和发现错报的可能性。此外，情况的变化可能导致内部控制变得不恰当，或对控制政策和程序遵循的程度降低，根据内部控制审计结果推测未来内部控制的有效性具有一定风险。

三、导致无法表示意见的事项

美都能源全资子公司 Meidu America Inc 截至 2019 年 12 月 31 日资产总额 7806，602，369.77 元，占美都能源合并资产总额的 55.14%；2019 年度营业收入 648，505，661.43 元，占美都能源合并营业收入的 18.71%。Meidu America Inc 注册地在美国，截至本报告日我们无法完整获取该公司 2019 年度业务活动及油气资产减值测试的相关资料。

四、财务报告内部控制审计意见

由于审计范围受到上述限制，我们未能实施必要的审计程序以获取发表意见所需的充分、适当证据，因此，我们无法对美都能源财务报告内部控制的有效性发表意见。

大华会计师事务所（特殊普通合伙）　　中国注册会计师：×××

中国注册会计师：×××

中国·北京市　　2020 年 4 月 28 日

▶▶ 课后习题 ▶

课后习题答案

（一）单项选择题

1. 内部控制审计的对象是（　　）。

A. 特定基准日财务报告内部控制设计与运行的有效性

B. 整个期间财务报告内部控制设计与运行的有效性

C. 被审计单位编制的内部控制评价报告

D. 被审计单位的财务报告

2. 在内部控制审计中，注册会计师应当以（　　）为基础。

A. 计划审计　　　　B. 风险评估

C. 评价控制缺陷　　　　D. 了解内部控制环境

3. 注册会计师对在审计过程中注意到的非财务报告内部控制缺陷如果是（　　），应当以书面形式与企业董事会和经理层沟通，提醒企业加以改进，但无须在内部控制审计报告中说明。

A. 重要缺陷　　B. 重大缺陷　　C. 设计缺陷　　D. 运行缺陷

4. 下列关于内部控制缺陷的提法中，不正确的是（　　）。

A. 内部控制的缺陷包括设计缺陷和运行缺陷

B. 企业对内部控制缺陷的认定，应当以日常监督和专项监督为基础，结合年度内部控制评价，由内部控制评价部门进行综合分析后提出认定意见，按照规定的权限和程序进行审核后予以最终认定

C. 内部控制缺陷按其影响程度分为重大缺陷和一般缺陷

D. 内部控制的重大缺陷可能导致企业严重偏离控制目标

5. 企业年度内部控制评价报告的基准日是（　　）。

A.1 月 1 日　　B.12 月 31 日　　C.3 月 31 日　　D.6 月 30 日

6. 审计报告中需要删除注册会计师责任段的是（　　）内部控制审计报告。

A. 标准意见　　　　B. 带强调事项段的无保留意见

C. 否定意见　　　　D. 无法表示意见

7. 注册会计师审计范围受到限制的，需要出具（　　）内部控制审计报告。

A. 标准意见　　　　B. 带强调事项段的无保留意见

C. 否定意见　　　　D. 无法表示意见

8. 注册会计师知悉对企业内部控制自我评价基准日内部控制有效性有重大负面影响的期后事项的，需要对财务报告的内部控制发表（　　）。

A. 标准意见　　　　　　B. 带强调事项段的无保留意见

C. 否定意见　　　　　　D. 无法表示意见

9. 注册会计师测试控制有效性实施的程序，提供的证据效力最强的是（　）。

A. 询问　　B. 检查　　C. 重新执行　　D. 观察

10. 在执行内部控制审计时，下列有关注册会计师选择拟测试的控制的说法中，错误的是（　）。

A. 注册会计师无须测试即使有缺陷也合理预期不会导致财务报表重大错报的控制

B. 注册会计师应当选择测试对形成内部控制审计意见有重大影响的控制

C. 注册会计师选择拟测试的控制，应当涵盖企业管理层在执行内部控制自我评价时测试的控制

D. 注册会计师通常选择能够为一个或多个重要账户或列报的一个或多个相关认定提供最有效果或最有效率的证据的控制进行测试

11. 下列各项中，注册会计师应当以书面形式与治理层沟通的是（　）。

A. 注册会计师识别出的舞弊风险

B. 注册会计师确定的关键审计事项

C. 注册会计师识别出的值得关注的内部控制缺陷

D. 未更正错报

12. 注册会计师执行内部控制审计时，下列有关识别重要账户、列报及其相关认定的说法中，错误的是（　）。

A. 注册会计师应当从定性和定量两个方面识别重要账户、列报及其相关认定

B. 注册会计师通常将超过财务报表整体重要性的账户认定为重要账户

C. 在识别重要账户、列报及其相关认定时，注册会计师应当考虑控制的影响

D. 在识别重要账户、列报及其相关认定时，注册会计师应当确定重大错报的可能来源

13. 注册会计师执行内部控制审计时，下列有关评价控制缺陷的说法中，错误的是（　）。

A. 如果一项控制缺陷存在补偿性控制，注册会计师不应将该控制缺陷评价为重大缺陷

B. 注册会计师评价控制缺陷是否可能导致错报时，无须量化错报发生的概率

C. 注册会计师评价控制缺陷导致的潜在错报的金额大小时，应当考虑本期或未来期间受控制缺陷影响的账户余额或各类交易涉及的交易量

D. 注册会计师评价控制缺陷的严重程度时，无须考虑错报是否已经发生

（二）多项选择题

1. 确定内部控制审计范围应考虑的因素有（　　）。

A, 注册会计师的胜任能力

B. 成本效益的约束

C. 投资者的需求

D. 对非财务报告内部控制审计的做法

E. 国外的成功经验

2. 关于注册会计师对非财务报告内部控制重大缺陷的责任，下列说错误的有（　　）。

A. 注册会计师没有任何责任发现和报告非财务报告内部控制存在的重大缺陷

B. 对财务报告内部控制审计过程中注意到的非财务报告内部控制重大缺陷，注册会计师应当在内部控制审计报告中增加“非财务报告内部控制重大缺陷段”予以披露

C. 注册会计师应当对非财务报告内部控制是否存在重大缺陷提供合理保证

D. 注册会计师应当实施有限的审计程序以识别非财务报告内部控制存在的重大缺陷

E. 注册会计师应当对非财务报告内部控制是否存在重大缺陷提供绝对保证

3. 内部控制审计与财务报表审计的（　　）不同。

A. 审计目标　　B. 测试范围　　C. 测试样本量　　D. 报告结果

E. 测试时间

4. 在财务报表审计与财务报告内部控制审计中，注册会计师均需评价内部控制。下列说法正确的有（　　）。

A. 财务报表审计中对内部控制的了解和测试工作，足以支持对财务报告内部控制审计发表审计意见，不需执行额外的工作

B. 两者评价内部控制可以选用的审计程序相同，都可能用到询问、观察、检查、重新执行等程序

C. 两者评价内部控制的目的不同，前者是为了支持注册会计师对控制风险的评估结果，进而确定实质性程序的性质、时间安排和范围，后者是为了支持对内部控制有效性发表的意见

D. 两者对控制缺陷的评价要求不同，后者要求比前者更严

E. 执行审计的注册会计师必须是相同的注册会计师

5. 财务报告内部控制的有效性包括（　　）。

A. 设计有效性　　B. 实验有效性　　C. 运行有效性　　D. 测试有效性

E. 评价有效性

6. 计划审计工作中注册会计师需要评价对财务报表和内部控制是否有重要影响的事项有（　　）。

A. 相关法律法规和行业概况

B. 与企业相关的风险

C. 企业的组织结构

D. 与企业沟通过的内部控制缺陷

E. 对内部控制有效性的初步判断

7. 如果拟利用他人的工作，注册会计师需要评价该人员的（　　）。

A. 专业胜任能力　B. 客观性　　C. 保密性　　D. 独立性

E. 职业道德

8. 注册会计师应当在审计工作底稿中记录的内容有（　　）。

A. 内部控制审计计划及重大修改情况

B. 对识别的控制缺陷的评价

C. 相关风险评估过程

D. 形成的审计结论和意见

E. 其他重要事项

9. 针对内部控制审计业务，下列有关企业层面控制的说法中，正确的有（　　）。

A. 如果一项企业层面控制足以应对已评估的错报风险，注册会计师就不必测试与该风险相关的其他控制

B. 对某项业务层面的控制而言，与该项控制相关的风险受企业层面的控制影响

C. 注册会计师在评价内部控制时，通常应当首先评价业务层面控制，然后评价企业层面控制

D. 注册会计师应当识别、了解和测试对内部控制有重要影响的企业层面控制

E. 企业层面控制的评价可以替代业务层面控制的评价

10. 关于注册会计师测试控制运行有效性的审计程序，下列说法正确的有（　　）。

A. 测试程序的性质在很大程度上取决于拟测试控制的性质

B. 注册会计师应当综合运用询问适当人员、观察控制的执行、检查相关文件以及重新执行等程序

C. 针对同一被审计单位的同一控制，每年的测试程序应当相同

D. 与检查相比，重新执行提供的审计证据的效力更高

E. 与检查相比，重新执行提供的审计证据的效力更低

11. 在注册会计师选择拟测试的控制时，下列说法正确的有（　　）。

A. 注册会计师应当针对每一相关认定获取控制有效性的审计证据

B. 针对每一相关认定，注册会计师应当测试与其相关的所有控制

C. 对被审计单位在财务报告内部控制评价中测试的控制，注册会计师均应当予以测试

D. 在确定是否测试某项控制时，注册会计师应当考虑该项控制单独或连同其他控制，是否足以应对评估的某项相关认定的错报风险

E. 注册会计师应当针对重要相关认定获取控制有效性的审计证据

12. 下列各项中，属于导致内部控制固有局限原因的有（　　）。

A. 控制的有效性会受到决策过程中人为判断的影响

B. 内部控制只能为控制目标的实现提供合理保证

C. 管理人员可能会凌驾于内部控制之上

D. 内部控制的设计与实施需要考虑成本与效益

E. 内部控制不可能全面有效实施

13. 关于内部控制缺陷，下列说法错误的有（　　）。

A. 内部控制缺陷按其成因或来源分为设计缺陷和运行缺陷

B. 注册会计师只要评价财务报告内部控制的有效性并发表意见，不需要关注在内部控制审计过程中发现的非财务报告内部控制重大缺陷

C. 内部控制缺陷按其严重程度分为财务报告内部控制缺陷和非财务报告内部控制缺陷

D. 内部控制的缺陷可能导致企业偏离控制目标

E. 按照内部控制缺陷的性质，内部控制缺陷分为重大缺陷、重要缺陷和一般缺陷

14. 财务报告内部控制缺陷的严重程度取决于（　　）。

A. 控制缺陷导致账户余额错报的可能性

B. 控制缺陷导致账户列报错报的可能性

C. 因一个控制缺陷导致潜在错报的金额大小

D. 因多个控制缺陷的组合导致潜在错报的金额大小

E. 控制缺陷单独或组合是否导致账户余额或列报错报的发生

15. 管理层书面声明中应当包括的内容有（　　）。

A. 企业董事会认可其对建立健全和有效实施内部控制负责

B. 企业已对内部控制的有效性作出自我评价

C. 企业没有利用注册会计师执行的审计程序及其结果作为自我评价的基础

D. 企业对于注册会计师在以前年度审计中识别的重大缺陷和重要缺陷，是否已经采取措施予以解决

E. 企业在内部控制自我评价基准日后，内部控制是否发生重大变化

16. 注册会计师需要与企业沟通审计过程中识别的所有控制缺陷，对于其中的（　　）需要以书面形式与董事会和经理层沟通。

A. 一般缺陷　　B. 设计缺陷　　C. 重大缺陷　　D. 重要缺陷

E. 运行缺陷

17. 内部控制审计报告意见类型包括（　　）。

A. 标准意见内部控制审计报告

B. 带强调事项段的无保留意见内部控制审计报告

C. 保留意见内部控制审计报告

D. 否定意见内部控制审计报告

E. 无法表示意见内部控制审计报告

18. 内部控制审计报告的基本内容包括（　　）。

A. 引言段

B. 企业对内部控制的责任段

C. 注册会计师的责任段

D. 内部控制固有局限性的说明段

E. 财务报告内部控制的审计意见段

19. 无法表示意见的内部控制审计报告的基本内容包括（　　）。

A. 企业对内部控制的责任段

B. 注册会计师的责任段

C. 内部控制固有局限性的说明段

D. 非财务报告内部控制重大缺陷描述段

E. 财务报告内部控制的审计意见段

20. 无法表示意见的内部控制审计报告要在（　　）之间增加识别的财务报告内部控制重大缺陷段。

A. 注册会计师的责任段

B. 内部控制固有局限性的说明段

C. 导致无法表示意见的事项段

D. 财务报告内部控制的审计意见段

E. 非财务报告内部控制重大缺陷描述段

（三）判断题

1. 内部控制审计是指会计师事务所接受委托，对特定基准日内部控制设计与运行的有效性进行审计。（　　）

2. 财务报告内部控制是指企业为了合理保证财务报告及相关信息真实完整而设计和执行的内部控制，以及用于保护资产安全的内部控制中与财务报告可靠性目标相关的控制。（　　）

3. 内部控制审计的范围主要指注册会计师对企业所有内部控制进行审计。(　　)

4. 注册会计师的责任是对财务报告内部控制的有效性发表审计意见，并对内部控制审计过程中注意到的非财务报告内部控制的重大缺陷，在内部控制审计报告中增加“非财务报告内部控制重大缺陷描述段”予以披露。(　　)

5. 财务报告内部控制审计的目标是对公司财务报告内部控制的有效性发表见。(　　)

6. 对于某一被审计单位，会计师事务所既从事财务报表审计业务又从事内部控制审计业务，会计师事务所应当与被审计单位签订单独的内部控制审计业务约定书。(　　)

7. 如果公司的财务报告内部控制为财务报告的可靠性和对外财务报表的编制符合公认会计原则提供了合理保证，就可认为是有效的。(　　)

8. 注册会计师只能将内部控制审计与财务报表审计整合进行（整合审计）。(　　)

9. 内部控制不能防止或发现并纠正由于错误导致的错报风险，通常高于其不能防止或发现并纠正舞弊导致的错报风险。(　　)

10. 尽管《企业内部控制审计指引》中规定，注册会计师可以单独进行内部控制审计，也可以将内部控制审计与财务报表审计整合进行（即整合审计），但在实务中，由于内部控制审计和财务报表审计的关联性，注册会计师更适合进行整合审计。(　　)

11. 企业实施整合审计时，可以不在同一时间同时公布财务报表审计报告和内部控制审计报告。(　　)

12.《企业内部控制审计指引》采取了将内部控制审计工作底稿并入财务报表审计工作底稿，形成一套工作底稿的做法。(　　)

13. 自上而下的审计方法描述了注册会计师在识别风险以及拟测试的控制时的连续思维过程，但并不一定是注册会计师执行审计程序的顺序。(　　)

14. 针对每一项相关认定，注册会计师都需要获取控制有效性的证据，以便对内部控制整体的有效性单独发表意见，但注册会计师没有责任对单项控制的有效性发表意见。(　　)

15. 企业内部控制的一般缺陷、重要缺陷、重大缺陷，应当由董事会最终予以认定。(　　)

16. 注册会计师认为非财务报告内部控制缺陷为重要缺陷的，应当以书面形式与企业董事会和经理层沟通，提醒企业加以改进。同时应当在内部控制审计报告中增加“非财务报告内部控制重要缺陷描述段”，对重要缺陷的性质及其对实现相关控制目标的影响程度进行披露，提示内部控制审计报告使用者注意相关风险。(　　)

参考文献

[1] 池国华，樊子君 . 内部控制习题与案例 [M]. 大连 : 东北财经大学出版社，2019.

[2] 池国华，朱荣 . 内部控制与风险管理 [M].2 版 . 北京 : 中国人民大学出版社，2018.

[3] 贺志东，王节 . 最新内部控制管理操作实务全案 [M]. 北京 : 电子工业出版社，2018.

[4] 候其锋 . 企业内部控制基本规范操作指南 [M]. 北京 : 人民邮电出版社，2016.

[5] 胡为民 . 内部控制与企业风险管理 : 实务操作指南 [M]. 北京 : 电子工业出版社，2013.

[6] 姜涛 . 企业内部控制规范手册 [M]. 3 版 . 北京 : 人民邮电出版社，2017.

[7] 梁运吉，孟丽荣 . 内部控制学 [M]. 北京 : 科学出版社，2018.

[8] 罗胜强 . 企业内部控制精细化设计与实务案例 [M]. 上海 : 立信会计出版社，2018.

[9] 罗勇 . 企业内部控制规范解读及案例精析 [M]. 上海 : 立信会计出版社，2017.

[10] 美国管理会计师协会（IMA）. 财务规划、绩效与分析 [M]. 北京 : 经济科学出版社，2020.

[11] 潘琰 . 内部控制 [M]. 2 版 . 北京 : 高等教育出版社，2018.

[12] 企业内部控制编审委员会 . 企业内部控制 : 主要风险点、关键控制点与案例解析 [M]. 上海 : 立信会计出版社，2017.

[13] 秦荣生，张庆龙 . 企业内部控制与风险管理 [M]. 北京 : 经济科学出版社，2012.

[14] 徐玉德，孙永尧 . 企业内部控制与风险管理 [M]. 北京 : 经济科学出版社，2016.

[15] 张俊民 . 内部控制理论与实务 [M]. 2 版 . 大连 : 东北财经大学出版社，2016.

[16] 中国注册会计师协会 . 财务报表审计工作底稿编制指南 [M]. 北京 : 经济科学出版社，2012.

[17] 中华人民共和国财政部等 . 关于印发企业内部控制规范体系实施中相关问题解释第 1 号 [S]，2012.

[18] 中华人民共和国财政部等 . 关于印发企业内部控制规范体系实施中相关问题解释第 2 号 [S]，2012.

[19] 中华人民共和国财政部等 . 企业内部控制规范 [M]. 北京 : 中国财政经济出版社，2010.

[20] 中华人民共和国财政部等 . 企业内部控制基本规范 [S]，2008.

[21] 中华人民共和国财政部等 . 企业内部控制评价指引 [S]，2010.

[22] 中华人民共和国财政部等 . 企业内部控制审计指引 [S]，2010.

[23] 中华人民共和国财政部等 . 企业内部控制应用指引 [S]，2010.

[24] 中华人民共和国财政部会计司 . 企业内部控制规范讲解 [M]. 北京 : 中国财政经济出版社，2010.